2019 全国勘察设计注册工程师执业资格考试用书

Zhuce Daolu Gongchengshi Zhiye Zige Kaoshi Zhuanye Kaoshi Fuxi Tiji

注册道路工程师执业资格考试
专业考试复习题集

主　编　张　铭　丁静声

副主编　李松青　张宝玉　李　明

人民交通出版社股份有限公司
China Communications Press Co.,Ltd.

内 容 提 要

本书根据2019版注册土木工程师(道路工程)专业考试大纲和现行规范编写而成。在作者多年教学、工程咨询和考试辅导经验的基础上,充分参考同类勘察设计注册工程师考试历年真题,确保书中习题精练、准确、贴合考试。书中习题包括考试规定的单选题、多选题和案例题三种题型,每道题均配有答案和详细的解析。

本书适合参加注册土木工程师(道路工程)专业考试的考生使用,也可供相关工程技术人员参考。

图书在版编目(CIP)数据

注册道路工程师执业资格考试专业考试复习题集 / 张铭,丁静声主编. — 北京:人民交通出版社股份有限公司,2019.7

ISBN 978-7-114-15709-7

Ⅰ. ①注… Ⅱ. ①张… ②丁… Ⅲ. ①道路工程—资格考试—习题集 Ⅳ. ①U41-44

中国版本图书馆CIP数据核字(2019)第142989号

书　　名:注册道路工程师执业资格考试专业考试复习题集
著 作 者:张　铭　丁静声
责任编辑:李　坤
责任校对:赵媛媛
责任印制:张　凯
出版发行:人民交通出版社股份有限公司
地　　址:(100011)北京市朝阳区安定门外外馆斜街3号
网　　址:http://www.ccpress.com.cn
销售电话:(010)59757973
总 经 销:人民交通出版社股份有限公司发行部
经　　销:各地新华书店
印　　刷:北京印匠彩色印刷有限公司
开　　本:787×1092　1/16
印　　张:26
字　　数:616千
版　　次:2019年7月　第1版
印　　次:2019年7月　第2次印刷
书　　号:ISBN 978-7-114-15709-7
定　　价:118.00元

目　录

第一章　道路路线设计 …… 1
第一节　一般要求 …… 1
典型习题 …… 1
参考答案及解析 …… 4
第二节　总体设计 …… 8
典型习题 …… 8
参考答案及解析 …… 11
第三节　路线平面设计 …… 13
典型习题 …… 13
参考答案及解析 …… 21
第四节　路线纵断面设计 …… 29
典型习题 …… 30
参考答案及解析 …… 36
第五节　横断面设计 …… 43
典型习题 …… 44
参考答案及解析 …… 52
第六节　线形设计 …… 58
典型习题 …… 59
参考答案及解析 …… 66
第七节　选线 …… 70
典型习题 …… 71
参考答案及解析 …… 77
第八节　环境保护与景观设计 …… 85
典型习题 …… 85
参考答案及解析 …… 90
第九节　城市管线综合 …… 94
典型习题 …… 94
参考答案及解析 …… 99
第二章　路基工程 …… 103
第一节　总论 …… 103
典型习题 …… 103

参考答案及解析…… 107
第二节 一般路基设计…… 110
典型习题…… 111
参考答案及解析…… 115
第三节 路基边坡稳定性设计…… 119
典型习题…… 119
参考答案及解析…… 125
第四节 路基排水设计…… 129
典型习题…… 129
参考答案及解析…… 132
第五节 路基防护、加固与支挡结构设计…… 135
典型习题…… 135
参考答案及解析…… 145
第六节 特殊路基工程…… 152
典型习题…… 153
参考答案及解析…… 158
第三章 路面工程…… 164
第一节 总论…… 164
典型习题…… 164
参考答案及解析…… 168
第二节 沥青路面…… 172
典型习题…… 172
参考答案及解析…… 181
第三节 水泥混凝土路面…… 190
典型习题…… 191
参考答案及解析…… 199
第四章 桥梁工程…… 208
第一节 一般要求…… 208
典型习题…… 208
参考答案及解析…… 214
第二节 桥面构造…… 220
典型习题…… 220
参考答案及解析…… 224
第三节 桥梁的构造与设计…… 227
典型习题…… 227
参考答案及解析…… 234
第四节 桥梁支座与墩台…… 241
典型习题…… 241
参考答案及解析…… 243

第五节　涵洞…… 245
典型习题…… 246
参考答案及解析…… 247
第六节　桥涵水文…… 249
典型习题…… 249
参考答案及解析…… 254
第七节　桥位选择与布置…… 261
典型习题…… 261
参考答案及解析…… 263
第八节　大中桥桥孔设计…… 264
典型习题…… 265
参考答案及解析…… 266
第九节　墩台冲刷计算及基础埋深…… 269
典型习题…… 269
参考答案及解析…… 270
第五章　隧道工程…… 273
第一节　概述…… 273
典型习题…… 273
参考答案及解析…… 276
第二节　山岭隧道…… 278
典型习题…… 279
参考答案及解析…… 287
第六章　交叉工程…… 298
第一节　一般要求…… 298
典型习题…… 298
参考答案及解析…… 302
第二节　服务水平与通行能力…… 305
典型习题…… 305
参考答案及解析…… 308
第三节　平面交叉…… 310
典型习题…… 310
参考答案及解析…… 316
第四节　立体交叉…… 321
典型习题…… 321
参考答案及解析…… 333
第五节　公路与铁路、乡村道路及管线交叉…… 340
典型习题…… 340
参考答案及解析…… 345

第七章　交通工程及沿线设施…… 349
第一节　一般规定…… 349
典型习题…… 349
参考答案及解析…… 350
第二节　交通安全设施…… 351
典型习题…… 352
参考答案及解析…… 366
第三节　服务设施…… 378
典型习题…… 379
参考答案及解析…… 381
第四节　管理设施…… 383
典型习题…… 383
参考答案及解析…… 385
第八章　道路工程施工组织与概预算…… 388
第一节　道路施工组织…… 388
典型习题…… 388
参考答案及解析…… 393
第二节　道路工程概预算…… 398
典型习题…… 398
参考答案及解析…… 404

第一章　道路路线设计

第一节　一 般 要 求

本节考纲

1. 熟悉道路分级、设计车辆、交通量、设计速度、建筑限界、抗震设计。
2. 熟悉路线设计中通行能力与服务水平的分析与运用。
3. 熟悉城市道路工程无障碍设计的内容和要求。
4. 熟悉现行标准、规范中有关路线设计的内容及其主要技术指标的规定。
5. 了解道路勘测设计的阶段和任务。

复习要点

道路分级、设计车辆、交通量、设计交通量、设计小时交通量、设计速度与运行速度、通行能力与服务水平、设计通行能力、建筑限界等基本概念;公路技术分级的依据和城市道路分级的依据与选用原则;设计车辆的作用;交通量折算;设计速度的作用;运行速度在路线设计中的应用;设计交通量与设计小时交通量的作用;通行能力与服务水平的分析与运用;各级公路与城市道路的净空要求;道路抗震设计的要求;城市道路工程无障碍设计(缘石坡道、盲道、轮椅坡道等)的内容和要求;现行标准、规范中有关路线设计的内容及其主要技术指标的规定;道路勘测设计的阶段和任务。

典 型 习 题

一、单项选择题

1. 道路设计时,决定道路线形设计(如道路的曲线半径)的基本依据是以下哪个选项?
（　　）

(A)设计荷载　　(B)设计车辆

(C)设计速度　　(D)设计交通量

2. 确定车道数和车道宽度或评价服务水平所依据的交通量是指以下哪个交通量?
（　　）

(A)年平均日交通量　　(B)设计交通量
(C)高峰小时交通量　　(D)设计小时交通量

3. 公路等级划分时,设计交通量是指以下哪个交通量?（　　）
(A)各种车辆折合成中型载重汽车的平均昼夜交通量
(B)各种车辆折合成小客车的年平均日设计交通量
(C)混合车辆的年平均日设计交通量
(D)各种车辆折合成半挂车的年平均昼夜交通量

4. 在规划、设计阶段进行通行能力与服务水平分析的主要目的是指以下哪个选项?
（　　）
(A)确定路面结构层厚度
(B)确定某一服务水平下的实际通行能力
(C)在已知交通量的情况下确定规定服务水平的标准横断面宽度
(D)确定设计小时交通量

5. 地震动峰值加速度系数大于或等于0.40地区的公路工程,其抗震设计要求正确的是以下哪个选项?（　　）
(A)应采用简易设防　　(B)应进行抗震设计
(C)可不进行抗震设计　　(D)应进行专门的抗震研究和设计

6. 全宽式单面坡缘石坡道的坡度与三面坡缘石坡道正面及侧面的坡度不应大于以下哪个选项?（　　）
(A)1:10,1:10　　(B)1:15,1:10
(C)1:20,1:12　　(D)1:25,1:15

7. 某轮椅坡道设计时,其最大高度为0.75m,水平长度为9m,应在两侧设置以下哪种设施?（　　）
(A)盲道　　(B)扶手
(C)提示牌　　(D)指示灯

8. 设计单位在编制设计文件时,编制概算应在以下哪个阶段?（　　）
(A)工可研阶段　　(B)施工图设计阶段
(C)技术设计阶段　　(D)初步设计阶段

9. 公路建设项目前期工作正确的程序是以下哪个选项?（　　）
(A)项目建议书→预可行性研究→工程可行性研究
(B)预可行性研究→工程可行性研究→项目建议书

(C)工程可行性研究→预可行性研究→项目建议书
(D)预可行性研究→项目建议书→工程可行性研究

二、多项选择题

1. 公路技术等级的选用应根据下列哪些选项？（　　）
(A)路网规划　(B)公路功能
(C)设计车速　(D)工程造价
(E)交通量

2. 对城市快速路的要求包括有下列哪些选项？（　　）
(A)中央分隔　(B)控制出入口间距及形式
(C)全部控制出入　(D)全线设置辅道
(E)单向设置不应少于两条车道

3. 关于设计速度的说法，正确的有下列哪些选项？（　　）
(A)同一技术等级应选用同一设计速度
(B)道路的曲线半径、超高、视距等直接与设计速度有关
(C)设计速度影响车道宽度、中间带宽度、路肩宽度等指标的确定
(D)设计速度确定公路设计指标并使其相互协调的设计基准速度
(E)设计速度是决定道路几何形状的基本依据

4. 关于运行速度的说法，正确的有下列哪些选项？（　　）
(A)运行速度是路面平整、潮湿、自由流状态下，行驶速度累计分布曲线上对应于85%分位值的速度
(B)公路设计应采用运行速度进行检验
(C)相邻路段运行速度之差应小于20km/h
(D)同一路段运行速度与设计速度之差应小于20km/h
(E)运行速度是可以测算的

5. 影响高速公路的通行能力分析计算的因素有下列哪些选项？（　　）
(A)方向分布　(B)车道宽度、路肩宽度
(C)驾驶人总体特征　(D)交通组成
(E)路侧干扰

6. 城市道路设计中，无障碍设施的设计一般包括下列哪些设施？（　　）
(A)盲道　(B)缘石坡道
(C)轮椅坡道　(D)自动扶梯
(E)无障碍出入口

7. 某二级公路,无隧道,无大型地质灾害,桥梁最大跨径(多孔跨径总长)680m,其设计应包含下列哪些设计? ( )

(A)初步设计　　(B)技术设计
(C)施工图设计　　(D)方案设计
(E)综合设计

8. 两阶段设计时,编制施工图设计文件的依据有下列哪些选项? ( )

(A)批复的可行性研究报告　　(B)批复的初步设计
(C)测设合同　　(D)定测、详勘(含补充定测、详勘)资料
(E)初测、初勘资料

三、案例题

1. 某拟建主要干线公路,在规定的预测年限的交通量组成如下:小客车25000veh/d,中型车4600veh/d,大型车3200veh/d,汽车列车2800veh/d,则设计交通量和合理的公路等级应是下列哪个选项? ( )

(A)34750pcu/d,一级公路　　(B) 46700pcu/d,高速公路
(C)51100pcu/d,高速公路　　(D) 56375pcu/d,一级公路

2. 某二级公路,设计速度为60km/h,路基宽度为10m,车道宽度(3.50×2)m,该路预测交通量为450veh/h小型车占60%,中型车占20%,大型车占20%,方向分布为55/45,不准超车区比例为40%,路侧干扰等级为3级,其设计通行能力最接近下列哪个选项? ( )

(A)278pcu/(h·ln)　　(B)316pcu/(h·ln)
(C)629pcu/(h·ln)　　(D)820pcu/(h·ln)

3. 汽车行驶在圆曲线半径$R=60\text{m}$的双车道公路圆曲线路段,汽车轮距为1.7m,装载重心高度$h=1.8\text{m}$,路拱横坡$i_g=\pm2\%$,弯道内侧车道与外侧车道的倾覆临界速度最接近下列哪个选项?(不计内侧车道与外车车道的半径差值) ( )

(A)58.70km/h,49.25km/h　　(B)61.24km/h,58.70km/h
(C)66.26km/h,59.71km/h　　(D)68.42km/h,68.42km/h

参考答案及解析

一、单项选择题

1.[答案]C

[解析]设计荷载用于结构设计。设计车辆是确定道路几何参数的主要依据,如车道宽度等。设计交通量对确定道路等级、各项结构设计等有重要作用。设计速度是决定线形设计的基本依据,道路的曲线半径、超高、视距等直接与设计速度有关。同时也影响车道宽度、中间

带宽度、路肩宽度等指标的确定。

2.［答案］D

［解析］年平均日交通量是一年的总交通量除以365天，是我国统计的公路交通量的通用单位。设计交通量是指拟建道路到预测年限时所能达到的年平均日交通量，设计交通量对确定道路等级、计算道路的计划费用或各项结构设计等有重要作用，但不宜直接用于道路几何设计。采用高峰小时交通量作为确定车道数和车道宽度或评价服务水平的依据则太浪费。设计小时交通量是以小时为计算时段的交通量，是确定车道数和车道宽度或评价服务水平的依据。

3.［答案］B

［解析］根据《公路工程技术标准》（JTG B01—2014），各等级公路的年平均日设计交通量均采用小客车。交通量换算采用小客车为标准车型。

4.［答案］C

［解析］规划、设计阶段通行能力与服务水平分析的最主要的目的是在设计小时交通量（或设计交通量和设计小时交通量系数）已知的情况下，通过计算设计服务水平下的通行能力，确定车道数和车道宽度。

5.［答案］D

［解析］根据《公路工程技术标准》（JTG B01—2014），地震动峰值加速度系数小于或等于0.05地区的公路工程，除有特殊要求外，可采用简易设防；地震动峰值加速度系数大于0.05、小于0.4地区的公路工程，应进行抗震设计；地震动峰值加速度系数大于或等于0.40地区的公路工程，应进行专门的抗震研究和设计。

6.［答案］C

［解析］全宽式单面坡缘石坡道的坡度不应大于1∶20；三面坡缘石坡道正面及侧面的坡度不应大于1∶12；其他形式的缘石坡道的坡度均不应大于1∶12。

7.［答案］B

［解析］该坡道高度0.75m，其坡度为1∶12，根据《无障碍设计规范》（GB 50763—2012）规定，轮椅坡道的高度超过300mm且坡度大于1∶20时，应在两侧设置扶手。

8.［答案］D

［解析］工可研阶段应编制估算，初步设计阶段应编制概算，技术设计阶段应编制修正概算，施工图设计阶段应编制预算。

9.［答案］D

［解析］根据《公路建设项目可行性研究报告编制办法》规定，公路建设项目预可行性研

究作为项目建议书的依据,编制工程可行性研究报告,原则上以批准的项目建议书为依据。故本题选 D。

二、多项选择题

1.[答案]ABE

[解析]根据《公路工程技术标准》(JTG B01—2014),公路技术等级的选用应根据路网规划、公路功能,并结合交通量论证确定。根据公路功能与技术等级,结合地形条件等因素确定设计速度。

2.[答案]ABCE

[解析]快速路应中央分隔、全部控制出入、控制出入口间距及形式,应实现交通连续通行,单向设置不应少于两条车道,并应设有配套的交通安全与管理设施。快速路两侧不应设置吸引大量车流、人流的公共建筑物的出入口。

3.[答案]BCDE

[解析]设计速度是技术标准中最重要的指标,它对公路的几何形状、工程费用和运输效率影响最大。设计速度确定公路设计指标并使其相互协调的设计基准速度,是决定道路几何形状的基本依据。道路的曲线半径、超高、视距等直接与设计速度有关。同时也影响车道宽度、中间带宽度、路肩宽度等指标的确定。根据《公路路线设计规范》(JTG D20—2017),同一技术等级可分段选用不同的设计速度,不同的设计速度的设计路段之间应选择合理的衔接位置或地点。

4.[答案]ABCE

[解析]选项 A 是运行速度的概念。运行速度考虑了公路上绝大多数驾驶员的交通心理需求,是随着公路路线不断变化的。根据《公路工程技术标准》(JTG B01—2014),公路设计应采用运行速度进行检验,相邻路段运行速度之差应小于 20km/h,同一路段运行速度与设计速度之差宜小于 20km/h。《公路项目安全性评价规范》(JTG B05—2015)中有关于运行速度的计算模型。

5.[答案]CDE

[解析]交通组成、驾驶人总体特征、路侧干扰均影响高速公路通行能力。方向分布与车道宽度、路肩宽度为二级和三级公路通行能力的影响因素。

6.[答案]ABCE

[解析]自动扶梯是非残疾人使用的设施,残疾人应使用无障碍电梯,选项 D 错误。盲道、缘石坡道、轮椅坡道、无障碍出入口均属于残疾人使用的设施,属于无障碍设施的设计。

7.[答案]AC

[解析]根据《公路工程基本建设项目设计文件编制办法》,公路工程基本建设项目一般

采用两阶段设计,即初步设计和施工图设计。对于技术简单、方案明确的小型建设项目,可采用一阶段设计,即一阶段施工图设计;技术复杂、基础资料缺乏和不足的建设项目或建设项目中的特大桥、长隧道、大型地质灾害治理等,必要时采用三阶段设计,即初步设计、技术设计和施工图设计。根据本项目实际情况,应按二阶段进行设计。故本题选 AC。

8.［**答案**］BCD

［**解析**］根据《公路工程基本建设项目设计文件编制办法》,两阶段设计时,施工图设计应根据批复的初步设计、测设合同和定测、详勘(含补充定测、详勘)资料编制。批复的可行性研究报告与初测、初勘资料属于编制初步设计文件的依据。

三、案例题

1.［**答案**］C

［**解析**］(1)拟建公路预测年限的设计交通量为:

$$25000+4600\times1.5+3200\times2.5+2800\times4.0=51100\text{pcu/d}$$

(2)该交通量在一级公路或高速公路的适应交通量范围内,由于拟建公路为主干线公路,应选用高速公路。

2.［**答案**］A

［**解析**］(1)根据《公路路线设计规范》(JTG D20—2017)表 3.6.2-1,中型车的车辆折算系数为 2.5,大型车的车辆折算系数为 3.0。根据公式(3.4.2-2),交通组成修正系数为:

$$f_{\text{HV}}=\frac{1}{1+\Sigma P_i(E_i-1)}$$

$$=\frac{1}{1+0.20\times(2.5-1)+0.2\times(3-1)}$$

$$=0.588235$$

根据规范,设计服务水平下的最大服务交通量为 650pcu/h(查路线规范表 3.6.1);方向分布修正系数 f_{d} 为 0.97(查路线规范表 3.6.2-2);车道宽度、路肩宽度修正系数 f_{w} 为 1(查路线规范表 3.6.2-3);路侧干扰系数 $f_{\text{f}}=0.75$(查路线规范表 3.6.2-4)。

(2)一条车道的设计通行能力为:

$$C_{\text{d}}=MSF_i\times f_{\text{HV}}\times f_{\text{d}}\times f_{\text{W}}\times f_{\text{f}}$$

$$=650\times0.588235\times0.97\times1\times0.75$$

$$=278\text{pcu/h}$$

3.［**答案**］B

［**解析**］(1)倾覆条件:$\mu=\dfrac{b}{2h}=\dfrac{1.7}{2\times1.8}=0.472$

(2)代入横向力系数定义:$\mu=\dfrac{Y}{G_{\text{a}}}=\dfrac{V^2}{127R}\mp i_{\text{h}}$

(3)内侧车道倾覆的临界速度是:

$$V=\sqrt{127R(\mu+i_h)}=\sqrt{127\times60\times(0.472+0.02)}=61.24\text{km/h}$$

(4)外侧车道倾覆的临界速度是:

$$V=\sqrt{127R(\mu-i_h)}=\sqrt{127\times60\times(0.472-0.02)}=58.70\text{km/h}$$

第二节　总 体 设 计

本节考纲

1. 掌握总体设计的内容和目的。
2. 熟悉总体设计应考虑的因素与设计要点。
3. 了解城市道路工程与城市总体规划、交通专项规划、市政管线规划等的相互关系。

复习要点

总体设计的概念、可行性研究阶段公路总体设计的内容、设计阶段公路总体设计的内容、总体设计的目的、总体设计应考虑的因素、公路功能与技术标准、公路建设规模与建设方案、环境保护与资源节约、设计检验与安全评价、城市道路工程与城市总体规划、交通专项规划、市政管线规划等的相互关系。

典 型 习 题

一、单项选择题

1. 关于设计阶段总体设计内容的说法,以下哪个选项是错误的?（　　）

(A)应根据公路功能、设计交通量、沿线地形、地质条件等论证确定公路等级、设计速度和设计路段

(B)应对路线方案进行综合比选

(C)一般路段和特殊路段的横断面应根据交通量和交通组成合理确定

(D)公路路线平、纵、横面设计的合理性应采用设计速度进行检验

2. 按照《城市道路路线设计规范》(CJJ 193—2012)要求,应进行总体设计的城市道路项目不包括以下哪个选项?（　　）

(A)主干路　　(B)支路

(C)大桥　　(D)隧道

3. 关于高速公路分期修建方式的说法,错误的是以下哪个选项?（　　）

(A)高速公路可采用纵向分段或按工程项目分段或按工程项目分期修建的方式

(B)分期修建的高速公路项目应使前期工程在后期仍能充分利用,并为后期工程的修建留有余地和创造有利条件

(C)高速公路整体式路基路段,不得采用分期分幅的建设方式

(D)高速公路分离式路基路段经论证可采用分期分幅的建设方式,先期建成的一幅按双向交通通行时,应按高速公路通车条件进行管理,且限制速度不应超过60km/h

4. 关于城市道路总体设计要点的说法,错误的是以下哪个选项?　　(　　)

(A)公共交通设施应结合公交线网规划设计,提出公交专用道、公交站点的布置形式

(B)设计速度应根据交通量,并结合沿线地形、地质与自然条件等因素,经论证确定

(C)道路设计应分别对路段、交叉口、出入口提出机动车、非机动车、行人以及客车、公交车、货车的交通组织设计方案

(D)跨江、跨河桥梁应结合航道或水利部门提出的通航、排洪等控制要求,进行总体布置以及环境景观、附属设施的配套设计

5. 关于公路总体设计要点的说法,错误的是以下哪个选项?　　(　　)

(A)根据公路功能、设计交通量、沿线地形与自然条件等,论证并确定公路等级、设计速度和设计路段

(B)高速公路、一级公路应根据设计交通量论证并确定车道数

(C)位于山区时的高速公路应优先采用分离式路基

(D)拟分期修建的工程,必须在按远期规划的技术标准作出总体设计的基础上,制订分期修建方案,并做出相应的设计

6. 关于城市规划的说法,错误的是以下哪个选项?　　(　　)

(A)城市道路交通规划必须以城市总体规划为基础

(B)城市道路交通规划包括城市道路交通发展战略规划和城市道路交通综合网络规划

(C)城市总体规划是城市在一定时期内发展的计划和各项建设(或各项物质要素)的总体部署,是城市规划编制工作的第一阶段,也是城市建设和管理的依据

(D)管线综合规划是在城市道路交通规划的基础上编制的

7. 确定城市快速路机动车车道数规模的依据是以下哪个选项?　　(　　)

(A)预测交通量　　(B)服务水平

(C)红线宽度　　(D)管线布置需求

二、多项选择题

1. 应进行总体设计的公路包括有下列哪些选项?　　(　　)

(A)高速公路　　(B)二级公路

(C)三级公路　　(D)四级公路

(E)等外级公路

2. 公路总体设计的主要任务有下列哪些选项？（　　）

(A)论证确定公路功能　　(B)论证确定公路技术标准

(C)论证确定公路建设规模　　(D)论证确定公路建设方案

(E)论证确定设计阶段的采用

3. 关于公路总体设计的说法，正确的有下列哪些选项？（　　）

(A)收费公路应在论证收费制式的基础上，确定收费方式、主线收费站位置及其同被交公路的交叉形式等

(B)分期修建的公路工程，必须按远期规划的技术标准做出总体设计

(C)平原区公路应尽量降低路基高度，采用低路堤设计方案，山岭区公路不宜采用高填深挖路基

(D)高速公路的收费方案可不考虑与区域路网收费体系的配合

(E)应根据公路功能、设计交通量、沿线地形、地质条件等论证确定公路等级、设计速度和设计路段

4. 路线起、终点位置论证及建设方案的确定主要应考虑下列哪些选项？（　　）

(A)符合路网规划要求　　(B)设计交通量

(C)线路跨越方式　　(D)服务水平

(E)应为后续项目预留一定长度的接线方案或拟订具体实施设计方案

5. 不同技术等级、不同设计速度路段相互衔接的位置或地点应选择下列哪些选项？
（　　）

(A)大型构造物　　(B)互通式立体交叉

(C)平面交叉　　(D)缓坡路段

(E)沿线主要村镇节点的前后

6. 论证确定公路的技术等级应根据下列哪些选项？（　　）

(A)公路投资　　(B)公路功能

(C)交通量　　(D)建设条件

(E)设计速度

7. 应根据项目的总体建设规模、控制性工程施工条件、交通量发展需求和项目资金筹措情况等相关因素，论证确定项目的建设方式。采用分期修建方式时，应符合的要求有下列哪些选项？（　　）

(A)高速公路整体式路基路段，不得采用分期分幅的建设方式

(B)高速公路分离式路基路段经论证可采用分期分幅的建设方式，先期建成的一幅按双向交通通行时，应按二级公路通车条件进行管理，且限制速度不应超过 100km/h

(C)一级公路分离式路基路段经论证可采用分期分幅的建设方式，先期建成的一幅按

双向交通通行时，应按二级公路通车条件进行管理，且限制速度不应超过 80km/h

(D)论证采用分期建设方式时，除考虑交通量发展需求和项目资金条件外，还应考虑对周边环境的影响

(E)高速公路根据路网规划、交通量等因素，可采用纵向分段或按工程项目分期修建的方式

8. 城市道路横断面布置应考虑的因素有下列哪些选项？　(　　)

(A)红线宽度　　(B)交通组织

(C)地下管线　　(D)自然条件

(E)建设条件

参考答案及解析

一、单项选择题

1. [答案]D

[解析]公路路线平、纵、横面设计的合理性应采用运行速度进行检验。

2. [答案]B

[解析]根据《城市道路路线设计规范》(CJJ 193—2012)规定，城市道路快速路、主干路、大桥和特大桥、隧道、交通枢纽应进行总体设计，其他道路可根据相关因素、重要程度进行总体设计。应进行总体设计的城市道路项目不包括支路，选项 B 不包括。

3. [答案]D

[解析]高速公路和一级公路分离式路基路段经论证可采用分期分幅的建设方式，先期建成的一幅按双向交通通行时，应按二级公路通车条件进行管理，且限制速度不应超过 80km/h。

4. [答案]B

[解析]设计速度应根据道路等级、功能定位和交通特性，并结合沿线地形、地质与自然条件等因素，经论证确定。

5. [答案]C

[解析]高速公路、一级公路一般情况下宜采用整体式路基；位于丘陵、山区时，应结合地形、地质条件以及桥梁、隧道的布设等论证采用分离式路基的可行性。

6. [答案]D

[解析]管线综合规划是在总规的基础上编制的，如果已编制有控制性详细规划，应与

详细规划衔接与协调。

7.[答案]A

[解析]快速路、主干路应根据预测交通量进行通行能力和服务水平评价,并结合定性分析,确定机动车车道数规模。非机动车车道数、人行道宽度也可根据预测交通量和使用要求,按通行能力论证确定。

二、多项选择题

1.[答案]ABCD

[解析]根据《公路路线设计规范》(JTG D20—2017)规定,各级公路均应进行总体设计,总体设计应贯穿公路建设项目从可行性研究到施工图设计全过程的各个阶段,并覆盖公路建设项目的各相关专业。

2.[答案]ABCD

[解析]根据《公路路线设计规范》(JTG D20—2017),总体设计应论证确定公路功能、技术标准、建设规模与建设方案。设计阶段应在设计时决定。

3.[答案]ABCE

[解析]收费公路应充分论证收费制式,合理确定收费方式、主线收费站位置及其与被交公路的交叉方式等;高速公路的收费方案应考虑与区域路网收费体系的配合。

4.[答案]AE

[解析]路线起、终点应符合路网规划要求。确定起讫点位置时,应为后续项目预留一定长度的接线方案,或拟订具体实施设计方案。

5.[答案]ABCE

[解析]不同技术等级、不同设计速度路段相互衔接的位置或地点,应选择在大型构造物、互通式立体交叉、平面交叉、沿线主要村镇节点的前后,或路侧环境条件明显变化处。缓坡路段特征不明显,不适合。

6.[答案]BCD

[解析]应根据公路功能,结合交通量及建设条件综合论证确定公路的技术等级。同一公路项目可根据功能和交通量变化,论证分析采用不同的技术等级。

7.[答案]ACDE

[解析]根据《公路路线设计规范》(JTG D20—2017)规定,采用分期修建方式时,应符合下列要求:

①必须在综合分析论证的基础上作出总体设计和分期实施计划,分期修建的项目应使前

期工程在后期仍能充分利用,并为后期工程的修建留有余地和创造有利条件。

②在论证采用分期建设方式时,除考虑交通量发展需求和项目资金条件外,还应充分考虑整个施工期内项目建设对周边环境、沿线群众出行、交通组织、安全等的影响。

③高速公路根据路网规划、交通量等因素,可采用纵向分段或按工程项目分期修建的方式。高速公路整体式路基路段,不得采用分期分幅的建设方式。高速公路和一级公路分离式路基路段经论证可采用分期分幅的建设方式,先期建成的一幅按双向交通通行时,应按二级公路通车条件进行管理,且限制速度不应超过 80km/h。

8.[**答案**]ABCE

[**解析**]根据《城市道路路线设计规范》(CJJ 193—2012),横断面布置应根据道路等级、红线宽度、交通组织和建设条件等,划分机动车道、非机动车道、人行道、分车带、设施带、绿化带等宽度,并应满足地下管线综合布置要求;特殊断面还应包括停车带、港湾式公交停靠站、路肩和排水沟的宽度。

第三节　路线平面设计

本节考纲

1. 掌握平面设计线形要素的组合类型及其设计方法。
2. 熟悉平面设计中各线形要素的性质与作用。
3. 了解各线形要素主要技术指标的规定与运用。
4. 了解平面线形设计中超高、加宽、视距、回头曲线等的规定与运用。

复习要点

平面线形三要素;直线的特点、直线的标准规定、直线的运用;圆曲线的特点、圆曲线的标准规定、圆曲线的运用;回旋曲线的作用与性质、回旋曲线参数、回旋曲线的标准规定、回旋线的运用;平面线形要素组合类型(基本形、S 形、卵形等)及其设计方法;超高及作用、超高坡度值与超高过渡方式的规定、超高过渡段长度计算、超高值的计算;平曲线加宽的规定、平曲线加宽过渡方式与过渡段长度;行车视距类型、行车视距的规定和各级道路对视距的要求、行车视距的保证;回头曲线的规定与运用。

典 型 习 题

一、单项选择题

1.《公路路线设计规范》(JTG D20—2017)规定直线的长度不宜过长,其主要原因是以下哪个选项?　　(　　)

(A)长直线安全性差
(B)工程量大
(C)对环境破坏大
(D)美观性差

2. 某公路的设计速度 $V = 60\text{km/h}$,两圆曲线间以直线径相连接，同向圆曲线间最小直线长度宜不小于以下哪个选项？ ( )

(A)120m
(B)360m
(C)540m
(D)600m

3. 断背曲线是指以下哪个选项？ ( )

(A)S 形曲线间夹插入直线
(B)两回头曲线间插入短直线
(C)两反向曲线间插入短直线
(D)两同向曲线间插入短直线

4. 公路平面圆曲线最大半径值不宜超过以下哪个选项？ ( )

(A)5000m
(B)10000m
(C)20000m
(D)50000m

5. 小转角平曲线的转角是小于等于以下哪个选项？ ( )

(A)2°
(B)5°
(C)7°
(D)9°

6. 关于规范规定的各级公路平曲线最小长度值的说法,正确的是以下哪个选项？ ( )

(A)按 3s 行程控制
(B)按回旋线最小长度的 2 倍控制
(C)按 9s 行程控制
(D)按离心力的变化控制

7. 公路平面缓和曲线通常采用回旋曲线,其主要原因是以下哪个选项？ ( )

(A)回旋曲线参数容易确定
(B)汽车行驶轨迹线与回旋曲线方程一致
(C)回旋曲线线形美观
(D)回旋曲线计算简单

8. 从视觉要求出发,当缓和曲线很短,使缓和曲线角 $\beta < 3°$时,则缓和曲线极不明显,在视觉上容易被忽略。但是,如果缓和曲线过长,使 $\beta > 29°$时,圆曲线与缓和曲线不能很好协调。因此,从适宜的缓和曲线角值(3° ~29°)范围可推导出适宜的 A 值关系式为以下哪个选项？ ( )

(A)$R/3 \leqslant A \leqslant R$
(B)$R/2 \leqslant A \leqslant R$
(C)$R \leqslant A \leqslant 2R$
(D)$2R \leqslant A \leqslant 3R$

9. 对超高缓和段长度进行限制的主要原因是以下哪个选项？ ( )

(A)行车安全
(B)驾驶员操控
(C)工程经济
(D)行车舒适和排水

10. 关于回旋线的说法，错误的是以下哪个选项？　(　　)

(A) 回旋线最小长度规定值按 6s 行程计算取整而得到

(B) 回旋线长度应随圆曲线半径的增大而增长

(C) 圆曲线按规定设置超高时，回旋线长度应不小于超高过渡段长度

(D) 高速公路的直线同小于不设超高的圆曲线最小半径径相连接处，应设置回旋线

11. 根据《公路路线设计规范》(JTG D20—2017) 规定，二级公路不设置缓和曲线时，其圆曲线半径应大于以下哪个选项？　(　　)

(A) 圆曲线最小半径　　(B) 不设超高的最小半径

(C) 临界半径　　(D) 不设置加宽的最小半径

12. 平面凸形曲线中，其 HZ 点里程计算是以下哪个选项？　(　　)

(A) $HZ = QZ + J/2$　　(B) $HZ = JD + T$

(C) $HZ = ZH + 2l_s$　　(D) $HZ = JD - T$

13. 在积雪冰冻地区，最大超高横坡度不宜大于以下哪个选项？　(　　)

(A) 4%　　(B) 6%

(C) 8%　　(D) 10%

14. 新建三级公路，其超高旋转点宜采用以下哪个选项？　(　　)

(A) 公路中线　　(B) 未超高、加宽前的路基外侧边缘

(C) 分隔带边缘　　(D) 未超高、加宽前的路面内侧边缘

15. 公路平曲线加宽的位置一般是以下哪个选项？　(　　)

(A) 平曲线外侧　　(B) 平曲线内侧

(C) 平曲线两侧　　(D) 中线

16. 高速公路、一级公路的视距应采用以下哪个选项？　(　　)

(A) 停车视距　　(B) 会车视距

(C) 超车视距　　(D) 错车视距

17. 关于横净距的说法，正确的是以下哪个选项？　(　　)

(A) 横净距是指视距曲线至路中线的法向距离

(B) 横净距是指视距曲线至驾驶员视点轨迹线的法向距离

(C) 横净距是指视距曲线至路面内边缘线的法向距离

(D) 横净距是指视距曲线至路面外边缘线的法向距离

18. 某断链桩 K2 + 100 = K2 + 150，描述正确的是以下哪个选项？　(　　)

(A)长链 50m (B)短链 50m
(C)长链 25m (D)短链 25m

19. 某二级公路设计,交点 5 为单交点,该曲线未设置缓和曲线,该圆曲线半径应大于等于以下哪个选项? ( )

(A)极限最小半径 (B)一般最小半径
(C)不设超高的最小半径 (D)临界半径

20. 某级公路有一平曲线,半径为 300m,设计速度为 60km/h,则按离心加速度变化率(取 $0.5m/s^3$)计算的缓和曲线最小长度最接近以下哪个选项? ( )

(A)30m (B)38m
(C)40m (D)42m

二、多项选择题

1. 缓和曲线的作用有下列哪些选项? ( )

(A)缓和线形 (B)缓和行车
(C)设置加宽缓和段 (D)设置超高缓和段
(E)缓和坡度

2. 计算各圆曲线半径所设置的超高值,需要考虑的因素有下列哪些选项? ( )

(A)设计速度 (B)圆曲线半径
(C)公路条件 (D)自然条件
(E)缓和曲线长

3. 根据直线与圆曲线间的回旋线的省略条件,公路设计中不设置回旋线的有下列哪些选项? ( )

(A)高速公路 (B)四级公路
(C)平原地区公路 (D)地形特别困难路段
(E)圆曲线半径≥不设超高的圆曲线最小半径

4. 根据《城市道路工程设计规范》(CJJ 37—2012),可以省略缓和曲线的条件有以下哪些选项? ( )

(A)计算行车速度小于 40km/h 时
(B)半径大于不设缓和曲线的最小圆曲线半径时
(C)半径大于不超高的最小圆曲线半径时
(D)道路等级为支路
(E)运行速度小于 60km/h 时

5. 平面组合线形有下列哪些选项？（　　）

(A)基本形　(B)凸形
(C)C形　(D)凹形
(E)S形

6. 某旅游区四级公路，要求加宽后的路面边缘线圆滑、美观，平曲线加宽过渡的方式宜采用下列哪些选项？（　　）

(A)比例过渡　(B)高次抛物线过渡
(C)回旋线过渡　(D)直线与圆弧相切过渡
(E)二次抛物线过渡

7. 根据《公路路线设计规范》(JTG D20—2017)规定，关于公路加宽标准，说法正确的有下列哪些选项？（　　）

(A)二级公路、三级公路、四级公路的圆曲线半径小于或等于250m时，应设置加宽
(B)圆曲线上的路面加宽应设置在圆曲线的内侧
(C)各级公路的路面加宽后，路基也应相应加宽
(D)双车道公路当采取强制性措施实行分向行驶的路段，其圆曲线半径较小时，内侧车道的加宽值应小于外侧车道的加宽值，设计时应通过计算确定其差值
(E)作为干线的二级公路应采用第3类加宽

8. 行车视距的标准规定有下列哪些选项？（　　）

(A)停车视距　(B)会车视距
(C)错车视距　(D)避让障碍物视距
(E)超车视距

9. 无中间带的公路，其超高的方式有下列哪些选项？（　　）

(A)绕中线旋转　(B)绕未加宽前路面内边缘旋转
(C)绕路基外边缘旋转　(D)绕路面外边缘旋转
(E)绕未加宽前路基内边缘旋转

10. 有中间带的公路，其超高的方式有下列哪些选项？（　　）

(A)绕中央分隔带边缘旋转　(B)绕路基外边缘旋转
(C)绕中间带的中心线旋转　(D)绕各自行车道中线旋转
(E)绕路基内边缘旋转

11. 凡满足缓和曲线性质的曲线均可作为缓和曲线，这些曲线包括下列哪些选项？（　　）

(A)回旋曲线　(B)复曲线

(C)三次抛物线 (D)双纽线

(E)正弦形曲线

三、案例题

1. 某平原区二级公路,已知 JD1、JD2、JD3 的坐标分别为(40961.914,91066.103),(40433.528,91250.097),(40547.416,91810.392)。JD2 的转角是下列哪个选项? ( )

(A)59.3121° (B)82.1729°

(C)97.9085° (D)103.2414°

2. 已知两相邻平曲线:JD20 桩号为 K9+977.54,$T=65.42$m,缓和曲线长 35m,切曲差 $J=1.25$m;JD21 桩号为 K10+182.69,$T=45.83$m。两曲线间的直线长度是下列哪个选项? ( )

(A)95.15m (B)111.25m

(C)205.15m (D)206.4m

3. 某路线平面部分设计资料如下:JD11 = K6 +666.66,JD12 = K7 +222.22,ZY11 = K6 +622.32, YZ11 = K6 +709.59,JD11 至 JD12 的交点间距是下列哪个选项? ( )

(A)554.15m (B)555.56m

(C)556.97m (D)558.38m

4. 某交点为简单形曲线,交点桩号为 K18 +200.11,其转角为 25°00′。如果平曲线半径取 400m,YZ 点里程是下列哪个选项? ( )

(A)K18 +111.43 (B)K18 +198.70

(C)K18 +285.96 (D)K18 +288.79

5. JD5 为基本形曲线,交点桩号为 K18 + 200.11,其转角左转为 26°00,平曲线半径取 400m, 缓和曲线长取 60m,JD6 为简单形曲线,其转角右转为 12°00,平曲线半径取 1600m,JD5 与 JD6 的交点距离为 500m,JD5 与 JD6 两反向曲线间的直线长度是下列哪个选项? ( )

(A)209.4m (B)300m

(C)332.62m (D)500m

6. 某单交点基本形曲线,交点桩号为 K18 +985.00,圆曲线半径取 300m,圆曲线两端的缓和曲线均为 60m,其转角为 23°23′,缓直点里程是下列哪个选项? ( )

(A)K18 +892.82 (B)K19 +075.26

(C)K19 +077.18 (D)K19 +081.21

7. JD6 与 JD7 构成复曲线,JD6 的交点;里程为 K2 +222.22,$\alpha_6=59°14'$,$\alpha_7=57°44'$,基线 $AB=61.77$m,$R_6=50$m。JD7 的 YZ 点里程是下列哪个选项? ( )

(A) K2 +300.26　　(B) K2 +306.44

(C) K2 +311.59　　(D) K2 +317.34

8. 基本形曲线，交点里程为 K1 + 123.45，转角为 33°44′，半径为 250m，缓和曲线长为 50m，K1 +50 和 K1 +150 的切线支距坐标是下列哪个选项？（　　）

(A) (21.36m, 0.22m), (69.02m, 4.04m)

(B) (27.46m, 0.28m), (69.48m, 4.14m)

(C) (47.46m, 0.48m), (69.02m, 4.04m)

(D) (28.16m, 0.36m), (99.48m, 6.19m)

9. 某二级公路（V =60km/h），路面宽度 7m，土路肩宽度 0.75m，路拱横坡 2%，土路肩横坡 4%。某平曲线半径选定为 180m，超高横坡取 6%，超高旋转轴绕边线旋转。该曲线的超高缓和段最小长度、超高缓和段最大长度是下列哪个选项？（　　）

(A) 45m, 120m　　(B) 50m, 130m

(C) 55m, 135m　　(D) 60m, 140m

10. 某二级公路（V =60km/h），路面宽度 7m，土路肩宽度 0.75m，路拱横坡 2%，土路肩横坡 4%。某平曲线半径选定为 180m，超高横坡取 6%，超高旋转轴绕中线旋转。该曲线的超高缓和段最小长度、超高缓和段最大长度是下列哪个选项？（　　）

(A) 45m, 80m　　(B) 50m, 90m

(C) 50m, 100m　　(D) 55m, 110m

11. 某干线二级公路，加宽过渡的渐变方式采用线性渐变方式，交点 20 为基本形曲线，其交点桩号为 K18 +333.22，其转角为 32°20′，半径为 200m，缓和曲线长为 60m，其主点桩号为 ZH = K18 +245.05，HY = K18 +305.05，QZ = K18 +331.48，YH = K18 +357.91，HZ = K18 + 417.91，K18 +400 的加宽值是下列哪个选项？（　　）

(A) 0.24m　　(B) 0.36m

(C) 0.48m　　(D) 0.56m

12. 某干线二级公路，加宽过渡的渐变方式采用四次抛物线渐变方式，交点 20 为基本形曲线，其交点桩号为 K18 +333.22，其转角为 32°20′，半径为 200m，缓和曲线长为 60m，其主点桩号为 ZH = K18 +245.05，HY = K18 +305.05，QZ = K18 +331.48，YH = K18 +357.91，HZ = K18 +417.91，K18 +400 的加宽值是下列哪个选项？（　　）

(A) 0.05m　　(B) 0.07m

(C) 0.15m　　(D) 0.24m

13. 某三级公路（V =40km/h），其路基设计高程采用路基边缘高程。路面宽度 7m，土路肩宽度 0.75 m，路拱横坡 2%，土路肩横坡 4%。某平曲线半径选定为 140m，超高横坡取 6%，超高

旋转轴绕边线旋转。QZ 点的路基设计高程为 100m,该 QZ 点的路基外侧高程是下列哪个选项?（　　）

(A)100m　　(B)100.42m

(C)100.48m　　(D)100.51m

14. 二级公路,设计速度为 60km/h,路面与轮胎之间的纵向摩阻系数取 0.33,驾驶员反应时间取 2.5s,停车视距是下列哪个选项?（　　）

(A)70m　　(B)75m

(C)80m　　(D)85m

15. 某四级公路,设计速度为 20km/h,路面宽度 6m,路肩宽度 0.25m,停车视距为 20m,JD27 转角为 35°42′,曲线半径 $R=100\mathrm{m}$,$l_s=0$,圆曲线长 L 为 62.31m,其最大横净距是下列哪个选项?（　　）

(A)1.29m　　(B)2.02m

(C)3.66m　　(D)4.62m

16. 某四级公路,设计速度为 20km/h,路面宽度 6m,路肩宽度 0.25m,停车视距为 20m,JD27 转角为 35°42′,曲线半径 $R=60\mathrm{m}$,$l_s=0$,圆曲线长 L 为 37.39m,其最大横净距是下列哪个选项?（　　）

(A)1.29m　　(B)2.02m

(C)3.36m　　(D)4.62m

17. 某一级公路设计速度为 100km/h,其标准横断面如图所示。有一弯道超高横坡为 4.0%,若取缓和曲线长度为 150m,超高采用绕中央分隔带边缘旋转,其超高渐变率最接近下列哪个选项?（　　）

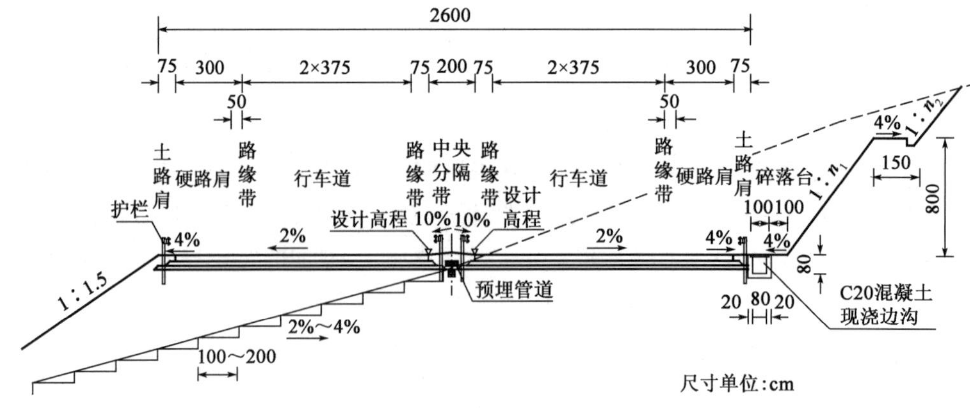

(A)1/150　　(B)1/190

(C)1/202　　(D)1/286

参考答案及解析

一、单项选择题

1.［答案］A

［解析］长直线工程量与对环境破坏不一定都大，要看具体情况；长直线美观性差与否，也不能一概而论；但长直线易使驾驶人员感到单调、疲倦；在直线纵坡路段，易错误估计车间距离、行车速度及上坡坡度，易对长直线估计得过短或产生急躁情绪，超速行驶，易发生事故。

2.［答案］B

［解析］根据《公路路线设计规范》(JTG D20—2017)，两圆曲线间以直线径相连接时，直线的长度不宜过短。设计速度大于或等于 60km/h 时，同向圆曲线间最小直线长度(以 m 计)以不小于设计速度(以 km/h 计)的 6 倍为宜；反向圆曲线间的最小直线长度(以 m 计)以不小于设计速度(以 km/h 计)的 2 倍为宜。$6V=360$m。

3.［答案］D

［解析］两同向曲线间的直线较短时，在视觉上容易产生把直线与两端的曲线看成反向曲线的错觉，当直线过短时甚至把两个曲线看成一个曲线，破坏了线形的连续性，容易造成驾驶员操作失误。这种同向曲线间插入短直线的曲线组合，通常被称为断背曲线。

4.［答案］B

［解析］根据《公路路线设计规范》(JTG D20—2017)，圆曲线最大半径值不宜超过 10000m。

5.［答案］C

［解析］根据《公路路线设计规范》(JTG D20—2017)，当路线转角小于等于 7°时，应设置较长的平曲线，其长度有别于转角大于 7°的情况而进行了单独的规定。

6.［答案］B

［解析］根据《公路路线设计规范》(JTG D20—2017)，各级公路平曲线最小长度是按回旋线最小长度的 2 倍控制，实际上是一种极限状态，此时曲线为凸形回旋线。最短回旋线长度按 3s 行程控制。

7.［答案］B

［解析］在汽车匀速行驶，驾驶员均匀转动转向盘的情况下，汽车行驶轨迹线是一条回旋曲线，缓和曲线采用回旋曲线，是路线符合汽车行驶轨迹线，方便驾驶员操作。

8.[答案]A

[解析]利用缓和曲线角公式$\beta_0 = \frac{90}{\pi} \cdot \frac{l_s}{R}$进行推导,可得到$R/3 \leqslant A \leqslant R$。

9.[答案]D

[解析]考虑行车舒适,应限制超高缓和段最小长度,使附加纵坡减小。考虑路面排水,应限制超高缓和段最大长度,是横坡0%的路段长度控制在一定长度内。

10.[答案]A

[解析]回旋线最小长度规定值按3s行程计算取整而得到。其余几个选项均符合规范要求。

11.[答案]B

[解析]各级公路不设超高的最小半径即是不设置缓和曲线的最小半径。城市道路不设置缓和曲线,其曲线半径大于不设置缓和曲线最小半径值。

12.[答案]C

[解析]凸形曲线圆曲线为零,缓直点里程等于直缓点里程加2条缓和曲线长度。

13.[答案]B

[解析]根据《公路路线设计规范》(JTG D20—2017),积雪冰冻地区,最大超高横坡度为6%,符合滑动稳定的条件。

14.[答案]D

[解析]绕内线旋转因行车道内侧降低较小,甚至可能会有较小抬高,利于路基纵向排水,也利于路基设计高程的控制,一般新建公路多用此法。绕内线指未超高、加宽前的路面内侧边缘。

15.[答案]B

[解析]根据汽车在平曲线上行驶的特征,后轮偏向于平曲线内侧,为适应汽车转弯后轮偏向于平曲线内侧的需要,平曲线加宽一般是加宽平曲线内侧。

16.[答案]A

[解析]高速公路、一级公路因有中央分隔带,不存在会车与错车,不需要保证会车视距与错车视距。高速公路、一级公路有超车道,超车时也无对向车,不需要保证超车视距。《公路路线设计规范》(JTG D20—2017)规定,高速公路、一级公路的视距应采用停车视距,发现任何情况,保证汽车能停下来。

17. [**答案**]B

[**解析**]横净距是指视距曲线至驾驶员视点轨迹线的法向距离,保证视距是通过保证横净距来实现的。

18. [**答案**]B

[**解析**]正确的新桩号写于等号前面,等号前面里程大即是长链,等号前面里程小即是短链,长短链的长度就是两桩号之差。桩号重叠为长链,桩号间断为短链。故为短链50m。

19. [**答案**]C

[**解析**]《公路路线设计规范》(JTG D20—2017)规定,当圆曲线半径大于或等于不设超高的圆曲线最小半径时可不设缓和曲线;四级公路可将直线与圆曲线径相连接,在圆曲线两端的直线上设置超高缓和段、加宽缓和段。故本题正确答案为C。

20. [**答案**]A

[**解析**]$l_s = \frac{V^3}{47R \cdot \alpha_s} = \frac{60^3}{47 \times 300 \times 0.5} = 30.6\text{m}$

二、多项选择题

1. [**答案**]ABCD

[**解析**]缓和曲线作用如下:曲率连续变化,便于车辆遵循;离心加速度逐渐变化,旅客感觉舒适;超高横坡度及加宽逐渐变化,行车更加平稳;与圆曲线配合,增加线形美观。

2. [**答案**]ABCD

[**解析**]根据《公路路线设计规范》(JTG D20—2017),各圆曲线半径所设置的超高值(i_C)应根据设计速度、圆曲线半径、公路条件、自然条件等经计算确定,必要时按运行速度验算。

3. [**答案**]BE

[**解析**]根据《公路路线设计规范》(JTG D20—2017),直线与圆曲线间的回旋线的省略条件有两条:其一圆曲线半径$R \geqslant$不设超高的圆曲线最小半径,其二是四级公路。

4. [**答案**]AB

[**解析**]根据《城市道路工程设计规范》(CJJ 37—2012),当计算行车速度小于40km/h时,可以省略缓和曲线;大于或等于40km/h时,如半径大于不设缓和曲线的最小圆曲线半径时,缓和曲线可以省略。半径大于不超高的最小圆曲线半径时,是公路省略缓和曲线的条件,选项C错误;道路等级为支路,其设计速度有40km/h、30km/h、20km/h三个,在40km/h时,其半径要大于500m,方可省略缓和曲线,选项D错误。省略缓和曲线未采用运行速度,且60km/h也不符合规定,选项E错误。

5. [答案]ABCE

[解析]平面组合线形有简单形、基本形、凸形、S 形、C 形、复合形、复曲线,没有凹形。

6. [答案]BCE

[解析]比例过渡在过渡段的起终点出现转折,直线与圆弧相切过渡,在过渡段的起点出现转折,其他几种均无明显转折,加宽后路边线美观。故本题正确答案为 BCE。

7. [答案]ABCE

[解析]ABCE 符合《公路路线设计规范》(JTG D20—2017)规定。双车道公路当采取强制性措施实行分向行驶的路段,其圆曲线半径较小时,内侧车道的加宽值应大于外侧车道的加宽值,设计时应通过计算确定其差值。

8. [答案]ABE

[解析]错车视距与避让障碍物视距均小于会车视距,保证了会车视距,错车视距与避让障碍物视距均可得到保证。标准只规定了停车视距、会车视距和超车视距。

9. [答案]ABD

[解析]无中间带的公路,其超高的方式有绕中线旋转、绕内边线旋转、绕外边线旋转,边线均指绕未加宽前路面边缘,非路基边缘。

10. [答案]ACD

[解析]有中间带的公路,其超高的方式有绕中央分隔带边缘旋转、绕中间带的中心线旋转、绕各自行车道中线旋转,绕路基边缘旋转均错误。

11. [答案]ACDE

[解析]凡满足缓和曲线性质的曲线均可作为缓和曲线,这些曲线有:回旋线、三次抛物线、双纽线、n 次抛物线、正弦形曲线等。复曲线是两个圆曲线的组合,不能作为缓和曲线。故本题正确答案为 ACDE。

三、案例题

1. [答案]B

[解析](1)路线与 x 轴的夹角 β:

$$\beta_1 = \arctan\frac{\Delta y}{\Delta x} = \arctan\frac{|y_2 - y_1|}{|x_2 - x_1|} = \arctan\frac{|91250.097 - 91066.103|}{|40433.528 - 40961.914|}$$

$$= \arctan\frac{|183.994|}{|-528.386|} = 19.1982°$$

$$\beta_2 = \arctan\frac{\Delta y}{\Delta x} = \arctan\frac{|y_3 - y_2|}{|x_3 - x_2|} = \arctan\frac{|91810.392 - 91250.097|}{|40547.416 - 40433.528|}$$

$$= \arctan \frac{|560.295|}{|113.888|} = 78.5103°$$

$\Delta y > 0, \Delta x < 0$，二象限，方位角 1 = $180° - \beta_1 = 180° - 19.1982° = 160.8018°$

$\Delta y > 0, \Delta x > 0$，一象限，方位角 2 = $\beta_2 = 78.5103°$

(2)转角 = 方位角 2 − 方位角 1 = $78.5103° - 160.8018° = -82.2915° = -82.1729°$

2.［答案］A

［解析］(1)假设 JD20 至 JD21 的交点间距为 AB：

$JD21 = JD20 + AB - J_{20}$

$10182.69 = 9977.54 + AB - 1.25$

交点间距 $AB = 206.4m$

(2)两曲线间的直线长度 $= AB - T_{20} - T_{21} = 206.4 - 65.42 - 45.83 = 95.15m$

3.［答案］C

［解析］(1)JD11 切线长 = JD11 − ZY11 = (K6 + 666.66) − (K6 + 622.32) = 44.34m

JD11 曲线长 = YZ11 − ZY11 = (K6 + 709.59) − (K6 + 622.32) = 87.27m

JD11 切曲差 $J = 2T - L = 2 \times 44.34 - 87.27 = 1.41m$

(2)$AB = JD12 - JD11 + J_{11}$ = (K7 + 222.22) − (K6 + 666.66) + 1.41 = 556.97m

4.［答案］C

［解析］(1) $T = R \cdot \tan\frac{\alpha}{2} = 400 \times \tan\frac{25°00'}{2} = 88.68m$

(2) $L = R\frac{\pi}{180}\alpha = 400 \times \frac{\pi}{180} \times 25°00' = 174.53m$

(3) YZ = JD − T + L = (K18 + 200.11) − 88.68 + 174.53 = K18 + 285.96

5.［答案］A

［解析］(1) $\Delta R = \frac{l_s^2}{24R} - \frac{l_s^4}{2688R^3} = 0.375m$

(2) $q = \frac{l_s}{2} - \frac{l_s^3}{240R^2} = 29.994m$

(3) $T_5 = (R + \Delta R) \cdot \tan\frac{\alpha}{2} + q = (400 + 0.375) \cdot \tan\frac{26°00'}{2} + 29.994 = 122.43m$

(4) $T_6 = R \cdot \tan\frac{\alpha}{2} = 1600 \times \tan\frac{12°00'}{2} = 168.17m$

(5)JD5 与 JD6 两反向曲线间的直线长度 $= AB - T_5 - T_6 = 500 - 122.43 - 168.17 = 209.40m$

6.［答案］B

［解析］(1) $\Delta R = \frac{l_s^2}{24R} - \frac{l_s^4}{2688R^3} = 0.5\text{m}$

(2) $q = \frac{l_s}{2} - \frac{l_s^3}{240R^2} = 29.99\text{m}$

(3) $T = (R + \Delta R) \cdot \tan\frac{\alpha}{2} + q = 92.18\text{m}$

(4) $L = \frac{\pi}{180} \cdot \alpha \cdot R + l_s = 182.44\text{m}$

(5) $\text{HZ} = \text{JD} - T + L = \text{K}19 + 075.26$

7.［答案］B

［解析］(1) $T_6 = R_6 \cdot \tan\frac{\alpha_6}{2} = 50 \times \tan\frac{59°14'}{2} = 28.42\text{m}$

$L_6 = R_6 \cdot \frac{\pi}{180} \cdot \alpha_6 = 50 \times \frac{\pi}{180} \times 59°14' = 51.69\text{m}$

(2) $T_7 = AB - T_6 = 61.77 - 28.42 = 33.35\text{m}$

$R_7 = \frac{T_7}{\tan\frac{\alpha_7}{2}} = \frac{33.35}{\tan\frac{57°44'}{2}} = 60.49\text{m}$

$L_7 = R_7 \cdot \frac{\pi}{180} \cdot \alpha_7 = 60.49 \times \frac{\pi}{180} \times 57°44' = 60.95\text{m}$

(3) JD7 的 YZ 点里程 $= \text{JD}6 - T_6 + L_6 + L_7 = \text{K}2 + 222.22 - 28.42 + 51.69 + 60.95 = \text{K}2 + 306.44$

8.［答案］B

［解析］(1) 曲线要素为：

$q = \frac{l_s}{2} - \frac{l_s^3}{240R^2} = \frac{50}{2} - \frac{50^3}{240 \times 250^2} = 24.99\text{m}$

$\Delta R = \frac{l_s^2}{24R} = \frac{50^2}{24 \times 250} = 0.42\text{m}$

$T = (R + \Delta R) \cdot \tan\frac{\alpha}{2} + q = (250 + 0.42) \times \tan\frac{33°44'}{2} + 24.99 = 100.91\text{m}$

$L = \frac{\pi}{180} \cdot \alpha \cdot R + l_s = \frac{\pi}{180} \times 33°44' \times 250 + 50 = 197.19\text{m}$

$L_Y = L - 2l_s = 197.19 - 2 \times 50 = 97.19\text{m}$

$E = (R + \Delta R) \cdot \sec\frac{\alpha}{2} - R = (250 + 0.42) \times \sec\frac{33°44'}{2} - 250 = 11.67\text{m}$

$J = 2T - L = 2 \times 100.94 - 197.19 = 4.63\text{m}$

(2) 曲线主点桩号计算如下：

$\text{ZH} = \text{JD} - T = \text{K}1 + 123.45 - 100.91 = \text{K}1 + 22.54$

$HY = ZH + l_s = K1 + 22.54 + 50 = K1 + 72.54$

$YH = HY + L_Y = K1 + 72.54 + 97.19 = K1 + 169.73$

$HZ = YH + l_s = K1 + 169.73 + 50 = K1 + 219.73$

$QZ = HZ - L/2 = K1 + 219.73 - 197.19/2 = K1 + 121.13$

$JD = QZ + J/2 = K1 + 121.13 + 4.63/2 = K1 + 123.45$

(3)K1 +50 切线支距坐标:K1 +50 在缓和曲线段;ZH 与 HY 之间

$l = 50 - 22.54 = 27.46\text{m}$

$$x = l - \frac{l^5}{40R^2 l_s^2} = 27.46 - \frac{27.46^5}{40 \times 250^2 \times 50^2} = 27.46\text{m}$$

$$y = \frac{l^3}{6Rl_s} - \frac{l^7}{336 \cdot R^3 l_s^3} = \frac{27.46^3}{6 \times 250 \times 50} - \frac{27.46^7}{336 \times 250^3 \times 50^3} = 0.28\text{m}$$

(4)K1 +150 切线支距坐标:K1 +150 在圆曲线段;QZ 与 YH 之间

$l_m = 169.73 - 150 = 19.73\text{m}$

$$\varphi_m = \frac{90}{\pi}\left(\frac{2l_m + l_s}{R}\right) = 28.6479 \times \left(\frac{2 \times 19.73 + 50}{250}\right) = 10.25136°$$

$x_m = q + R \cdot \sin\varphi_m = 24.99 + 250 \times \sin 10.25136° = 69.48\text{m}$

$y_m = \Delta R + R(1 - \cos\varphi_m) = 0.42 + 250 \times (1 - \cos 10.25136°) = 4.41\text{m}$

9. [**答案**]C

[**解析**](1)因为超高旋转轴绕边线旋转,查《公路路线设计规范》(JTG D20—2017)表7.5.4,超高渐变率为1/125。

(2)最小值 $L_C = \frac{B \cdot i_C}{P} = \frac{7 \times 6\%}{1/125} = 52.5\text{m}$

(3)最大值 $L_C = \frac{B \cdot i_C}{P} = \frac{7 \times 6\%}{1/330} = 138.6\text{m}$

取整即为55m和135m。

10. [**答案**]B

[**解析**](1)因为超高旋转轴绕中线旋转,查《公路路线设计规范》(JTG D20—2017)表7.5.4,超高渐变率为1/175。

(2)最小值 $L_C = \frac{\frac{B}{2} \cdot (i_C + i_G)}{P} = \frac{3.5 \times (6\% + 2\%)}{1/175} = 49\text{m}$

(3)最大值 $L_C = \frac{\frac{B}{2} \cdot (i_C + i_G)}{P} = \frac{3.5 \times (6\% + 2\%)}{1/330} = 92.4\text{m}$

取整即为50m和90m。

11. [**答案**]A

[解析](1)干线二级公路,半径为200m,查《公路路线设计规范》(JTG D20—2017)表7.6.1,加宽值为0.8m。

(2) $L_X = (K18+417.91) - (K18+400) = 17.91m$

(3) $B_{JX} = \dfrac{L_X}{L_J} \cdot B_J = \dfrac{17.91}{60} \times 0.8 = 0.24m$

12. **[答案]**B

[解析](1)干线二级公路,半径为200m,查《公路路线设计规范》(JTG D20—2017)表7.6.1,加宽值为0.8m。

(2) $L_X = (K18+417.91) - (K18+400) = 17.91m$

$$K = \frac{L_X}{L_J} = \frac{17.91}{60}$$

(3) $B_{JX} = (4K^3 - 3K^4) \cdot B_J = \left[4 \times \left(\dfrac{17.91}{60}\right)^3 - 3 \times \left(\dfrac{17.91}{60}\right)^4\right] \times 0.8 = 0.07m$

13. **[答案]**B

[解析]路基情况如图所示。

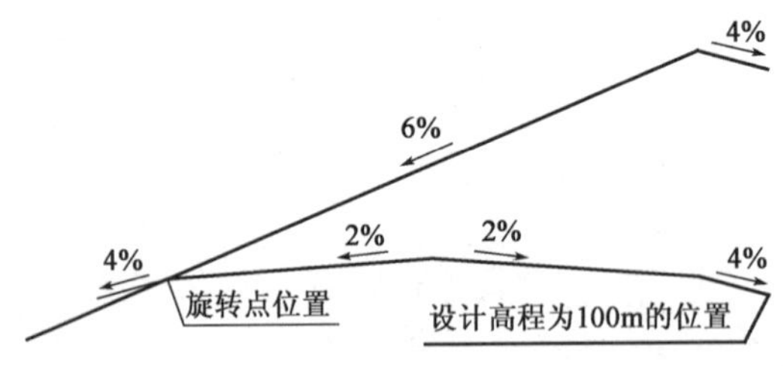

(1)旋转点的高程为:

$H_X = H_S + a \cdot i_J = 100 + 0.75 \times 4\% = 100.03m$

(2)路基外侧的高程为:

$H_{外} = H_X + b \cdot i_c - a \cdot i_J = 100.03 + 7 \times 6\% - 0.75 \times 4\% = 100.42m$

14. **[答案]**B

[解析](1)行驶速度,当设计车速为(60~40)km/h时为其90%,即行驶速度按54km/h计取。

(2)停车视距:$S_T = \dfrac{V_1}{3.6}t + \dfrac{V_1^2}{254f_Z} = \dfrac{54}{3.6} \times 2.5 + \dfrac{54^2}{254 \times 0.33} = 72.29m$

(3)为了安全,向上取整为75m。

15. **[答案]**B

[解析](1)四级公路应满足会车视距标准要求,即 $S=40\text{m}$,圆曲线长为 62.31m, $S<L$。

(2)横净距:

$$R_S = R - \frac{B}{2} + 1.5 = 100 - \frac{6}{2} + 1.5 = 98.5\text{m}$$

$$\gamma = \frac{180°}{\pi} \cdot \frac{S}{R_S} = \frac{180°}{\pi} \cdot \frac{40}{98.5} = 23.2673°$$

$$h = R_S\left(1 - \cos\frac{\gamma}{2}\right) = 98.5 \times \left(1 - \cos\frac{23.2673°}{2}\right) = 2.02\text{m}$$

16.[答案]C

[解析](1)四级公路应满足会车视距标准要求,即 $S=40\text{m}$,圆曲线长为 37.39m, $S>L$。

(2)横净距:

$$R_S = R - \frac{B}{2} + 1.5 = 60 - \frac{6}{2} + 1.5 = 58.5\text{m}$$

$$L' = \frac{\pi}{180} \cdot \alpha \cdot R_S = \frac{\pi}{180} \cdot 35.7 \times 58.5 = 36.45\text{m}$$

$$h = R_S\left(1 - cos\frac{\alpha}{2}\right) + \frac{S - L'}{2} \cdot \sin\frac{\alpha}{2}$$

$$= 58.5 \times \left(1 - \cos\frac{35.7°}{2}\right) + \frac{40 - 36.45}{2} \times \sin\frac{35.7°}{2}$$

$$= 3.36\text{m}$$

17.[答案]D

[解析](1) $L_C = \Delta i \cdot B/P = (0.04 + 0.02) \times (0.75 + 7.5 + 0.5)/P = 150\text{m}$

(2) $P = 0.06 \times 8.75/150 = 1/285.71$

第四节　路线纵断面设计

本节考纲

1.掌握纵断面设计高程与路基设计洪水频率的有关规定。

2.掌握竖曲线、最大纵坡、最小坡长、桥隧两端路线纵坡、合成坡度等的一般规定与运用。

3.熟悉纵断面的设计方法和步骤。

复习要点

路基设计高程、路基设计洪水频率、纵断面的设计方法和步骤、竖曲线、最大纵坡、最小纵坡、最大坡长、最小坡长、平均纵坡、桥隧两端路线纵坡、合成坡度。

典 型 习 题

一、单项选择题

1. 新建二、三、四级公路，其路基设计高程宜采用以下哪个选项？（　　）

(A)路基中线高程　　(B)路面边缘高程

(C)路基边缘高程　　(D)路基边沟高程

2. 三块板的城市道路，其路基设计高程宜采用以下哪个选项？（　　）

(A)路面边缘设计高程　　(B)道路设计中线处的路面设计高程

(C)右侧路缘带边缘设计高程　　(D)分隔带外侧边缘处的路面设计高程

3. 公路隧道内纵坡应大于0.3%的主要原因是以下哪个选项？（　　）

(A)通风的需要　　(B)排水的需要

(C)安全的需要　　(D)视距的需要

4. 设置锯齿形街沟的目的是以下哪个选项？（　　）

(A)方便设置雨水管　　(B)解决公路边沟排水

(C)解决城市道路路面排水　　(D)设置超高的需要

5. 最小纵坡一般用在以下哪个选项？（　　）

(A)平原区路段

(B)降雨量大的路段

(C)填方路段

(D)长路堑路段以及其他横向排水不畅的路段

6. 关于二级公路、三级公路、四级公路越岭路线连续上坡或下坡路段的平均纵坡的说法，错误的是以下哪个选项？（　　）

(A)任意连续3km路段的平均纵坡宜不大于5.5%

(B)相对高差为200～500m时平均纵坡应不大于5.5%

(C)相对高差大于500m时平均纵坡应不大于5%

(D)相对高差大于1000m时平均纵坡应不大于4.5%

7. 某路段，8%的纵坡设置了300m，其后6%纵坡设置了700m，则该路段的平均纵坡为以下哪个选项？（　　）

(A)5.0%　　(B)5.5%

(C)6.6%　　(D)7.0%

8. 不属于纵断面设计的控制指标是以下哪个选项? ( )

(A)最大纵坡 (B)平均纵坡

(C)最短坡长 (D)坡度角

9. 合成坡度容易超标的地点是以下哪个选项? ( )

(A)陡坡与急弯组合处 (B)凸形曲线顶点与反向曲线拐点组合处

(C)陡坡与缓坡交接处 (D)凹形曲线中点与同向曲线 GQ 点处

10. 在平原地区,纵断面设计高程的控制主要取决于以下哪个选项? ( )

(A)路基最小填土高度 (B)土石方填挖平衡

(C)最小纵坡和坡长 (D)平均纵坡

11. 道路竖曲线可采用以下哪个选项? ( )

(A)圆曲线 (B)回旋曲线

(C)三次抛物线 (D)双纽线

12. 凸形竖曲线最小长度和最小半径的确定,主要的控制因素是以下哪个选项? ( )

(A)行程时间、缓和冲击和视距 (B)行程时间和纵向稳定

(C)横向力系数和视距 (D)视距和离心加速度

13. 考虑平纵组合时"平包竖"时,选择竖曲线半径的控制条件一般是以下哪个选项?

( )

(A)切线长 (B)纵距

(C)平竖曲线半径比 (D)工程量

14. 纵断面设计的试坡要点是"以点定线,以线交点",其中以线交点的"点"是指以下哪个选项? ( )

(A)经济点 (B)变坡点

(C)高程控制点 (D)竖曲线的起、终点

15. 公路与城市道路的大桥、中桥桥面纵坡以及桥头引道纵坡分别不宜大于以下哪个数值? ( )

(A)3%,4% (B)4%,5%

(C)5%,6% (D)5%,5%

16. 各级公路竖曲线一般最小半径与极限最小半径的倍数,正确的是以下哪个选项?

( )

(A)0.5~1.0 (B)1.0~1.5

(C)1.5~2.0　　(D)2.0~2.5

17. 关于缓和坡段设计的说法,错误的是以下哪个选项?　　(　　)

(A)在纵断面设计中,当陡坡的长度达到限制坡长时,应设计一段缓坡,用以恢复车辆在陡坡上行驶而降低的速度

(B)设计速度小于或等于80km/h时,缓和坡段的纵坡应不大于3%

(C)设计速度大于80km/h时,缓和坡段的纵坡应不大于2%

(D)缓和坡段可减小下坡制动次数,保证行车安全

18. 关于公路设计高程规定的说法,错误的是以下哪个选项?　　(　　)

(A)新建高速公路和一级公路宜采用中央分隔带的外侧边缘高程

(B)新建二级公路宜采用路基边缘高程

(C)新建四级公路宜采用路面边缘高程

(D)改建三级公路可采用行车道中线高程

19. 关于公路最大纵坡规定值的说法,错误的是以下哪个选项?　　(　　)

(A)设计速度为120km/h、100km/h、80km/h的高速公路,受地形条件或其他特殊情况限制时,经技术经济论证,最大纵坡可增加1%

(B)改扩建公路设计速度为40km/h、30km/h、20km/h的利用原有公路的路段,经技术经济论证,最大纵坡可增加1%

(C)位于海拔2000m以上高原地区的公路,最大纵坡应按规定予以折减

(D)四级公路位于海拔2000m以上或积雪冰冻地区的路段,最大纵坡不应大于8%

20. 某二级公路设计速度为60km/h,隧道起点桩号为K3+120,终点桩号为K3+215,则该隧道内最大纵坡可达到以下哪个选项?　　(　　)

(A)3%　　(B)4%

(C)5%　　(D)6%

二、多项选择题

1. 沿河及可能受水浸淹的路段,按设计高程推算的最低侧路基边缘高程,应考虑下列哪些选项?　　(　　)

(A)规定洪水频率计算水位　　(B)壅水高

(C)波浪侵袭高　　(D)0.50m的安全高度

(E)路基沉降高差

2. 关于公路坡长规定的说法,正确的有下列哪些选项?　　(　　)

(A)公路纵坡的最小坡长规定值是按汽车行程时间控制而得出的

(B)公路连续上坡或下坡时,应根据载重汽车上坡时的速度折减变化,在不大于规定的

纵坡长度之间设置缓和坡段
(C)最小坡长规定应严格执行
(D)最大坡长规定应严格执行,但特殊情况超过规定宜设置爬坡车道
(E)小于或等于3%的纵坡,可以不限制其坡长

3. 关于公路爬坡车道规定的说法,正确的有下列哪些选项？　(　　)
(A)沿连续上坡方向载重汽车的运行速度降低到容许最低速度以下宜设置爬坡车道
(B)上坡路段的设计通行能力小于设计小时交通量宜设置爬坡车道
(C)高速公路、一级公路爬坡车道长度大于500m时,应按规定在其右侧设置紧急停车带
(D)爬坡车道的超高横坡的旋转轴为爬坡车道内侧边缘线
(E)爬坡车道的起点,应设于陡坡路段的起点

4. 一般情况下需要限制最小纵坡的路段包括下列哪些选项？　(　　)
(A)高填方路段　(B)隧道段
(C)桥梁段　(D)长路堑路段
(E)经过水田路段

5. 合成坡度必须小于8%的情况包括下列哪些选项？　(　　)
(A)冬季路面有积雪、结冰的地区　(B)自然横坡较陡峻的傍山路段
(C)非汽车交通量较大的路段　(D)积水较多的山洼地带
(E)S形曲线路段

6. 制订凹形竖曲线半径标准,考虑的因素有下列哪些选项？　(　　)
(A)平纵组合　(B)限制离心力不致过大
(C)限制失重　(D)保证车灯照射距离
(E)保证跨线桥下视距

7. 制订凸形竖曲线半径标准,考虑的因素有下列哪些选项？　(　　)
(A)失重不致过大　(B)超重不致过大
(C)保证纵面行车视距　(D)夜间灯光的照射距离
(E)视觉效果

8. 关于竖曲线的说法,正确的有下列哪些选项？　(　　)
(A)各级公路在纵坡变更处均应设置竖曲线
(B)竖曲线的形式只能采用圆曲线
(C)竖曲线长度应达到竖曲线最小长度规定

(D)竖曲线半径应达到竖曲线极限最小半径规定

(E)竖曲线半径选择应考虑平纵组合要求

9. 纵断面设计中,属于控制性的"控制点"有下列哪些选项? ( )

(A)路线起终点高程 (B)变坡点高程

(C)洪水位 (D)隧道的控制高程

(E)垭口过岭高程

10. 纵断面设计步骤中,"核对"之前的步骤有下列哪些选项? ( )

(A)定坡 (B)试坡

(C)调坡 (D)标注控制点

(E)设计竖曲线

11. 关于竖曲线设计的说法,正确的有下列哪些选项? ( )

(A)公路和城市道路的竖曲线指标是相同的

(B)凸形和凹形竖曲线最小长度的规定是一致的

(C)凸形竖曲线和凹形竖曲线的最小半径的指标是不同的

(D)竖曲线的切线长是水平长度

(E)在竖曲线部分:$2T-L=0$

12. 关于缓和坡段设计的说法,正确的有下列哪些选项? ( )

(A)两段达到最大坡长限制的陡坡间应设置3%的缓和坡段

(B)从下坡的安全考虑,缓和坡段设置是需要的

(C)在缓坡上汽车将以加速行驶,理论上缓坡长度应适应这个加速过程需要

(D)在纵断面设计中,当陡坡的长度达到限制坡长时,应设计一段缓坡,用以恢复车辆在陡坡上行驶而降低的速度

(E)缓和坡段的长度应符合最小坡长的规定

三、案例题

1. 某三级公路($V=40$km/h),位于一般地区,某平曲线位于纵坡为7%的陡坡路段,平曲线超高坡度为最大值,其最大合成坡度最接近下列哪个选项? ( )

(A)9.88% (B)10.63%

(C)11.52% (D)12.21%

2. 某三级公路(设计速度40km/h)越岭线路段,从山脚至垭口的纵坡设计见下表。其平均纵坡是下列哪个选项? ( )

坡度(%)	4	5	2.5	8	2.8	7	2	3.8	6	2	6	3	6
坡长(m)	500	400	200	300	200	450	220	160	600	200	600	200	690

(A)4.46%　　(B)4.95%
(C)5.08%　　(D)5.42%

3.某二级公路,设计速度60km/h,相邻两段陡坡,第一段纵坡坡度为6%,实际设计长度为400m,第二段纵坡坡度为5%,其实际设计长度不应超过下列哪个选项?(　　)

(A)200m　　(B)260m
(C)300m　　(D)400m

4.某二级公路相邻两段纵坡 $i_1=5.2\%$,$i_2=-4.8\%$,要求 $T=100\text{m}$。竖曲线半径取值最接近下列哪个选项?(　　)

(A)1000m　　(B)2000m
(C)5000m　　(D)50000m

5.某一桥头引道变坡点桩号为K5+950,高程900.88m,$i_1=3\%$,桥上为平坡,即 $i_2=0\%$。桥头起点桩号K6+030,要求竖曲线终点距桥头起点有20m的直坡段。竖曲线半径 R 最接近下列哪个选项?(　　)

(A)2400m　　(B)3000m
(C)4000m　　(D)5333m

6.某三级公路,路基设计高程为路中线,路段中有一变坡点的高程为99.88m,其相邻坡段的纵坡分别为 $i_1=-3.2\%$,$i_2=1.8\%$。该变坡点处设有涵洞1-1.5m×1.5m盖板涵一道,涵洞铺底高程99.43m,盖板厚度0.2m,要求涵洞顶面填土高度(含路面)至少保证0.5m,竖曲线半径应不小于下列哪个选项?(　　)

(A)5000m　　(B)5500m
(C)5600m　　(D)6000m

7.某公路有连续三个变坡点分别为:K0+700、K1+100、K1+480。对应的设计高程分别为:100.00m,92.00m、69.20m。若在变坡点K1+100处的竖曲线半径为5000m,桩号K1+080的路基设计高程最接近下列哪个选项?(　　)

(A)91.76m　　(B)92.40m
(C)93.04m　　(D)99.36m

8.某级公路相邻两段纵坡 $i_1=-5\%$,$i_2=-1\%$,变坡点里程桩号为K2+880,变坡点高程为500.00m,该竖曲线半径选定为2000m,K2+900的设计高程最接近下列哪个选项?(　　)

(A)499.70m　　(B)499.80m
(C)499.90m　　(D)500.00m

9.某三级公路,设计速度30km/h,其中部分纵断面设计图如图所示,对该纵断面设计图的

说法，正确的是下列哪个选项？（　　）

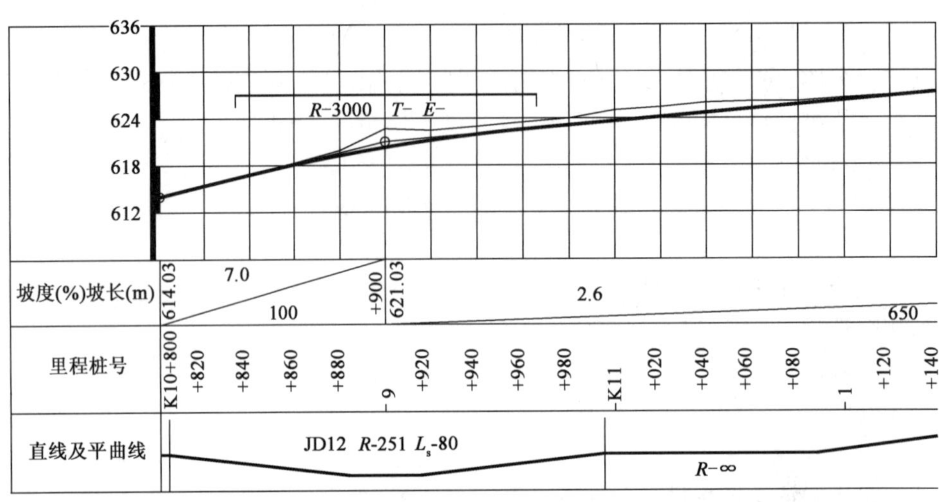

(A)最小坡长不符合规定　　(B)竖曲线外距为 0.68m

(C)回旋曲线参数 $A=141.7$m　　(D)K10 +900 的路基设计高程为 621.03m

10. 已知相邻雨水口的间距为 20m，道路中心线纵坡度为 0%，雨水口处缘石外露高度为 0.174m，分水点处缘石外露高度为 0.144m，锯齿形街沟（或称偏沟）纵坡 j_C 及分水点距离 S 最接近下列哪个选项？（　　）

(A)0.3%，10m　　(B)0.35%，10.62m

(C)0.4%，11.6m　　(D)0.5%，12m

参考答案及解析

一、单项选择题

1. **[答案]** C

[解析] 根据《公路路线设计规范》(JTG D20—2012)，新建公路：高速公路和一级公路宜采用中央分隔带的外侧边缘高程；二级公路、三级公路、四级公路宜采用路基边缘高程，在设置超高、加宽路段为设超高、加宽前该处边缘高程。

2. **[答案]** B

[解析] 根据《城市道路工程设计规范》(CJJ 37—2012)，纵断面的设计高程宜采用道路设计中线处的路面设计高程。当有中间分隔带时可采用中间分隔带外侧边缘线处的路面设计高程。

3. [答案]B

[解析]隧道在施工和营运时均会有地下水,为了洞内排水的需要,应有一个最小的排水坡度,即0.3%。

4. [答案]C

[解析]纵坡小于0.3%的城市道路,路面雨水通过路拱排到路面边缘,由于纵坡太小,路面雨水沿街沟流向雨水口速度较慢,甚至积水,影响行车安全,故将街沟处设置成有起伏的锯齿形纵坡,并在最低点设置雨水口。

5. [答案]D

[解析]长路堑路段以及其他横向排水不畅的路段,横向不能排水,只能沿纵向边沟排水,边沟沟底纵坡一般与路线纵坡一致,为了边沟纵向排水需要且保持边沟深度不变,该路段需要保证最小纵坡。

6. [答案]D

[解析]根据《公路路线设计规范》(JTG D20—2017),二级公路、三级公路、四级公路越岭路线连续上坡或下坡路段,相对高差为200~500m时平均纵坡应不大于5.5%;相对高差大于500m时平均纵坡应不大于5%。任意连续3km路段的平均纵坡宜不大于5.5%。

7. [答案]C

[解析]$h_1 = 8\% \times 300 = 24\text{m}$，$h_2 = 6\% \times 700 = 42\text{m}$，$H = h_1 + h_2 = 24 + 42 = 66\text{m}$，$L = 300 + 700 = 1000\text{m}$

$i_p = H/L = 66/1000 = 6.6\%$

8. [答案]D

[解析]最大纵坡、平均纵坡、最短坡长在规范都有具体的规定与要求,对坡度角没有任何规定。

9. [答案]A

[解析]根据合成坡度计算公式,当纵坡与横坡同时都较大时,合成坡度就较大,陡坡是纵坡较大,急弯是半径小,而超高横坡大。

10. [答案]A

[解析]在平原地区,最小纵坡和坡长都容易达标,更不存在平均纵坡不满足问题,路基以填方为主,一般不强调土石方填挖平衡。由于平原地区地下水位较高,设计高程的控制主要保证路基最小填土高度,从而使路槽底保持在干燥或中湿状态。

11.［答案］A

［解析］《城市道路路线设计规范》(CJJ 193—2012)与《城市道路工程设计规范》(CJJ 37—2012)中规定,各级道路纵坡变更处应设置竖曲线,竖曲线宜采用圆曲线。《公路路线设计规范》(JTG D20—2017)中规定,公路纵坡变更处应设置竖曲线,竖曲线可采用圆曲线或抛物线。抛物线一般采用二次抛物线。回旋曲线与双纽线一般用作为缓和曲线。

12.［答案］A

［解析］凸形竖曲线最小长度按3s行程,最小半径考虑了缓和冲击和视距两个因素。

13.［答案］A

［解析］考虑平纵组合时"平包竖",即要求平曲线要长,竖曲线要短,竖曲线起点与终点分别位于平曲线两端的缓和曲线上,可根据变坡点里程与缓和曲线段某里程相减得到控制条件 T 值,再用 T 反算竖曲线半径。

14.［答案］B

［解析］"以点定线"就是按照纵面技术标准的要求,满足"控制点",参考"经济点",初步定出坡度线。"以线交点"就是将得到的坡度线延长,交出变坡点的初步位置。

15.［答案］B

［解析］根据《公路工程技术标准》(JTG B01—2014)与《城市道路路线设计规范》(CJJ 193—2012)规定,大桥、中桥的桥面纵坡不宜大于4.0%,桥头引道纵坡不宜大于5.0%。

16.［答案］C

［解析］根据《公路路线设计规范》(JTG D20—2017),一般最小半径约为极限最小半径的1.5~2.0倍。

17.［答案］C

［解析］在纵断面设计时,当纵坡的长度达到限制坡长时,按规定设置的较小纵坡路段称为缓和坡段。其作用是恢复在较大纵坡上降低的速度;减小下坡制动次数,保证行车安全,确保道路通行质量。在缓和坡段上汽车加速行驶,缓和坡长应适应该加速过程的需要。

《公路路线设计规范》(JTG D20—2017)规定,在不大于最大纵坡坡长之间设置的缓和坡段,其设置符合下列规定:设计速度小于或等于80km/h时,缓和坡段的纵坡应不大于3%;设计速度大于80km/h时,缓和坡段的纵坡应不大于2.5%。缓和坡段的长度应符合最小坡长的规定。

18.［答案］C

［解析］根据《公路路线设计规范》(JTG D20—2017),新建公路:高速公路和一级公路宜采用中央分隔带的外侧边缘高程;二级公路、三级公路、四级公路宜采用路基边缘高程,在设

置超高、加宽路段为设超高、加宽前该处边缘高程。改建公路：宜按新建公路的规定执行，也可视具体情况而采用中央分隔带中线或行车道中线高程。

19.［答案］C

［解析］根据《公路路线设计规范》(JTG D20—2017)，设计速度小于或等于80km/h位于海拔3000m以上高原地区的公路，最大纵坡应按规定予以折减。

20.［答案］D

［解析］隧道内的纵坡应大于0.3%并小于3%，但短于100m的隧道不受此限，该隧道长度为95m，符合短于100m的隧道不受此限的条件。二级公路设计速度为60km/h的最大纵坡为6%，故选D。

二、多项选择题

1.［答案］ABCD

［解析］沿河及可能受水浸淹的路段，按设计高程推算的最低侧路基边缘高程，应高出规定洪水频率计算水位加壅水高、波浪侵袭高和0.50m的安全高度。

2.［答案］ABCD

［解析］根据《公路路线设计规范》(JTG D20—2017)第8.3.2条规定，当设计速度为120～60km/h时，3%的纵坡需受到坡长限制。

3.［答案］ABCD

［解析］根据《公路路线设计规范》(JTG D20—2017)，爬坡车道的起点，应设于陡坡路段上载重汽车运行速度降低至规范规定的“容许最低速度”处。

4.［答案］BCD

［解析］隧道段、桥梁段、长路堑路段均属于不能横向排水，只能纵向排水的路段，需要有一个最小的排水坡度。

5.［答案］ABC

［解析］根据《公路路线设计规范》(JTG D20—2017)，当陡坡与小半径圆曲线相重叠时，宜采用较小的合成坡度。下述情况其合成坡度必须小于8%：

①冬季路面有积雪、结冰的地区；(车辆横移可能性增大)

②自然横坡较陡峻的傍山路段；(斜滑后果严重)

③非汽车交通量较大的路段。(斜移将对非机动车造成较大危害)

6.［答案］BDE

［解析］凹形竖曲线汽车做圆周运动，表现为超重，应限制其离心力不致过大；为保证夜

间行车安全,前灯照明应有足够的距离,该距离与凹形竖曲线半径相关;还要保证跨线桥行车有足够的视距,该距离与凹形竖曲线半径相关。

7.［答案］AC

［解析］凸形竖曲线半径过小会阻挡驾驶员视线,造成视距不足。凸形竖曲线汽车做圆周运动,表现为失重,应限制其离心力不致过大。

8.［答案］ACDE

［解析］竖曲线的形式可采用抛物线或圆曲线。

9.［答案］ACDE

［解析］路线起终点高程、洪水位、隧道的控制高程、垭口过岭高程都是纵断面设计中影响大的高程点,必须要考虑。变坡点高程是根据控制点与经济点定出坡度线,再由相邻两坡度线交汇出来的,不属于控制点。

10.［答案］BCD

［解析］纵断面设计步骤为:①准备工作;②标注控制点;③试坡;④调坡;⑤核对;⑥定坡;⑦设置竖曲线;⑧设计高程的推算。

11.［答案］BCDE

［解析］公路和城市道路的设计竖曲线指标,一是设计车速不同,当然指标就不同,公路有120km/h的设计车速,城市道路有50km/h的设计车速;二是即便是设计车速相同,其指标也不相同,如设计车速60km/h的凸形曲线,公路的极限最小半径是1400m,城市道路的极限最小半径是1200m。

12.［答案］BCDE

［解析］在纵断面设计时,当纵坡的长度达到限制坡长时,按规定设置的较小纵坡路段称为缓和坡段。其作用是恢复在较大纵坡是上降低的速度;减小下坡制动次数,保证行车安全,确保道路通行质量。在缓和坡段上汽车加速行驶,缓和坡长要适应该加速过程的需要。

《公路路线设计规范》(JTG D20—2017)规定,在不大于最大纵坡坡长之间设置的缓和坡段,其设置符合下列规定:设计速度小于或等于80km/h时,缓和坡段的纵坡应不大于3%;设计速度大于80km/h时,缓和坡段的纵坡应不大于2.5%。缓和坡段的长度应符合最小坡长的规定。

两段达到最大坡长限制的陡坡间设置最短的3%的缓和坡段,即所谓的“陡缓陡”设置,属于合法但不合理,这样的缓和坡段,其缓和的作用有限,应避免设置。

三、案例题

1.［答案］B

[**解析**](1)根据《公路路线设计规范》(JTG D20—2017)表7.5.1,三级公路圆曲线最大超高坡度为8%。

(2) $i_H = \sqrt{i_Z^2 + i_C^2} = \sqrt{0.07^2 + 0.08^2} = 10.63\%$

2. [**答案**]C

[**解析**](1)总高差 $=500\times4\% +400\times5\% +200\times2.5\% +300\times8\% +200\times2.8\% + 450\times7\% +220\times2\% +160\times3.8\% +600\times6\% +200\times2\% + 600\times6\% +200\times3\% +690\times6\% =239.98$

(2)路线总长度 $=500+400+200+300+200+450+220+160+600+200+600+200+690=4720$

(3)平均纵坡 = 总高差/路线总长度 $=239.98/4720=5.08\%$

3. [**答案**]B

[**解析**](1)根据《公路路线设计规范》(JTG D20—2017)表8.3.2[或根据《公路工程技术标准》(JTG B01—2014)表4.0.21],各级公路不同纵坡最大坡长,6%的坡长限制为600m,5%的坡长限制为800m。如下表所示。

设计速度(km/h)		120	100	80	60	40	30	20
纵坡坡度(%)	3	900	1000	1100	1200			
	4	700	800	900	1000	1100	1100	1200
	5		600	700	800	900	900	1000
	6			500	600	700	700	800
	7					500	500	600
	8					300	300	400
	9						200	300
	10							200

(2) $\frac{400}{600} + \frac{x}{800} = 1$,解算得 $x=266.66\text{m}$

(3)按10m取整后得260m。

4. [**答案**]B

[**解析**](1) $\omega = i_2 - i_1 = -4.8\% - 5.2\% = -0.1$

(2) $R = \frac{2T}{|\omega|} = \frac{2\times100}{0.1} = 2000\text{m}$

5. [**答案**]C

[**解析**](1)坡度角:$\omega = i_2 - i_1 = 0\% - 3\% = -0.03$

(2)竖曲线切线长：$T=(K6+030)-(K5+950)-20=60\text{m}$

(3)竖曲线半径：$R=\dfrac{L}{|\omega|}=\dfrac{2T}{|\omega|}=\dfrac{2\times 60}{0.03}=4000\text{m}$

6.[**答案**]C

[**解析**](1)坡度角：$\omega=i_2-i_1=1.8\%-(-3.2\%)=0.05$

(2)要求的设计高程：$99.43+1.5+0.2+0.5=101.63\text{m}$

外距：$E=101.63-99.88=1.75\text{m}$

(3)竖曲线半径：$R=\dfrac{8E}{\omega^2}=\dfrac{8\times 1.75}{0.05^2}=5600\text{m}$

7.[**答案**]A

[**解析**](1) $i_1=\dfrac{92-100}{1100-700}=-2.00\%$

$i_2=\dfrac{69.20-92}{1480-1100}=-6.00\%$

(2)坡度角：$\omega=i_2-i_1=-6\%-(-2\%)=-4\%$

因坡度差为"-"，故为凸形竖曲线。

曲线长：$L=R\cdot|\omega|=5000\times 0.04=200.00$

切线长：$T=\dfrac{L}{2}=\dfrac{200}{2}=100.00$

(3)竖曲线起点桩号：K1+100-100=K1+000

竖曲线止点桩号：K1+100+100=K1+200

(4) $x=1080-1000=80\text{m}$

$y=\dfrac{x^2}{2R}=\dfrac{80^2}{2\times 5000}=0.64\text{m}$

$H_{切}=92+20\times 2\%=92.4\text{m}$

$H_S=H_{切}-y=92.4-0.64=91.76\text{m}$

8.[**答案**]A

[**解析**](1)坡度差：$\omega=i_2-i_1=-1\%-(-5\%)=0.04$，因坡度差为"+"，故为凹形竖曲线。

(2)曲线长：$L=R\cdot|\omega|=2000\times 0.04=80\text{m}$

切线长度：$T=\dfrac{L}{2}=\dfrac{80}{2}=40\text{m}$

(3)因变坡点里程为K2+880，桩号K2+900在变坡点之后20m，又因切线长为40m，故该桩号还在竖曲线范围内。

$x=40-20=20\text{m}$

$y = \frac{x^2}{2R} = \frac{20^2}{2 \times 2000} = 0.10\text{m}$

$H_{切} = 500 - 20 \times 1\% = 499.80\text{m}$

$H_S = H_{切} + y = 499.80 + 0.10 = 499.90\text{m}$

9. [**答案**]C

[**解析**](1)根据《公路路线设计规范》(JTG D20—2017)表8.3.1，设计速度30km/h的最小坡长为100m,最小坡长符合规定,选项A说法错误。

(2)坡度差:$\omega = i_2 - i_1 = 2.6\% - 7.0\% = -0.044$

曲线长:$L = R \cdot |\omega| = 3000 \times 0.044 = 132\text{m}$

切线长度:$T = \frac{L}{2} = \frac{132}{2} = 66\text{m}$

外距:$E = \frac{T^2}{2R} = \frac{66^2}{2 \times 3000} = 0.726\text{m}$

选项B说法错误。

(3)回旋曲线参数:$A = \sqrt{R \cdot l_s} = \sqrt{251 \times 80} = 141.70\text{m}$。选项C说法正确。

(4)621.03m是变坡点高程,非路基设计高程,K10+900的路基设计高程为$621.03 - 0.726 = 620.304\text{m}$。选项D说法错误。

10. [**答案**]A

[**解析**]假如分水点两边坡度一致,则:

(1)由$S = (h_c - h_w)/(j_c - j)$,得:$h_c - h_w = (j_c - j) \cdot S$

(2)代入:$S_c - S = (h_c - h_w)/(j'_c + j)$

$S_c - S = (j_c - j) \cdot S/(j'_c + j)$

$S_c - S = S, S = S_c/2 = 10\text{m}$

(3)将$S = 10\text{m}, j = 0\%, h_c = 0.174\text{m}, h_w = 0.144\text{m}$代入

$S = (h_c - h_w)/(j_c - j)$

即:$10 = (0.174 - 0.144)/j_c$

解得:$j_c = 0.3\%$

第五节　横断面设计

本节考纲

1. 掌握各级道路路基标准横断面组成的特点和要求。

2. 熟悉路基宽度各个组成部分,如:车道、中间带、路肩、路拱坡度、加速车道、减速车道、紧急停车带、错车道、爬坡车道、避险车道等的一般规定与运用。

3. 了解横断面设计方法和要求。

复习要点

公路双幅多车道、单幅双车道和单车道的路基标准横断面组成的特点、要求及适用性；城市道路单幅路、双幅路、三幅路和四幅路的横断面组成的特点和要求及适用性；道路横断面各个组成部分，如：车道、加减速车道、爬坡车道、错车车道、避险车道、紧急停车带、中间带、路肩、路拱坡度等的作用、一般规定与运用；横断面设计方法和要求。

典 型 习 题

一、单项选择题

1. 公路路基标准横断面组成，高速公路、一级公路的整体式路基标准横断面的组成是以下哪个选项？（　　）

(A)行车道、中间带、路缘带、右侧路肩、左侧路肩
(B)行车道、中央分隔带、右侧路缘带、右侧硬路肩、右侧土路肩
(C)行车道、中间带、右侧硬路肩、土路肩
(D)行车道、中央分隔带、左侧路缘带、左侧硬路肩、土路肩

2. 关于公路路基横断面形式相关规定的说法，错误的是以下哪个选项？（　　）

(A)高速公路、一级公路应须优先采用整体式路基断面形式
(B)双向十车道及以上车道数的高速公路可采用复合式断面形式
(C)二级公路、三级公路、四级公路应采用整体式路基断面形式
(D)复合式断面形式分为整体复合式断面形式和分离复合式断面形式

3. 关于公路爬坡车道的说法，错误的是以下哪个选项？（　　）

(A)高速公路、一级公路的爬坡车道应紧靠车道的外侧设置。条件受限时，爬坡车道路段右侧硬路肩宽度应不小于0.75m
(B)二级公路的爬坡车道应紧靠车道的外侧设置，可利用硬路肩宽度。当需保留原来供非汽车交通行驶的硬路肩时，该部分应移至爬坡车道的外侧
(C)高速公路、一级公路以及二级公路在连续上坡段设置爬坡车道时，其宽度不应小于3.0m，且不大于4.0m
(D)六车道及以上的高速公路、一级公路可不设爬坡车道

4. 关于公路错车道的说法，错误的是以下哪个选项？（　　）

(A)单车道四级公路应设置错车道
(B)错车道的间距应不大于300m
(C)设置错车道路段的路基宽度应不小于6.5m，有效长度应不小于20m
(D)错车道是加宽路肩而形成

5. 公路中间带的主要作用是以下哪个选项？　　　　　　　　　　　　　　　　（　　）

(A)美观　　　　　　　　　　　　　　　　(B)分隔行车道

(C)行车方便　　　　　　　　　　　　　　(D)提高舒适性

6. 关于公路中央分隔带开口相关规定的说法，错误的是以下哪个选项？　　　（　　）

(A)中央分隔带开口间距应视需要而定，最小间距应不小于 2km

(B)中央分隔带开口长度不宜大于 40m；八车道及以上车道数的高速公路开口长度可适当增长，但不应大于 50m

(C)中央分隔带开口应设置在通视良好的路段，开口设于曲线路段时，该圆曲线的超高值不宜大于 3%

(D)当中央分隔带宽度小于 3.0m 时，其开口端部的形式可采用弹头形；当中央分隔带宽度大于或等于 3.0 时，宜采用半圆形

7. 道路中间带的组成是以下哪个选项？　　　　　　　　　　　　　　　　　（　　）

(A)左路缘带 + 中央分隔带 + 右路缘带

(B)左路缘带 + 中央分隔带 + 左路缘带

(C)右路缘带 + 中央分隔带 + 左路缘带

(D)右路缘带 + 中央分隔带 + 右路缘带

8. 路肩的组成是以下哪个选项？　　　　　　　　　　　　　　　　　　　　（　　）

(A)土路肩 + 硬路肩　　　　　　　　　　(B)硬路肩 + 左侧路缘带

(C)硬路肩 + 右侧路缘带　　　　　　　　(D)土路肩 + 硬路肩 + 左侧路缘带

9. 红线宽在 40m 以上，但有特殊功能要求时(如游行大道)，城市道路横断面的基本形式宜采用以下哪个选项？　　　　　　　　　　　　　　　　　　　　　　　　（　　）

(A)"一块板"断面　　　　　　　　　　　(B)"两块板"断面

(C)"三块板"断面　　　　　　　　　　　(D)"四块板"断面

10. 城市道路"两块板"适用于以下哪个选项？　　　　　　　　　　　　　　（　　）

(A)道路红线宽度较宽、机动车交通量大、车速高、非机动车多的主要干道

(B)机动车辆多、非机动车辆少的郊区快速干道

(C)建筑红线较狭(一般在 40m 以下)，非机动车不多，设四条车道已能满足交通量的道路

(D)用地困难拆迁量较大地段以及出入口较多的商业性街道

11. 对地质条件差，风化严重的路段，在路堑边坡坡脚宜设置的结构组成是以下哪个选项？

（　　）

(A)护坡道　　　　　　　　　　　　　　(B)碎落台

(C)截水沟　　(D)护脚

12. 手工绘制横断面图时,横断面面积计算的方法宜采用以下哪个选项?　(　　)

(A)几何图形法　　(B)坐标法

(C)积距法　　(D)平均断面法

13. 路基填方用土采取"调"或"借"的界限距离为以下哪个选项?　(　　)

(A)免费运距　　(B)平均运距

(C)超运运距　　(D)经济运距

14. 某段路挖方 8 万 m^3,借方 2 万 m^3,填方 9 万 m^3,废方 1 万 m^3,则计价土石方数量是以下哪个选项?　(　　)

(A)9 万 m^3　　(B)10 万 m^3

(C)11 万 m^3　　(D)17 万 m^3

15. 已知桩号 K1 +000 的挖方断面积为 60m,K1 +020 的填方断面积为 20m,则按平均断面法计算两桩号之间的挖方体积是以下哪个选项?　(　　)

(A)$400m^3$　　(B)$600m^3$

(C)$800m^3$　　(D)$1230m^3$

16. 用平均断面法与棱台体公式计算法计算土石方数量,其计算结果与棱台体公式计算法计算结果相比一般是以下哪个选项?　(　　)

(A)相等　　(B)偏小

(C)偏大　　(D)有时偏大,有时偏小

17. 关于机动车行车道宽度的说法,错误的是以下哪个选项?　(　　)

(A)机动车道包括快车道和慢车道

(B)双车道公路有两条车道,行车道宽度包括汽车宽度和富余宽度

(C)富余宽度是指对向行驶两车厢之间的安全间隙、汽车轮胎到路面边缘的安全距离

(D)行车道的富余宽度与车速无关

18. 城市道路横断面类型如下:

①单幅路俗称"一块板"断面。

②双幅路俗称"两块板"断面。

③三幅路俗称"三块板"断面。

④四幅路俗称"四块板"断面。

各种类型断面交通组织如下:

⑤用中间分车带将中间机动车车道分隔为二,分向行驶,两侧为靠右侧行驶的非机动车车

道,机动车和非机动车车道之间用分隔带或其他隔离设施分隔。

⑥中间为双向行驶的机动车车道,两侧为靠右侧行驶的非机动车车道,机动车和非机动车车道之间用分隔带或其他隔离设施分隔。

⑦在车道中心用分隔带或其他隔离设施将行车道分为两部分,上、下行车辆分向行驶。

⑧各种车辆在行车道上混合行驶。

横断面类型与交通组织对应正确的是以下哪个选项?　(　　)

(A)①~⑥,②~⑦,③~⑤,④~⑧　(B)①~⑤,②~⑥,③~⑦,④~⑧

(C)①~⑧,②~⑥,③~⑤,④~⑦　(D)①~⑧,②~⑦,③~⑥,④~⑤

19. 公路横断面设计方法如下:

①根据综合排水设计,画出路基边沟、截水沟、排水沟等位置和断面形式,必要时须注明各部分尺寸。此外,对于取土坑、弃土堆、绿化等也应尽可能画出。

②一般在计算纸上绘制横断面的地面线。

③根据现场调查所得来的"土壤、地质、水文资料",参照"标准横断面图",画出路幅宽度,填或挖的边坡坡线,在需要设置各种支挡工程和防护工程的地方画出该工程结构的断面示意图。

④从"路基设计表"中抄入路基中心填挖高度,对于有超高和加宽的曲线路段,还应抄入"左高"、"右高"、"左宽"、"右宽"等数据。

横断面设计方法正确顺序是以下哪个选项?　(　　)

(A)④③①②　(B)②④③①

(C)②①③④　(D)③①②④

二、多项选择题

1. 关于公路车道宽规定的说法,正确的有下列哪些选项?　(　　)

(A)高速公路的各个车道宽度均须采用3.75m

(B)以通行中、小型客运车辆为主且设计速度为80km/h及以上的公路,经论证车道宽度可采用3.5m

(C)四级公路采用单车道时,车道宽度应采用3.5m

(D)设置慢车道的二级公路,慢车道宽度应采用3.5m

(E)需要设置非机动车道和人行道的公路,非机动车道和人行道的宽度,宜视实际情况确定

2. 公路路基宽度的组成部分包括有下列哪些选项?　(　　)

(A)超车道　(B)中间带

(C)人行道　(D)非机动车道

(E)护坡道

3. 关于中间带作用的说法,正确的有下列哪些选项?　(　　)

(A)将对向车流分开,避免车辆任意调头
(B)为沿线设施的设置提供场地
(C)供临时停车、错车或堆放养路材料之用
(D)显示行车道位置,起视线诱导作用
(E)种植花草灌木或设置防眩网,以防止对向车灯产生的眩光

4. 关于公路路拱横坡的说法,错误的有下列哪些选项? ( )
(A)路拱对排水有利,对行车不利,同时给乘客带来不舒适的感觉
(B)位于中等强度降雨地区的高速公路路拱横坡宜为1.5%
(C)分离式路基每侧行车道只可设置单向路拱
(D)路拱的形式有抛物线、直线接抛物线形、折线形等
(E)二级公路、三级公路、四级公路的路拱应采用双向路拱坡度,由路中央向两侧倾斜。路拱坡度应根据路面类型和当地自然条件确定,但不应小于1.5%

5. 关于公路硬路肩横坡的说法,正确的有下列哪些选项? ( )
(A)直线路段的硬路肩应设置向外倾斜的横坡,其坡度值应与车道横坡值相同
(B)直线路段的硬路肩在路线纵坡平缓,且设置拦水带时,其横坡值宜采用2%
(C)当曲线超高小于或等于5%时,内、外侧硬路肩横坡值和方向应与相邻车道相同
(D)当曲线超高大于5%时,内、外侧硬路肩横坡值应不大于5%,且方向相同
(E)硬路肩的横坡应随邻近车道的横坡一同过渡,其过渡段的纵向渐变率应控制在1/330~1/150之间

6. 关于公路土路肩横坡的说法,正确的有下列哪些选项? ( )
(A)位于直线路段或曲线路段内侧,且车道或硬路肩的横坡值大于或等于3%时,土路肩的横坡应与车道或硬路肩横坡值相同
(B)位于直线路段或曲线路段内侧,车道或硬路肩的横坡值小于3%时,土路肩的横坡应比车道或硬路肩的横坡值大1%或2%
(C)位于曲线路段外侧的土路肩横坡,与硬路肩的横坡值和方向相同
(D)位于曲线路段外侧的土路肩横坡,应采用3%或4%的反向横坡值
(E)土路肩由于其排水性远低于路面,其横坡不宜过缓

7. 高速公路的横断面组成有下列哪些选项? ( )
(A)路肩 (B)中间带
(C)爬坡车道 (D)避险车道
(E)错车道

8. 应设置加减速车道的地方有下列哪些选项? ( )
(A)高速公路的立体交叉与主线衔接处

（B）高速公路主线与服务区的衔接处
（C）一级公路客运汽车停靠站与主线相衔接处
（D）一级公路观景台等与主线相衔接处
（E）二级公路与城市道路的衔接处

9. 关于公路爬坡车道说法，正确的包括下列哪些选项？（　　）
（A）高速公路、一级公路爬坡车道长度大于 500m 时，按规定在其右侧设置紧急停车带
（B）二级公路连续上坡路段中，当上坡路段的设计通行能力大于设计小时交通量时，宜在上坡方向行车道右侧设置爬坡车道
（C）爬坡车道宽度不应小于 3.5m，且不大于 4m
（D）爬坡车道的曲线加宽按一个车道曲线加宽规定执行
（E）二级公路的爬坡车道应紧靠车道的外侧设置，可利用硬路肩宽度。当需保留原来供非汽车交通行驶的硬路肩时，该部分应移至爬坡车道的外侧

10. 城市机动车道中，单幅路及三幅路采用中间分隔物或交通标线分隔对向交通时，机动车道路面宽度包括下列哪些选项？（　　）
（A）机动车道宽度　（B）分隔物宽度或交通标线宽度
（C）两侧路缘带宽度　（D）照明设施宽度
（E）设施带宽度

11. 路侧带的组成包括有下列哪些选项？（　　）
（A）人行道　（B）分车带
（C）设施带　（D）绿化带
（E）锯齿形街沟

12. 关于城市道路路拱横坡的说法，正确的有下列哪些选项？（　　）
（A）多幅路应采用由路中线向两侧的双向路拱横坡
（B）单幅路应根据道路宽度采用单向路拱横坡
（C）采用单向坡时一般采用直线形路拱
（D）人行道宜采用单向横坡，坡向应朝向雨水设施设置位置的一侧
（E）道路横坡应根据路面宽度、路面类型、纵坡及气候条件确定

13. 横断面设计时，设计线应包括的内容有下列哪些选项？（　　）
（A）取土坑　（B）涵洞
（C）护坡道　（D）视距台
（E）碎落台

14. 路基横断面面积计算的方法有下列哪些选项？ ( )

(A)积距法 (B)几何图形法

(C)坐标法 (D)求积仪法

(E)平均断面法

15. 关于路基横断面面积计算的说法，正确的有下列哪些选项？ ( )

(A)填方面积和挖方面积应分别计算

(B)填方中的土石面积应分别计算

(C)所有的挖方合在一起计算面积

(D)某些面积既要计入填方面积也要计入挖方面积

(E)某些面积在横断面设计中不计算

16. 土石方调配后，进行复核检查的公式有下列哪些选项？ ( )

(A)横向调运 + 纵向调运 + 借方 = 填方

(B)横向调运 + 纵向调运 + 弃方 = 挖方

(C)挖方 + 借方 = 填方 + 弃方

(D)挖方 + 填方 = 借方 + 纵向调运

(E)横向调运 + 纵向调运 = 挖方 + 弃方

三、案例题

1. 某路路基工程 K0 + 100 ~ K0 + 120 的土石方面积见下表，路段挖方均可用于填方，如果不考虑天然密实方与压实方的换算系数，按平均断面法计算，该路段填缺数量是下列哪个选项？ ( )

里　　程	填土面积(m^2)	填石面积(m^2)	挖土面积(m^2)	挖石面积(m^2)
K0 + 100	80	0	10	10
K0 + 120	30	10	60	20

(A)200m^3 (B)300m^3

(C)400m^3 (D)500m^3

2. 某路路基工程 K0 + 100 ~ K0 + 120 的土石方面积见下表，路段挖方均可用于填方，如果不考虑天然密实方与压实方的换算系数，按棱台体法计算，该路段填缺数量是下列哪个选项？ ( )

里　　程	填土面积(m^2)	填石面积(m^2)	挖土面积(m^2)	挖石面积(m^2)
K0 + 100	80	0	10	10
K0 + 120	30	10	60	20

(A)202.35m³　　(B)332.58m³
(C)429.96m³　　(D)526.55m³

3. 某路基工程挖方 1600m³ 天然密实方(其中松土 360m³,普通土 710m³,硬土 530m³)。填方数量为 1200m³ 压实方。在该路段内可移挖作填土方可利用土方量为 1000m³ 天然密实方(其中松土 240m³,普通土 540m³,硬土 220 m³)。纵向调运利用普通土 350m³(不考虑土方运输损耗系数)。该路段借方数量(压实方)是下列哪个选项?　(　　)

(A)35.81m³　　(B)166.24m³
(C)223.45 m³　　(D)337.53m³

4. 某公路的路基土石方表摘录见下表,用平均断面法计算土石方数量。路段挖方为土方,路段所挖土方可用于路堤填筑,如果不考虑天然密实方与压实方的换算系数,该路段填缺与挖余数量是下列哪个选项?　(　　)

路基土石方数量计算表

桩号	横断面积(m^2)		横断面平均积(m^2)		距离(m)	挖方体积(m^3)	填方体积(m^3)	本桩利用(m^3)	填缺(m^3)	挖余(m^3)
	挖	填	挖	填						
+160	22	0								
+180	34	60								

(A)0m³,40m³　　(B)40m³,0m³
(C)80m³,0m³　　(D)80m³,40m³

5. 某二级公路的路基土石方表摘录见下表,用平均断面法计算土石方数量。路段挖方为土方,路段所挖土方可用于路堤填筑,K1 +400 ~ K1 +500 路段挖余数量(天然密实方)是下列哪个选项?　(　　)

路基土石方数量计算表

起 讫 桩 号	普通土挖方(天然密实方)(m^3)	填方(压实方)(m^3)	本桩利用(压实方)(m^3)	填缺(压实方)(m^3)	挖余(天然密实方)(m^3)	纵 向 调 配
K1 +400 ~ K1 +420	140	70				
K1 +420 ~ K1 +440	58	100				
K1 +440 ~ K1 +460	80	40				
K1 +460 ~ K1 +480	116	75				
K1 +480 ~ K1 +500	250	150				

注:①该路段挖方土满足路基填料相关要求,土方的天然密实方与压实方的换算系数取 1.16,土方调运采用自卸汽车运输,土方运输损耗系数为 0.03。
②弃土采用自卸汽车运输,土方的天然密实方与压实方的换算系数取 1.05,弃方不计土方运输损耗。

(A)197.4m³　　(B)222.6m³

(C)247.4m³ (D)251.0m³

6. 某二级公路的路基土石方表摘录见下表，用平均断面法计算土石方数量。路段挖方为土方，路段所挖土方可用于路堤填筑，K1+400~K1+500路段填缺数量(压实方)是下列哪个选项？ ( )

路基土石方数量计算表

起讫桩号	普通土挖方(天然密实方)(m^3)	填方(压实方)(m^3)	本桩利用(压实方)m^3	填缺(压实方)(m^3)	挖余(天然密实方)(m^3)	纵向调配
K1+400~K1+420	140	70				
K1+420~K1+440	58	100				
K1+440~K1+460	80	40				
K1+460~K1+480	116	75				
K1+480~K1+500	250	150				

注：①该路段挖方土满足路基填料相关要求，土方的天然密实方与压实方的换算系数取1.16，土方调运采用自卸汽车运输，土方运输损耗系数为0.03。

②弃土采用自卸汽车运输，土方的天然密实方与压实方的换算系数取1.05，弃方不计土方运输损耗。

(A)42m³ (B)50m³

(C)58m³ (D)251m³

参考答案及解析

一、单项选择题

1.[答案]C

[解析]根据《公路路线设计规范》(JTG D20—2017)，高速公路、一级公路的整体式路基标准横断面由行车道、中间带(中央分隔带、左侧路缘带)、路肩(右侧硬路肩、土路肩)，故选C。

2.[答案]A

[解析]根据《公路路线设计规范》(JTG D20—2017)，高速公路、一级公路应根据需要采用整体式路基或分离式路基断面形式。

3.[答案]C

[解析]根据《公路路线设计规范》(JTG D20—2017)，高速公路、一级公路以及二级公路在连续上坡段设置爬坡车道时，其宽度不应小于3.5m，且不大于4.0m。

4.［答案］D

［解析］错车道是指在单车道道路上，可通视的一定距离内，供车辆交错避让用的一段加宽车道。四级公路路基宽度采用单车道时，300m 的距离内选择有利地点设置错车道，并使驾驶者能看到相邻两错车道之间的车辆。设置错车道路段的路基宽度应不小于 6.5m，有效长度应不小于 20m。

5.［答案］B

［解析］中间带的主要作用：①将对向车流分开，避免车辆任意调头，减少交通事故提高通行能力。②在中间带上种植花草灌木或设置防眩网，可以防止对向车灯产生的眩光，又美化路容和环境。③为沿线设施（如交通标志、标牌、护栏、防眩网、灯柱地下管线等）的设置提供场地（注意不可侵入建筑限界以内）。④为公路分期改建提供储备用地。⑤显示行车道位置，起视线诱导作用。

6.［答案］D

［解析］根据《公路路线设计规范》（JTG D20—2017），当中央分隔带宽度小于 3.0m 时，其开口端部的形式可采用半圆形；当中央分隔带宽度大于或等于 3.0m 时，宜采用弹头形。

7.［答案］B

［解析］高速公路、一级公路整体式路基断面必须设置中间带，中间带由两条左侧路缘带和中央分隔带组成。两条路缘带都在行车方向驾驶员的左侧。

8.［答案］A

［解析］路肩是指位于车行道外缘至路基外缘，具有一定宽度的带状部分（包括硬路肩和土路肩），为保持车行道的功能和临时停车使用，并作为路面的横向支承。高速公路、一级公路应在右侧硬路肩宽度内设右侧路缘带，其宽度为 0.50m。

9.［答案］A

［解析］“一块板”断面因没有中间带，方便游行、阅兵等特殊功能要求。

10.［答案］B

［解析］两块板适用于郊区快速干道（机动车辆多，非机动车辆少），可以减少对向机动车相互之间的干扰，特别是夜间行车；两块板形式对绿化、照明、管线敷设均较有利。

11.［答案］B

［解析］碎落台是在路堑边坡坡脚与边沟外侧边缘之间或边坡上，为防止碎落物落入边沟而设置的具有一定宽度的纵向平台。

12. [答案]C

[解析]几何图形法与坐标法适用于计算机绘图与计算;积距法适用于手工绘图与计算;平均断面法是体积的计算方法。

13. [答案]D

[解析]采取“调”或“借”,有个距离限度问题,这个按费用经济计算的纵向调运的最大限度距离,称经济运距。

14. [答案]B

[解析]计价土石方数量 = 挖方数量 + 借方数量 = 8 + 2 = 10 万 m^3。

15. [答案]B

[解析]$V=(60+0)/2\times20=600m^3$。

16. [答案]C

[解析]如果相邻两个断面面积相等时,两种方法计算结果相等。相邻两个断面面积一般都不相等,如果 A_2 等于0,平均断面法计算结果是 $A_1L/2$,棱台体公式计算法计算结果是 $A_1L/3$。

17. [答案]D

[解析]富余宽度由对向行驶两车厢之间的安全间隙和汽车轮胎到路面边缘的安全距离组成,对向行驶两车厢之间的安全间隙和汽车轮胎到路面边缘的安全距离均与行车速度有关,所以富余宽度与行车速度有关。

18. [答案]D

[解析]①单幅路俗称“一块板”断面。各种车辆在行车道上混合行驶。②双幅路俗称“两块板”断面。在车道中心用分隔带或其他隔离设施将行车道分为两部分,上、下行车辆分向行驶。③三幅路俗称“三块板”断面。中间为双向行驶的机动车车道,两侧为靠右侧行驶的非机动车车道,机动车和非机动车车道之间用分隔带或其他隔离设施分隔。④四幅路俗称“四块板”断面。在三幅路的基础上,再用中间分车带将中间机动车车道分隔为二,分向行驶。

19. [答案]B

[解析]②④③①顺序为传统横断面设计方法。

二、多项选择题

1. [答案]BCDE

[解析]根据《公路路线设计规范》(JTG D20—2017),八车道及以上公路在内侧车道(内侧第1、2车道)仅限小客车通行时,其车道宽度可采用3.5m。

2. [答案]ABCD

[解析]根据《公路路线设计规范》(JTG D20—2017),公路路基宽度为车道宽度与路肩宽度之和。当设有加(减)速车道、爬坡车道、紧急停车带、错车道、超车道、侧分隔带、非机动车道(或慢车道)和人行道等时,应包括上述部分的宽度。护坡道不在两路肩之间的范围,不属于路基宽度的组成部分。

3. [答案]ABDE

[解析]供临时停车、错车或堆放养路材料之用是路肩的作用,中间带不允许临时停车、错车。

4. [答案]BC

[解析]高速公路和一级公路由于其路面较宽,迅速排除路面积水尤为重要。《公路路线设计规范》(JTG D20—2017)规定:高速公路、一级公路位于中等强度降雨地区时,路拱坡度宜为2%;位于降雨强度较大地区时,路拱坡度可适当增大。故B错误。高速公路、一级公路分离式路基的路拱,宜采用单向横坡,并向路基外侧倾斜,也可采用双向路拱坡度。积雪、冰冻地区,宜采用双向路拱坡度。选项C说法过于绝对,应分情况讨论。所以C错误。

5. [答案]ACDE

[解析]根据《公路路线设计规范》(JTG D20—2017)规定:①直线路段的硬路肩应设置向外倾斜的横坡,其坡度值应与车道横坡值相同。路线纵坡平缓,且设置拦水带时,其横坡值宜采用3%~4%。②曲线路段内、外侧硬路肩横坡的横坡值及其方向:当曲线超高小于或等于5%时,其横坡值和方向应与相邻车道相同;当曲线超高大于5%时,其横坡值应不大于5%,且方向相同。③硬路肩的横坡应随邻近车道的横坡一同过渡,其过渡段的纵向渐变率应控制在1/330~1/150之间。

6. [答案]ABDE

[解析]根据《公路路线设计规范》(JTG D20—2017)规定,土路肩的横坡:位于直线路段或曲线路段内侧,且车道或硬路肩的横坡值大于或等于3%时,土路肩的横坡应与车道或硬路肩横坡值相同;小于3%时,土路肩的横坡应比车道或硬路肩的横坡值大1%或2%。位于曲线路段外侧的土路肩横坡,应采用3%或4%的反向横坡值。

7. [答案]ABCD

[解析]错车道只在四级公路才可能设置。

8. [答案]ABCD

[解析]高速公路、一级公路的互通式立体交叉、服务区、停车区、客运汽车停靠站、管理与养护设施、观景台等与主线相衔接处,应设置加速车道和减速车道,加(减)速车道宽度应为3.50m。

9. [答案]ACDE

[解析]根据《公路路线设计规范》(JTG D20—2017),四车道高速公路、四车道一级公路以及二级公路连续上坡路段,符合下列情况之一者,宜在上坡方向行车道右侧设置爬坡车道。

①沿连续上坡方向载重汽车的运行速度降低至容许最低速度以下时。

②单一纵坡坡长超标或当上坡路段的设计通行能力小于设计小时交通量时。

③经设置爬坡车道与改善主线纵坡不设爬坡车道技术经济比较论证,设置爬坡车道的效益费用比、行车安全性较优时。

故B错误。

10. [答案]ABC

[解析]根据《城市道路路线设计规范》(CJJ 193—2012),机动车道路路面宽度应为机动车宽度及两侧路缘带宽度之和。单幅路及三幅路采用中间分隔物或交通标线分隔对向交通时,机动车道路面宽度还应包括分隔物宽度或交通标线宽度。故选ABC。

11. [答案]ACD

[解析]路侧带可由人行道、绿化带、设施带等组成。分车带不在路侧,而在路中。锯齿形街沟在路面边缘。

12. [答案]ACDE

[解析]路拱是指路面的横向断面做成中央高于两侧,具有一定坡度的拱起形状。路拱横坡则指路拱横向的倾斜度,以百分率表示。道路横坡应根据路面宽度、路面类型、纵坡及气候条件确定,宜采用1.0%~2.0%。快速路及降雨量的地区宜采用1.5%~2.0%。严寒积雪地区、透水路面宜采用1.0%~1.5%。保护性路肩横坡度可比路面横坡度加大1.0%。单幅路应根据道路宽度采用单向或双向路拱横坡;多幅路应采用由路中线向两侧的双向路拱横坡、人行道宜采用单向横坡,坡向应朝向雨水设施设置位置的一侧。采用单向坡时一般采用直线形路拱,双向坡时应采用抛物线加直线的路拱。

13. [答案]ACDE

[解析]设计线应包括路幅宽度、填或挖的边坡线、边沟、截水沟、护坡道、取土坑、碎落台、视距台等。涵洞在横断面图中不反映出来。

14. [答案]ABCD

[解析]路基横断面面积多为不规划的几何图形,计算方法有积距法、几何图形法、坐标法、方格法等。通常一般用积距法和坐标法。平均断面法是体积计算的方法。

15. [答案]ABDE

[解析]挖淤泥面积应单独计算,不应和一般挖方合计面积。

16. [**答案**]ABC

[**解析**]土石方调配后,应按下式进行复核检查:横向调运 + 纵向调运 + 借方 = 填方;横向调运 + 纵向调运 + 弃方 = 挖方;挖方 + 借方 = 填方 + 弃方。

三、案例题

1. [**答案**]A

[**解析**](1)填土数量:$V = \frac{A_1 + A_2}{2} \cdot L = \frac{80 + 30}{2} \times 20 = 1100\text{m}^3$

(2)填石数量:$V = \frac{A_1 + A_2}{2} \cdot L = \frac{00 + 10}{2} \times 20 = 100\text{m}^3$

(3)挖土数量:$V = \frac{A_1 + A_2}{2} \cdot L = \frac{10 + 60}{2} \times 20 = 700\text{m}^3$

(4)挖石数量:$V = \frac{A_1 + A_2}{2} \cdot L = \frac{10 + 20}{2} \times 20 = 300\text{m}^3$

(5)填缺数量:$V = (1100 + 100) - (700 + 300) = 200\text{m}^3$

2. [**答案**]A

[**解析**](1)填土数量:$V = \frac{1}{3}(A_1 + A_2 + \sqrt{A_1A_2})L = \frac{1}{3}(80 + 30 + \sqrt{80 \times 30}) \times 20 = 1059.93\text{m}^3$

(2)填石数量:$V = \frac{1}{3}(A_1 + A_2 + \sqrt{A_1A_2})L = \frac{1}{3}(0 + 10 + \sqrt{0 \times 10}) \times 20 = 66.67\text{m}^3$

(3)挖土数量:$V = \frac{1}{3}(A_1 + A_2 + \sqrt{A_1A_2})L = \frac{1}{3}(10 + 60 + \sqrt{10 \times 60}) \times 20 = 629.97\text{m}^3$

(4)挖石数量:$V = \frac{1}{3}(A_1 + A_2 + \sqrt{A_1A_2})L = \frac{1}{3}(10 + 20 + \sqrt{10 \times 20}) \times 20 = 294.28\text{m}^3$

(5)填缺数量:$V = (1059.93 + 66.67) - (629.97 + 294.28) = 202.35\text{m}^3$

3. [**答案**]A

[**解析**](1)移挖作填数量:$\frac{240}{1.23} + \frac{540}{1.16} + \frac{220}{1.09} = 862.47\text{m}^3$ 压实方

(2)纵向调运利用数量:$\frac{350}{1.16} = 301.72\text{m}^3$ 压实方

(3)借方数量:$1200 - 862.47 - 301.72 = 35.81\text{m}^3$ 压实方

4. [**答案**]B

[**解析**]解答过程见下表。

路基土石方数量计算表

桩号	横断面积(m^2)		横断面平均积(m^2)		距离(m)	挖方体积(m^3)	填方体积(m^3)	本桩利用(m^3)	填缺(m^3)	挖余(m^3)
	挖	填	挖	填						
+160	22	0	28	30	20	560	600	560	40	0
+180	34	60								

5.[**答案**]A

[**解析**]解答过程见下表。

起 讫 桩 号	普通土挖方(天然密实方)(m^3)	填方(压实方)(m^3)	本桩利用(压实方)(m^3)	填缺(压实方)(m^3)	挖余(天然密实方)(m^3)	纵 向 调 配
K1 +400 ~ K1 +420	140	70	70	0	58.8	
K1 +420 ~ K1 +440	58	100	50	50	0	
K1 +440 ~ K1 +460	80	40	40	0	33.6	
K1 +460 ~ K1 +480	116	75	75	0	29	
K1 +480 ~ K1 +500	250	150	150	0	76	

挖余合计 $=58.8+0+33.6+29+76=197.4\text{m}^3$

6.[**答案**]B

[**解析**]解答过程见下表。

起 讫 桩 号	普通土挖方(天然密实方)(m^3)	填方(压实方)(m^3)	本桩利用(压实方)(m^3)	填缺(压实方)(m^3)	挖余(天然密实方)(m^3)	纵 向 调 配
K1 +400 ~ K1 +420	140	70	70	0	58.8	
K1 +420 ~ K1 +440	58	100	50	50	0	
K1 +440 ~ K1 +460	80	40	40	0	33.6	
K1 +460 ~ K1 +480	116	75	75	0	29	
K1 +480 ~ K1 +500	250	150	150	0	76	

填缺合计 $=0+50+0+0+0=50\text{m}^3$

第六节 线 形 设 计

本节考纲

1.掌握线形设计的原则、要求和内容。

2. 熟悉平、纵、横线形设计及其组合设计，线形与桥隧的配合、与沿线设施的配合，及其与环境的协调等的一般规定与运用。

线形设计的原则；线形设计的要求和内容；平、纵、横线形设计；组合设计原则和设计方法；线形与桥隧的配合；线形与沿线设施的配合；线形与环境的协调。

典 型 习 题

一、单项选择题

1. 路线平、纵线形组合设计，进行评价时一般可采用以下哪个选项？（　　）

(A)立体模型　　(B)路线透视图
(C)指标表　　(D)纵断面图

2. 某二级公路的一段路线，其主点里程见下表，一般情况下，平纵组合是较好的变坡点位置是以下哪个选项？（　　）

交　点	ZH	HY	QZ	YH	HZ
JD11	K2 +894.84	K2 +954.84	K2 +998.15	K3 +041.45	K3 +101.45
JD12	K3 +101.45	K3 +161.45	K3 +203.16	K3 +244.87	K3 +304.87

(A)K2 +900　　(B)K3 +101.45
(C)K3 +200　　(D)K3 +310

3. 对平、纵线形组合设计、技术指标的协调性和一致性、视距以及路线视觉连续性等进行检验，依此优化线形设计、调整技术指标、完善交通工程与安全设施，检验采用的方法是以下哪个选项？（　　）

(A)运行速度方法　　(B)动态透视方法
(C)服务水平分析法　　(D)专家评审法

4. 设计速度大于或等于 60km/h 时，回旋线应作为线形要素之一加以运用。回旋线—圆曲线—回旋线的长度以大致接近为宜。两个回旋线的参数值亦可以根据地形条件设计成非对称的曲线，但 $A_1:A_2$ 不应大于以下哪个选项？（　　）

(A)1.5　　(B)2.0
(C)2.5　　(D)3.0

5. 回旋线参数宜依据地形条件及线形要求确定，并与圆曲线半径相协调。在确定回旋线参数时,宜在下述范围内选定: $R/3 \leqslant A \leqslant R$,回旋线参数 A 与圆曲线半径 R 的关系错误的是以下哪个选项? ( )

(A)当 R 小于100m 时,A 宜大于或等于 R

(B)当 R 接近于100m 时,A 宜等于 R

(C)当 R 较大或接近于3000m 时,A 宜等于 $R/3$

(D)当 R 大于3000m 时,A 宜大于 $R/3$

6. 关于平面凸形曲线的说法,错误的是以下哪个选项? ( )

(A)凸形曲线只有在路线严格受地形限制,且对接点的曲率半径相当大时方可采用

(B)对接点附近的0.3v 长度范围内,应保持以对接点的曲率半径确定的路拱横坡度

(C)凸形曲线的回旋线参数及其对接点的曲率半径,应分别符合容许最小回旋参数和圆曲线最小半径的规定

(D)凸形曲线允许两同向回旋线间设置0.3v 长度的圆曲线

7. 卵形曲线的回旋线参数宜选 $R_2/2 \leqslant A \leqslant R_2$($R_2$ 为小圆曲线半径),两圆曲线半径之比 R_2/R_1 宜为以下哪个选项? ( )

(A)0.1 ~0.5　(B)0.2 ~0.6　(C)0.2 ~0.8　(D)0.4 ~1.0

8. S 形曲线的两回旋线参数 A_1 与 A_2 宜相等。两圆曲线半径之比不宜过大,如果 R_1 为大圆曲线半径,R_2 为小圆曲线半径,则 R_1/R_2 宜为以下哪个选项? ( )

(A)1.5　(B)2.0　(C)2.5　(D)3.0

9. 某路堑长421m,平均挖深16m,设计纵坡0.1% ,针对过于平缓的纵坡,设计中应采取的措施是以下哪个选项? ( )

(A)加大边沟断面尺寸　(B)边沟加固处理

(C)布置锯齿形偏沟　(D)作专门的排水设计

10. 关于横断面设计的一般规定的说法,错误的是以下哪个选项? ( )

(A)条件受限制不得已而出现高填、深挖时,应同架桥、建隧、分离式路基等方案进行论证比选

(B)横坡较陡、工程地质复杂时,二级公路宜采用分离式路基断面

(C)设置在紧靠车道的边沟,其断面宜采用浅碟形或漫流等方式,否则应加盖板

(D)公路横断面设计应注重路侧安全并运用宽容设计理念

11. 关于中间带的设计的说法,错误的是以下哪个选项? ( )

(A)中央分隔带宽度大于或等于3.0m 时宜用凹形

(B)对于存在风沙和风雪影响的路段,宜采用平齐式

(C)中央分隔带宽度小于3.0m 时可采用凸形

(D)高速公路、一级公路中央分隔带不得采用栏式缘石

12. 整体式路基的中间带宽度宜保持等值。当中间带的宽度根据需要增宽或减窄时,应采用左右分幅线形设计。条件受限制,且中间带宽度变化小于 3.0m 时,可采用渐变过渡,过渡段的渐变率不应大于以下哪个选项? (　　)

(A)1/50　　(B)1/100

(C)1/150　　(D)1/200

13. 凸形竖曲线的顶部不宜同反向平曲线重合的点位是以下哪个选项? (　　)

(A)前 1 交点　　(B)拐点

(C)曲中点　　(D)后 1 交点

14. 以下平、纵组合中适宜的组合是哪个选项? (　　)

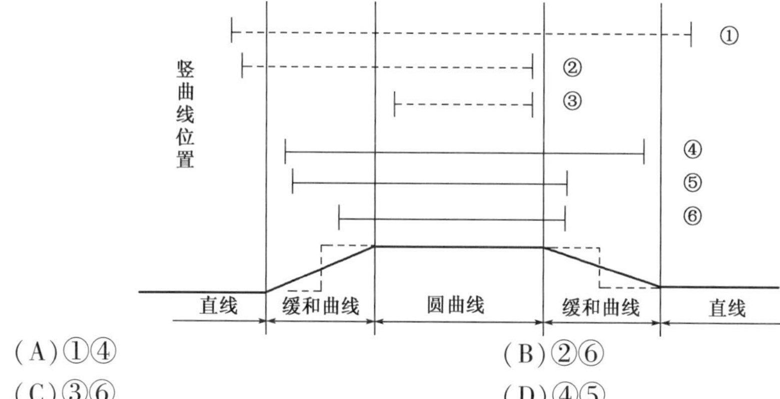

(A)①④　　(B)②⑥

(C)③⑥　　(D)④⑤

15. 以下平纵组合中,合理的组合是以下哪个选项? (　　)

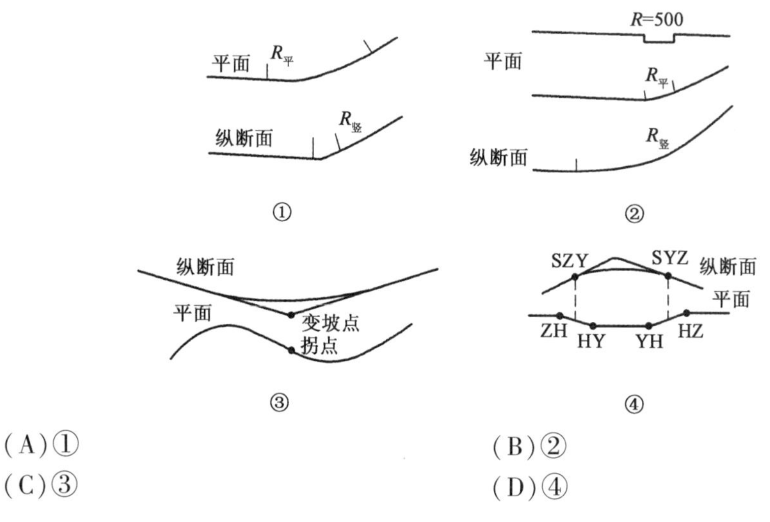

(A)①　　(B)②

(C)③　　(D)④

16. 以下平纵组合中,合理的组合是以下哪个选项? ( )

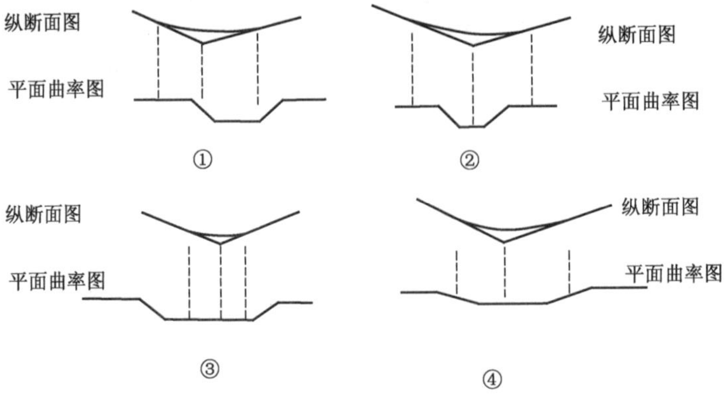

纵断面图
平面曲率图
①

纵断面图
平面曲率图
②

纵断面图
平面曲率图
③

纵断面图
平面曲率图
④

(A)① (B)②
(C)③ (D)④

17. 以下平纵组合中,合理的组合是哪个选项? ( )

(A)较大半径的竖曲线与平面较长直线组合
(B)长的平曲线内包含多个短的竖曲线
(C)将凹形竖曲线底部或凸形竖曲线顶部与反向平曲线拐点对应重合
(D)长的竖曲线内设置半径小的平曲线

18. 某一级公路主线收费站布设位置,较合理的是以下哪个选项? ( )

(A)平面直线与凹形竖曲线组合处
(B)平面直线与纵面陡坡组合处
(C)平面简单形曲线与纵断面缓坡路段组合处
(D)平面基本形曲线与纵断面缓坡路段组合处

19. 线形设计检验与评价中,常运用的速度是以下哪个选项? ( )

(A)运行速度 (B)行程车速
(C)平均技术速度 (D)地点车速

二、多项选择题

1. 关于线形设计的要求与内容的说法,正确的有下列哪些选项? ( )

(A)线形设计的要求与内容应随公路功能和设计速度的不同而各有侧重
(B)遵循以公路等级、设计速度确定设计路段的原则
(C)不同设计路段相衔接处附近不宜采用该路段设计速度的最小或最大平、纵技术指标值
(D)高速公路和具备干线功能的一、二级公路,应注重立体线形设计,做到线形连续、指标

均衡、视觉良好、景观协调、安全舒适

(E)具备集散功能的一、二级公路,应根据混合交通情况确定公路横断面布置设计,并注重路线交叉等处的线形设计组合,以保障通视良好,行驶通畅、安全

2. 关于平面线形设计的说法,正确的有下列哪些选项?（　　）

(A)各级公路不论转角大小均应敷设曲线,并宜选用加大的圆曲线半径,转角过小时,不应设置较短的圆曲线

(B)设计速度小于或等于 40km/h 的双车道公路,两相邻反向圆曲线无超高、加宽时可径相衔接

(C)设计速度小于或等于 40km/h 的双车道公路,两相邻反向圆曲线无超高有加宽时应设置长度不小于 10m 的加宽过渡段

(D)设计速度小于或等于 40km/h 的双车道公路,两相邻反向圆曲线设有超高时,地形条件特殊困难路段的直线长度不小于 10m

(E)六车道及以上高速公路和作为干线的一级公路,同向或反向圆曲线间插入的直线长度,还应符合路基外侧边缘超高过渡渐变率规定的要求

3. 适合运用直线线形的路段或地点有下列哪些选项?（　　）

(A)农田、河渠规整的平坦地区

(B)城镇近郊规划等以直线条为主体时

(C)特长、长隧道或结构特殊的桥梁等构造物所处的路段

(D)路线交叉点前后的路段

(E)一级公路公路为超车所提供的路段

4. 关于面线形设计中圆曲线运用的说法,正确的有下列哪些选项?（　　）

(A)设置圆曲线时应与地形相适应,宜采用超高为 2% ~4% 对应的圆曲线半径

(B)条件受限时,可采用大于或接近于圆曲线最小半径的“极限值”

(C)设置圆曲线时,应同相衔接路段的平、纵线形要素相协调,使之构成连续、均衡的曲线线形

(D)应避免小半径圆曲线与陡坡相重合的线形

(E)当交点转角不得已小于 7°时,应按规定设置足够长的曲线

5. 两同向圆曲线间应设有足够长度的直线,否则可调整线形设置为下列哪些选项?

（　　）

(A)S 形曲线　　(B)单曲线

(C)复合形曲线　　(D)复曲线

(E)凹形曲线

6. 在 S 形曲线中,设 R_1、R_2 分别为大小圆半径,A_1、A_2 分别为大小圆的缓和曲线参数,关

于 S 形曲线规定的说法，正确的有下列哪些选项？ ( )

(A) S 形曲线的两回旋线参数 A_1 与 A_2 宜相等

(B) A_1 与 A_2 之比应小于 2.0，有条件时以小于 1.5 为宜

(C) 当 $A_2 \leqslant 200$ 时，A_1 与 A_2 之比应小于 1.5

(D) 两圆曲线半径之比不宜过大，以 $R_1/R_2 \leqslant 3$ 为宜

(E) S 形曲线中短直线长度应小于 5m。

7. 对卵形曲线的要求，正确的有下列哪些选项？ ( )

(A) 卵形曲线的回旋线参数宜选 $R_2/2 \leqslant A \leqslant R_2$（$R_2$ 为小圆曲线半径）

(B) 两圆曲线半径之比，以 $R_2/R_1 = 0.2 \sim 0.8$ 为宜

(C) 两圆曲线的间距，以 $D/R_2 = 0.003 \sim 0.03$ 为宜（D 为两圆曲线间的最小间距）

(D) 两端回旋线参数 A_1 与 A_2 之比宜小于 1.2

(E) 两端回旋线参数 A_1 与 A_2 之比不应大于 2.5

8. 关于竖曲线设计的一般规定的说法，正确的有下列哪些选项？ ( )

(A) 设计速度大于或等于 60km/h 的公路，竖曲线设计宜采用长的竖曲线和长直线坡段的组合。有条件时宜采用大于或等于视觉所需要的竖曲线半径值

(B) 竖曲线应选用较大的半径。当条件受限制时，宜采用大于或接近于竖曲线最小半径的"一般值"

(C) 地形条件特殊困难而不得已时，方可采用竖曲线最小半径的"极限值"

(D) 同向竖曲线间，特别是同向凹形竖曲线之间，直线坡段小于 3s 行程时，宜合并设置为单曲线或复曲线

(E) 双车道公路在有超车需求的路段，应考虑超车视距要求，采用较大的凸形竖曲线半径或设置必要的标志、标线等设施

9. 中央分隔带缘石的类型有下列哪些选项？ ( )

(A) 平齐式 (B) 斜式

(C) 栏式缘石 (D) 凸式

(E) 凹形

10. 关于线形组合设计规定的说法，正确的有下列哪些选项？ ( )

(A) 平、纵线形宜相互对应，且平曲线宜比竖曲线长

(B) 当平、竖曲线半径均较小时，平、纵线形相互对应程度应较严格

(C) 随着平、竖曲线半径的同时增大，平、纵线形对应程度可适当放宽；当平、竖曲线半径均大时，可不严格相互对应

(D) 长的竖曲线内不宜设置半径小的平曲线

(E) 复曲线、S 形曲线中的左转圆曲线设超高时，应采用设计速度对其安全性予以验算

11. 关于线形组合设计规定的说法，正确的有下列哪些选项？（　　）

(A)半径小的圆曲线曲中点，不宜接近或设在凸形竖曲线的顶部或凹形竖曲线的底部

(B)凸形竖曲线的顶部或凹形竖曲线的底部，不宜同反向平曲线的拐点重合

(C)应避免在长下坡路段、长直线路段或大半径圆曲线路段的末端接小半径圆曲线的组合

(D)长的平曲线内不宜包含多个短的竖曲线；短的平曲线不宜与短的竖曲线组合

(E)长直线不宜与坡陡或半径小且长度短的竖曲线组合

三、案例题

1. 某S曲线，JD6为右转，$\alpha = 18°42'$，$R = 180\text{m}$，$l_s = 70\text{m}$；JD7为左转，$\alpha = 21°36'$，$R = 190\text{m}$，$l_s = 75\text{m}$，其回旋曲线参数的比值是下列哪个选项？（　　）

(A)0.93m　　(B)1m

(C)1.06m　　(D)1.16m

2. 某三级公路，设计速度40km/h，其中A段、B段、C段、D段的纵断面与平面曲率示意图如下图所示，从平纵组合的合理性分析，平纵组合较好的路段是下列哪个选项？（　　）

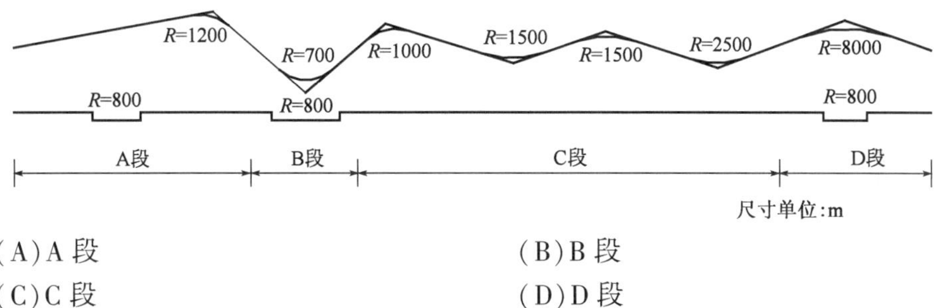

(A)A段　　(B)B段

(C)C段　　(D)D段

3. 某二级公路，设计速度60km/h，纵断面与平面曲率示意图如下图所示，A、B、C、D四组中，从平纵组合的合理性分析，平纵组合较好的组合是下列哪个选项？（　　）

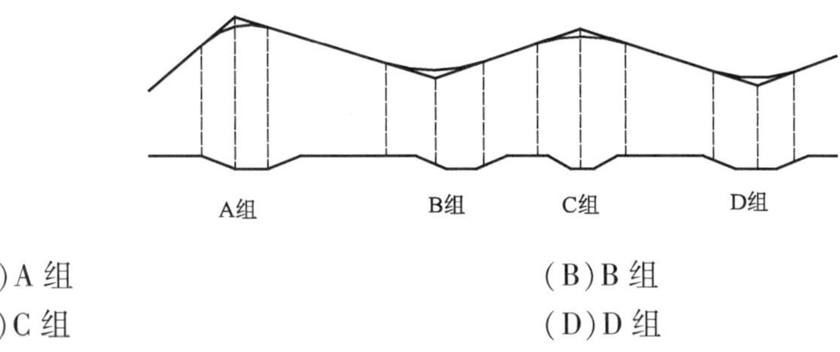

(A)A组　　(B)B组

(C)C组　　(D)D组

4. 某新建公路一段，JD18的主点里程见下表。

点	ZH	HY	QZ	YH	HZ
里程	K11 +540.02	K11 +580.02	K11 +602.70	K11 +625.38	K11 +665.38

变坡点 SJD12 里程为 K11 +600，$i_1=1\%$，$i_2=6\%$，变坡点高程为 435.38m。如果按照“平包竖，竖包圆”的要求控制竖曲线半径，竖曲线半径取值范围是下列哪个选项？（　　）

(A)799.2 ~2399.2m　　(B)1015.2 ~2399.2m

(C)1015.2 ~2615.2m　　(D)1000.0 ~2752.2m

参考答案及解析

一、单项选择题

1.［答案］B

［解析］路线平、纵线形组合设计，可采用路线透视图进行评价，方便且直观。

2.［答案］C

［解析］K3 +200 靠近 JD12 的 QZ 点 K3 +203.16，这样有平、竖曲线对应重叠，易于做到“平包竖，竖包圆”。

3.［答案］A

［解析］根据《公路路线设计规范》（JTG D20—2017），各级公路均应采用运行速度方法，对平、纵线形组合设计、技术指标的协调性和一致性、视距以及路线视觉连续性等进行检验，依此优化线形设计、调整技术指标、完善交通工程与安全设施。

4.［答案］B

［解析］设计速度大于或等于 60km/h 时，回旋线应作为线形要素之一加以运用。回旋线—圆曲线—回旋线的长度以大致接近为宜。两个回旋线的参数值亦可以根据地形条件设计成非对称的曲线，但 $A_1:A_2$ 不应大于 2.0。

5.［答案］D

［解析］当 R 于 3000m 时，A 宜小于 $R/3$。

6.［答案］D

［解析］凸形曲线是两同向回旋线在曲率相同处径相衔接而组合的形式。

7.［答案］C

［解析］根据《公路路线设计规范》（JTG D20—2017），两圆曲线半径之比，以 $R_2/R_1=0.2\sim0.8$ 为宜。

8.［答案］B

［解析］根据《公路路线设计规范》(JTG D20—2017)，两圆曲线半径之比不宜过大，以 $R_1/R_2 \leqslant 2$ 为宜(R_1 为大圆曲线半径；R_2 为小圆曲线半径)。

9.［答案］D

［解析］纵坡以平、缓为宜，但最小纵坡不宜小于0.3%。采用平坡(0%)或小于0.3%的纵坡路段，应作专门的排水设计。加大边沟断面尺寸、边沟加固处理均解决不了路线纵坡平缓问题，影响排水；锯齿形偏沟用于城市道路解决排水问题；选项A、B、C错误。设计中一般是对边沟进行专门的设计。

10.［答案］B

［解析］路基断面布设应结合沿线地面横坡、自然条件、工程地质条件等进行设计。自然横坡较缓时，以整体式路基断面为宜。横坡较陡、工程地质复杂时，高速公路宜采用分离式路基断面。

11.［答案］D

［解析］中央分隔带缘石：中央分隔带宽度大于或等于3.0m，或存在风沙和风雪影响的路段，宜采用平齐式；中央分隔带宽度小于3.0m，可采用平齐式或斜式。高速公路、一级公路中央分隔带不得采用栏式缘石。

12.［答案］B

［解析］根据《公路路线设计规范》(JTG D20—2017)，整体式路基的中间带宽度宜保持等值。当中间带的宽度根据需要增宽或减窄时，应采用左右分幅线形设计。条件受限制，且中间带宽度变化小于3.0m时，可采用渐变过渡，过渡段的渐变率不应大于1/100。

13.［答案］B

［解析］凸形竖曲线的顶部或凹形竖曲线的底部，不宜同反向平曲线的拐点重合。

14.［答案］D

［解析］平曲线与竖曲线宜相互对应，且平曲线长度宜大于竖曲线长度。图中，①②③组合不当，④⑤⑥组合得当。

15.［答案］D

［解析］①图示为较长的大半径平曲线与较短的竖曲线组合，易造成视线中断。

②竖包平，不合理。

③根据《公路路线设计规范》(JTG D20—2017)第9.5.2条第6款，凸形竖曲线的顶部与凹形竖曲线的底部，不宜同反向平曲线的拐点重合。应避免该组合。

④根据《公路路线设计规范》(JTG D20—2017)第9.5.2条第1款,《城市道路路线设计规范》(CJJ 193—2012)第8.2.1条第3款,即通常说的“平包竖”。

16.[答案]D

[解析]①是平竖错位组合;②是竖曲线太长;③是竖曲线太短;④平竖对应重叠,平包竖。

17.[答案]A

[解析]根据《公路路线设计规范》(JTG D20—2017),选项B、C、D都属于不宜的组合。纵断面上较大半径与平面较长直线的组合是合理的。

18.[答案]C

[解析]主线收费站范围内路线宜为直线或不设超高的曲线,不应将收费站设置在凹形竖曲线的底部。平面直线与凹形竖曲线组合处容易积水;平面直线与纵面陡坡组合处不安全;平面基本形曲线与纵断面缓坡路段组合处有超高;选项A、B、D均不合理。一级公路简单形曲线,半径大于不设置超高的最小半径,不设置超高,纵断面为缓坡,选项C较合理。

19.[答案]A

[解析]运行速度常用来检验线形设计质量和安全性,其速度更接近实际情况。

二、多项选择题

1.[答案]ACDE

[解析]线形设计的要求与内容应随公路功能和设计速度的不同而各有侧重。并符合下列要求:

①高速公路和具干线功能的一、二级公路,应注重立体线形设计,做到线形连续、指标均衡、视觉良好、景观协调、安全舒适。设计速度越高,线形设计组合所考虑的因素应越周全,以提供高的服务质量。

②具集散功能的一、二级公路,应根据混合交通情况确定公路横断面布置设计,并注重路线交叉等处的线形设计组合,以保障通视良好,行驶通畅、安全。

③设计速度等于或小于40km/h的双车道公路,在保证行驶安全的前提下,应正确地运用线形要素的规定值(含最大、最小值),合理地组合各线形要素,或采取设置相应交通工程设施等技术措施,以充分发挥投资效益。

④遵循以设计路段确定公路等级、设计速度的原则,其设计路段的长度不宜过短,且线形技术指标应保持相对均衡。

⑤不同设计路段相衔接处前后的平、纵、横技术指标,应随设计速度由高向低(或反之)而逐渐由大向小(或反之)变化,使行驶速度自然过渡。相衔接处附近不宜采用该路段设计速度的最小或最大平、纵技术指标值。

2.［答案］ABCE

［解析］设计速度小于或等于 40km/h 的双车道公路，两相邻反向圆曲线无超高时可径相衔接，无超高有加宽时应设置长度不小于 10m 的加宽过渡段；两相邻反向圆曲线设有超高时，地形条件特殊困难路段的直线长度不小于 15m。

3.［答案］ABCD

［解析］双车道公路为超车所提供的路段宜采用直线线形。

4.［答案］ACDE

［解析］条件受限时，可采用大于或接近于圆曲线最小半径的“一般值”；地形条件特殊困难而不得已时，方可采用圆曲线最小半径的“极限值”，并采取措施保障视距的要求。

5.［答案］BD

［解析］两同向圆曲线间应设有足够长度的直线，否则应调整线形设置为单曲线或复曲线。S 形属于反向曲线的情况，不符合题意；复合形曲线也只是属于一个交点的情况，与题干条件不同，凹形曲线属于竖曲线，选项 A、C、E 错误。设置成单曲线或复曲线，均可消除两同向圆曲线间的短直线。

6.［答案］ABC

［解析］根据《公路路线设计规范》(JTG D20—2017)规定：①S 形曲线的两回旋线参数 A_1 与 A_2 宜相等。②当采用不同的回旋线参数时，A_1 与 A_2 之比应小于 2.0，有条件时以小于 1.5 为宜。当 $A_2 \leq 200$ 时，A_1 与 A_2 之比应小于 1.5。③两圆曲线半径之比不宜过大，以 $R_1/R_2 \leq 2$ 为宜(R_1 为大圆曲线半径；R_2 为小圆曲线半径)。

7.［答案］ABC

［解析］根据《公路路线设计规范》(JTG D20—2017)规定，只对卵形曲线的回旋线参数、两圆曲线半径之比、两圆曲线的间距与小圆曲线半径之比有规定，即选项 A、B、C。对两端回旋线参数未进行特别的规定。

8.［答案］ABCE

［解析］同向竖曲线间，特别是同向凹形竖曲线之间，直线坡段接近或达到最小坡长时，宜合并设置为单曲线或复曲线。

9.［答案］ABC

［解析］根据《公路路线设计规范》(JTG D20—2017)，中央分隔带缘石：中央分隔带宽度大于或等于 3.0m，或存在风沙和风雪影响的路段，宜采用平齐式；中央分隔带宽度小于 3.0m，可采用平齐式或斜式。高速公路、一级公路中央分隔带不得采用栏式缘石。

10.［答案］ABCD

［解析］复曲线、S形曲线中的左转圆曲线不设超高时，应采用运行速度对其安全性予以验算。

11.［答案］BCDE

［解析］半径小的圆曲线起、讫点，不宜接近或设在凸形竖曲线的顶部或凹形竖曲线的底部。

三、案例题

1.［答案］C

［解析］(1)JD6 回旋曲线参数：$A_6 = \sqrt{R \cdot l_s} = \sqrt{180 \times 70} = 112.2497\text{m}$

(2)JD7 回旋曲线参数：$A_7 = \sqrt{R \cdot l_s} = \sqrt{190 \times 75} = 119.3734\text{m}$

(3)回旋曲线参数比值：$A_7/A_6 = 119.3434/112.2497 = 1.06$

2.［答案］A

［解析］(1)A 段：前一小段立体线形要素为具有恒等坡度的曲线，纵坡较小，平曲线半径较大，属于较好的组合；后一小段立体线形要素为凸形直线，半径大于凸形竖曲线一般最小半径，属于较好的组合。

(2)B 段：立体线形要素为凹形曲线，竖曲线半径小于平曲线半径，平、竖曲线组合不协调，平、竖曲线半径之比宜在 1∶10～20∶1。

(3)C 段：在一条直线上反复起伏，视觉效果不好，宜造成浪形或视线中断现象。

(4)D 段：立体线形要素为凸形曲线，竖曲线过长，未做到"平包竖"，不协调。

3.［答案］D

［解析］(1)A 组：错位组合，变坡点放在 HY 点，较差。

(2)B 组：变坡点放在缓和曲线上，竖曲线一部分在直线，一部分在曲线上，较差。

(3)C 组：竖曲线比平曲线长，较差。

(4)D 组：变坡点在 QZ 点附近，做到"平包竖，竖包圆"，较好。

4.［答案］B

［解析］(1)$W = i_2 - i_1 = 6\% - 1\% = 5\%$

(2)$T_{最小} = 625.38 - 600 = 25.38$，$R_{最小} = 2T/W = 1015.2\text{m}$

(3)$T_{最大} = 600 - 540.02 = 59.98$，$R_{最大} = 2T/W = 2399.2\text{m}$

第七节　选　　线

本节考纲

1. 掌握不同设计阶段选线所必须遵循的原则与要点。

2. 熟悉选线所包括的确定路线基本走向、路线走廊带、路线方案以至选定线位等全过程的基本设计要求和内容。

3. 了解道路选线采用遥感、航测、GPS、数字技术等新技术的方法和步骤。

复习要点

不同设计阶段选线所必须遵循的原则与要点;路线基本走向;路线走廊带;路线方案;选线(平原区、山岭区和丘陵区路线布设要点)与定线(纸上定线、实地定线);遥感、航测、GPS、数字技术等新技术的方法和步骤。

典型习题

一、单项选择题

1. 具干线功能的一级公路,与M县城相衔接时,宜采用的衔接方案是以下哪个选项?（　　）

(A)远离M县城　　(B)高架跨越M县城
(C)以支线连接M县城　　(D)隧道下穿M县城

2. 对于纸上选线的步骤中不包含以下哪个选项?（　　）

(A)实地敷设导线　　(B)实测地形图
(C)现场选定路线　　(D)实地放线

3. 实地选线时,放坡的工具是以下哪个选项?（　　）

(A)量角器　　(B)卡规
(C)手水准　　(D)水平仪

4. 平原地区布线时一般应着重考虑以下哪个选项?（　　）

(A)以平面为主安排路线　　(B)以纵断面为主安排路线
(C)以横断面为主安排路线　　(D)以曲线组合为主安排路线

5. 沿溪线有利的跨河位置是以下哪个选项?（　　）

(A)河道顺直段　　(B)河湾中部
(C)河道宽度变化处　　(D)S形河湾腰部

6. 沿溪线布线中,安排路线一般是以下哪个选项?（　　）

(A)低线位为主　　(B)中线位为主
(C)较高线位为主　　(D)高线位为主

7. 关于越岭线垭口位置的说法,正确的是以下哪个选项? ( )

(A)垭口应尽量在起终点的连线附近

(B)垭口应符合路线的基本走向

(C)垭口应使路线延长系数不超过 1.6

(D)垭口应使路线延长系数控制在 2 以内

8. 需要修建旱桥或隧道的展线基本形式是以下哪个选项? ( )

(A)自然展线 (B)回头展线

(C)螺旋展线 (D)灯泡展线

9. 在越岭展线布局中,一般情况下应首先考虑的展线形式是以下哪个选项? ( )

(A)回头展线 (B)螺旋展线

(C)自然展线 (D)8 字形展线

10. 越岭展线布局中,平面线形较好,里程短,纵坡均匀的展线是以下哪个选项? ( )

(A)环形展线 (B)螺旋展线

(C)回头展线 (D)自然展线

11. 回头展线的优点是以下哪个选项? ( )

(A)平面线形好 (B)避让地质不良地段比较容易

(C)施工方便 (D)纵坡均匀

12. 展线的目的是以下哪个选项? ( )

(A)克服高差 (B)线形美观

(C)躲避病害 (D)平纵组合

13. 适宜于螺旋展线的地形是以下哪个选项? ( )

(A)山包 (B)山脊平台

(C)鸡爪地形 (D)平缓山坡

14. 已知越岭垭口两侧的纵坡均为 5%,当垭口两侧的纵坡不变,过岭高程降低 20m 时,路线可缩短的长度是以下哪个选项? ( )

(A)400m (B)600m

(C)800m (D)1000m

15. 关于螺旋展线特点的说法,错误的是以下哪个选项? ( )

(A)路线利用有利的山包或山谷,在很短的平面距离内就能克服较大的高差

(B)工程造价高

(C)比回头曲线有较好的线形
(D)避让艰巨工程和地质不良地段比较容易

16. 为在地形图上某两控制点间确定路线的导向线,此地形图等高距为2m,比例尺1:2000,拟订此段路线平均纵坡为4%,分规所张开的宽度应是以下哪个选项? ( )
(A)2cm (B)2.5cm
(C)4cm (D)5cm

17. 一般情况下定线的顺序是以下哪个选项? ( )
(A)确定控制点→穿线→定交点 (B)确定控制点→定交点→穿线
(C)放坡→穿线→定交点 (D)放坡→定交点→确定控制点→穿线

18. 设置虚交点的原因是以下哪个选项? ( )
(A)交点钉设困难或交点过远 (B)半径大
(C)公路等级高 (D)展线困难

19. 如今3S技术已广泛应用于公路的选线,3S是指以下哪个选项? ( )
(A)GLONASS、RS、GIS (B)GPS、RS、GIS
(C)GPS、RS、GLONASS (D)GPS、Erdas、GIS

20. DTM的是以下哪些选项? ( )
(A)数字地面模型 (B)数字高程模型
(C)层次地形模型 (D)地理信息模型

二、多项选择题

1. 按照公路选线原则要求,路线应尽可能避让的地点有下列哪些选项? ( )
(A)不可移动文物 (B)水源地
(C)基本农田 (D)城市发展规划区
(E)自然保护区

2. 关于公路选线的一般要求的说法,正确的有下列哪些选项? ( )
(A)遇有不良工程地质的地段应视其对路线的影响程度,分别对绕、避、穿等方案进行比选论证
(B)高速公路和一级公路与沿线主要交通源衔接,应利用区域路网或新建连接道路
(C)二级公路、三级公路在遵循项目总体功能和走向的基础上,应尽量穿越城镇
(D)平原区选线宜采用较高的技术指标,尽量避免采用长直线或小偏角平曲线
(E)山岭区选线应充分利用地形条件,合理确定垭口位置,应尽量避免高填深挖等现象

3. 关于公路初步设计阶段选线的原则的说法，正确的有下列哪些选项？（　　）

(A)应全面了解掌握路线所经区域城镇布局和经济发展规划，路线方案选择应以最大限度地带动区域经济发展，创造最大经济效益为目标

(B)新建的二级、三级公路应与城镇周边路网布设相协调，不宜穿越城镇

(C)高速公路、具有干线功能的一级公路通过作为路线控制点的城镇时，应与城市发展规划相协调，宜与城市环线或支线相连接

(D)对路线所经区域、走廊带及其沿线的工程地质和水文地质应进行深入调查、勘察，对于滑坡、崩塌、岩堆、泥石流、岩溶、软土、泥沼等不良工程地质地段应视其对路线的影响程度，论证比选采用绕避或穿越方案

(E)当采用穿越不良工程地质地段方案时，应选择合适的位置，采用曲线通过，并采取切实可行的工程措施

4. 关于公路施工图设计阶段选线的原则的说法，正确的有下列哪些选项？（　　）

(A)对前一阶段推荐的路线方案应进行全面核查、审定，当有较大幅度的线位调整时，应遵循初设原则重新确定路线方案

(B)路线线位的优化和调整应确保路基横断面、路基填土高度、边坡高度和坡率的合理布设以及支挡防护工程的安全可靠

(C)考虑土石方数量的综合平衡

(D)路线起、终点的平面和纵断面设计应前后延伸一条边，并进行同深度测量，确保接线准确并无遗留问题

(E)重点复杂路段应事先测量路线控制点、纸上精确定位、现场放线逐桩核查，确保线位合理

5. 在选线过程中，一般作为公路路线基本走向的控制点有下列哪些选项？（　　）

(A)路线起、终点　　(B)特定的特大桥的位置

(C)必须连接的城镇　　(D)互通式立体交叉的位置

(E)长隧道

6. 选线的全过程包括有下列哪些选项？（　　）

(A)确定路线基本走向　　(B)路线走廊带

(C)桥涵定位　　(D)选定线位

(E)路线方案

7. 根据《公路路线设计规范》(JTG D20—2017)规定，应采用纸上定线并现场核定的方法进行选线的公路有下列哪些选项？（　　）

(A)高速公路　　(B)一级公路

(C)二级公路　　(D)三级公路

(E)四级公路

8. 初步设计阶段选线的主要内容有下列哪些选项？　（　　）

(A)基本确定路线起、终点的平面位置和纵断面衔接关系

(B)对工程可行性研究阶段的推荐走廊带进行研究，提出推荐的路线方案

(C)完成一般路段的平面和纵断面设计

(D)基本确定特殊路段的平面和纵断面设计方案

(E)收集工程可行性研究阶段的地质、环境等评估报告等资料

9. 关于平原区布线要点的说法，正确的有下列哪些选项？　（　　）

(A)注意土地水文条件　(B)正确处理路线与农业的关系

(C)线形应顺直、短捷　(D)处理好展线布局

10. 关于平原区选线的说法，正确的有下列哪些选项？　（　　）

(A)布线要有利于造田、护田，以支援农业

(B)不片面要求路线顺直而占用大面积的良田

(C)要注意保证路基稳定，保持填挖平衡

(D)桥位中线应尽可能与洪水的主流流向正交，桥梁和引道最好都在直线上

(E)尽量避开较大的湖塘、水库、泥沼等

11. 关于沿溪线低线特点的说法，正确的有下列哪些选项？　（　　）

(A)受洪水威胁较大　(B)防护工程较多

(C)占田较少　(D)跨河较方便

(E)线形较好

12. 关于沿溪线高线特点的说法，正确的有下列哪些选项？　（　　）

(A)基本上不受洪水威胁　(B)跨河较难

(C)线形较差　(D)工程量较大

(E)防护工程较多

13. 越岭线垭口选择主要考虑的因素主要包括有下列哪些选项？　（　　）

(A)垭口的高低　(B)垭口的位置

(C)垭口两侧地形和地质条件　(D)垭口的植被

(E)垭口的地质条件

14. 关于越岭线的说法，正确的有下列哪些选项？　（　　）

(A)相对高差 200 ~ 500m 时，二、三、四级公路越岭线平均纵坡应不大于 5.5%

(B)相对高差在 500m 以上时，二、三、四级公路越岭线平均纵坡应不大于 5%

(C)克服高差是越岭线布线的关键

(D)越岭线应走在直连线与匀坡线之间

(E)越岭线按以直线方向为主导的原则布线

15. 越岭线布线要点中,垭口选择考虑的主要因素有下列哪些选项? ( )

(A)垭口的厚薄 (B)垭口的位置

(C)垭口的高低 (D)垭口的地质条件

(E)垭口两侧的地形和地质条件

16. 适宜布设螺旋展线的地形有下列哪些选项? ( )

(A)平缓的山坡 (B)顺直的山脉

(C)有利的山包 (D)有利的山谷

(E)迂回的山坳

17. 关于山脊线的说法,正确的有下列哪些选项? ( )

(A)水源和建筑材料充足

(B)线位高,远离居民点,服务性能差

(C)一般里程短,土石方工程量小

(D)水文、地质条件好,路基病害少、稳定、地面排水条件好

(E)河谷少且小,桥涵人工构造物少

18. 关于纸上选线特点的说法,正确的有下列哪些选项? ( )

(A)野外工作量较小

(B)定线不受自然因素干扰

(C)定线时需要大比例尺地形图

(D)路线的整体布局有一定的片面性和局限性

(E)可反复修改,集体讨论

19. 关于实地选线特点的说法,正确的有下列哪些选项? ( )

(A)整体布局考虑全面 (B)容易掌握地质、地形、地物情况

(C)简便、切合实际 (D)不需要大比例地形图

(E)野外工作量小

三、案例题

1. 某二级级公路,平面上一交点,其转角为 $6°55'$,要求设置成单圆曲线,且要求切线长 100m 左右,该平曲线半径是下列哪个选项? ( )

(A)1600m (B)1655m

(C)1720m (D)2030m

2. 某单圆曲线(简单型),路线转角为60°00′。如果要求外距为30.94m,该圆曲线半径是下列哪个选项? (　　)

(A)200m　　(B)230m

(C)245m　　(D)300m

3. 某单交点基本形曲线,圆曲线两端的缓和曲线各取60m,交点桩号为K18+985.00,其转角为23°23′。如果要求 $l_s : l_y : l_s = 1:1:1$,该圆曲线半径是下列哪个选项? (　　)

(A)188.46m　　(B)291.66m

(C)294.03m　　(D)295.97m

4. 某单交点基本形曲线,圆曲线两端的缓和曲线各取60m,其转角为23°30′。如果要求外距等于7.00m,该圆曲线半径是下列哪个选项? (　　)

(A)300m　　(B)303.469m

(C)305.662m　　(D)312.221m

5. JD8与JD9为S形曲线,JD8的转角为23°30′;JD9的转角为25°15′,根据现场情况,半径取为300m。JD8与JD9的交点间距为200m,JD8与JD9圆曲线两端的缓和曲线均取60m。JD8圆曲线半径是下列哪个选项? (　　)

(A)344.246m　　(B)345m

(C)349.139m　　(D)350m

6. 某平面凸形曲线,其转角为 $\alpha = 15°42'$,如果缓和曲线长取50m,该平曲线半径是下列哪个选项? (　　)

(A)181.66m　　(B)180.33m

(C)182.47m　　(D)185.78m

7. 某段路线起点桩号为K0+000,终点桩号为K16+222.58,中间有两处断链,K4+020=K3+980,K6+200=K6+312.66,则该路线总长度是下列哪个选项? (　　)

(A)15149.92m　　(B)16149.92m

(C)16295.24m　　(D)17295.24m

参考答案及解析

一、单项选择题

1. [答案]C

[解析]高速公路、具干线功能的一级公路同作为路线控制点的城镇相衔接时,以接城市环线或以支线连接为宜,并与城市发展规划相协调。新建的二级公路、三级公路应结合城镇

周边路网布设,避免穿越城镇。

2. [答案]C

[解析]纸上选线的一般步骤是:①实地敷设导线;②实测地形图(可用人工或航测法);③纸上选定路线;④实地放线。

3. [答案]C

[解析]现场放坡一般要用可以测竖角的仪器,手水准使用方便,是现场放坡常用的仪器。量角器一般测水平角。卡规是纸上放坡常用的仪器。水平仪器不能测角,不能用于放坡。

4. [答案]A

[解析]平原地区地形平坦,纵断面、横断面对路线布设影响不大。选线时,首先在起、讫点间把经过的城镇、厂矿、农场及风景文物点作为大的控制点;在控制点间通过实地视察进一步根据地形条件和水文条件选择中间控制点,一般较大的建筑群、水电设施、跨河桥位、洪水泛滥线范围以外以及其他必须绕过的障碍物均可作为中间控制点;在中间控制点之间,无充分理由一般不设转角点。在安排平面线形时,既要使路线短捷顺直,又要注意避免过长的直线,可能条件下多采用转角小、半径大的长缓平曲线线形。

5. [答案]D

[解析]S形河湾腰部跨河可以使桥头引道取得较好的线形。

6. [答案]A

[解析]低线一般指高出设计水位不多,路基临水一侧边坡常受洪水威胁的路线;高线一般指高出设计水位较多,基本上不受洪水威胁的路线。低线的缺点是受洪水威胁,防护工程较多;河边较好地形多为农田,因而占田较多;遇到个别山嘴废方较多,需要远运,以免废方堵河。高线的缺点是跨河较难。跨较大河流时,由于路线与河底高差较大,常需展线急下,方能跨过,桥头引道弯曲也大。对于线位高低,一般采用低线,特别注意洪水调查,把路线放在安全高度上,以保证路基稳定和安全。

7. [答案]B

[解析]选择垭口不仅要低,而且垭口的位置要符合路线的基本走向,既路线通过垭口时不需要无效延长路线就能和前后控制点相接。

8. [答案]C

[解析]螺旋展线实际就是一种路线转角大于360°的回头展线形式。特点是:路线利用有利的山包或山谷,在很短的平面距离内就能克服较大的高差。优点:路线舒顺,比回头曲线有更好的线形,纵坡较小,行车质量较好;缺点:因需修建旱桥或隧道,工程费用较高。螺旋展线可有上线桥跨和下线隧道两种方式。

9. [答案]C

[解析]自然展线是路线利用有利地形以小于或等于平均纵坡(5~5.5%)均匀升坡展线至垭口。这种方式的特点是:平面线形较好,里程短,纵坡均匀,但由于路线较早地离开河谷对沿河居民服务性差,路线避让艰巨工程和不良地质的自由度不大。展线形式中,一般应首先考虑采用自然展线;不得已时采用回头展线;当地形十分困难,又有适宜的山谷或山包条件时,为在短距离内克服较大的高差,可考虑螺旋展线,但需做方案比较确定。

10. [答案]D

[解析]自然展线在当山坡平缓、地质稳定时,路线利用有利地形以小于或等于平均纵坡(5~5.5%)均匀升坡展线至垭口。这种方式的特点是:平面线形较好,里程短,纵坡均匀,但由于路线较早地离开河谷对沿河居民服务性差,路线避让艰巨工程和不良地质的自由度不大。

11. [答案]B

[解析]回头展线的特点是:平曲线半径小,同一坡面上下线重叠,对施工、行车和养护都不利,但能在短距离内克服较大的高差,并且回头曲线布线灵活,利用有利地形避让艰巨工程和地质不良地段比较容易。

12. [答案]A

[解析]展线就是采用延长路线的办法,逐渐升坡克服高差。

13. [答案]A

[解析]螺旋展线实际就是一种路线转角大于360°的回头展线形式。其特点是:路线利用有利的山包或山谷,在很短的平面距离内就能克服较大的高差。

14. [答案]C

[解析]上山可缩短400m,下山可缩短400m,共800m。

15. [答案]D

[解析]螺旋展线的特点是:路线利用有利的山包或山谷,在很短的平面距离内就能克服较大的高差,它虽比回头曲线有较好的线形,避免了路线的重叠,但因需要建桥或隧道,将使工程造价很高。避让艰巨工程和地质不良地段比较容易是回头展线的优点。

16. [答案]B

[解析]纵坡为4%,克服1根等高线其等高距为2m,需要50m,$1/2000 = X/50$,$X = 0.025$m,即2.5cm。

17. [答案]A

[解析]一般情况下定线不需要放坡,选项C、D错误。一般情况下定线应先确定控制

点,根据控制点进行穿线定出直线,再以直线交出交点,故选 A。

18. [答案]A

[解析]当路线偏角很大及交点受地形或地物障碍限制,无法钉设交点时,或交点过远时,可在前后直线上选两个辅助交点 JD_A、JD_B,来代替交点 JD,敷设曲线选择半径,不需要再定出 JD,称为虚交。

19. [答案]B

[解析]3S 指 GPS(全球定位系统)、RS(遥感)、GIS(地理信息系统),而 GLONASS 是俄罗斯研制的另一种导航系统,Erdas 是一种处理遥感图像处理系统软件。

20. [答案]A

[解析]DTM(Digital Terrain Model)——数字地面模型是利用一个任意坐标系中大量选择的已知 x、y、z 的坐标点对连续地面的一种模拟表示,或者说,DTM 就是地形表面形态属性信息的数字表达,是带有空间位置特征和地形属性特征的数字描述。地形表面形态的属性信息一般包括高程、坡度、坡向等。

二、多项选择题

1. [答案]ABE

[解析]根据《公路路线设计规范》(JTG D20—2017),选线原则包括:应尽可能避让不可移动文物、水源地和自然保护区。选线应尽可能少占基本农田,应考虑同农田与水利建设、矿产资源开发和城市发展等规划的配合。

2. [答案]ABDE

[解析]二级公路、三级公路在遵循项目总体功能和走向的基础上,应尽量避免穿越城镇。

3. [答案]ABCD

[解析]当采用穿越方案时,应选择合适的位置,采用最短路径通过,并采取切实可行的工程措施。

4. [答案]ABCE

[解析]路线起、终点的平面和纵断面设计应前后延伸至少两个平曲线,并进行同深度测量,确保接线准确并无遗留问题。

5. [答案]ABC

[解析]路线起、终点,必须连接的城镇、工矿企业,以及特定的特大桥、特长隧道等的位置,应为路线基本走向的控制点。选项 A、B、C 正确。大桥、长隧道、互通式立体交叉、铁路交

叉等的位置,将决定路线的局部方案,原则上应服从路线基本走向。

6.[答案]ABDE

[解析]选线应包括确定路线基本走向、路线走廊带、路线方案至选定线位的全过程。

7.[答案]AB

[解析]根据《公路路线设计规范》(JTG D20—2017)规定,高速公路、一级公路应采用纸上定线并现场核定的方法。二级公路、三级公路、四级公路可采用现场定线,有条件或地形条件受限制时,可采用纸上定线或纸上移线并现场核定的方法。

8.[答案]ABDE

[解析]完成一般路段的平面和纵断面设计属于施工图设计阶段选线的主要内容。选项 C 错误。

9.[答案]ABC

[解析]平原区地形平坦,不存在展线布局问题。

10.[答案]ABDE

[解析]平原地区以低填方为主,一般是借方多。

11.[答案]ABDE

[解析]低线一般指高出设计水位不多,路基临水一侧边坡常受洪水威胁的路线。低线的缺点是受洪水威胁,防护工程较多;河边较好地形多为农田,因而占田较多;遇到个别山嘴废方较多,需要远运,以免废方堵河。对于线位高低,一般采用低线,特别注意洪水调查,把路线放在安全高度上,以保证路基稳定和安全。

12.[答案]ABCD

[解析]高线一般指高出设计水位较多,基本上不受洪水威胁的路线。高线的缺点是跨河较难。跨较大河流时,由于路线与河底高差较大,常需展线急下,方能跨过,桥头引道弯曲也大。高线没有台地可用,路线活动范围小,线形较差,工程量大。因线位高,防护工程少,遇缺口时,支挡工程较多。

13.[答案]ABCE

[解析]越岭线垭口选择主要考虑的因素包括:①垭口的高低;②垭口的位置;③垭口两侧地形和地质条件;④垭口的地质条件。

14.[答案]ABC

[解析]走在直连线与匀坡线之间是丘陵区布线要点;以直线方向为主导的原则布线

是平原区布线要点。

15.［答案］BCDE

［解析］垭口是分水岭山脊上的凹形地带(又叫鞍部)，由于高程低，常常是越岭线的重要控制点。垭口选择应在符合路线总方向的前提下，综合各方面因素，从可能通过的垭口中根据其高程、位置、地质条件以及两侧地形、地质条件及气候条件反复比较确定。垭口的厚薄一般差别不是太大，不是主要因素。

16.［答案］CD

［解析］螺旋展线实际就是一种路线转角大于360°的回头展线形式。其特点是：路线利用有利的山包或山谷，在很短的平面距离内就能克服较大的高差，它虽比回头曲线有较好的线形，避免了路线的重叠，但因需要建桥或隧道，工程造价很高。

17.［答案］BCDE

［解析］远离河谷，砂石材料及施工用水运输不便。

18.［答案］ABCE

［解析］纸上选线的特点是野外工作量较小，定线不受自然因素干扰；能在室内纵观全局，结合地形、地物、地质条件，综合平衡平、纵、横三方面因素，所选定的路线更为合理。但纸上定线必须要有大比例尺的地形图，地形图的测设需花费较大的工作量和具备一定设备。

19.［答案］BCD

［解析］实地选线的特点是；实地容易掌握地质、地形、地物情况，作出的方案比较可靠；定线时一般不需要大比例尺地形图。但是，这种方法野外工作量很大，体力劳动强度大，野外测设工作受气候季节的影响大；同时，由于实地视野的限制，地形、地貌、地物的局限性很大，使路线的整体布局有一定的片面性和局限性。选项A、E错误。

三、案例题

1.［答案］B

［解析］(1) $T = R \cdot \tan\frac{\alpha}{2}$

(2) $R = \dfrac{T}{\tan\dfrac{\alpha}{2}} = \dfrac{100}{\tan\dfrac{6°55'}{2}} = 1654.73\text{m}$

(3)取整为1655m。

2.［答案］A

［解析］(1) $E = R[\sec(\alpha/2) - 1]$

(2) $R = E/[\sec\tan(\alpha/2) - 1] = 30.94/[\sec(30°/2) - 1] = 200.00\text{m}$

3. [**答案**]C

[**解析**](1)根据圆曲线长度计算公式,按 $L_s:L_y:L_s = 1:1:1$,则 $L = 3l_s$。

(2) $L = \frac{\pi}{180} \cdot \alpha \cdot R + l_s = 3l_s$,即 $180 = \frac{\pi}{180} \times 23.383333° \times R + 60$

解得:$R = 294.03\text{m}$。

4. [**答案**]B

[**解析**](1) $E = (R + \Delta R) \cdot \sec\frac{\alpha}{2} - R$

即 $E = (R + \frac{l_s^2}{24R}) \cdot \sec\frac{\alpha}{2} - R$

(2) $24ER = (24R^2 + l_s^2) \cdot \sec\frac{\alpha}{2} - 24R^2$

即 $168R = (24R^2 + 3600) \cdot \sec\frac{23.5°}{2} - 24R^2$

$168R = (24.51367R^2 + 3677.05086) - 24R^2$

$0.51367R^2 - 168R + 3677.05086 = 0$

(3) $R = \frac{-B \pm \sqrt{B^2 - 4AC}}{2A} = \frac{168 + \sqrt{168 \times 168 - 4 \times 0.51367 \times 3677.05086}}{2 \times 0.51367}$

$= 303.469\text{m}$

5. [**答案**]C

[**解析**](1)方法一

①JD9:$q = \frac{l_s}{2} - \frac{l_s^3}{240R^2} = \frac{60}{2} - \frac{60^3}{240 \times 300^2} = 29.99\text{m}$

$\Delta R = \frac{l_s^2}{24R} = \frac{60^2}{24 \times 300} = 0.50\text{m}$

$T = (R + \Delta R) \cdot \tan\frac{\alpha}{2} + q = (300 + 0.5) \cdot \tan\frac{25.25°}{2} + 29.99 = 97.297\text{m}$

②JD8 的切线长:$200 - 97.297 = 102.703\text{m}$

③JD8:$T = (R + \Delta R) \cdot \tan\frac{\alpha}{2} + \frac{l_s}{2}$

$$R + \Delta R = \frac{T_2 - \frac{l_s}{2}}{\tan\frac{\alpha}{2}} = \frac{102.703 - 30}{\tan\frac{23°30'}{2}} = 349.53\text{m}$$

初算:$\Delta R = \frac{l_s^2}{24R} = \frac{60^2}{24 \times 349.53} = 0.4291\text{m}$

$$q = \frac{l_s}{2} - \frac{l_s^3}{240R^2} = \frac{60}{2} - \frac{60^3}{240 \times 349.53^2} = 29.9926\text{m}$$

$$102.703 = (R + 0.4291) \cdot \tan\frac{23.5°}{2} + 29.9926$$

$R = 349.1396\text{m}$

④复算：$\Delta R = \frac{l_s^2}{24R} = \frac{60^2}{24 \times 349.1396} = 0.4296\text{m}$

$$q = \frac{l_s}{2} - \frac{l_s^3}{240R^2} = \frac{60}{2} - \frac{60^3}{240 \times 349.1396^2} = 29.9926\text{m}$$

$$102.703 = (R + 0.4296) \cdot \tan\frac{23.5°}{2} + 29.9926$$

解得：$R = 349.1391\text{m}$

(2)方法二

①JD9：$q = \frac{l_s}{2} - \frac{l_s^3}{240R^2} = \frac{60}{2} - \frac{60^3}{240 \times 300^2} = 29.99\text{m}$

$$\Delta R = \frac{l_s^2}{24R} = \frac{60^2}{24 \times 300} = 0.50\text{m}$$

$$T = (R + \Delta R) \cdot \tan\frac{\alpha}{2} + q = (300 + 0.5) \cdot \tan\frac{25.25°}{2} + 29.99 = 97.297\text{m}$$

②JD8 的切线长：$200 - 97.297 = 102.703\text{m}$

③JD8：$T = \left(R + \frac{l_s^2}{24R}\right) \cdot \tan\frac{\alpha}{2} + \frac{l_s}{2}$

$$102.703 = \left(R + \frac{60^2}{24R}\right) \cdot \tan\frac{23.5°}{2} + 30$$

$$72.703 \times 24R = (24R^2 + 3600) \cdot \tan\frac{23.5°}{2}$$

$$4.992R^2 - 1744.872R + 748.801 = 0$$

$$R = \frac{-B \pm \sqrt{B^2 - 4AC}}{2A}$$

$$= \frac{1744.872 + \sqrt{1744.872 \times 1744.872 - 4 \times 4.992 \times 748.801}}{2 \times 4.992}$$

$$= 349.103\text{m}$$

$$T = \left(R + \frac{l_s^2}{24R}\right) \cdot \tan\frac{\alpha}{2} + \frac{l_s}{2} - \frac{l_s^3}{240R^2}$$

$$102.703 = \left(R + \frac{60^2}{24R}\right) \cdot \tan\frac{23.5°}{2} + 30 - \frac{60^3}{240 \times 349.103^2}$$

$$1745.049R = 4.992R^2 + 748.801$$

$$R = \frac{-B \pm \sqrt{B^2 - 4AC}}{2A}$$

$$= \frac{1745.049 + \sqrt{1745.049 \times 1745.049 - 4 \times 4.992 \times 748.801}}{2 \times 4.992}$$

$$= 349.139\text{m}$$

6. [答案]C

[解析](1)凸形曲线,应满足的几何条件是:$\alpha = 2\beta_0$

(2)$\beta_0 = \frac{90}{\pi} \cdot \frac{l_s}{R}$

(3)$\alpha = 2\beta_0 = 2 \times \frac{90}{\pi} \cdot \frac{l_s}{R}$,即 $15.7 = 2 \times \frac{90}{\pi} \times \frac{50}{R}$

解得:$R = 182.47\text{m}$

7. [答案]B

[解析](1)K4 +020 = K3 +980,表示长链 40m。

(2)K6 +200 = K6 +312.66,表示短链 112.66m。

(3)路线总长度 = 终点桩号 - 起点桩号 + 长链 - 短链

= 16222.58 - 0 + 40 - 112.66

= 16149.92m

第八节　环境保护与景观设计

本节考纲

1. 了解道路各分项专业环保要求。
2. 了解公路环境保护技术。
3. 了解道路环境影响评价的主要内容。
4. 了解公路景观设计的内容。

复习要点

不同区域公路环境保护设计、线形设计中的环境保护设计、路基路面设计中的环境保护设计、公路交叉环境保护设计、桥隧环境保护设计、沿线设施专业设计中的环境保护设计;声环境污染防治、水环境污染防治、环境空气污染防治、水土保持技术;环境影响报告书内容、环境影响评价;公路景观设计。

典 型 习 题

一、单项选择题

1. 在平原地区,公路环境保护设计的重点不包括以下哪个选项?　　(　　)

(A)降低路基高度,保护土地资源

(B)合理设置通道,减小公路对当地居民出行及景观的影响

(C)注意隧道工程对当地原有水资源的影响

(D)减少路面汇水对养殖业水体的影响

2. 在进行公路路基路面专业设计时,从环境保护设计角度,关于设计师应注意的要点,下列描述错误的是哪个选项? (　　)

(A)在山区采用多种边坡防治技术稳定边坡,防治水土流失

(B)路基路面综合排水工程设施应充分利用当地的排灌系统

(C)集中取土场应及时绿化恢复植被或复垦

(D)路基防护形式应根据当地的自然条件合理选用,有条件时宜采用植物防护

3. 桥隧环境保护设计要点不包括以下哪个选项? (　　)

(A)桥隧位置的选择应综合考虑接线设计,与周围山川、沟谷等自然景观协调

(B)桥梁的导流设施应自然平顺

(C)隧道洞口总体布置应贴近自然,洞门不宜过分进行人工化修饰

(D)隧址通过保护储水结构层和蓄水层,应有预防涌水突泥的应急预案

4. 沿线设施污水处理应符合的规定不包括以下哪个选项? (　　)

(A)沿线设施污水的处理及排放应根据受纳水体的功能确定

(B)当地下水埋藏深度小于5m时,不应使用污水灌溉

(C)沿线设施污水用于农田灌溉时,应符合现行《农田灌溉水质标准》(GB 5084—2005)的规定

(D)当沿线设施污水回用时,其水质应满足现行《城市污水再生利用　城市杂用水水质》(GB/T 18920—2002)的要求

5. 公路工程的桥梁导流设施、路基路面排水、路基防护、泥石流和滑坡防治、公路绿化、防风固沙和防洪等工程应充分考虑水土保持措施。其设计重点不包括以下哪个选项? (　　)

(A)桥台形式和位置的选择不宜压缩河床断面,其导流设施应与河岸自然衔接

(B)路基路面排水设施应系统完善,自成体系,宜远截远送,因势利导

(C)路基防护、泥石流和滑坡防治等宜选择刚性结构与柔性结构相结合,多层防护与圬工防护相结合的方法,标本兼职,综合治理

(D)公路绿化、防风固沙和防洪等工程宜乔灌草相结合,种植与养护并重,优先选择乡土植物,减少养护成本,注重水土保持时效

6. 建设项目工程设计阶段,组织建设项目环境影响评价的主体是以下哪个选项? (　　)

(A)环境影响评价机构　　(B)建设项目业主

(C)建设行政主管部门　　(D)环境保护行政主管部门

7. 不属于环境敏感区的是以下哪个选项?（　　）

(A)需特殊保护的地区　　(B)生态敏感与脆弱区

(C)社会关注区　　(D)城市新建的开发区

8. 降低道路交通噪声污染的防治措施不包括以下哪个选项?（　　）

(A)利用工程弃方降噪　　(B)设置声屏障

(C)栽植绿化林带　　(D)设置挡土墙

9. 公路景观指公路本身形成的景观和以下哪个选项?（　　）

(A)公路沿线的自然景观和人文景观　　(B)公路内部景观和外部景观

(C)公路静态景观和动态景观　　(D)公路线形景观和结构景观

10. 公路建设项目环境影响评价中,生态环境、声环境和环境空气影响评价划分的工作等级是以下哪个选项?（　　）

(A)三个　　(B)四个

(C)五个　　(D)六个

二、多项选择题

1. 在地形条件复杂的山区,公路环境保护设计的重点有下列哪些选项?（　　）

(A)减小公路对珍稀动植物的影响

(B)重视路基开挖、取弃土对水土保持的影响

(C)注意路基开挖对受国家保护不可移动文物等的影响

(D)隧道工程的最小纵坡应控制在规范规定的范围

(E)严禁大爆破作业及乱挖、乱弃

2. 路基路面设计中的环境保护设计要点有下列哪些选项?（　　）

(A)重视路基及弃土场范围内的表土保护与利用

(B)充分利用现有料场,新设料场应考虑其位置、开采方式、数量等对坡面植被、河水流向和水土保持等的影响

(C)弃方应集中堆弃,重视弃放的位置、数量等对自然环境的影响

(D)合理选择路基高度,有条件时宜采用低路堤和浅路堑方案,路基边坡应顺应自然

(E)路基路面综合排水工程设施应充分利用当地排灌系统

3. 交通噪声主要防治对策有下列哪些选项?（　　）

(A)建筑物设置隔声设施　　(B)调整公路线位

(C)设置声屏障　　(D)设置禁鸣标志

(E)拆迁建筑物或调整其使用功能

4. 声屏障设计要点的说法,正确的有下列哪些选项? ( )

(A)声屏障高度不宜超过5m;当噪声衰减需要声屏障高度超过5m时,可将声屏障的上部做成折形或弧形,将端部伸向公路,以增大有效高度

(B)声屏障的外延长度不宜小于受保护对象到声屏障距离的2倍;当声屏障长度大于1km时,应设紧急疏散口

(C)声屏障临近公路一侧的表面应减少对声波、光波的反射,其形式和色彩应与周围环境相协调

(D)路堤地段声屏障应设在靠近声源处,声屏障内侧距路肩边缘不宜大于2.0m;路堑地段宜设在靠近坡顶1.5~2.5m处;桥梁地段可结合护栏一并设置

(E)声屏障结构设计应视其规模做强度计算,必要时应进行抗倾覆稳定性验算

5. 公路经过饮用水水源地及对水环境质量有较高要求的水体时,应符合的规定有下列哪些选项? ( )

(A)公路线位应设置在饮用水水源二级保护区以外

(B)经过饮用水水源保护区时,应在驶入和驶出点设置警示标志牌

(C)在饮用水水源保护区内不得设置沥青混合料及混凝土搅拌站

(D)路面径流雨水排入该类水体之前应设置沉淀池处理

(E)桥面排水宜排至桥梁两端并设置沉淀池处理

6. 关于施工期间空气污染防治的说法,正确的有下列哪些选项? ( )

(A)搅拌场站距环境敏感点的距离不宜小于300m,并应设置在当地施工季节最小频率风向的被保护对象的下风侧

(B)石灰、粉煤灰等路用粉状材料宜采用袋装、罐装方式运输,当采用散装方式运输时应采取遮盖措施

(C)混合料拌和宜采用集中拌和方式,拌和站距环境敏感点的距离不宜小于200m

(D)施工组织设计中应考虑对施工路段及便道适时洒水,减轻扬尘污染

(E)石灰、粉煤灰等路用粉状材料的堆放应有遮盖或适时洒水措施以防止扬尘污染

7. 临时工程水土保持措施宜根据当地的自然条件,长远结合、综合考虑。其重点有下列哪些选项? ( )

(A)公路施工临时占用的土地,应将表土收集存放,待施工完成后,再将表土回覆原场地表层,进行复垦或绿化;生态环境脆弱或植被恢复困难地区,宜将原地表表层覆盖的植被加以保护和利用

(B)当施工期开挖路堑和填筑路基的裸露边坡易产生水土流失时,应及时在施工中修筑边沟、截水沟、排水沟等排水工程,局部区域应根据需要设置拦挡设施、沉沙设施或有效的覆盖设施

(C)对于桥梁基础施工过程中产生的泥浆和临时弃渣,应采取临时防护措施;在基础钻孔位置附近宜设置泥浆池和临时排水沟排除池中积水,泥浆池可根据沉沙量设置

单级多级；对于扩大基础开挖基坑产生的土石，应采用沙包临时拦挡，待完工后用于回填基坑及平整场地，多余的废弃土石应运至弃土场

(D)临时工程开挖边坡的上侧应设置截水沟，下侧应设置排水沟，防止水流冲刷造成水土流失和对下游各类设施产生不利影响

(E)施工结束后应根据当地的自然情况进行土地整治

8. 环境影响评价工作程序有下列哪些选项？　(　　)

(A)项目设计单位接受建设单位委托

(B)编制环境影响报告书

(C)公示环评报告主要内容

(D)报有审批权的生态环境主管部门审批

(E)专家评审

9. 公路建设项目的环境影响报告书应当包括的内容有下列哪些选项？　(　　)

(A)环境影响评价的参数设置

(B)事故污染风险分析

(C)公众参与

(D)环境影响经济损益分析

(E)环境管理计划、环境监测计划与环境监理要求

10. 公路建设项目评价的环境要素有下列哪些选项？　(　　)

(A)社会经济　(B)水土保持

(C)地表水环境　(D)景观

(E)区域文化

11. 应编制《环境影响报告书》的有下列哪些选项？　(　　)

(A)新建30km以上的三级及以上等级公路

(B)新建涉及环境敏感区的1km及以上的隧道

(C)新建涉及环境敏感区的主桥长度1km及以上的桥梁

(D)新建30km快速路

(E)新建20km主干道

12. 环境敏感区是指依法设立的各级各类保护区域和对建设项目产生的环境影响特别敏感的区域，主要包括有生态保护红线范围内或者其外的下列区域？　(　　)

(A)世界文化和自然遗产地　(B)自然保护区

(C)基本农田保护区　(D)重要水生生物的自然产卵场

(E)农业观光实验园区

13. 关于公路景观设计的说法，正确的有下列哪些选项？ ( )

(A) 在自然景观单一的路段，其线形设计宜以曲线为主，并保持连续

(B) 线位方案比选应将环境景观作为考虑因素

(C) 路基边坡宜以自然流畅的缓坡为主，边沟宜选择浅碟式

(D) 当公路两侧有影响视觉的场所时，宜采取绿化或工程措施予以遮蔽或改善

(E) 公路服务区、停车区、管理区、观景台等沿线场区及建(构)筑物，应结合当地的自然环境确定建筑风格，并使建(构)筑物本身各部位比例协调，色彩、材质、形状等与周围自然环境相协调

14. 关于公路建设项目环境影响评价基本规定的说法，错误的有下列哪些选项？ ( )

(A) 应分段、分级评价，并宜采用以点为主、点段结合的方法

(B) 生态环境、声环境和环境空气影响评价划分为三个工作等级

(C) 具体项目评价的环境因子应经过环境影响识别与筛选后确定

(D) 声屏障等部分环境保护设施可视交通量增长情况一次设计、分期实施

(E) 评价应按项目工程特点、区域环境特征及环境功能区划等进行路段(敏感划分，并确定各路段的工作重点和工作内容

15. 社会经济环境保护投资可划分为下列哪些选项？ ( )

(A) 社会经济环境保护投资

(B) 环境管理及其科技投资

(C) 生态环境保护投资

(D) 环境美化专项投资

(E) 环境保护税费项目

参考答案及解析

一、单项选择题

1. [答案]C

[解析]在平原地区，公路环境保护设计的重点在于：①降低路基高度，保护土地资源；合理设置通道，减小公路对当地居民出行及景观的影响；②减少取土、弃土方式对土地利用方式、土壤耕作条件和农田水利排灌系统的影响；③减少路面汇水对养殖业水体的影响。

平原地区隧道较非常少，不是环境保护设计的重点。

2. [答案]B

[解析]路基路面排水设施应系统完善，自成体系，宜远截远送，因势利导。

3. [答案]D

[解析]隧址应避开或保护储水结构层和蓄水层，保护地下水径流和地表植被。

4.［答案］B

［解析］当地下水埋藏深度小于1.5m时，不应使用污水灌溉。

5.［答案］C

［解析］路基防护、泥石流和滑坡防治等宜选择刚性结构与柔性结构相结合，多层防护与生态植被防护相结合的方法，标本兼职，综合治理。

6.［答案］B

［解析］环境影响评价机构是接受委托为建设项目环境影响评价提供技术服务的机构，不是环境影响评价的组织单位，选项A不符合题意；环境保护行政主管部门是环境影响评价文件的审批部门，选项D不符合题意；建设行政主管部门是工程建设活动的监督管理部门，选项C不符合题意；根据《中华人民共和国环境影响评价法》的规定，建设单位应当按照规定组织编制环境影响报告书、环境影响报告表或者填报环境影响登记表，因此，选项B符合题意。

7.［答案］D

［解析］环境敏感区是指依法设立的各级各类保护区域和对建设项目产生的环境影响特别敏感的区域，主要包括生态保护红线范围内或者其外的下列区域：①自然保护区、风景名胜区、世界文化和自然遗产地、海洋特别保护区、饮用水水源保护区；②基本农田保护区、基本草原、森林公园、地质公园、重要湿地、天然林、野生动物重要栖息地、重点保护野生植物生长繁殖地、重要水生生物的自然产卵场、索饵场、越冬场和洄游通道、天然渔场、水土流失重点防治区、沙化土地封禁保护区、封闭及半封闭海域；③以居住、医疗卫生、文化教育、科研、行政办公等为主要功能的区域，以及文物保护单位。

8.［答案］D

［解析］挡土墙是道路路基支挡防护结构，不属于交通噪声污染防治措施。

9.［答案］A

［解析］公路景观指公路本身形成的景观以及公路沿线的自然景观和人文景观，即展现在行车者视野中的由公路线形、公路构造物和周围环境共同组成的图景。公路景观构成分为内部景观和外部景观。

10.［答案］A

［解析］评价应按项目工程特点、区域环境特征及环境功能区划等进行路段（敏感点）划分，并确定各路段的工作重点和工作内容。生态环境、声环境和环境空气影响评价划分为三个工作等级，其他环境要素可只进行敏感路段与一般路段的划分，并确定相应的评价工作深度。

二、多项选择题

1.［答案］ABCE

［解析］在地形条件复杂的山区，公路环境保护设计的重点在于：①重视桥隧方案的选用，减少高路堤和深路堑对自然景观、植被及地质条件的影响；②减小公路对珍稀动植物的影响；③重视路基开挖、取弃土对水土保持的影响；④严禁大爆破作业及乱挖、乱弃，预防诱发地质灾害；⑤注意路基开挖对受国家保护不可移动文物等的影响；⑥注意隧道工程对当地原有水资源的影响。

隧道工程的纵坡应控制在规范规定的范围，属于设计本身因遵循的要求，但与环保关系不密切。应是要注意隧道工程对当地原有水资源的影响。

2.［答案］ABCD

［解析］路基路面设计应结合工程地质条件，因地制宜，就地取材，综合考虑下列因素：

①合理选择路基高度，有条件时宜采用低路堤和浅路堑方案，路基边坡应顺应自然。

②重视路基及弃土场范围内的表土保护与利用。

③充分利用现有料场，新设料场应考虑其位置、开采方式、数量等对坡面植被、河水流向和水土保持等的影响。

④弃方应集中堆弃，重视弃放的位置、数量等对自然环境的影响。

⑤路基路面综合排水工程设施应自成体系，不得与当地排灌系统相互干扰。

⑥路基防护形式应根据当地的自然条件合理选用，有条件时宜采用植物防护；水土流失严重或边坡稳定条件较差时，宜采用工程防护与植物防护相结合的方法，并重视表面植被防护。

3.［答案］ABCE

［解析］交通噪声污染防治措施应根据环境敏感点的性质、位置、规模、当地条件及工程特点进行工程费用与环境效益分析，综合比较确定。防治对策主要有：①调整公路线位；②利用工程弃方降噪；③建筑物设置隔声设施；④设置声屏障；⑤栽植绿化林带；⑥拆迁建筑物或调整其使用功能。

设置禁鸣标志可以减少汽车鸣笛，对降噪有一定效果，但胎噪、发动机噪声等无法降低，属于非主要防治对策。

4.［答案］ABCD

［解析］声屏障结构设计应做强度计算和抗倾覆稳定性验算。

5.［答案］BCDE

［解析］公路线位应设置在饮用水水源一级保护区以外。

6.［答案］BCDE

［解析］搅拌场站距环境敏感点的距离不宜小于300m，并应设置在当地施工季节最小

频率风向的被保护对象的上风侧。

7.［答案］ABDE

［解析］对于桥梁基础施工过程中产生的泥浆和临时弃渣，应采取临时防护措施；在基础钻孔位置附近宜设置沉沙池和临时排水沟排除池中积水，沉沙池可根据沉沙量设置单级多级；对于扩大基础开挖基坑产生的土石，应采用沙包临时拦挡，待完工后用于回填基坑及平整场地，多余的废弃土石应运至弃土场。

8.［答案］BCDE

［解析］环境影响评价单位接受建设单位委托→开展前期工作（含资料收集、现场勘察、信息交流、环境现状监测等）→编制报告（主要包括工程分析、区域环境现状、环境影响预测与评价、污染防治措施分析、收集公众意见等）→公示环评报告主要内容→报告送有审批权的生态环境主管部门审查→专家评审→报告修改→报有审批权的生态环境主管部门批复。

9.［答案］BCDE

［解析］根据《公路建设项目环境影响评价规范》（JTG B03—2006）规定，环境影响报告书应包括如下内容：①工程概况与工程分析；②环境概况；③环境要素专题评价；④公众参与；⑤事故污染风险分析；⑥环境管理计划、环境监测计划与环境监理要求；⑦环境保护措施与投资估算；⑧环境影响经济损益分析；⑨环境影响评价结论。

10.［答案］ABCD

［解析］公路建设项目评价的环境要素主要有生态环境、水土保持、地表水环境、声环境、环境空气、社会经济、景观等，具体项目评价的环境因子应经过环境影响识别与筛选后确定。

11.［答案］ABC

［解析］根据《建设项目环境影响评价分类管理名录》规定，新建30km以上的三级及以上等级公路；新建涉及环境敏感区的1km及以上的隧道；新建涉及环境敏感区的主桥长度1km及以上的桥梁应编制《环境影响报告书》。城市快速路与干道应编制《环境影响报告表》。

12.［答案］ABCD

［解析］环境敏感区是指依法设立的各级各类保护区域和对建设项目产生的环境影响特别敏感的区域，主要包括生态保护红线范围内或者其外的下列区域：①自然保护区、风景名胜区、世界文化和自然遗产地、海洋特别保护区、饮用水水源保护区；②基本农田保护区、基本草原、森林公园、地质公园、重要湿地、天然林、野生动物重要栖息地、重点保护野生植物生长繁殖地、重要水生生物的自然产卵场、索饵场、越冬场和洄游通道、天然渔场、水土流失重点防治区、沙化土地封禁保护区、封闭及半封闭海域；③以居住、医疗卫生、文化教育、科研、行政办公

等为主要功能的区域,以及文物保护单位。

13.[答案]ABCD

[解析]根据《公路环境保护设计规范》(JTG B04—2010)规定,公路服务区、停车区、管理区、观景台等沿线场区及建(构)筑物,应结合当地的人文环境确定建筑风格,并使建(构)筑物本身各部位比例协调,色彩、材质、形状等与周围自然环境相协调。

14.[答案]ACDE

[解析]生态环境、声环境和环境空气影响评价划分为三个工作等级。

15.[答案]ABCE

[解析]公路建设项目环境保护投资可划分为:①环境污染治理投资;②生态环境保护投资;③社会经济环境保护投资;④环境管理及其科技投资;⑤环境保护税费项目。

第九节　城市管线综合

本节考纲

1. 熟悉城市地上、下管线的类型、覆土厚度要求。
2. 了解城市排水对道路工程的要求。
3. 了解城市地上、下管线布置原则、管线间及管线与其他构筑物之间的最小水平距离及垂直净距。

复习要点

城市地上、地下管线的类型、覆土厚度要求;城市防洪对道路工程的要求、城市排水对道路工程的要求;城市地上、下管线布置原则、管线间及管线与其他构筑物之间的最小水平距离及垂直净距。

典型习题

一、单项选择题

1. 在城市工程管线的分类中,地埋管线的划分类别属于是以下哪个选项?（　　）

(A)不同性能和用途　　(B)不同的输送方式

(C)敷设方式　　(D)弯曲程度

2. 工程管线的敷设方式可以分为以下哪个选项?（　　）

(A)架空敷设、地埋敷设和地铺敷设　　(B)架空敷设、高架敷设和地下敷设
(C)高架敷设、低杆敷设和地下敷设　　(D)低杆敷设、架空敷设和地铺敷设

3. 严寒或寒冷地区给水、排水、再生水、直埋电力及湿燃气等工程管线,确定管线覆土深度主要应根据以下哪个选项? ( )
(A)地面承受荷载的大小　　(B)土壤冰冻深度
(C)管线类别　　(D)土壤性质

4. 有防洪任务的城市,其防洪工程的等别划分为以下哪个选项? ( )
(A)三等　　(B)四等
(C)五等　　(D)六等

5. 关于城市道路排水的说法,错误的是以下哪个选项? ( )
(A)城市建成区内道路排水应采用管道形式
(B)城市外围道路可采用边沟排水
(C)在满足道路基本功能的前提下,应达到相关规范提出的低影响开发控制目标与指标要求
(D)城市道路排水设计应根据区域排水规划、道路规划和沿线地质条件,综合考虑排水方式

6. 城市道路地上杆线与地下管线宜分别设置在哪个位置? ( )
(A)道路设施带内　非车行道下　　(B)人行道内　分车带下
(C)道路绿化带内　非车行道下　　(D)道路绿化带内　分车带下

7. 在城市防洪工程中,防洪保护对象的重要性为重要,防洪保护区人口介于(50~150)万之间,此防洪工程等别是以下哪个选项? ( )
(A)Ⅰ　　(B)Ⅱ
(C)Ⅲ　　(D)Ⅳ

8. 工程管线的水平净距是以下哪个选项? ( )
(A)水平净距是工程管线中心之间的水平距离
(B)管线外壁与建(构)筑物内边缘之间的水平距离
(C)水平净距是工程管线外壁(含保护层)之间或管线外壁与建(构)筑物外边缘之间的水平距离
(D)水平净距是工程管线外壁(不含保护层)之间或管线外壁与建(构)筑物外边缘之间的水平距离

9. 工程管线的垂直净距是以下哪个选项? ( )

(A)垂直净距是工程管线中心之间的垂直距离

(B)垂直净距管线外壁与建(构)筑物内边缘之间的垂直距离

(C)垂直净距是工程管线外壁(含保护层)之间或管线外壁与建(构)筑物外边缘之间的垂直距离

(D)垂直净距是工程管线外壁之间或管线外壁与建(构)筑物外边缘之间的垂直距离

10. 关于确定工程管线交叉点高程的说法,正确的是以下哪个选项? ( )

(A)根据排水等重力流管线的高程确定　(B)根据燃气管线的高程确定

(C)根据电力管线的高程确定　(D)根据热力管线的高程确定

11. 关于架空电力线及通信线同杆架设规定的说法,错误的是以下哪个选项? ( )

(A)高压电力线可采用多回线同杆架设

(B)中、低压配电线可同杆架设

(C)高压与中、低压配电线同杆架设时,应进行绝缘、屏蔽配合的论证

(D)中、低压电力线与通信线同杆架设应采取绝缘、屏蔽等安全措施

12. 利用交通桥梁跨越河流的燃气管线压力不应大于以下哪个选项? ( )

(A)0.4MPa　(B)0.5MPa　(C)0.6MPa　(D)0.8MPa

13. 工程管线从道路红线向道路中心线方向平行布置的次序宜为以下哪个选项? ( )

(A)电力、通信、给水(配水)、给水(输水)、燃气(配气)、热力、燃气(输气)、再生水、污水、雨水

(B)电力、通信、给水(配水)、给水(输水)、热力、燃气(配气)燃气(输气)、给水(输水)、再生水、污水、雨水

(C)工程管线从道路红线向道路中心线方向平行布置的次序宜为:通信、电力、给水(配水)、燃气(配气)、热力、燃气(输气)、给水(输水)、雨水、再生水、污水

(D)工程管线从道路红线向道路中心线方向平行布置的次序宜为:电力、通信、给水(配水)、燃气(配气)、热力、燃气(输气)、给水(输水)、再生水、污水、雨水

14. 当工程管线交叉敷设时,管线自地表面向下的排列顺序宜为以下哪个选项? ( )

(A)通信、电力、燃气、热力、给水、再生水、雨水、污水

(B)燃气、电力、通信、热力、给水、再生水、雨水、污水

(C)通信、热力、电力、燃气、给水、雨水、再生水、污水

(D)燃气、热力、通信、电力、给水、雨水、再生水、污水

15. 当工程管线交叉敷设时,按自上而下敷设的顺序是以下哪个选项? ( )

(A)给水、再生水、排水管线　(B)排水管线、给水、再生水

(C)再生水、排水管线、给水　(D)排水管线、再生水、给水

二、多项选择题

1. 按工程管线性能和用途进行分类，城市工程管线包括有下列哪些选项？（　　）

(A)排水沟道　　(B)给水管道

(C)热力管道　　(D)光电流管线

(E)可燃或助燃气体管道

2. 城市工程管线宜地下敷设，当架空敷设可能危及人身财产安全或对城市景观造成严重影响时应采取的地下敷设方式有下列哪些选项？（　　）

(A)浅埋　　(B)直埋

(C)保护管　　(D)管沟

(E)综合管廊

3. 当工程管线竖向位置发生矛盾时，正确的处理避让方式有下列哪些选项？（　　）

(A)重力自流管线宜避让压力管线　　(B)易弯曲管线宜避让不易弯曲管线

(C)分支管线宜避让主干管线　　(D)临时管线宜避让永久管线

(E)小管径管线宜避让大管径管线

4. 确定管线的覆土深度，应考虑的因素包括下列哪些选项？（　　）

(A)土壤冰冻深度　　(B)土壤性质

(C)地面承受荷载的大小　　(D)工程管线承载能力

(E)工程管线的最小覆土深度规定值

5. 关于城市地下管线的敷设深度的说法，正确的有下列哪些选项？（　　）

(A)城市地下管线分为深埋和浅埋，一般以覆土深度超过3m为界

(B)在北方寒冷地区，由于冰冻线较深，给水、排水、湿燃气管道需深埋

(C)在北方寒冷地区，由于冰冻线较深，热力、干燃气工程管线需要深埋

(D)在南方地区，由于冰冻线不存在或较浅，给水、排水等管道可以浅埋

(E)划分深埋和浅埋主要决定于有水的管道和含有水分的管道在寒冷的情况下是否怕冰冻以及土壤冰冻的深度

6. 有防洪任务的城市，其防洪工程的等别划分依据有下列哪些选项？（　　）

(A)城市面积　　(B)城市地形

(C)人口数量　　(D)灾害类型

(E)防洪保护对象的社会经济地位的重要程度

7. 城市防洪工程设计标准的选定，应考虑的因素有下列哪些选项？（　　）

(A)防洪工程类型　　(B)防洪工程等别

(C)灾害类型　(D)城市规模
(E)城市地形

8. 道路排水采用的暴雨强度的重现期，应考虑下列哪些选项？（　）
(A)汇水地区性质　(B)城镇类型
(C)地形特点　(D)气候特征
(E)道路等级

9. 关于道路雨水口的说法，正确的有下列哪些选项？（　）
(A)雨水不宜流入路口范围　(B)雨水不应横向流过车行道
(C)路面低洼点应设置雨水口　(D)雨水不应由路面流入桥面或隧道
(E)道路雨水口的形式、设置间距和泄水能力应满足道路排水要求

10. 城市道路排水方式的确定，应综合考虑的因素有下列哪些选项？（　）
(A)区域排水规划　(B)道路设计
(C)沿线地形环境条件　(D)设计交通量
(E)沿线地质条件

11. 工程管线共沟敷设原则有下列哪些选项？（　）
(A)压力管道热力管不与电力、通信电缆和热力管共沟
(B)排水管道布置在沟底
(C)腐蚀性介质管道的高程要低于其他管线
(D)易燃、易爆、有毒、有腐蚀的管道不能共沟敷设，严禁与消防水管共沟敷设
(E)凡可能产生互相影响的管线，均不应共沟敷设

12. 关于城市工程管线布置的说法，正确的有下列哪些选项？（　）
(A)工程管线的平面位置和竖向位置均应采用城市统一的坐标系统和高程系统
(B)区域工程管线应避开城市建成区
(C)同一管线不宜自道路一侧转到另一侧
(D)工程管线与铁路、道路交叉时宜垂直交叉方式布置，受条件限制时，其交叉角宜大于45°
(E)在满足生产、安全、检修的条件下节约用地，工程管线可共架、共沟布置

三、案例题

某污水排水管线工程，基础埋深5m，管沟边的人行天桥基础埋深3m，管沟开挖宽度1m，土壤内摩擦角30°，管线中心距天桥基础水平距离应大于下列哪个选项？（　）
(A)2.5m　(B)3.18m
(C)3.96m　(D)4.62m

参考答案及解析

一、单项选择题

1.［答案］C

［解析］按工程管线敷设方式分类有架空敷设管线、地铺管线、地埋管线。

2.［答案］A

［解析］按工程管线敷设方式分类有架空敷设管线、地铺管线、地埋管线。

3.［答案］B

［解析］严寒或寒冷地区给水、排水、再生水、直埋电力及湿燃气等工程管线应根据土壤冰冻深度确定管线覆土深度；非直埋电力、通信、热力及干燃气等工程管线以及严寒或寒冷地区以外地区的工程管线应根据土壤性质和地面承受荷载的大小确定管线的覆土深度。工程管线的最小覆土深度应符合规定。当受条件限制不能满足要求时，可采取安全措施减少其最小覆土深度。

4.［答案］B

［解析］有防洪任务的城市，其防洪工程的等别应根据防洪保护对象的社会经济地位的重要程度和人口数量划分为四等。

5.［答案］D

［解析］城市道路排水设计应根据区域排水规划、道路设计和沿线地形环境条件，综合考虑排水方式。城市建成区内道路排水应采用管道形式，城市外围道路可采用边沟排水，在满足道路基本功能的前提下，应达到相关规范提出的低影响开发控制目标与指标要求。

6.［答案］A

［解析］根据《城市道路工程设计规范》(CJJ 37—2012)，地上杆线宜设置在道路设施带内。架空管线不得侵入道路建筑限界，距离地面高度应符合相关专业技术规范的规定。地下管线除支管接口外，其余部分不应超出道路红线范围。地下管线宜优先考虑布置在非车行道下，不得沿快速路主路车行道下纵向平行敷设。

7.［答案］B

［解析］根据《防洪标准》(GB 50201—2014)表 4.2.1 城市防护区的防护等级和防洪标准，或根据《城市防洪工程设计规范》(GB/T 50805—2012)城市防洪工程等别表，此防洪工程等别是Ⅱ等。

8.［答案］C

［解析］水平净距是工程管线外壁(含保护层)之间或管线外壁与建(构)筑物外边缘之间的水平距离。

9.［答案］C

［解析］垂直净距是工程管线外壁(含保护层)之间或管线外壁与建(构)筑物外边缘之间的垂直距离。

10.［答案］A

［解析］排水等重力流管线的高程受排水坡度影响,高程不容易调整。

11.［答案］C

［解析］架空电力线及通信线同杆架设应符合下列规定:①高压电力线可采用多回线同杆架设;②中、低压配电线可同杆架设;③高压与中、低压配电线同杆架设时,应进行绝缘配合的论证;④中、低压电力线与通信线同杆架设应采取绝缘、屏蔽等安全措施。

12.［答案］A

［解析］《城市工程管线综合规划规范》(GB 50289—2016)利用交通桥梁跨越河流的燃气管线压力不应大于0.4MPa。

13.［答案］D

［解析］工程管线从道路红线向道路中心线方向平行布置的次序宜为:电力、通信、给水(配水)、燃气(配气)、热力、燃气(输气)、给水(输水)、再生水、污水、雨水。

14.［答案］A

［解析］当工程管线交叉敷设时,管线自地表面向下的排列顺序宜为:通信、电力、燃气、热力、给水、再生水、雨水、污水。给水、再生水和排水管线应按自上而下的顺序敷设。

15.［答案］A

［解析］当工程管线交叉敷设时,给水、再生水和排水管线应按自上而下的顺序敷设。

二、多项选择题

1.［答案］ABCE

［解析］给水管道、排水沟道、电力线路、电信线路、热力管道、可燃或助燃气体管道、空气管道、灰渣管道、城市垃圾输运管道、液体燃料管道、工业生产专用管道等是按性能和用途分类。光电流管线属于按工程管线输送方式进行分类,选项D错误。

2.［答案］BCDE

［解析］地下敷设管线可采取直埋、保护管、管沟或综合管廊等敷设方式。浅埋属于根据覆土深度不同的分类，选项 A 错误。

3.［答案］BCDE

［解析］压力管线宜避让重力自流管线。

4.［答案］ABCE

［解析］严寒或寒冷地区给水、排水、再生水、直埋电力及湿燃气等工程管线应根据土壤冰冻深度确定管线覆土深度；非直埋电力、通信、热力及干燃气等工程管线以及严寒或寒冷地区以外地区的工程管线应根据土壤性质和地面承受荷载的大小确定管线的覆土深度。工程管线的最小覆土深度应符合规定。当受条件限制不能满足要求时，可采取安全措施减少其最小覆土深度。

5.［答案］BDE

［解析］深埋指管道覆土深度大于 1.5m，覆土深度小于 1.5m 即为浅埋，选项 A 错误。通信、电力、热力、干燃气等工程管线不受冰冻的影响，可埋设较浅，选项 C 错误。

6.［答案］CE

［解析］有防洪任务的城市，其防洪工程的等别应根据防洪保护对象的社会经济地位的重要程度和人口数量按规定划分为四等。

7.［答案］BC

［解析］城市防洪工程设计标准应根据防洪工程等别、灾害类型，按《城市工程管线综合规划规范》(GB 50289—2016)的相关规定选定。

8.［答案］ABCD

［解析］根据《室外排水设计规范》(GB 50014—2006)，雨水管渠设计重现期，应根据汇水地区性质、城镇类型、地形特点和气候特征等因素，经技术经济比较后按规定取值。

9.［答案］BCDE

［解析］道路雨水口的形式、设置间距和泄水能力应满足道路排水要求。雨水口的布置方式应确保有效收集雨水，雨水不应流入路口范围，不应横向流过车行道，不应由路面流入桥面或隧道。一般路段应按适当间距设置雨水口，路面低洼点应设置雨水口，易积水地段的雨水口宜适当加大泄水能力。

10.［答案］ABC

［解析］城市道路排水设计应根据区域排水规划、道路设计和沿线地形环境条件，综合

考虑排水方式。城市建成区内道路排水应采用管道形式,城市外围道路可采用边沟排水,在满足道路基本功能的前提下,应达到相关规范提出的低影响开发控制目标与指标要求。

11. [**答案**]BCDE

[**解析**]热力管不与电力、通信电缆和压力管道共沟。

12. [**答案**]ABCE

[**解析**]减少与铁路、道路的交叉,若交叉时宜垂直交叉方式布置,受条件限制时,其交叉角宜大于60°。

三、案例题

[**答案**]C

[**解析**](1)计算管线中心距天桥基础水平距离:

$$L = \frac{H-h}{\tan\varphi} + \frac{a}{2} = \frac{5-3}{\tan 30°} + \frac{1}{2} = 3.96\text{m}$$

(2)根据《城市工程管线综合规划规范》(GB 50289—2016)表4.1.9,污水管与构筑物的最小水平距离为2.5m。

(3)综合上述两点,取$L=3.96\text{m}$。

第二章 路 基 工 程

第一节 总 论

本节考纲

1. 掌握路基设计的基本内容、路基土的工程性质。

2. 掌握路基干湿类型的划分与确定方法,公路自然区划,路基设计指标 CBR、回弹模量(动态和静态)及压应变。

3. 了解路基的破坏形式与原因。

复习要点

路基设计基本要求与基本内容;路基土分类依据与工程性质;公路自然区划等级、划分原则和依据;路基平衡湿度状态类型及其划分依据、确定方法;路基承载比 CBR 概念及其测试方法;路基回弹模量概念及其测试方法;路基主要病害及其产生原因。

典 型 习 题

一、单项选择题

1. 关于路基设计的基本要求,下列哪个选项是错误的? ( )

(A)强度 (B)稳定性

(C)湿度 (D)耐久性

2. 对填石路堤填料的要求下列哪个选项是正确的? ( )

(A)粒径大于 40mm、石料含量超过 50% (B)粒径大于 40mm、石料含量超过 70%

(C)粒径大于 50mm、石料含量超过 50% (D)粒径大于 50mm、石料含量超过 70%

3. 不得直接作为路堤填料的是下列哪个选项? ( )

(A)液限大于 40% 的细粒土 (B)液限大于 40% 的粗粒土

(C)液限大于 50% 的细粒土 (D)液限大于 50% 的粗粒土

4. 表征路基土的湿度状态是下列哪个选项？（　　）

（A）分界稠度　　（B）含水率

（C）临界高度　　（D）饱和度

5. 根据《公路路基设计规范》（JTG D30—2015），路基结构设计的验算指标是下列哪个选项？（　　）

（A）路基综合回弹模量　　（B）路床顶面竖向压应变

（C）路床顶面回弹模量　　（D）路基压实度或承载比

6. 高速公路上路床填料最小承载比要求是下列哪个选项？（　　）

（A）5%　　（B）6%

（C）8%　　（D）9%

7. 由地下水控制的路基平衡湿度状态是下列哪个选项？（　　）

（A）干燥　　（B）中湿

（C）潮湿　　（D）过湿

8. 由气候因素控制的路基平衡湿度状态是下列哪个选项？（　　）

（A）干燥　　（B）中湿

（C）潮湿　　（D）过湿

9. 路床顶面竖向压应变可不作控制的路面结构是下列哪个选项？（　　）

（A）无机结合料类基层水泥混凝土路面　　（B）沥青结合料类基层沥青混凝土路面

（C）粒料类基层沥青路面　　（D）组合式基层沥青路面

10. 二级自然区划是在一级自然区划范围内进一步划分，其主要依据是下列哪个选项？（　　）

（A）温度系数　　（B）湿度系数

（C）干燥系数　　（D）潮湿系数

11. 下列哪个选项的岩石可用于路堤填筑？（　　）

（A）膨胀性岩石　　（B）盐化岩石

（C）易溶性岩石　　（D）软质岩石

12. 计算多层不同类型土质路基的路床顶面当量回弹模量时，将多层结构转化成当量单层结构的原则是下列哪个选项？（　　）

（A）破坏等效　　（B）强度等效

（C）弯沉等效　　（D）厚度等效

二、多项选择题

1. 膨胀土是指含亲水矿物的高塑性黏土，其具有的明显特性是下列哪些选项？（　　）

(A)吸水收缩　　(B)失水收缩

(C)吸水膨胀　　(D)失水膨胀

2. 我国公路路基用土类型划分依据下列哪些选项？（　　）

(A)颗粒组成特征　　(B)塑性指标

(C)有机质的含量　　(D)液性指标

3. 新建公路路床应处于下列哪些状态？（　　）

(A)干燥　　(B)中湿

(C)潮湿　　(D)过湿

4. 下列关于自然区划的叙述中，哪些选项是正确的？（　　）

(A)以均温等值线和三阶梯的两条等高线作为一级区划的标志

(B)一级区划首先将全国划分为多年冻土、季节冻土和全年不冻土三大地带

(C)二级区划是在一级区划基础上以潮湿系数为主进一步划分

(D)三级区划是在二级区划基础上以土质类型为主进一步划分

5. 冻土按冻结状态持续时间分为下列哪些类型？（　　）

(A)多年冻土　　(B)半年冻土

(C)隔年冻土　　(D)季节冻土

6. 当路基湿度状态、路基填料 *CBR*、路床回弹模量和竖向压应变等不能满足要求时，对路床可采取下列哪些措施？（　　）

(A)粗粒土换填　　(B)挖台阶处理

(C)设护肩等支护结构支挡　　(D)低剂量无机结合料稳定土换填

7. 路堤的变形破坏形式有下列哪些选项？（　　）

(A)路基沉陷　　(B)边坡滑塌

(C)边坡崩塌　　(D)沿山坡滑动

8. 下列关于路床填筑及压实的说法哪些选项是不正确的？（　　）

(A)填料最大粒径应小于100mm

(B)路床顶面横坡应与路拱横坡一致

(C)二级公路上路床的压实度应不小于96%

(D)高速公路上路床填料最小承载比应不小于6%

三、案例题

1. 公路自然区划Ⅱ区某新建二级公路初步设计，K8 +560 ~ K9 +780 段路基平均填筑高度0.83m，填料采用黏质土，其冻结温度约为 -18.5℃，冻前路基土较为潮湿，路基平衡湿度状态主要受地下水控制，通过试验测得 *CBR* 值约为11.6%。计算路基回弹模量设计值最接近下列哪个选项？（　　）

(A)36MPa　　(B)40MPa

(C)46MPa　　(D)50MPa

2. 公路自然区划Ⅱ区某新建二级公路初步设计，K2 +320 ~ K3 +540 段路基平均填筑高度5.5m，路基填料采用黏土质砂，通过试验知黏质土质量占总质量51.3%，塑限为17%，液限为50%，*CBR* 值为32.8%；路基湿度状态受气候因素控制，湿度指数 *TMI* 值为 -10，冻融循环条件下路基土模量折减系数为0.8。计算路基回弹模量设计值最接近下列哪个选项？（　　）

(A)80MPa　　(B)90MPa

(C)100MPa　　(D)110MPa

3. 公路自然区划Ⅱ区某新建二级公路初步设计，K6 +120 ~ K7 +520 段路基平均填筑高度2.20m，如图所示。填料采用黏质土，*CBR* 值为9.8%，通过计算求得路基工作区深度为1.56m，毛细润湿面距地表的高度为1.55m。通过查表得到地下水毛细润湿面上、下部分路基回弹模量湿度调整系数分别为0.91和0.5，冻融循环条件下路基土模量折减系数为0.95。计算路基回弹模量设计值最接近下列哪个选项？（　　）

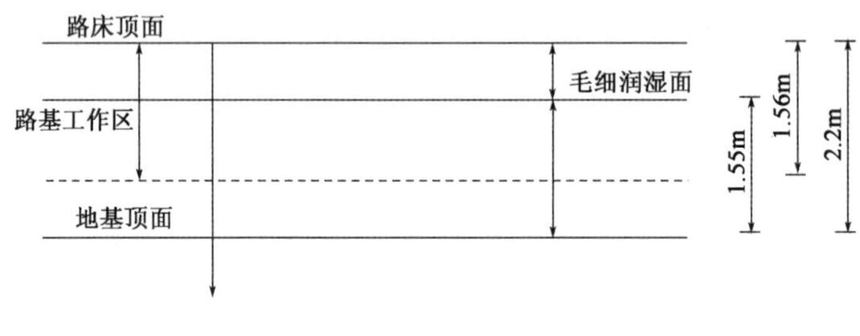

(A)33MPa　　(B)48MPa

(C)56MPa　　(D)63MPa

4. 某高速路路基项目，对其填料取样进行含水率试验，测得三个试件的干密度分别为 ρ_{d1} = 1.792g/cm^3，ρ_{d2} = 1.688g/cm^3，ρ_{d3} = 1.802g/cm^3。现对三个试件分别进行 CBR 试验，试验结果如表所示。按照《公路土工试验规程》(JTG E40—2007)，该路基土的 *CBR* 值最接近下列哪个选项？（　　）

贯入量(mm)		100	150	200	250	300	400	500	600	700
荷载(kPa)	试件 1	176	222	248	277	298	352	402	462	499
	试件 2	148	217	276	304	351	376	425	441	477
	试件 3	168	197	234	266	293	351	397	440	490

(A)3.72%　　(B)3.88%

(C)3.93%　　(D)4.20%

参考答案及解析

一、单项选择题

1. [答案]C

[解析]根据《公路工程技术标准》(JTG B01—2014)第5.0.1条。路基路面应根据公路功能、技术等级、交通量,结合沿线地形、地质及路用材料、气候等自然条件进行设计,保证其具有足够的强度、稳定性和耐久性。

2. [答案]B

[解析]根据《公路路基设计规范》(JTG D30—2015)第2.1.10条。填石路堤是用粒径大于40mm、石料含量超过70%的石料填筑的路堤。

3. [答案]C

[解析]根据《公路路基设计规范》(JTG D30—2015)第3.3.3条。液限大于50%、塑性指数大于26的细粒土,不得直接作为路堤填料。

4. [答案]D

[解析]根据《公路路基设计规范》(JTG D30—2015)第3.2.7条条文说明。路基土的湿度状态采用饱和度来表征。

5. [答案]B

[解析]根据《公路路基设计规范》(JTG D30—2015)第3.2.4条。路基应以路床顶面回弹模量为设计指标,以路床顶面竖向压应变为验算指标。

6. [答案]C

[解析]根据《公路路基设计规范》(JTG D30—2015)第3.2.2条。高速公路上路床填料最小承载比要求是8%。

7.[答案]C

[解析]根据《公路路基设计规范》(JTG D30—2015)第C.0.1条。由地下水控制的路基平衡湿度状态是潮湿。

8.[答案]A

[解析]根据《公路路基设计规范》(JTG D30—2015)第C.0.1条。由气候因素控制的路基平衡湿度状态是干燥。

9.[答案]A

[解析]根据《公路路基设计规范》(JTG D30—2015)第3.2.4条。水泥混凝土路面路床顶面竖向压应变可不作控制。

10.[答案]D

[解析]根据《公路自然区划标准》(JTJ 003—1986)第3.0.1条。二级自然区划是在一级自然区划范围内进一步划分,其主要依据是潮湿系数。

11.[答案]D

[解析]根据《公路路基设计规范》(JTG D30—2015)第3.8.1条。硬质岩石、中硬岩石可作为路床、路堤填料;软质岩石可用于路堤填筑,不得用于路床填料;膨胀性岩石、易溶性岩石和盐化岩石等不得用于路堤填筑。

12.[答案]C

[解析]根据《公路路基设计规范》(JTG D30—2015)第3.2.5条条文说明。对于多层不同类型土质路基,采用多层弹性层状地基理论,按照弯沉等效的原则,将多层结构转化成当量单层结构后,再计算路床顶面当量回弹模量。

二、多项选择题

1.[答案]BC

[解析]根据《公路路基设计规范》(JTG D30—2015)第2.1.17条。膨胀土是含亲水性矿物并具有明显的吸水膨胀与失水收缩特性的高塑性黏土。

2.[答案]ABC

[解析]我国公路用土是依据土的颗粒组成特征、土的塑性指标和土中有机质的存在情况来分类。

3.[答案]ABC

[解析]根据《公路路基设计规范》(JTG D30—2015)第C.0.1条。路基平衡湿度状况可依据路基的湿度来源分为潮湿、中湿、干燥等三类。

4.［**答案**］ABC

［**解析**］选项D错误，根据《公路自然区划标准》(JTJ 003—1986)，三级区划是二级区划的进一步划分，三级区划的方法有两种，一种是按照地貌、水文和土质类型将二级自然区进一步划分为若干类型单位的类型区划；另一种是继水热、地理和地貌等为标志将二级自然区进一步划分为若干更低级区域的区域划分。

5.［**答案**］ACD

［**解析**］冻土按冻结状态持续时间分为多年冻土、隔年冻土和季节冻土。

6.［**答案**］AD

［**解析**］根据《公路路基设计规范》(JTG D30—2015)第3.2.8条。当路基湿度状态、路基填料CBR、路床回弹模量和竖向压应变等不能满足要求时，对路床可采取粗粒土换填和低剂量无机结合料稳定土等进行换填，并合理确定换填深度。

7.［**答案**］ABD

［**解析**］路堤的变形破坏形式有路基沉陷、边坡滑塌、沿山坡滑动。选项C为路堑变形破坏。

8.［**答案**］CD

［**解析**］根据《公路路基设计规范》(JTG D30—2015)第3.2.2条和第3.2.3条。选项C错误，二级公路上路床的压实度应不小于95%。选项D错误，高速公路上路床填料最小承载比应不小于8%。

三、案例题

1.［**答案**］A

［**解析**］根据《公路路基设计规范》(JTG D30—2015)第3.2.5条、第3.2.6条、第C.0.1条和第D.0.1条。

$M_R = 17.6CBR^{0.64} = 17.6 \times 11.6^{0.64} = 84.48\text{MPa}$

$E_0 = K_S K_\eta M_R = 0.6 \times 0.7 \times 84.48 = 35.5\text{MPa}$

2.［**答案**］C

［**解析**］根据《公路路基设计规范》(JTG D30—2015)第3.2.5条、第3.2.6条、第C.0.1条和第D.0.2条。

$M_R = 22.1CBR^{0.55} = 22.1 \times 32.8^{0.55} = 150.7\text{MPa}$

$E_0 = K_S K_\eta M_R = 0.83 \times 0.8 \times 150.7 = 100.1\text{MPa}$

3.［**答案**］B

［**解析**］根据《公路路基设计规范》(JTG D30—2015)第3.2.5条、第3.2.6条、第C.0.1

条、第 D.0.1 条和第 D.0.2 条。

推算知，毛细润湿面上、下部分路基工作区的厚度分别为：0.65m 和 0.91m。

$M_R = 17.6CBR^{0.64} = 17.6 \times 9.8^{0.64} = 75.84\text{MPa}$

$$K_s = K_{s1}\frac{h_1}{h} + K_{s2}\frac{h_2}{h} = 0.91 \times \frac{0.65}{1.56} + 0.5 \times \frac{0.91}{1.56} = 0.67$$

$E_0 = K_S K_\eta M_R = 0.67 \times 0.95 \times 75.84 = 48.3\text{MPa}$

4. [**答案**] B

[**解析**] 根据《公路土工试验规程》(JTG E40—2007) 中 T 0134-1993 承载比 (CBR) 试验。

$$CBR_{2.5} = \frac{p}{7000} \times 100\%, CBR_{5.0} = \frac{p}{10500} \times 100\%$$

$CBR_{2.5} = p/7000 \times 100\%, CBR_{5.0} = p/10500 \times 100\%$

第一次：$CBR_{2.5} = 3.96\%, CBR_{5.0} = 3.82\%$

第二次：$CBR_{2.5} = 4.34\%, CBR_{5.0} = 4.05\%$

第三次：$CBR_{2.5} = 3.80\%, CBR_{5.0} = 3.78\%$

三次试验中，$CBR_{5.0}$ 均不大于 $CBR_{2.5}$。

平均值 $\bar{x} = 4.03\%$，标准差 $s = \sqrt{\frac{1}{n-1}\sum_{i=1}^{n}(x_i - \bar{x})^2} = 0.277$

变异系数 $C_v = \frac{s}{\bar{x}} = \frac{0.277}{4.03} = 6.88\% < 12\%$

3 个干密度平均值：$\bar{\rho} = \frac{1.792 + 1.688 + 1.802}{3} = 1.761\text{g/cm}^3$

干密度偏差：

$d_1 = \rho_{d1} - \bar{\rho} = 1.792 - 1.761 = 0.031\text{g/cm}^3$

$d_2 = \rho_{d2} - \bar{\rho} = 1.688 - 1.761 = -0.073\text{g/cm}^3$

$d_3 = \rho_{d3} - \bar{\rho} = 1.802 - 1.761 = 0.041\text{g/cm}^3$

偏差均超过 0.03g/cm^3。ρ_{d2} 偏离较大，则去掉试件 2 的 $CBR_{2.5}$ 值，取另两个 $CBR_{2.5}$ 结果的平均值 $CBR = \frac{3.96 + 3.80}{2} = 3.88\%$。

第二节　一般路基设计

本节考纲

1. 掌握路基、高路堤、一般路堤及深路堑和一般路堑的设计原则及要点；与路床（路基结构）设计要点。

2. 熟悉路基填料选择的原则及最小强度和最大粒径要求；路基最小填土高度要求及原因。

3. 了解路基边坡坡度的确定依据；填石路基、砌石路基、护肩、护脚的构造与使用条件；轻质材料路堤的用途、适用条件及常用轻质材料种类；工业废渣路堤的使用条件；路基压实的影响因素、压实度测定方法与压实标准。

4. 了解路基拓宽改建时的主要工程问题、拓宽形式及适用条件。

复习要点

路基设计基本原则；路床（路基结构）与路基工作区的关系；路床和路堤填料选择原则和要求；路床和路堤压实要求；低路堤、高路堤和陡坡路堤的概念和特点；路堤高度需满足的要求；路堤和路堑边坡坡度确定依据；地基地表处理设计要求；填石路基设计原则和适用条件；砌石路基使用条件和注意事项；护肩与护脚使用条件；轻质材料用途、适用条件及设计要求；工业废渣路堤的使用条件与结构设计要求；路基压实的影响因素、压实度测定方法；路床、路堤、填石路堤及特殊土路基压实标准；路基拓宽改建时的主要工程问题、拓宽形式及适用条件。

典型习题

一、单项选择题

1. 路堤填料最大粒径应小于下列哪个选项？（　　）

（A）100mm　　（B）150mm

（C）200mm　　（D）250mm

2. 高速公路填方路基对于填料最小承载比的要求，下面哪个判断是正确的？（　　）

（A）上路床≥下路床≥上路堤≥下路堤　　（B）上路堤≥下路堤≥上路床≥下路床

（C）下路床≥上路床≥下路堤≥上路堤　　（D）下路堤≥上路堤≥下路床≥上路床

3. 一般地质路段，二级公路基底的压实度不应小于下列哪个选项？（　　）

（A）85%　　（B）88%

（C）90%　　（D）95%

4. 下列关于路基工作区的叙述中，哪个选项是正确的？（　　）

（A）路基工作区深度大于路床厚度

（B）路基工作区深度小于路床厚度

（C）路基工作区深度等于路床厚度

（D）特种轴载的公路应单独计算路基工作区深度

5. 季节冻土地区路床及浸水部分的路堤不应直接采用下列哪种土质填筑? ( )

(A)黏质土　(B)粉质土

(C)砂类土　(D)砾类土

6. 陡坡路堤是地面斜坡坡率陡于下列哪个选项的路堤? ( )

(A)1∶1.0　(B)1∶1.5

(C)1∶2.0　(D)1∶2.5

7. 低路堤是路基填土高度小于下列哪个选项的路堤? ( )

(A)设计洪水位　(B)临界高度

(C)工作区深度　(D)路床厚度

8. 浸水路堤在设计水位以下的边坡率不宜陡于下列哪个选项? ( )

(A)1∶1.25　(B)1∶1.50

(C)1∶1.75　(D)1∶2.00

9. 必要时可在填挖交界结合部的下列哪个选项的范围内铺设土工格栅? ( )

(A)路床　(B)路堤

(C)路面　(D)路肩

10. 二级及二级以上公路路堤与桥台、横向构造物连接处应设置过渡段,过渡段路基压实度不应小于下列哪个选项? ( )

(A)90%　(B)92%

(C)94%　(D)96%

11. 填石料可根据石料饱和抗压强度指标划分,下列哪个选项的岩石不得用于路床填料? ( )

(A)凝灰岩　(B)石灰岩

(C)花岗岩　(D)石英岩

12. 对于砌石路基设计,下列哪个选项是错误的? ( )

(A)砌石路基可用于三、四级公路

(B)软质岩石路段不宜采用砌石路基

(C)砌石顶宽不应小于0.8m,砌石高度不宜超过15m

(D)砌石应选用当地不易风化的片、块石填筑,内侧可填土

13. 下列不能用于路堤填筑的工业废渣是哪个选项? ( )

(A)高炉矿渣　(B)电石渣

(C)钢渣　　(D)煤矸石

14. 某新建一级公路,在 K6 +655 位置设置一座跨径 30m 的中桥,该桥桥台处路基填土高度为 16.3m,对于路堤与桥台连接处的过渡段长度,下列哪个选项是最合理的?　　(　　)

(A)35m　　(B)45m

(C)55m　　(D)65m

15. 填石路堤压实质量标准宜用下列哪个选项作为控制指标?　　(　　)

(A)孔隙率　　(B)沉降差

(C)干密度　　(D)承载比

16. 一级公路软土地基上路基拼接时,应控制新老路基之间的沉降差异,既有路基与拓宽路基的路拱横坡的工后增大值不应大于下列哪个选项?　　(　　)

(A)0.30m　　(B)0.5%

(C)0.50m　　(D)1.0%

二、多项选择题

1. 路基填料应满足下列哪些要求?　　(　　)

(A)平衡湿度　　(B)路基强度

(C)压实密度　　(D)回弹模量

2. 不得直接用于填筑路堤的土质类型有下列哪些选项?　　(　　)

(A)冻土　　(B)有机土

(C)淤泥　　(D)黏质土

3. 路堤高度应满足下列哪些要求?　　(　　)

(A)路堤高度不宜小于路基工作区深度

(B)路堤高度不宜小于中湿状态路基临界高度

(C)季节冻土地区,路堤高度不宜小于当地路基冻深

(D)满足公路等级所对应的路基设计洪水频率及其设计洪水位

4. 路堤边坡形式或坡率应根据下列哪些选项确定?　　(　　)

(A)边坡高度　　(B)填料性质

(C)地表横坡　　(D)地质条件

5. 当路堑边坡土质潮湿或地下水露头时,应根据实际情况设置下列哪些排水设施?　　(　　)

(A)渗沟　　(B)仰斜式排水孔

(C)急流槽　　(D)排水隧洞

6. 对于填石路堤设计,下列哪些选项是错误的?　　(　　)

(A)填石路堤压实质量宜用干密度做控制指标

(B)填石路堤可采用与土质路堤相同的断面形式

(C)填石路堤顶部最后一层填石料的铺筑层厚不得大于50cm

(D)不同强度的石料,应分别采用不同的厚度和压实控制标准

7. 护肩路基的护肩高度不宜超过2m,顶面宽度不应侵占下列哪些选项的范围?　　(　　)

(A)土路肩　　(B)行车道

(C)硬路肩　　(D)路缘带

8. 需减小路堤重度或土压力的路堤材料可用轻质材料,其应用范围包括下列哪些选项?　　(　　)

(A)软土地基上路堤　　(B)洪水淹没路堤

(C)挡土墙墙背路堤　　(D)修复失稳路堤

9. 下列工业废渣路堤的结构设计的叙述中,哪些选项是正确的?　　(　　)

(A)应采用封闭式路堤结构

(B)路床范围应采用土质填筑

(C)路堤底部应高出地下水位0.5m以上

(D)路堤超过4m时,可在路堤中部设置土质夹层

10. 对于边坡高度大于20m的软弱松散岩质路堑,设计时宜采用下列哪些技术措施?　　(　　)

(A)分层开挖　　(B)坡脚预加固

(C)分层防护　　(D)坡顶预加固

11. 当轻质材料路堤抗浮稳定系数小于抗浮安全系数时,应采取下列哪些技术措施?　　(　　)

(A)调整填筑厚度　　(B)设置包边护坡

(C)增加填土荷重　　(D)降低地下水位

三、案例题

1. 某二级公路位于季节冻土地区,路线为沿河线,路基宽度12m,沥青混凝土路面,路面厚度42cm, K8+660处的地面高程为253.67m,如图所示。该处路基工作区深度为1.65m,中湿状态路基临界高度为2.84m,路基冻深为1.59m。按设计洪水频率的计算水位高程为

255.82m,壅水高度1.0m,波浪侵袭高度0.3m。该路堤高度应不低于下列哪个选项?（　　）

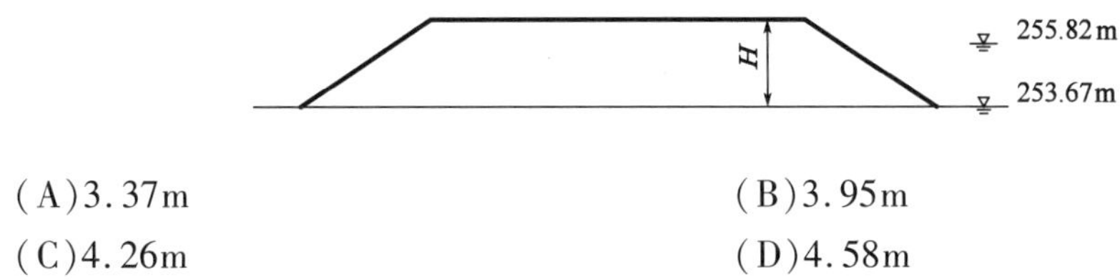

(A)3.37m　　(B)3.95m

(C)4.26m　　(D)4.58m

2. 南方某一级公路,采用灌砂法检测上路堤的路基压实度,注满试坑用标准砂5528g。标准砂密度1.55g/cm^3。试坑采取的土试样质量6956g,含水率12.6%,通过室内击实试验求得土的最佳含水率12.7%,最大干密度1.83g/cm^3,该测点的压实度数值最接近下列哪个选项?（　　）

(A)92.7%　　(B)93.7%

(C)94.7%　　(D)95.7%

参考答案及解析

一、单项选择题

1. [**答案**]B

[**解析**]根据《公路路基设计规范》(JTG D30—2015)第3.2.3条。路堤宜选用级配较好的砾类土、砂类土等粗粒土作为填料,填料最大粒径应150mm。

2. [**答案**]A

[**解析**]根据《公路路基设计规范》(JTG D30—2015)第3.2.2条和第3.3.3条。

3. [**答案**]C

[**解析**]根据《公路路基设计规范》(JTG D30—2015)第3.3.6条。一般地质路段,高速公路、一级公路和二级公路基底的压实度(重型)不应小于90%,三、四级公路不应小于85%。

4. [**答案**]D

[**解析**]根据《公路路基设计规范》(JTG D30—2015)第3.2.1条。路床厚度应根据交通量及其轴载组成确定。对特种轴载的公路,应单独计算路基工作区深度,确定路床厚度。

5. [**答案**]B

[**解析**]根据《公路路基设计规范》(JTG D30—2015)第3.3.3条。季节冻土地区路床及浸水部分的路堤不应直接采用粉质土填筑。

6.［答案］D

［解析］根据《公路路基设计规范》(JTG D30—2015)第2.1.8条。地面斜坡陡于1:2.5的路堤称为陡坡路堤。

7.［答案］C

［解析］根据《公路路基设计规范》(JTG D30—2015)第2.1.6条。低路堤是填土高度小于路基工作区深度的路堤。

8.［答案］C

［解析］根据《公路路基设计规范》(JTG D30—2015)第3.3.5条。浸水路堤在设计水位以下的边坡坡率不宜陡于1:1.75。

9.［答案］A

［解析］根据《公路路基设计规范》(JTG D30—2015)第3.5.3条。填方区宜采用渗水性好的填料填筑,必要时,可在填挖交界结合部的路床范围内铺设土工格栅。

10.［答案］D

［解析］根据《公路路基设计规范》(JTG D30—2015)第3.3.7条。二级及二级以上公路路堤与桥台、横向构造物(涵洞、通道)连接处应设置过渡段,过渡段路基压实度不应小于96%。

11.［答案］A

［解析］根据《公路路基设计规范》(JTG D30—2015)第3.8.1条和3.8.2条。软质岩石不得用于路床填料。凝灰岩为软质岩石。

12.［答案］D

［解析］根据《公路路基设计规范》(JTG D30—2015)第3.3.10条。砌石应选用当地不易风化的片、块石填筑,内侧填石。

13.［答案］B

［解析］根据《公路路基设计规范》(JTG D30—2015)第3.10.2条。高炉矿渣、钢渣、煤矸石可用于路堤填筑。

14.［答案］B

［解析］根据《公路路基设计规范》(JTG D30—2015)第3.3.7条。过渡段长度宜为:$L=(2\sim3)H+(3\sim5)=35.6\sim53.9$m。

15.［答案］A

［解析］根据《公路路基设计规范》(JTG D30—2015)第3.8.3条。不同强度的石料,

应分别采用不同的填筑层厚和压实控制标准。填石路堤压实质量标准宜用孔隙率作为控制指标。

16.［答案］B

［解析］根据《公路路基设计规范》(JTG D30—2015)第6.4.3条。路基拼接时，应控制新老路基之间的差异沉降，既有路基与拓宽路基的路拱横坡度的工后增大值不应大于0.5%。

二、多项选择题

1.［答案］BD

［解析］根据《公路路基设计规范》(JTG D30—2015)第3.1.5条。路基填料应满足路基强度和回弹模量的要求。

2.［答案］ABC

［解析］根据《公路路基设计规范》(JTG D30—2015)第3.3.3条。泥炭、淤泥、冻土、强膨胀土、有机土及易溶盐超过允许含量的土等，不得直接用于填筑路堤。

3.［答案］BCD

［解析］根据《公路路基设计规范》(JTG D30—2015)第3.3.1条。路堤高度应满足下列要求：满足公路等级所对应的路基设计洪水频率及其设计洪水位；路堤高度不宜小于中湿状态路基临界高度；季节冻土地区，路堤高度不宜小于当地路基冻深。

4.［答案］ACD

［解析］根据《公路路基设计规范》(JTG D30—2015)第3.3.5条。路堤边坡形式和坡率应根据填料的物理力学性质、边坡高度和工程地质条件确定。

5.［答案］ABD

［解析］根据《公路路基设计规范》(JTG D30—2015)第3.4.5条。当边坡土质潮湿或地下水位露头时，应根据实际情况设置渗沟或仰斜式排水孔，或在上游沿垂直地下水流向设置排水涵洞等排导设施。

6.［答案］AC

［解析］根据《公路路基设计规范》(JTG D30—2015)第3.8.3条和第3.8.5条。选项A错误，填石路基压实质量标准宜采用孔隙率作为控制指标。选项C错误，填石路堤顶部最后一层填石料的铺筑层厚不得大于40cm。

7.［答案］BCD

［解析］根据《公路路基设计规范》(JTG D30—2015)第3.3.9条。护肩路基的护肩高

度不宜超过2m,顶面宽度不应侵占硬路肩或行车道及路缘带的路面范围。

8.[**答案**]ACD

[**解析**]根据《公路路基设计规范》(JTG D30—2015)第3.9.1条。需减小路堤重度或土压力的路堤材料可用轻质材料,其应用范围包括软土地基上路堤、桥涵与挡土墙构造物台(墙)背路堤、扩宽路堤、修复沉陷或失稳路堤,但不宜用于洪水淹没地段。

9.[**答案**]ACD

[**解析**]根据《公路路基设计规范》(JTG D30—2015)第3.10.7条。选项B错误,工业废渣路堤上路床范围应采用土质填筑。

10.[**答案**]ABC

[**解析**]根据《公路路基设计规范》(JTG D30—2015)第3.4.2条。边坡高度大于20m的软弱松散岩质路堑,宜采用分层开挖、分层防护和坡脚预加固技术。

11.[**答案**]ACD

[**解析**]根据《公路路基设计规范》(JTG D30—2015)第3.9.4条。当轻质材料路堤抗浮稳定系数小于抗浮安全系数时,应采取调整轻质材料填筑区厚度、增加填土荷重或降低地下水位等措施。

三、案例题

1.[**答案**]B

[**解析**]《公路路基设计规范》(JTG D30—2015)第3.3.2条。

$(h_{sw}-h_0)+h_w+h_{bw}+\Delta h=(255.82-253.67)+0.3+1.0+0.5=3.95\text{m}$

$h_l+h_p=2.84+0.42=3.26\text{m}$

$h_{wd}+h_p=1.65+0.42=2.07\text{m}$

$h_f+h_p=1.59+0.42=2.01\text{m}$

取上述计算结果的最大值,可知该路堤高度不低于3.95m。

2.[**答案**]C

[**解析**]根据《公路土工试验规程》(JTG E40—2007)中T 0131—2007击实试验。

湿密度:$\rho=\dfrac{m}{V}=\dfrac{6956}{5528/1.55}=1.95\text{g/cm}^3$

干密度:$\rho_d=\dfrac{\rho}{1+0.01\omega}=\dfrac{1.95}{1+0.01\times12.6}=1.73\text{g/cm}^3$

压实度:$K=\dfrac{\rho_d}{\rho_{dmax}}\times100=\dfrac{1.73}{1.83}\times100=94.7\text{g/cm}^3$

第三节　路基边坡稳定性设计

本节考纲

1. 掌握边坡稳定性验算所需土性参数及确定原则。

2. 了解边坡稳定性分析的三种工况及使用条件，工程地质比拟法、简化 Bishop 法与不平衡推力法的适用条件。

复习要点

影响路基边坡稳定性的因素，边坡稳定性分析的计算参数及确定原则，边坡稳性分析的三种工况及适用条件，高路堤、陡坡路堤和深路堑边坡设计原则及设计要求，简化 Bishop 法与不平衡推力法的适用条件及稳定系数计算方法，施工监测项目和内容。

典型习题

一、单项选择题

1. 二级公路高路堤正常工况的稳定系数不得小于下列哪个选项？（　　）

(A)1.15　　(B)1.25

(C)1.35　　(D)1.45

2. 路堤堤身稳定性、路堤和地基的整体稳定性分析方法宜采用下列哪个选项？（　　）

(A)Spencer 法　　(B)Sarma 法

(C)Bishop 法　　(D)Janbu 法

3. 为减小工后沉降，高路堤与陡坡路堤的沉降期宜按下列哪个时长预留？（　　）

(A)一个雨季　　(B)不少于一年

(C)两个雨季　　(D)不少于两年

4. 土质边坡按水土分算原则计算时，地下水位以下的土的力学参数指标宜采用下列哪个选项？（　　）

(A)固结不排水抗剪强度　　(B)有效抗剪强度

(C)固结排水抗剪强度　　(D)排水抗剪强度

5. 路堑施工边坡的临时稳定安全系数不应小于下列哪个选项？（　　）

(A)1.05　　(B)1.10

(C)1.15　　(D)1.20

6. 规模较大的破碎结构岩质边坡稳定性计算方法宜采用下列哪个选项？（　）

(A)平面滑动面解析法　　(B)楔形滑动面法

(C)不平衡推力法　　(D)简化 Bishop 法

7. 岩体和结构面抗剪强度指标宜根据下列哪个试验确定？（　）

(A)室内剪切试验　　(B)大型离心试验

(C)现场原位试验　　(D)三轴抗剪试验

8. 正常工况下高速公路路堑边坡稳定安全系数不得小于下列哪个选项？（　）

(A)1.05 ~ 1.15　　(B)1.10 ~ 1.20

(C)1.15 ~ 1.25　　(D)1.20 ~ 1.30

9. 高速公路深路堑施工监测周期应为下列哪个选项？（　）

(A)公路建成营运后不少于一年　　(B)公路建成营运后不少于两年

(C)公路开始施工后不少于一年　　(D)公路开始施工后不少于两年

10. 季节性冻土边坡地下水丰富时，应对地下水排水口采取下列哪种措施？（　）

(A)保湿　　(B)保温

(C)保稳　　(D)保畅

11. 一级公路深路堑施工监测项目不包括下列哪个选项？（　）

(A)地表监测　　(B)地下位移监测

(C)落石监测　　(D)地下水位监测

12. 某无黏性土坡坡角 $\beta = 25°$，内摩擦角 $\varphi = 35°$，则稳定安全系数为下列哪个选项？（　）

(A)1.2　　(B)1.3

(C)1.4　　(D)1.5

二、多项选择题

1. 高路堤与陡坡路堤设计时，应进行路基稳定性分析。分析时应考虑下列哪些工况？（　）

(A)路基投入运营后经常发生或持续时间长的工况

(B)路基处于暴雨或连续降雨状况下的工况

(C)路基处于中湿或潮湿状态下的工况

(D)路基遭遇地震等荷载作用的工况

2. 对结构复杂的岩质边坡,稳定性计算方法可采用下列哪些选项? ( )

(A)赤平投影法 (B)楔形滑动面法

(C)实体比例投影法 (D)不平衡推力法

3. 高路堤稳定性分析时,路基填土的强度参数可采用下列哪些试验获得? ( )

(A)三轴不排水剪 (B)直剪快剪

(C)直剪固结快剪 (D)不固结不排水剪

4. 应进行施工监测的路基类型包括下列哪些选项? ( )

(A)高路堤与陡坡路堤

(B)各级公路的深路堑

(C)不良地质地段挖方边坡

(D)特殊岩土地段挖方边坡

5. 边坡稳定性评价应遵循下列哪些原则? ( )

(A)以定性分析为基础

(B)以定量计算为基础

(C)以定性分析为手段

(D)以定量计算为手段

6. 关于深路堑边坡岩土体力学参数的确定方法的叙述中,下列哪些选项是正确的?

( )

(A)岩体和结构面宜采用固结不排水抗剪强度指标

(B)土体力学参数宜采用原位剪切试验、原状土样室内剪切试验及反算分析等方法综合确定

(C)土质边坡按水土分算原则计算时,地下水位以下的土宜采用土的有效抗剪强度指标

(D)土质边坡按水土合算原则计算时,地下水位以下的土宜采用三轴试验土的自重固结不排水抗剪强度指标

三、案例题

1. 某新建二级公路路基宽度为12m,地面横坡接近水平。在K6+500段有一路堤边坡,主要由砂性土组成,其滑动面为直线型,如图所示。已知边坡高度为6m,内摩擦角 $\varphi=30°$,黏聚力 $c=0.5\text{kPa}$,滑动面对水平面的倾角 $\alpha=23°$,试计算该边坡的稳定系数 F_s 最接近于下列哪个选项? ( )

(A)1.30 (B)1.33

(C)1.36 (D)1.39

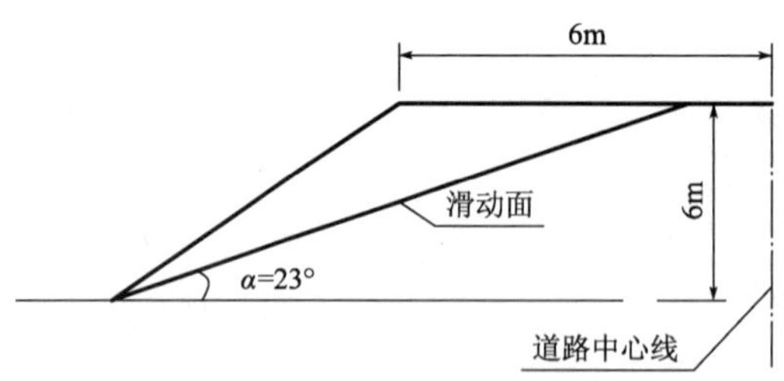

2. 西部地区某公路一路段有一由均质土体组成的路堤边坡，边坡相关参数如图所示。已知其破裂面为直线型，土体黏聚力 $c=10\text{kPa}$，内摩擦角 $\varphi=20°$，滑坡体自重 $W=1500\text{kN}$。滑动面对水平面的倾角 $\alpha=22°$，试计算该边坡稳定系数 F_s 最接近于下列哪个选项？（　）

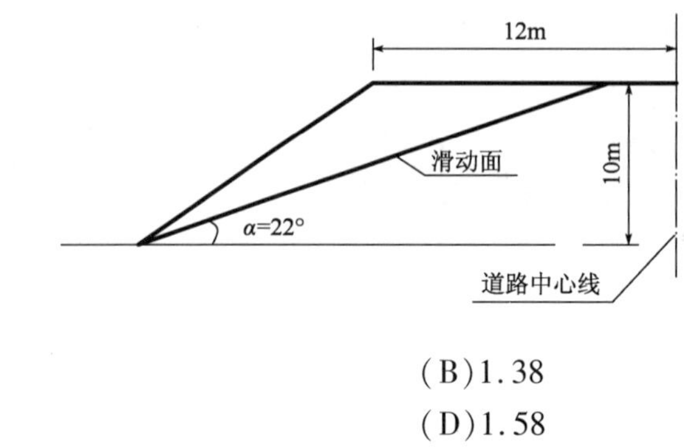

(A)1.28　　(B)1.38

(C)1.48　　(D)1.58

3. 有一高填方路基，路基顶宽 10m，路基边坡高度 15m，边坡坡度 1∶1.5，路基横断面如图所示。已知路基填料为砂类土，土的黏聚力 $c=0.98\text{kPa}$，内摩擦角 $\varphi=35°$，重度 $\gamma=18.62\text{kN/m}^3$，边坡土楔体 ABC 沿破裂面 AB 滑动。试问按直线法分析该路堤边坡稳定系数 F_s 最接近下列哪个选项？（　）

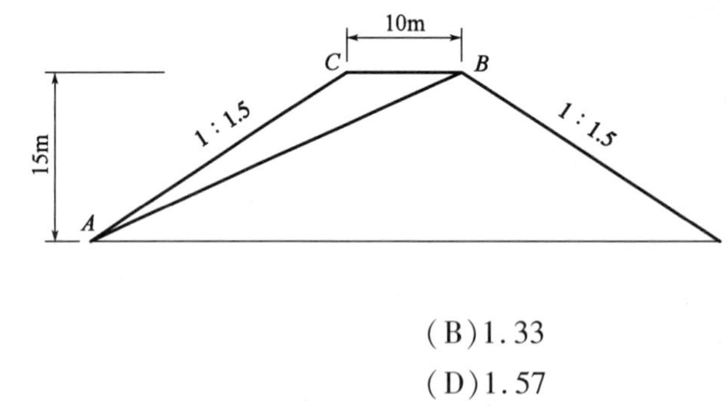

(A)1.25　　(B)1.33

(C)1.46　　(D)1.57

4. 某高速公路路堤边坡，坡体为均质黏性土，潜在圆弧形滑动面，滑动面半径 $R=14.5\text{m}$，滑动面长度 $L=24\text{m}$，滑带土的不排水剪强度黏聚力 $c=8\text{kPa}$，内摩擦角 $\varphi\approx0$，下滑土体重 $W_1=800\text{kN}$，抗滑土体重 $W_2=107\text{kN}$，下滑土体和抗滑土体的重心至圆心垂直距分别为 $d_1=2.9\text{m}$、

$d_2=1.1\text{m}$,试计算该边坡稳定系数 F_s 最接近于下列哪个选项？　　(　　)

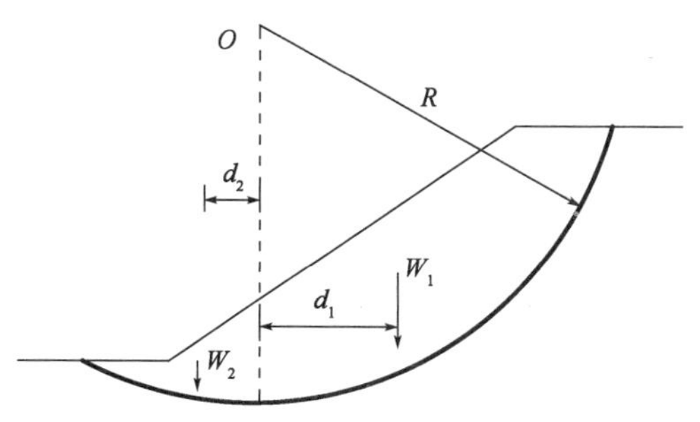

(A)1.25　　(B)1.30

(C)1.35　　(D)1.45

5.某一级公路路基高填方采用黏土进行填筑,用简单圆弧条分法作稳定性分析时,圆弧的半径 $R=50\text{m}$,第 i 土条的宽度为2m,过滑弧的中心点切线和土条顶部与水平线的夹角均为20°。土条的高度为12m。已知黏土的天然重度 $\gamma=19.8\text{kN/m}^3$,黏聚力 $c=23\text{kPa}$,内摩擦角 $\varphi=28°$,试问计算得到该土条的下滑力矩和抗滑力矩最接近下列哪个选项？　　(　　)

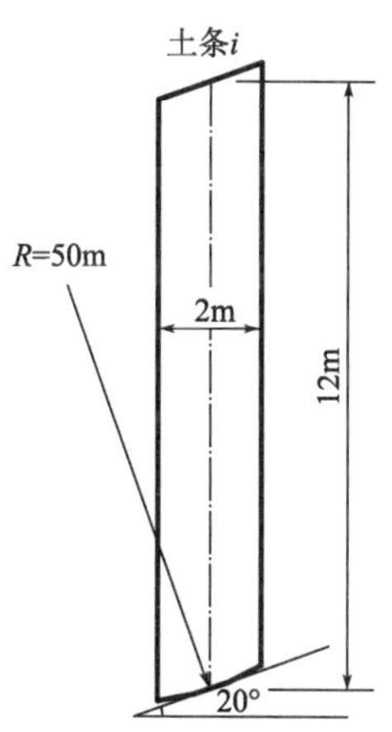

(A)8126kN·m,14321kN·m　　(B)9657kN·m,15536kN·m

(C)14321kN·m,8126kN·m　　(D)15536kN·m,9657kN·m

6.公路自然区划Ⅴ区某新建公路,K7+100处有一均匀土质挖方边坡,高度9.0m,土的重度 $\gamma=20\text{kN/m}^3$,据相关资料,按最危险滑动圆弧计算得到的抗滑力矩为4561kN·m,滑动力矩为4819 kN·m。考虑边坡安全问题,经分析后提出了两种卸荷方案以期提高边坡稳定性,如图所示(卸荷土方量相同而卸荷部位不同)。计算卸荷前、卸荷方案1及卸荷方案2的边坡稳定系数分别为 K_0、K_1、K_2,判断三者关系为下列哪个选项？　　(　　)

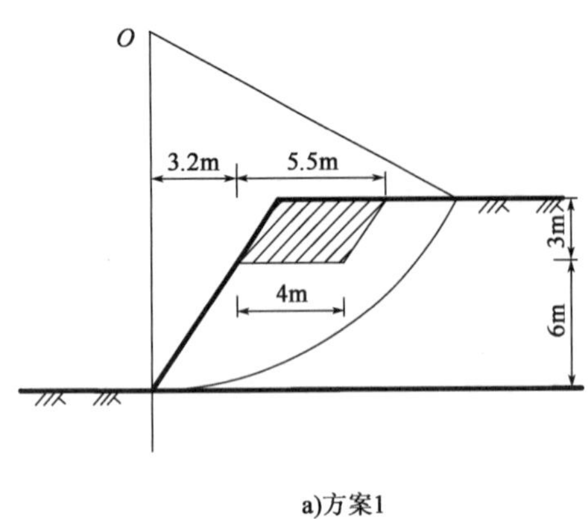

a)方案1

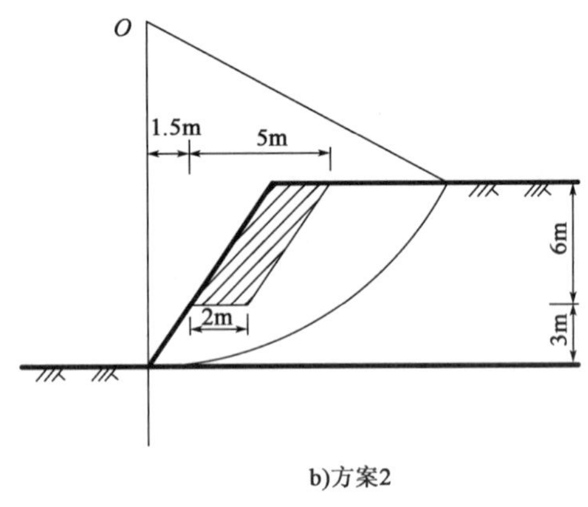

b)方案2

(A) $K_0 < K_1 < K_2$　　(B) $K_0 < K_1 = K_2$

(C) $K_0 < K_2 < K_1$　　(D) $K_0 = K_1 = K_2$

7. 东部地区某新建一级公路，K6 + 100 ~ K10 + 255 处有一均匀土质挖方边坡，边坡坡率 1:0.5，土的天然重度 $\gamma = 18\text{kN/m}^3$，黏聚力 $c = 20\text{kPa}$，内摩擦角 $\varphi = 25°$，如若保证最小的边坡安全系数 $K_{min} = 1.25$，试问允许的最大边坡高度最接近下列哪个选项？（　）

(A) 8.88m　　(B) 9.99m

(C) 10.10m　　(D) 11.11m

8. 南方地区某二级公路，路基宽度 12.0m，K6 + 850 桩号路基填方高度 6.0m，横断面地面线为陡斜坡折线，如图所示。按折线滑动面进行边坡稳定性分析时，将路基土体分成 3 个条块，条块的折线倾角分别为 $\alpha_1 = 30°$，$\alpha_2 = 0°$，$\alpha_3 = 10°$。滑动面上土的黏聚力、内摩擦角不变，都是 $c = 10\text{kPa}$，$\varphi = 15°$，土体重度 $\gamma = 18\text{kN/m}^3$，安全系数 F_s 取 1.25，试用不平衡推力法计算土条；②产生的剩余滑动力最接近下列哪个选项？（　）

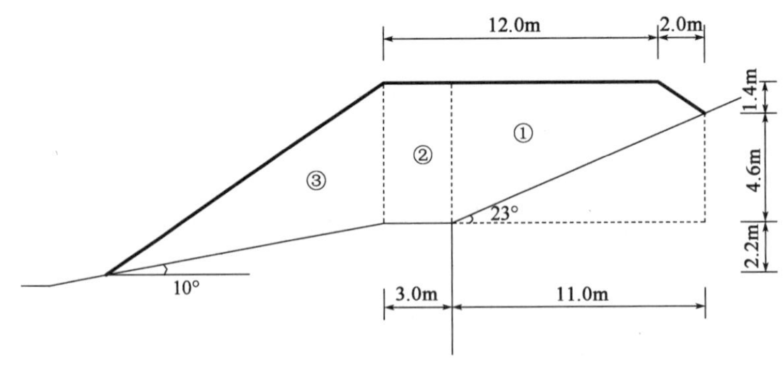

(A) 58.8kN/m　　(B) −58.8kN/m

(C) 2.9kN/m　　(D) −2.9kN/m

参考答案及解析

一、单项选择题

1.［答案］D

［解析］根据《公路路基设计规范》(JTG D30—2015)第3.6.11条。二级公路高路堤正常工况的稳定系数不得小于1.45。

2.［答案］C

［解析］根据《公路路基设计规范》(JTG D30—2015)第3.6.9条。路堤堤身稳定性、路堤和地基的整体稳定性宜采用简化Bishop法。

3.［答案］A

［解析］根据《公路路基设计规范》(JTG D30—2015)第3.6.13条。应加强高路堤与陡坡路堤的沉降控制。必要时,可进行增强补压、铺设土工合成材料等综合措施,并宜预留一个雨季的沉降期,减少工后沉降。

4.［答案］B

［解析］根据《公路路基设计规范》(JTG D30—2015)第3.7.3条。土质边坡按水土合算原则计算时,地下水位以下的土宜采用三轴试验土的自重固结不排水抗剪强度指标;按水土分算原则计算时,地下水位以下的土宜采用土的有效抗剪强度指标。

5.［答案］A

［解析］根据《公路路基设计规范》(JTG D30—2015)第3.7.7条。施工边坡的临时稳定安全系数不应小于1.05。

6.［答案］D

［解析］根据《公路路基设计规范》(JTG D30—2015)第3.7.5条。规模较大的碎裂结构岩质边坡和土质边坡宜采用简化Bishop法计算。

7.［答案］C

［解析］根据《公路路基设计规范》(JTG D30—2015)第3.7.3条。岩体和结构面抗剪强度指标宜根据现场原位试验确定。

8.［答案］D

［解析］根据《公路路基设计规范》(JTG D30—2015)第3.7.7条。高速公路、一级公路正常工况下路堑边坡稳定安全系数不得小于1.20~1.30。

9.[答案]A

[解析]根据《公路路基设计规范》(JTG D30—2015)第3.7.11条。高速公路深路堑施工监测周期应为公路建成营运后不少于一年。

10.[答案]B

[解析]根据《公路路基设计规范》(JTG D30—2015)第3.7.10条。季节冻土边坡地下水丰富时,应对地下水排水口采取保温措施。

11.[答案]C

[解析]根据《公路路基设计规范》(JTG D30—2015)表F-1。一级公路深路堑施工监测项目有地表监测、地下位移监测、地下水位监测和支挡结构变形、应力监测。

12.[答案]D

[解析]由土坡稳定安全系数公式得:

$$k=\frac{\tan\varphi}{\tan\beta}=\frac{\tan35^\circ}{\tan25^\circ}=1.5$$

二、多项选择题

1.[答案]ABD

[解析]根据《公路路基设计规范》(JTG D30—2015)第3.6.7条。高路堤与陡坡路堤设计时,应进行路基稳定性计算分析;分析时,应考虑以下3种工况:①正常工况:路基投入运营后经常发生或持续时间长的工况;②非正常工况Ⅰ:路基处于暴雨或连续降雨状况下的工况;③非正常工况Ⅱ:路基遭遇地震等荷载作用的工况。

2.[答案]ABC

[解析]根据《公路路基设计规范》(JTG D30—2015)第3.7.5条。对结构复杂的岩质边坡,可配合采用赤平投影法和实体比例投影法分析及楔形滑动面法进行计算。

3.[答案]AB

[解析]根据《公路路基设计规范》(JTG D30—2015)第3.6.8条。路基填土的强度参数c、φ值,可采用直剪快剪或三轴不排水剪试验获得。当路基填料为粗粒土或填石料时,应采用大型三轴试验仪或大型直剪试验仪进行试验。

4.[答案]ACD

[解析]根据《公路路基设计规范》(JTG D30—2015)第3.6.14和第3.7.11条。高路堤与陡坡路堤应进行施工监测;高速公路、一级公路深路堑及不良地质、特殊岩土地段挖方边坡应进行施工监测。

5.［答案］AD

［解析］根据《公路路基设计规范》(JTG D30—2015)第 3.7.4 条。边坡稳定性评价应遵循“以定性分析为基础,定量计算为手段”的原则。

6.［答案］BCD

［解析］根据《公路路基设计规范》(JTG D30—2015)第 3.7.3 条。选项 A 错误,岩体和结构面抗剪强度指标宜根据现场原位试验确定。

三、案例题

1.［答案］C

［解析］由题下可知,坡体为砂性土,黏聚力 $c \approx 0$,则其稳定系数为:

$$F_s = \frac{\tan\varphi}{\tan\beta} = \frac{\tan30°}{\tan23°} = 1.36$$

2.［答案］B

［解析］$L = \dfrac{10}{\sin22°} = 26.7\text{m}$

$$\begin{aligned} F_s &= \frac{W\cos\alpha\tan\varphi + cL}{W\sin\alpha} \\ &= \frac{1500 \times \cos22° \times \tan20° + 10 \times 26.7}{1500 \times \sin22°} \\ &= 1.38 \end{aligned}$$

3.［答案］D

［解析］破裂面对水平面的倾角:$\tan\omega = 15/(10 + 15 \times 1.5) = 0.462$,得到 $\omega = 24.78°$。

滑动体的重力:$Q = 18.62 \times \left(0.5 \times 10 \times 15 + \dfrac{2 \times 550}{13 \times 5.5 \times 18.62} \times 10\right) = 1550.3\text{kN/m}$

破裂面 AB 的长度:$L = \sqrt{15^2 + 32.5^2} = 35.79\text{m}$

稳定系数:
$$\begin{aligned} F_s &= \frac{Q\cos\omega\tan\varphi + cL}{Q\sin\omega} \\ &= \frac{1550.3 \times 0.908 \times 0.7 + 0.98 \times 35.79}{1550.3 \times 0.419} \\ &= 1.57 \end{aligned}$$

4.［答案］A

［解析］
$$\begin{aligned} F_s &= \frac{W_2 d_2 + cLR}{W_1 d_1} \\ &= \frac{107 \times 1.1 + 8 \times 24 \times 14.5}{800 \times 2.9} \\ &= 1.25 \end{aligned}$$

5.［答案］A

［解析］下滑力矩：

$W_i = 19.8 \times 12 \times 2 = 475.2\text{kN}$

$d_i = R\sin\theta = 50 \times \sin 20° = 17.1\text{m}$

$M_{Ti} = 475.2 \times 17.1 = 8126.4\text{kN} \cdot \text{m}$

抗滑力矩：

$l = 2/\cos 20° = 2.13\text{m}$

$W_i \cos\theta \tan\varphi + l_i c = 475.2 \times \cos 20° \times \tan 28° + 2.13 \times 23 = 286.4\text{kN}$

$M_{Ri} = 286.4 \times 50 = 14321.0\text{kN} \cdot \text{m}$

6.［答案］C

［解析］$K_0 = \dfrac{4561}{4819} = 0.95$

$$K_1 = \frac{4561}{4819 - 4 \times 3 \times 20 \times 5.95} = 1.35$$

$$K_2 = \frac{4561}{4819 - 2 \times 6 \times 20 \times 4} = 1.18$$

$K_0 < K_2 < K_1$

7.［答案］D

［解析］$\cot\alpha = 0.5, \alpha = 63°26', \csc\alpha = 1.1181$

$f = \tan\varphi = \tan 25° = 0.4663$

代入式：

$K_{\min} = (2a + f) \cdot \cot\alpha + 2\sqrt{a(f + a)} \cdot \csc\alpha$

则 $1.25 = (2a + 0.4663) \times 0.5 + 2\sqrt{a(0.4663 + a)} \times 1.1181$

得 $a = 0.20$

$$H_{\max} \leqslant \frac{2c}{\gamma a} = \frac{2 \times 20}{18 \times 0.20} = 11.11\text{m}$$

8.［答案］B

［解析］土条①的截面积：$A_1 = (9 + 11) \times 1.4/2 + 4.6 \times 11/2 = 39.3\text{m}^2$

土条①的重力：$W_{Q1} = \gamma A_1 = 18 \times 39.3 = 707.4\text{kN/m}$

土条①的剩余滑动力：

$$\begin{aligned} E_1 &= W_{Q1} \cdot \sin\alpha_1 - \frac{1}{F_s}(c_1 l_1 + W_{Q1} \cdot \cos\alpha_1 \tan\varphi_1) \\ &= 707.4 \times \sin 23° - \frac{1}{1.25}(10 \times \sqrt{11^2 + 4.6^2} + 707.4 \times \cos 23° \tan 15°) \\ &= 41.4\text{kN/m} \end{aligned}$$

土条②的截面积：$A_2 = 3 \times 6 = 18\text{m}^2$

土条②的重力：$W_{Q2} = \gamma A_1 = 18 \times 18 = 324\text{kN/m}$

$$\begin{aligned}\psi_1 &= \cos(\alpha_1 - \alpha_2) - \frac{1}{F_s}\sin(\alpha_1 - \alpha_2)\tan\varphi_2 \\ &= \cos(23° - 0) - \frac{1}{1.25}\sin(23° - 0)\tan15° \\ &= 0.837\end{aligned}$$

土条②的剩余滑动力：

$$\begin{aligned}E_2 &= W_{Q2} \cdot \sin\alpha_2 - \frac{1}{F_s}(c_2 l_2 + W_{Q2} \cdot \cos\alpha_2 \tan\varphi_2) + E_1\psi_1 \\ &= 324 \times \sin0 - \frac{1}{1.25}(10 \times 3 + 324 \times \cos0\tan15°) + 41.4 \times 0.837 \\ &= -58.8\text{kN/m}\end{aligned}$$

第四节 路基排水设计

本节考纲

1. 掌握边沟、截水沟、排水沟的构造以及加固类型；渗沟的类型、构造及适用条件。
2. 掌握路基排水设计的目的与一般原则；排水明沟的水力计算方法。
3. 熟悉路基地面排水设施和地下排水设施的使用条件；排水系统综合设计的内容与要求。

复习要点

排水设计的规定与原则；地面排水设施与地下排水设施的类型与使用条件；边沟、截水沟、排水沟等设施的构造与设计要求；暗沟、渗沟、渗井等设施的构造与设计要求；排水明沟的水文水力计算方法。

典型习题

一、单项选择题

1. 高速公路路基地表排水设施设计降雨的重现期应采用下列哪个选项？（　　）

(A)8 年　　(B)10 年

(C)15 年　　(D)20 年

2. 不属于路基地下排水设施形式的是下列哪个选项？（　　）

(A)暗沟　　(B)渗沟

(C)渗井　　(D)跌井

3. 关于截水沟设计要求的叙述中,下列哪个选项是错误的? ( )

(A)截水沟应进行防渗加固

(B)截水沟的水流应引入路堑边沟

(C)路堤截水沟距路堤坡脚的距离应不小于 2m

(D)截水沟应根据地形条件及汇水面积等进行设置

4. 水环境敏感地段路基排水沟出口宜设置下列哪种设施? ( )

(A)急流槽 (B)油水分离池

(C)蒸发池 (D)下挖式通道

5. 各类地表排水设施的断面尺寸应满足设计排水流量的要求,沟顶应高出沟内设计水面的距离应符合下列哪个选项? ( )

(A)0.2m 以上 (B)0.5m 以上

(C)0.8m 以上 (D)1.0m 以上

6. 关于沟底纵坡最小值的要求,下列排水设施哪个较大? ( )

(A)边沟 (B)截水沟

(C)暗沟 (D)排水沟

7. 不适用于地下水埋藏浅的地下排水设施形式的是下列哪个选项? ( )

(A)排水垫层 (B)渗沟

(C)排水隧洞 (D)暗沟

8. 关于仰斜式排水孔设计要求的叙述中,下列哪个选项是错误? ( )

(A)仰斜式排水孔可用于引排边坡内的地下水

(B)仰斜式排水孔的仰角不宜小于 10°

(C)仰斜式排水孔的长度应伸至潜在滑动面

(D)仰斜式排水孔进水口及渗水管段应包裹透水土工布

9. 有地下水出露的挖方路基、斜坡路堤、路基填挖交界结合部以及地下水位埋深小于0.5m的低路堤的路段,应设置下列哪种排水设施? ( )

(A)排水渗沟 (B)排水垫层

(C)排水隧洞 (D)排水透层

10. 下挖式通道宜采用下列哪种排水方式? ( )

(A)自流排水方式 (B)泵站排水方式

(C)渗井排水方式 (D)蒸发池排水方式

11. 中央分隔带回填土与路面结构层之间应设置下列哪种功能层？　(　　)

(A)防潮层　(B)防冻层

(C)防水层　(D)防滑层

二、多项选择题

1. 关于路基排水的规定，下列哪些说法是正确的？　(　　)

(A)路基排水设施设计应与农田排灌系统相协调

(B)路界地表水不宜流入桥面、隧道及其排水系统

(C)施工场地的临时性排水设施布设，不宜与永久性排水设施相结合

(D)路基防排水设计应遵循总体规划、合理布局、防排疏结合、保护环境等原则

2. 下列属于路基地表排水设施的有哪些选项？　(　　)

(A)边沟　(B)截水沟

(C)渗沟　(D)排水沟

3. 当路基边坡高度不大、汇水面积较小时，边沟形式宜优先采用下列哪些选项？

(　　)

(A)暗埋式　(B)椭圆形

(C)三角形　(D)浅碟形

4. 沟底纵坡不宜小于0.3%的地表排水设施有下列哪些选项？　(　　)

(A)边沟　(B)排水沟

(C)渗沟　(D)截水沟

5. 当地下水埋藏较深时，可采用下列哪些地下排水设施形式？　(　　)

(A)渗沟　(B)排水隧洞

(C)渗井　(D)仰斜式排水孔

6. 关于渗沟设计要求的说法中，下列哪些选项是错误的？　(　　)

(A)管式及洞式渗沟最小纵坡不宜小于0.3%

(B)截水渗沟的基底埋入隔水层内不宜小于0.5m

(C)渗沟出水口应高出地表排水沟常水位0.2m以上

(D)填石式、无砂混凝土渗沟最小纵坡不宜小于0.5%

7. 跌水或急流槽设置适宜的地段有下列哪些选项？　(　　)

(A)特殊陡坎地段

(B)水头高差大于1.0m的地段

(C)水面宽度大于5.0m的地段

(D)水流通过坡度大于5%的地段

8. 为防止基底滑动,急流槽底宜设置下列哪些设施? ( )

(A)地梁 (B)防滑平台

(C)凸隼 (D)混凝土桩

三、案例题

1. 广西百色地区修建一条高速公路,路基总宽度33.50m,中间带宽度4.50m,路面采用沥青混凝土路面,路拱横坡为2%,路线纵坡为1%。拟在路肩外边缘设置拦水带,拦水带间距50m。试计算拦水带出水口设计径流量最接近下列哪个选项? ( )

(A)$0.0287m^3/s$ (B)$0.0359m^3/s$

(C)$0.0388m^3/s$ (D)$0.0431m^3/s$

2. 某一级公路路堑边沟设计为梯形断面,沟壁采用M7.5砂浆砌片石加固,设计尺寸0.8m×0.8m,如图所示,过水断面湿周$\rho=2.5m$,沟底纵坡1.2%,问该边沟的平均流速最接近下列哪个选项? ( )

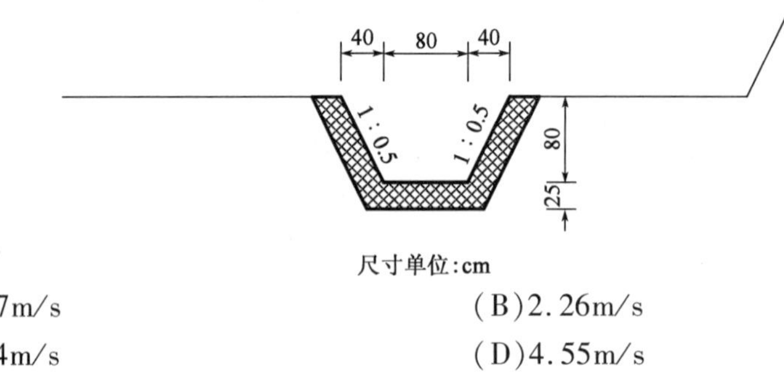

尺寸单位:cm

(A)1.67m/s (B)2.26m/s

(C)3.34m/s (D)4.55m/s

参考答案及解析

一、单项选择题

1. [答案]C

[解析]根据《公路路基设计规范》(JTG D30—2015)第4.2.1条。高速公路路基地表排水设施设计降雨的重现期应采用15年。

2. [答案]D

[解析]根据《公路路基设计规范》(JTG D30—2015)第4.3.2条。暗沟、渗沟、渗井均属于路基地下排水设施。

3.［答案］B

［解析］根据《公路路基设计规范》(JTG D30—2015)第4.2.5条。截水沟的水流应排至路界之外,不宜引入路堑边沟。

4.［答案］B

［解析］根据《公路路基设计规范》(JTG D30—2015)第4.2.9节。水环境敏感地段路基排水沟出口宜设置油水分离池。

5.［答案］A

［解析］根据《公路路基设计规范》(JTG D30—2015)第4.2.1条。各类地表排水设施的断面尺寸应满足设计排水流量的要求,沟顶应高出沟内设计水面的0.2m以上。

6.［答案］C

［解析］根据《公路路基设计规范》(JTG D30—2015)第4.2.4条,边沟沟底纵坡宜于路线纵坡一致,并不宜小于0.3%;第4.2.5条,截水沟工地纵坡不宜小于0.3%;第4.2.6条,排水沟沟底纵坡不宜小于0.3%;第4.3.4条,暗沟、暗管沟底的纵坡不宜小于1.0%。

7.［答案］C

［解析］根据《公路路基设计规范》(JTG D30—2015)第4.3.2条。当地下水埋藏浅或无固定含水层时,可采用隔离层、排水垫层、暗沟、渗沟等设施。地下水埋藏较深或存在固定含水层时,可采用仰斜式排水孔、渗井、排水隧洞等设施。

8.［答案］B

［解析］根据《公路路基设计规范》(JTG D30—2015)第4.3.6条。仰斜式排水孔的仰角不宜小于6°。

9.［答案］A

［解析］根据《公路路基设计规范》(JTG D30—2015)第4.3.5条。有地下水出露的挖方路基、斜坡路堤、路基填挖交界结合部以及地下水位埋深小于0.5m的低路堤的路段,应设置排水渗沟。

10.［答案］A

［解析］根据《公路路基设计规范》(JTG D30—2015)第4.2.10条。下挖式通道宜采用自流排水方式。

11.［答案］C

［解析］根据《公路路基设计规范》(JTG D30—2015)第4.2.13条。中央分隔带回填土与路面结构层之间应设置防水层。

二、多项选择题

1. [答案]ABD

[解析]根据《公路路基设计规范》(JTG D30—2015)第4.1.7条,选项C错误,施工场地的临时性排水设施布设,宜与永久性排水设施相结合。

2. [答案]ABD

[解析]根据《公路路基设计规范》(JTG D30—2015)第4.2.2条。路基地表排水设施包括边沟、截水沟、排水沟、跌水与急流槽等。

3. [答案]CD

[解析]根据《公路路基设计规范》(JTG D30—2015)第4.2.4条条文说明。

4. [答案]ABD

[解析]根据《公路路基设计规范》(JTG D30—2015)第4.2节。边沟、排水沟、截水沟沟底纵坡均不宜小于0.3%。

5. [答案]BCD

[解析]根据《公路路基设计规范》(JTG D30—2015)第4.3.2条。当地下水埋藏较深或存在固定含水层时,可采用仰斜式排水孔、渗井、排水隧洞等。

6. [答案]AD

[解析]根据《公路路基设计规范》(JTG D30—2015)第4.3.5条,选项A错误,管式及洞式渗沟最小纵坡不宜小于0.5%;选项D错误,填石式、无砂混凝土渗沟最小纵坡不宜小于1.0%。

7. [答案]AB

[解析]根据《公路路基设计规范》(JTG D30—2015)第4.2.7条。水流通过坡度大于10%、水头高差大于1.0m的陡坡地段或特殊陡坎地段时,宜设置跌水或急流槽。

8. [答案]BC

[解析]根据《公路路基设计规范》(JTG D30—2015)第4.2.7条。急流槽底应设置防滑平台或凸榫,防止基底滑动。

三、案例题

1. [答案]C

[解析]《公路排水设计规范》(JTG/T D33—2012)第9.1.1条。

①汇水面积:$F = 50 \times 14.5 \times 10^{-6} = 7.25 \times 10^{-4} \text{km}^2$

②径流系数：查表9.1.8，$\psi=0.95$。

③设计重现期：查表9.1.2，得到设计降雨的重现期为5年。

④降雨强度：按所在地区，查图9.1.7-1，得5年重现期和10min降雨历时的标准降雨强度为 $q_{5,10}=2.7\text{mm/min}$。查表9.1.7-1，重现期转换系数为 $c_p=1.0$。查图9.1.7-2，得该地区60min降雨强度转换系数 $c_{60}=0.45$。查表9.1.7-2，得5min降雨历时转换系数为 $c_5=1.25$。

⑤降雨强度：$q=c_p c_t q_{5,10}=1.0\times1.25\times2.7=3.375\text{mm/min}$

⑥设计流量：$Q=16.67\psi q_{P,t}F=16.67\times0.95\times3.375\times7.25\times10^{-4}=0.0388\text{m}^3/\text{s}$

2.［**答案**］B

［**解析**］《公路排水设计规范》(JTG/T D33—2012)第9.2.3条。

过水断面面积：$A=0.5(a+b)h=0.5\times(1.6+0.8)\times0.8=0.96\text{m}^2$

过水断面湿周：$\rho=b+2h\sqrt{1+m^2}=0.8+2\times0.8\times\sqrt{1+0.5^2}=2.59\text{m}$

水力半径：$R=A/\rho=0.96/2.59=0.37\text{m}$

平均流速：$v=\frac{1}{n}R^{\frac{2}{3}}I^{\frac{1}{2}}=\frac{1}{0.025}\times0.37^{\frac{2}{3}}\times0.012^{\frac{1}{2}}=2.258\text{m/s}$

第五节 路基防护、加固与支挡结构设计

本节考纲

1.掌握植物防护与工程防护的作用；重力式挡墙的构造要求和稳定性验算。

2.熟悉路基坡面主要防护与支挡工程的类型与适用条件；各种挡墙的使用条件与场合；重力式挡土墙土压力计算方法。

3.了解加筋土挡墙和钢筋混凝土轻型挡墙的构造；路基冲刷防护工程的类型与适用条件。

复习要点

路基防护、加固与支挡结构的类型、结构构造与适用条件；重力式挡墙的构造要求、土压力计算和稳定性验算。

典型习题

一、单项选择题

1.下列不属于坡面防护中工程防护类型的是哪个选项？（　）

(A)挂网喷护　　(B)片石护坡

(C)护面墙　　(D)边坡锚固

2. 护面墙的单级护坡高度不宜大于下列哪个选项？ （ ）

(A)5m (B)10m

(C)15m (D)20m

3. 挡土墙设计方法采用的是下列哪个选项？ （ ）

(A)以标准状态设计的分项系数为主的设计方法

(B)以标准状态设计的安全系数为主的设计方法

(C)以极限状态设计的分项系数为主的设计方法

(D)以极限状态设计的安全系数为主的设计方法

4. 挡土墙基础位于稳定斜坡地面且土层为软质岩石时，墙趾埋入深度和距地表的水平距离应分别满足下列哪个选项？ （ ）

(A)0.60m，2.00m (B)0.60m，2.50m

(C)1.00m，2.00m (D)1.00m，2.50m

5. 挡土墙沿墙长度方向在墙身断面变化处应设置下列哪种构造缝？ （ ）

(A)沉降缝 (B)伸缩缝

(C)变形缝 (D)施工缝

6. 衡重式路肩挡土墙的衡重台与上墙背相交处应采取适当的加强措施，目的是提高该处墙身截面的哪种能力？ （ ）

(A)抗剪 (B)抗压

(C)抗拉 (D)抗扭

7. 关于悬臂、扶壁式挡土墙设计要求的叙述中，下列哪个选项是错误的？ （ ）

(A)应采用钢筋混凝土浇筑 (B)每一分段宜设2个扶壁

(C)板底厚度不应小于0.30m (D)立壁的顶宽不应小于0.20m

8. 桩板式挡土墙的锚固桩必须锚固在稳定的地基中，桩的悬臂长度不宜大于下列哪个选项？ （ ）

(A)10m (B)15m

(C)20m (D)25m

9. 对软质岩、风化岩地层，边坡锚固时锚杆宜采用下列哪种类型？ （ ）

(A)拉力型 (B)拉力分散型

(C)压力型 (D)压力分散型

10. 对预应力锚固边坡进行稳定性计算时,锚固力可简化为下列哪个选项? ( )

(A)作用于滑体上的一个均布力 (B)作用于滑体上的一个集中力

(C)作用于滑面上的一个均布力 (D)作用于滑面上的一个集中力

11. 关于土钉结构和材料设计,下列哪个选项是错误的? ( )

(A)土质边坡土钉支护总高度不宜大于15m

(B)土钉长度包括非锚固长度和有效锚固长度,宜为边坡高度的0.5~1.2倍

(C)永久性土钉应采用钻孔注浆法,钻孔直径宜为70~100mm

(D)钻孔注浆材料宜采用低收缩水泥浆或水泥砂浆,其强度不应低于20MPa

12. 抗滑桩的两侧和受压边应配置下列哪种钢筋? ( )

(A)横向构造钢筋 (B)横向架立钢筋

(C)纵向构造钢筋 (D)纵向架立钢筋

二、多项选择题

1. 关于喷护和挂网喷护设计要求的叙述中,下列哪些选项是正确的? ( )

(A)喷护材料可采用砂浆或水泥混凝土

(B)喷护坡面可不设置泄水孔和伸缩缝

(C)喷射混凝土的喷护厚度不应小于0.10m

(D)应结合碎落台和边坡平台种植攀缘植物

2. 下列属于沿河路基防护类型的有哪些? ( )

(A)植物防护 (B)浸水挡墙

(C)石笼防护 (D)挂网喷护

3. 冲刷防护工程顶面高程,应考虑下列哪些因素? ( )

(A)壅水高度 (B)设计水位

(C)基础埋深 (D)安全高度

4. 关于挡土墙构造设计要求的叙述中,下列哪些选项是错误的? ( )

(A)应做好挡土墙与路基或其他构造物的衔接处理

(B)墙身应设置倾向墙内且坡度不小于4%的排水孔

(C)具有整体式墙面的挡土墙应设置伸缩缝和沉降缝

(D)路肩式挡土墙的顶宽可侵占硬路肩的路基宽度范围

5. 有面板加筋土挡土墙可用于下列哪些挡土墙类型? ( )

(A)路堑式挡土墙 (B)路堤式挡土墙

(C)路肩式挡土墙 (D)山坡式挡土墙

6. 有面板加筋土挡土墙的拉筋长度应符合下列哪些选项的要求？（　　）

(A)采用预制钢筋混凝土带时，每节长度不宜大于2.0m

(B)墙高小于3.0m时，拉筋长度不应小于2.0m，且应采用等长拉筋

(C)墙高大于3.0m时，拉筋长度不应小于0.8倍墙高，且不小于5m

(D)当采用不等长的拉筋时，同长度拉筋的墙段高度不应小于3.0m

7. 加筋土挡土墙宜采用下列哪些填料填筑？（　　）

(A)中粗砂　　(B)砂砾

(C)粉质土　　(D)碎石

8. 预应力锚固边坡时，锚固体的承载能力由下列哪些强度控制？（　　）

(A)锚杆强度　　(B)注浆体强度

(C)注浆体与锚孔壁的黏结强度　　(D)锚杆与注浆体的黏结强度

9. 锚杆总长度由下列哪些长度组成？（　　）

(A)锚固段　　(B)锚头段

(C)自由段　　(D)外露段

10. 关于非预应力的全长黏结型锚杆设计规定的叙述中，下列哪些选项是正确的？（　　）

(A)钻孔直径不宜小于42mm，且不宜大于100mm

(B)杆体材料宜采用HRB400钢筋，杆体钢筋直径宜为16～32mm

(C)长度大于4m或杆体直径大于24mm的锚杆，应采取杆体居中的构造措施

(D)杆体钢筋保护层厚度，采用水泥砂浆时不应小于8mm，采用树脂时不应小于4mm

11. 下列哪些岩土类型的边坡不宜采用土钉支护？（　　）

(A)软黏土　　(B)风化破碎岩

(C)膨胀土　　(D)腐蚀性地层

12. 关于抗滑桩设计应遵循的原则，下列哪些说法是正确的？（　　）

(A)抗滑桩应采用动态设计和信息化施工

(B)抗滑桩应保证滑坡体不越过桩顶或从桩底和桩间滑动

(C)抗滑桩可用于稳定边坡和滑坡、加固不稳定山体以及加固其他特殊路基

(D)抗滑桩宜选择在滑坡厚度较厚、推力较大、锚固段地基强度较高位置设置

13. 抗滑桩结构计算时，下列哪些作用力可不计算？（　　）

(A)桩侧摩阻力　　(B)桩身重力

(C)桩前滑体抗力　　(D)桩底反力

三、案例题

1. 某二级公路重力式路肩挡土墙，如图所示，墙面直立、墙顶面与路基顶面齐平，挡土墙墙身高4m，顶宽1m，墙背仰斜坡度4∶1，路基填料采用砂性土，其重度$\gamma=18.2\text{kN/m}^3$，内摩擦角$\varphi=35°$，填土与墙背间的摩擦角$\delta=17.5°$，破裂面交于荷载范围内。计算该挡土墙的破裂角最接近下列哪个选项？（　　）

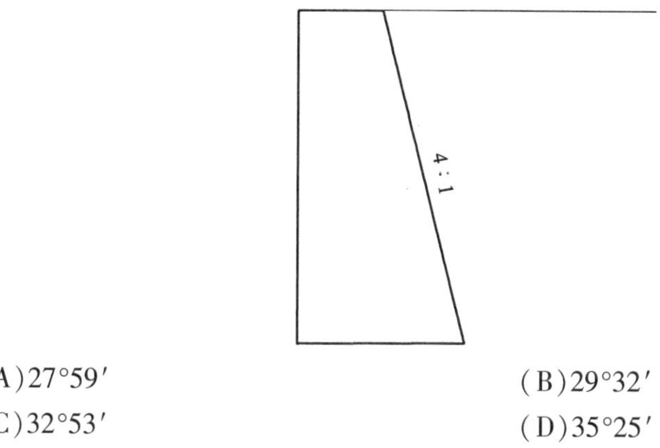

(A)27°59′　　(B)29°32′

(C)32°53′　　(D)35°25′

2. 某一级公路重力式路堤挡土墙，如图所示，挡土墙墙身高4m，顶宽1m，墙背仰斜坡度4∶1，墙后填土表面坡度1∶1.5，路基填料采用砂性土，其重度$\gamma=18\text{kN/m}^3$，内摩擦角$\varphi=35°$，填土与墙背间的摩擦角$\delta=17.5°$。计算该挡土墙土压力水平和垂直分力最接近下列哪个选项？（　　）

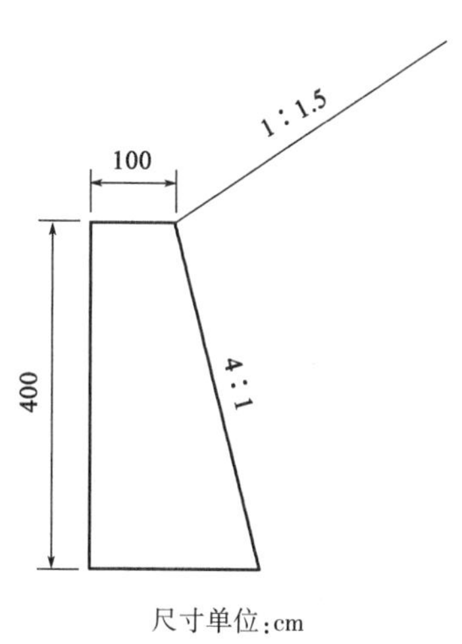

尺寸单位：cm

(A)75.3kN,49.4 kN　　(B)86.5kN,53.1kN

(C)95.3kN,58.5 kN　　(D)106.5kN,81.6kN

3. 某二级公路重力式路肩挡土墙，如图所示，挡土墙墙身高8m，顶宽1.35m，墙背仰斜坡度1∶0.25，路基填料采用砂性土，其重度$\gamma=18.2\text{kN/m}^3$，内摩擦角$\varphi=35°$，填土与墙背间的

摩擦角 $\delta=17.5°$，地基为岩石，地基容许承载力为 500kPa。破裂面交于荷载范围内，破裂角 $\theta=36.10°$，计算该挡土墙土压力水平和垂直分力最接近下列哪个选项？（ ）

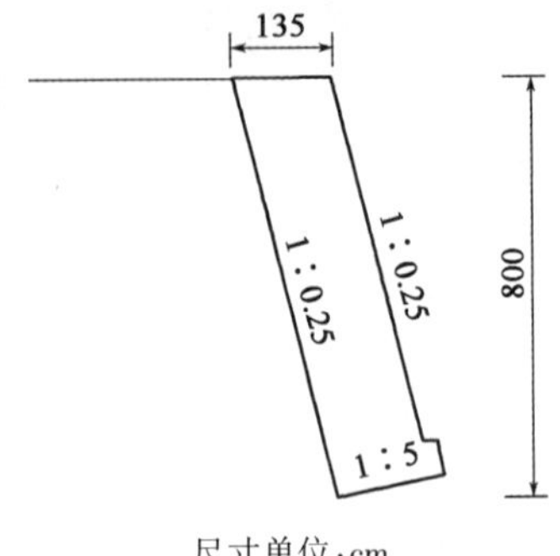

尺寸单位：cm

(A) 101.3kN, 2.9kN　　(B) 109.7kN, 6.6kN

(C) 125.7kN, 12.6kN　　(D) 152.3kN, 19.4kN

4. 某一级公路边坡永久性岩层锚固，如图所示，锚杆采用预应力热处理螺纹钢筋，抗拉强度设计值为 1000N/mm²，锚杆与滑动面相交处滑动面倾角 $\alpha=30°$，锚杆与水平面的夹角 $\beta=35°$，滑动面内的摩擦角 $\varphi=30°$，通过分析确定该边坡的下滑力 $E=280\text{kN}$，试计算锚杆直径最接近下列哪个选项？（ ）

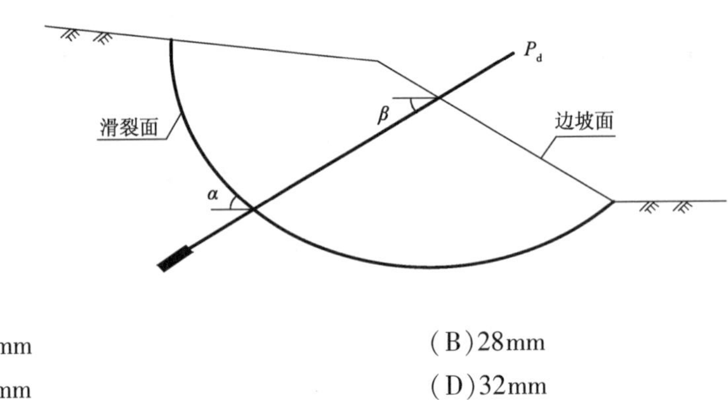

(A) 25mm　　(B) 28mm

(C) 30mm　　(D) 32mm

5. 某高速公路 K6 +680 附近有一段岩质路堑边坡，边坡加固方案采用预应力筋进行永久锚固，锚杆直径 $d_g=30\text{mm}$，锚杆锚固段钻孔直径 $d=0.1\text{m}$，锚杆与滑动面相交处滑动面倾角 $\alpha=20°$，锚杆与水平面的夹角 $\beta=10°$，滑动面内的摩擦角 $\varphi=25°$；注浆体与较硬岩的黏结强度设计值为 1000kPa，钢筋与锚固砂浆间黏结强度设计值为 2.4MPa，通过分析得到该边坡的下滑力 $E=1000\text{kN}$。问锚杆锚固段长度至少必须达到下列哪个选项？（ ）

(A) 3.0m　　(B) 5.0m

(C) 8.0m　　(D) 9.0m

6. 某高速公路 K1 +230 ~ K1 +270 段需设一重力式路肩墙，初步设计典型断面如图所示，

墙身高度 $H=5\text{m}$,墙顶与墙趾的竖直距离 $h_1=0.19\text{m}$,$h_2=4.81\text{m}$,墙顶宽度为1.0m,墙背和墙面坡度均采用1:0.25,墙背与竖直倾角 $\alpha=14°$,倾斜基底采用1:5;墙后填土为砂性土,填土重度 $\gamma_1=18\text{kN/m}^3$,内摩擦角 $\varphi=36°$,墙背填土与墙背间的摩擦角 $\delta=20°$;墙身材料重度 $\gamma_2=23\text{kN/m}^3$。墙身自重作用点到墙趾的水平距离 $Z_G=1.08\text{m}$;主动土压力作用点到墙趾的垂直距离 $Z_x=1.70\text{m}$,水平距离 $Z_y=1.43\text{m}$。用库仑土压力理论计算得到每延米的总主动土压力 $E_a=45.24\text{kN/m}$。计算该挡土墙的基底合力的偏心距最接近下列哪个选项? ( )

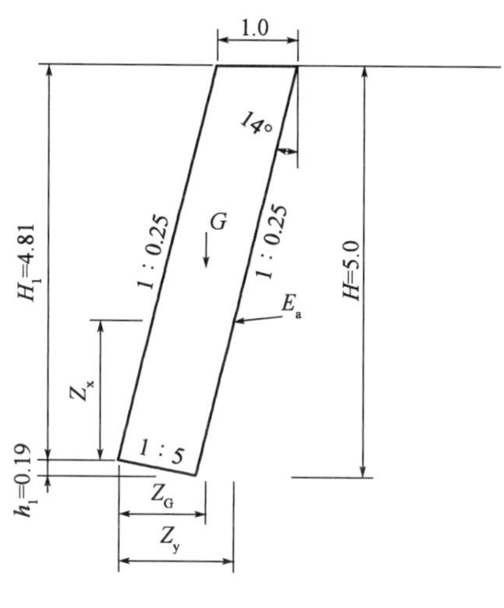

尺寸单位:m

(A)0.13m (B)0.15m

(C)0.17m (D)0.19m

7.某高速公路重力式路堤墙典型断面如图所示,墙高 $H=6.0\text{m}$,墙顶宽1.30m,墙面坡比1:0.05,墙背坡比1:0.25,墙底坡比1:5,基底水平宽 $B=3.95\text{m}$。墙后填土表面坡度为1:1.5,填土重度 $\gamma_1=18\text{kN/m}^3$,内摩擦角 $\varphi=32°$,填土与墙背的摩擦角 $\delta=18°$。墙身材料重度 $\gamma_2=23\text{kN/m}^3$。墙身自重 $G=388.36\text{kN/m}$,用库仑土压力理论计算得到每延米的总主动土压力 $E_a=586.48\text{kN/m}$。墙身自重作用点距离墙趾的水平距离 $Z_G=1.865\text{m}$,主动土压力作用点到墙趾的垂直距离 $Z_x=1.674\text{m}$,水平距离 $Z_y=3.332\text{m}$。试问该挡土墙的基底偏心距最接近下列哪个选项? ( )

(A)0.82m

(B)0.86m

(C)0.88m

(D)0.92m

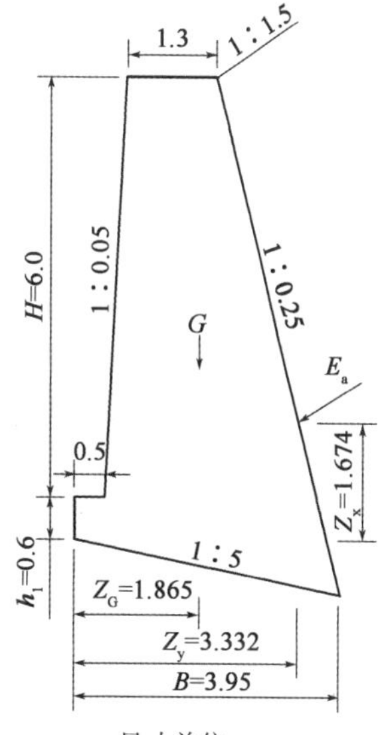

尺寸单位:m

8.某高速公路K8+705~K8+760段设置一衡重式路堤挡土墙,典型断面如图所示。墙面坡比为1:0.05,上墙背坡度采用1:0.27,下墙背坡度采用1:0.25,墙底坡比为1:10,上墙

高 $H_1=4.4\text{m}$，下墙高 $H_2=5.6\text{m}$，墙趾高 1m，墙趾宽 0.5m，墙顶宽 0.5m，衡重台宽为 1.33m。墙背填土与墙顶齐平，填土为砂性土，填土重度 $\gamma_1=18\text{kN/m}^3$；墙身材料重度 $\gamma_2=23\text{kN/m}^3$。则计算该挡土墙上墙自重对墙趾处的力矩最接近以下哪个选项？（　　）

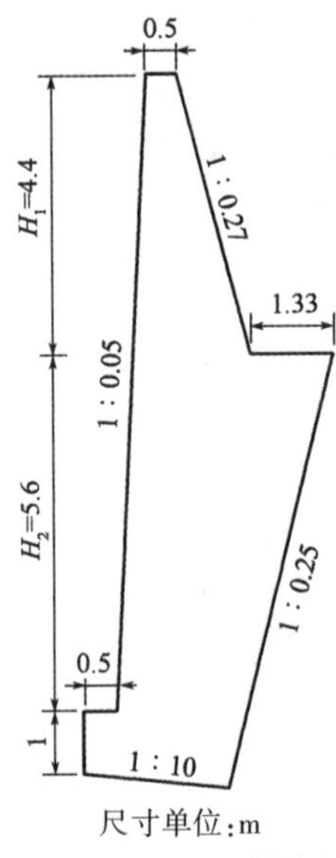

尺寸单位：m

(A) 164kN · m　　(B) 172kN · m

(C) 180kN · m　　(D) 188kN · m

9. 某一级公路在 K5 + 120 ~ K5 + 170 段设置一重力式挡土墙，典型断面如图所示。墙面直立，墙顶宽 1.4m，墙底水平，墙底宽 2.6m，最大墙高 5.5m，墙背倾角 $\alpha=18°$；墙背填土重度 $\gamma_1=18\text{kN/m}^3$，内摩擦角 $\varphi=33°$，填土与墙背的摩擦角 $\delta=18°$；墙身材料重度 $\gamma_2=23\text{kN/m}^3$；该处地基为软质岩石，地基容许承载力为 0.4MPa，基底与基底土的摩擦系数 $\mu=0.40$。用库仑土压力理论计算得到每延米的总主动土压力 $E_a=144.3\text{kN/m}$。计算该挡土墙的抗滑稳定系数最接近下列哪个选项？（　　）

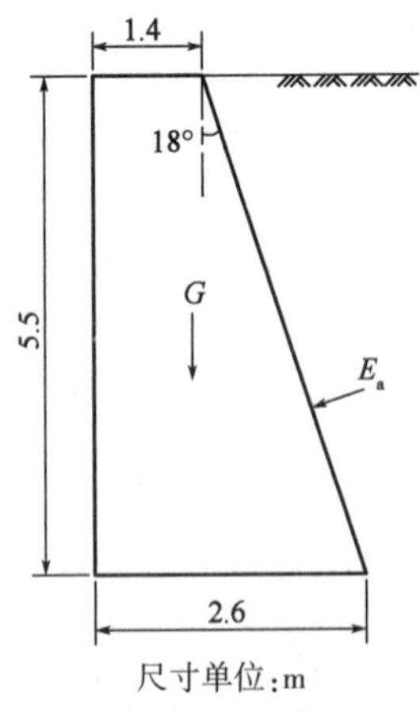

尺寸单位：m

(A) 1.06　　(B) 1.10

(C) 1.16　　(D) 1.20

10. 某一级公路 K24 + 300 ~ K24 + 306 段需设置一重力式挡土墙，地面横坡为 1∶5，地基为砂类土，地基允许承载力不小于 0.3MPa，基底与基底土的摩擦系数 $\mu = 0.40$，典型断面如图所示。墙顶宽 1.0m，墙面坡度采用 1∶0.15，墙背倾角 $\alpha = 11°$，墙趾至墙顶高 $H = 4.5$m，墙底倾斜角 $\alpha_0 = 8°$，填土表面倾角 $\beta = 6°$，填土重度 $\gamma = 18\text{kN/m}^3$，填土与墙背的摩擦角 $\delta = 15°$。经计算可得挡土墙每延米自重 $G = 192.6$kN/m，主动土压力 $E_a = 125.2$kN/m，试问该挡土墙抗滑安全系数最接近下列哪个选项？（　　）

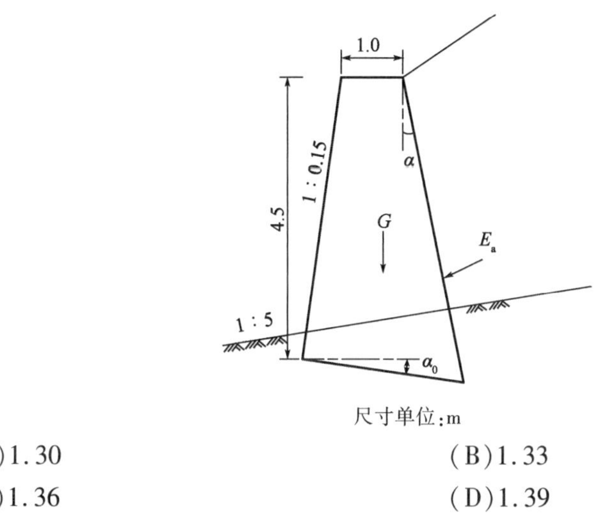

尺寸单位：m

(A) 1.30　　(B) 1.33

(C) 1.36　　(D) 1.39

11. 某高速公路 K3 + 410 ~ K3 + 460 段有一重力式路肩墙，典型断面如图所示。墙顶宽 1.3m，墙底水平，宽 2.8m，墙高 6m。墙后填土与墙顶齐平，填土重度 $\gamma_1 = 18\text{kN/m}^3$，内摩擦角 $\varphi = 35°$；墙身材料重度 $\gamma_2 = 23\text{kN/m}^3$；用库仑土压力理论计算得到每延米的主动土压力水平分量 $E_x = 124.4$kN/m，主动土压力竖直分量 $E_y = 83.9$kN/m。计算该公路挡土墙抗倾覆安全系数最接近以下哪个选项？（　　）

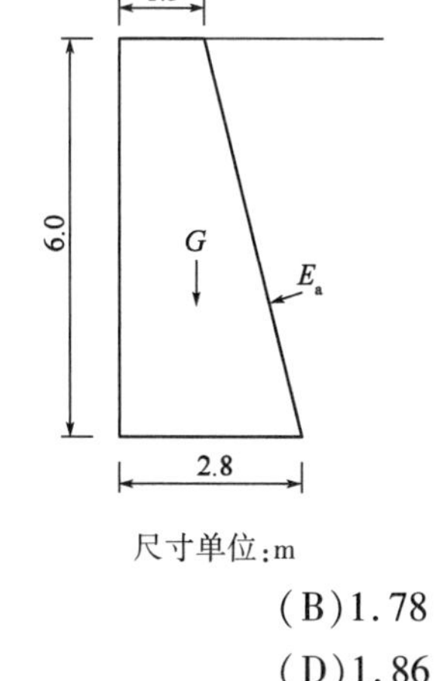

尺寸单位：m

(A) 1.74　　(B) 1.78

(C) 1.82　　(D) 1.86

12. 西南地区某高速公路 K23 + 320 ~ K23 + 380 段有一重力式路堤墙，典型断面如图所示，墙顶宽 1m，墙背倾角 $\alpha = 11°$，墙趾至墙顶高 $H = 5\text{m}$，墙底倾斜角 $\alpha_0 = 8°$，填土表面水平，内摩擦角 $\varphi = 34°$，填土重度 $\gamma = 18\text{kN/m}^3$，填土与墙背的摩擦角为 15°。经计算可得挡土墙每延米自重 $G = 196.5\text{kN/m}$，对墙趾力臂 $Z_G = 0.85\text{m}$，总主动土压力 $E_a = 92.4\text{kN/m}$，土压力水平分量的力臂 $Z_y = 1.82\text{m}$，垂直分量的力臂 $Z_x = 1.76\text{m}$。试问该挡土墙绕墙趾倾覆的稳定安全系数最接近下列哪个选项？（ ）

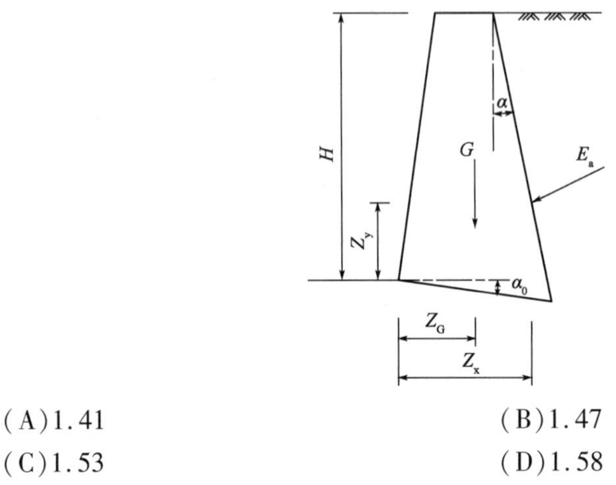

(A) 1.41　　(B) 1.47

(C) 1.53　　(D) 1.58

13. 某高速公路重力式路堤墙典型断面如图所示，地基为土质地基，墙面直立，墙顶宽 $A = 1.2\text{m}$，墙底水平，墙底宽 1.8m，墙高 $H = 4\text{m}$，墙背坡比 1∶0.15。墙后填土坡比 1∶1.5，填土重度 $\gamma_1 = 18\text{kN/m}^3$，内摩擦角 $\varphi = 32°$，填土与墙背的摩擦角 $\delta = 18°$。墙身材料重度 $\gamma_2 = 23\text{kN/m}^3$。用库仑土压力理论计算得到每延米的总主动土压力 $E_a = 85.62\text{kN/m}$。则该挡土墙趾部的压应力最接近下列哪个选项？（ ）

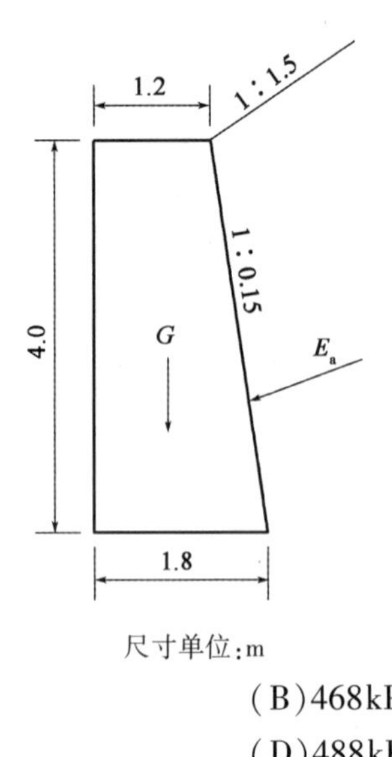

尺寸单位：m

(A) 462kPa　　(B) 468kPa

(C) 482kPa　　(D) 488kPa

参考答案及解析

一、单项选择题

1.［答案］D

［解析］根据《公路路基设计规范》(JTG D30—2015)第5.2.1条。坡面防护中工程防护类型有喷护、挂网喷护、干砌石护坡、浆砌石护坡和护面墙。

2.［答案］B

［解析］根据《公路路基设计规范》(JTG D30—2015)第5.2.6条。护面墙的单级护坡高度不宜大于10m,并应设置伸缩缝和泄水孔。

3.［答案］C

［解析］根据《公路路基设计规范》(JTG D30—2015)第5.4.2条。挡土墙设计应采用以极限状态设计的分项系数为主的设计方法,车辆荷载计算应采用附加荷载强度法。

4.［答案］C

［解析］根据《公路路基设计规范》(JTG D30—2015)第5.4.3条。由表5.4.3可知,软质岩石的土层类型,墙趾最小埋入深度h为1.00m,距地表水平距离L为2.00m。

5.［答案］B

［解析］根据《公路路基设计规范》(JTG D30—2015)第5.4.4条。具有整体式墙面的挡土墙应设置伸缩缝和沉降缝;沿墙长度方向在墙身断面变化处、与其他构造物相接处应设置伸缩缝,在地形、地基变化处设置沉降缝;伸缩缝和沉降缝可合并设置。

6.［答案］A

［解析］根据《公路路基设计规范》(JTG D30—2015)第5.4.5条。衡重式路肩挡土墙的衡重台与上墙背相交处应采取适当的加强措施,提高该处墙身截面的抗剪能力。

7.［答案］B

［解析］根据《公路路基设计规范》(JTG D30—2015)第5.4.7条。扶壁式挡土墙每一分段宜设3个或3个以上的扶壁。

8.［答案］B

［解析］根据《公路路基设计规范》(JTG D30—2015)第5.4.12条。桩板式挡土墙的锚固桩必须锚固在稳定的地基中,桩的悬臂长度不宜大于15m。

9. [**答案**]D

[**解析**]根据《公路路基设计规范》(JTG D30—2015)第5.5.2条。预应力锚杆可用于土质、岩质边坡及地基加固,其锚固段应设置在稳定的岩层中,腐蚀性环境中不宜采用预应力锚杆。对软质岩、风化岩地层,宜采用压力分散型锚杆。

10. [**答案**]D

[**解析**]根据《公路路基设计规范》(JTG D30—2015)第5.5.3条。对锚固边坡进行稳定性计算时,锚固作用力可简化为作用于滑面上的一个集中力。

11. [**答案**]A

[**解析**]根据《公路路基设计规范》(JTG D30—2015)第5.6.2条。土质边坡土钉支护总高度不宜大于10m,岩质边坡土钉支护总高度不宜大于18m。

12. [**答案**]C

[**解析**]根据《公路路基设计规范》(JTG D30—2015)第5.7.4条。抗滑桩的两侧和受压边,应配置纵向构造钢筋,其间距不应大于0.3m,直径不宜小于12mm。

二、多项选择题

1. [**答案**]ACD

[**解析**]根据《公路路基设计规范》(JTG D30—2015)第5.2.4条,选项B错误,喷护坡面应设置泄水孔和伸缩缝。

2. [**答案**]ABC

[**解析**]根据《公路路基设计规范》(JTG D30—2015)第5.3.1条。查表5.3.1,沿河路基防护类型有植物防护、砌石或混凝土护坡、土工织物软体沉排、土工模袋、石笼防护、浸水挡墙、护坦防护等。

3. [**答案**]ABD

[**解析**]根据《公路路基设计规范》(JTG D30—2015)第5.3.2条。冲刷防护工程顶面高程,应为设计水位加上波浪侵袭、壅水高度、安全高度之和。

4. [**答案**]BD

[**解析**]根据《公路路基设计规范》(JTG D30—2015)第5.4.4条。选项B错误,墙身应设置倾向墙外且坡度不小于4%的排水孔,墙背应设置反滤层;选项D错误,路肩式挡土墙的顶面宽度不应侵占行车道及路缘带或硬路肩的路基宽度范围,其顶面应设置护栏。

5. [**答案**]BC

[**解析**]根据《公路路基设计规范》(JTG D30—2015)第5.4.1条。有面板加筋土挡土

墙可用于一般地区的路肩式挡土墙、路堤式挡土墙。

6.［答案］ACD

［解析］根据《公路路基设计规范》(JTG D30—2015)第5.4.10条。选项B错误，墙高小于3.0m时，拉筋长度不应小于3.0m，且应采用等长拉筋。

7.［答案］ABD

［解析］根据《公路路基设计规范》(JTG D30—2015)第5.4.10条。加筋土挡土墙宜采用渗水性良好的中粗砂、砂砾或碎石填筑，填料与筋材直接接触部分不应含有尖锐棱角的块体，填料最大粒径不应大于100mm。

8.［答案］ACD

［解析］根据《公路路基设计规范》(JTG D30—2015)第5.5.6条。锚固体的承载能力由注浆体与锚孔壁的黏结强度、锚杆与注浆体的黏结强度及锚杆强度等三部分控制，设计时应取其小值。

9.［答案］ACD

［解析］根据《公路路基设计规范》(JTG D30—2015)第5.5.6条。锚杆总长度由锚固段长度、自由段长度及外露段长度组成。

10.［答案］ABD

［解析］根据《公路路基设计规范》(JTG D30—2015)第5.5.9条。选项C错误，长度大于4m或杆体直径大于32mm的锚杆，应采取杆体居中的构造措施。

11.［答案］ACD

［解析］根据《公路路基设计规范》(JTG D30—2015)第5.6.1条。在腐蚀性地层、膨胀土、软黏土、土质松散、地下水较发育及存在不利结构面的边坡，不宜采用土钉支护。

12.［答案］ABC

［解析］根据《公路路基设计规范》(JTG D30—2015)第5.7.1条。选项D错误，抗滑桩宜选择在滑坡厚度较薄、推力较小、锚固段地基强度较高及有利于抗滑的位置设置。

13.［答案］ABD

［解析］根据《公路路基设计规范》(JTG D30—2015)第5.7.5条。作用于抗滑桩的外力包括滑坡推力、地震作用、桩前滑体抗力和锚固段地层的抗力。桩侧摩阻力和黏聚力以及桩身重力和桩底反力可不计算。

三、案例题

1.［答案］A

［解析］墙背仰斜坡度 4:1，墙背倾斜角 $\alpha = 14.04°$。

$A = -\tan\alpha = -\tan 14.04° = -0.25$

$\psi = \alpha + \varphi + \delta = 14.04° + 35° + 17.5° = 66.54°$

$$\begin{aligned}\tan\theta &= -\tan\psi + \sqrt{(\cot\varphi + \tan\psi)(\tan\psi + A)} \\ &= -\tan 66.54° + \sqrt{(\cot 35° + \tan 66.54°)(\tan 66.54° - 0.25)} \\ &= 0.5313\end{aligned}$$

$\theta = 27°59'$

2.［答案］C

［解析］墙背仰斜坡度 4:1，墙背倾斜角 $\alpha = 14.04°$。

墙后填土表面坡度 1:1.5，墙后填土表面的倾斜度 $\beta = 33.69°$。

$$\begin{aligned}K_a &= \frac{\cos^2(\varphi - \alpha)}{\cos^2\alpha\cos(\alpha + \delta)\left[1 + \sqrt{\dfrac{\sin(\varphi + \delta)\sin(\varphi - \beta)}{\cos(\alpha + \delta)\cos(\alpha - \beta)}}\right]^2} \\ &= \frac{\cos^2(35° - 14.04°)}{\cos^2 14.04°\cos(14.04° + 17.5°)\left[1 + \sqrt{\dfrac{\sin(35° + 17.5°)\sin(35° - 33.69°)}{\cos(14.04° + 17.5°)\cos(14.04° - 33.69°)}}\right]^2} \\ &= 0.777\end{aligned}$$

$E_a = \frac{1}{2}\gamma H^2 K_a = \frac{1}{2} \times 18 \times 4^2 \times K_a = 111.89\text{kN}$

$E_x = E_a\cos(\alpha + \delta) = 111.89 \times \cos(14.04° + 17.5°) = 95.4\text{kN}$

$E_y = E_a\sin(\alpha + \delta) = 111.89 \times \sin(14.04° + 17.5°) = 58.5\text{kN}$

3.［答案］B

［解析］墙背仰斜坡度 1:0.25，墙背倾斜角 $\alpha = 14.04°$。

$\psi = \alpha + \varphi + \delta = -14.04° + 35° + 17.5° = 38.46°$

墙高 8m，附加荷载强度 $q = 12.5\text{kN/m}^2$，则荷载当量土柱高度：

$h_0 = \frac{q}{\gamma} = \frac{12.5}{18.2} = 0.69\text{m}$

$$\begin{aligned}A_0 &= \frac{1}{2}(a + H + 2h_0)(a + H) \\ &= \frac{1}{2}(0 + 8 + 2 \times 0.69) \times (0 + 8) \\ &= 37.5\text{m}^2\end{aligned}$$

$$B_0 = \frac{1}{2}ab + (b+d)h_0 - \frac{1}{2}H(H+2a+2h_0)\tan\alpha$$
$$= 0 + 0 - \frac{1}{2} \times 8 \times (8 + 0 + 2 \times 0.69)\tan(-14.04°)$$
$$= 9.37\text{m}^2$$

$$E_a = \gamma(A_0\tan\theta - B_0)\frac{\cos(\theta+\varphi)}{\sin(\theta+\psi)}$$
$$= 18.2 \times (37.5 \times \tan 36.1° - 9.37) \times \frac{\cos(36.1° + 35°)}{\sin(36.1° + 39.46°)}$$
$$= 109.89\text{kN}$$

$$E_x = E_a\cos(\alpha+\delta) = 109.38 \times \cos(-14.04° + 17.5°) = 109.7\text{kN}$$
$$E_y = E_a\sin(\alpha+\delta) = 109.38 \times \sin(-14.04° + 17.5°) = 6.6\text{kN}$$

4.［答案］B

［解析］《公路路基设计规范》(JTG D30—2015)第5.5.4条和第5.5.6条。

$$P_d = \frac{E}{\sin(\alpha+\beta)\tan\varphi + \cos(\alpha+\beta)}$$
$$= \frac{280}{\sin(30° + 35°)\tan 30° + \cos(30° + 35°)}$$
$$= 296\text{kN}$$

$$A = \frac{K_1 P_d}{F_{ptk}} = \frac{2.0 \times 296}{1000 \times 10^3} = 592\text{mm}^2$$

$$D = 27.4\text{mm}$$

5.［答案］C

［解析］《公路路基设计规范》(JTG D30—2015)第5.5.4条和第5.5.6条。

(1)锚杆设计锚固力：

$$P_d = \frac{E}{\sin(\alpha+\beta)\tan\varphi + \cos(\alpha+\beta)}$$
$$= \frac{1000}{\sin(20° + 10°)\tan25° + \cos(20° + 10°)}$$
$$= 909.8\text{kN}$$

(2)地层与注浆体间黏结长度：

$$L_r = \frac{K_2 P_d}{\pi d f_{rb}} = \frac{2 \times 909.8}{\pi \times 0.1 \times 1000} = 5.8\text{m}$$

(3)注浆体与锚杆间黏结长度：

$$L_g = \frac{K_2 P_d}{n\pi d_g f_b} = \frac{2 \times 909.8}{1 \times \pi \times 0.03 \times 2400} = 8.0\text{m}$$

(4)锚固长度应取 L_r 和 L_g 中的大值，且不应小于3m，也不宜大于10m，故取8.0m。

6.［答案］D

［解析］《公路路基设计规范》(JTG D30—2015)第 H.0.2 条。

$M_E = E_y Z_y - E_x Z_x = 4.73 \times (1.43 - 0.5) - 44.99 \times (1.70 + 0.5 \times 0.2) = -76.58\text{kN} \cdot \text{m}$

$M_G = GZ_G = 23 \times (4.81 + 0.095) \times (1.08 - 0.5) = 65.43\text{kN} \cdot \text{m}$

$$e = \left|\frac{M_d}{N_d}\right| = \left|\frac{1.4M_E + 1.2M_G}{(G\gamma_G + \gamma_{Q1}E_y)\cos\alpha_0 + \gamma_{Q1}E_x\sin\alpha_0}\right|$$

$$= \left|\frac{1.4 \times (-76.58) + 1.2 \times 65.43}{(112.82 \times 1.2 + 1.4 \times 4.73) \times 0.981 + 1.4 \times 44.99 \times 0.196}\right|$$

$= 0.189\text{m}$

7.［答案］C

［解析］根据《公路路基设计规范》(JTG D30—2015)第 H.0.2 条。

$E_x = E_a\cos(\delta + \alpha) = 586.48 \times 0.848 = 497.36\text{kN/m}$

$E_y = E_a\cos(\delta + \alpha) = 586.48 \times 0.530 = 310.79\text{kN/m}$

$Z'_G = Z_G - 3.95/2 = -0.11\text{m}$

$Z'_x = Z_x + 0.2B = 1.674 + 0.1 \times 3.95 = 2.069\text{m}$

$Z'_y = Z_y - \frac{B}{2} = 3.332 - 1.975 = 1.357\text{m}$

$M_E = E_y Z'_y - E_x Z'_x = 310.79 \times 1.357 - 497.36 \times 2.069 = -607.307\text{kN} \cdot \text{m}$

$M_G = GZ'_G = 388.36 \times (-0.11) = -42.720\text{kN} \cdot \text{m}$

$$e_0 = \left|\frac{M_d}{N_d}\right| = \left|\frac{1.4M_E + 1.2M_G}{(G\gamma_G + \gamma_{Q1}E_y)\cos\alpha_0 + \gamma_{Q1}E_x\sin\alpha_0}\right|$$

$$= \left|\frac{1.4 \times (-607.307) + 1.2 \times (-42.720)}{(388.36 \times 1.2 + 1.4 \times 310.79) \times 0.981 + 1.4 \times 497.36 \times 0.196}\right|$$

$= 0.883\text{m}$

8.［答案］C

［解析］

$$Z = \frac{4.4 \times 0.22/2 \times 0.22 \times \frac{2}{3} + 4.4 \times 0.5/2 \times (0.22 + 0.25) + 4.4 \times 1.188/2 \times (0.72 + 0.396)}{(0.5 + 1.908) \times 4.4/2}$$

$= 0.759\text{m}$

$Z_G = 0.759 + 0.5 + 5.6 \times 0.05 = 1.539\text{m}$

$G = \gamma S = 23 \times (0.5 \times 1.908 \times 4.4/2) = 116.55\text{kN/m}$

$M_G = GZ_G = 116.55 \times 1.539 = 179.38\text{kN} \cdot \text{m}$

9.［答案］C

［解析］《公路路基设计规范》(JTG D30—2015)第 H.0.2 条。

$G = \gamma V = 23 \times (1.4 + 2.6) \times 5.5 \times 0.5 = 253\text{kN/m}$

$E_x = E_a\cos(\delta + \alpha) = 144.3 \times \cos36° = 116.74\text{kN/m}$

$E_y = E_a\sin(\delta + \alpha) = 144.3 \times \sin36° = 84.82\text{kN/m}$

$$K_c = \frac{(G + E_y)\mu}{E_x} = \frac{(253 + 84.82) \times 0.4}{116.74} = 1.158$$

10. [答案]C

[解析]根据《公路路基设计规范》(JTG D30—2015)第 H.0.2 条。

$E_x = E_a\cos(\delta + \alpha) = 125.2 \times \cos 26° = 112.5\text{kN/m}$

$E_y = E_a\sin(\delta + \alpha) = 125.2 \times \sin26° - 54.9\text{kN/m}$

$$K_c = \frac{(G + E_y + E_x\tan\alpha_0)\mu}{E_x - (G + E_y)\tan\alpha_0}$$

$$= \frac{(192.6 + 54.9 + 112.5 \times \tan8°) \times 0.4}{112.5 - (192.6 + 54.9) \times \tan8°}$$

$$= 1.355$$

11. [答案]C

[解析]根据《公路路基设计规范》(JTG D30—2015)第 H.0.2 条。

$G = \gamma V = 23 \times (1.3 + 2.8) \times 6/2 = 282.9\text{kN/m}$

$$Z_G = \frac{A_1Z_1 + A_2Z_2}{A}$$

$$= \frac{6 \times 1.3 \times 1.3/2 + 6 \times 1.5/2 \times (1.3 + 1.5/3)}{(1.3 + 2.8) \times 6/2}$$

$$= 1.07\text{m}$$

$$Z_x = \frac{H}{3} = \frac{6}{3} = 2\text{m}$$

$Z_y = 1.3 + 1.5/3 = 1.8\text{m}$

$$K_0 = \frac{GZ_G + E_yZ_x}{E_xZ_y}$$

$$= \frac{282.9 \times 1.07 + 83.9 \times 1.8}{124.4 \times 2}$$

$$= 1.82$$

12. [答案]D

[解析]根据《公路路基设计规范》(JTG D30—2015)第 H.0.2 条。

$E_x = E_a\cos(\delta + \alpha) = 92.4 \times \cos26° = 83\text{kN/m}$

$E_y = E_a\sin(\delta + \alpha) = 92.4 \times \sin26° = 40.5\text{kN/m}$

$$K_0 = \frac{GZ_G + E_yZ_x}{E_xZ_y} = \frac{196.5 \times 0.85 + 40.5 \times 1.76}{83 \times 1.82} = 1.578$$

13.［答案］B

［解析］根据《公路路基设计规范》(JTG D30—2015)第 H.0.2 条。

$G = \gamma S = 23 \times (1.2 + 1.8) \times 4/2 = 138\text{kN/m}$

$\alpha = \arctan 0.15 = 8°32'$

$E_x = E_a\cos(\delta + \alpha) = 85.62 \times 0.895 = 76.63\text{kN/m}$

$E_y = E_a\cos(\delta + \alpha) = 85.62 \times 0.446 = 38.19\text{kN/m}$

$$Z_G = \frac{4 \times 1.2 \times 1.2/2 + 4 \times 0.6/2 \times (1.2 + 0.2)}{(1.2 + 1.8) \times 4/2} - 1.8/2 = -0.14\text{m}$$

$Z_x = 4/3 = 1.33\text{m}$

$$Z_y = 1.2 + 0.6 \times \frac{2}{3} - 1.8/2 = 0.7\text{m}$$

$M_E = E_yZ_y - E_xZ_x = 38.19 \times 0.7 - 76.63 \times 1.33 = -75.19\text{kN} \cdot \text{m}$

$M_G = GZ_G = 138 \times (-0.14) = -19.32\text{kN} \cdot \text{m}$

$$e_0 = \left|\frac{M_d}{N_d}\right| = \left|\frac{1.4M_E + 1.2M_G}{G\gamma_G + \gamma_{G1}E_y}\right|$$

$$= \left|\frac{1.4 \times (-75.19) + 1.2 \times (-19.32)}{138 \times 1.2 + 1.4 \times 38.19}\right|$$

$= 0.586\text{m}$

$$e_0 > \frac{B}{6} = 0.30\text{m}$$

$$\sigma_1 = \frac{2N_d}{3\alpha_1} = \frac{2 \times (138 \times 1.2 + 1.4 \times 38.19)}{3 \times (1.8 \div 2 - 0.586)} = 467.5\text{kPa}$$

第六节　特殊路基工程

本节考纲

1. 熟悉软土路基设计；滑坡防治措施和综合治理。

2. 了解红黏土与高液限土、黄土、膨胀土、盐渍土、季节冻土、崩塌、泥石流、岩溶、风沙、雪害等地段路基工程问题。

复习要点

特殊路基设计的规定与原则；软土地基沉降计算和稳定性计算；软土地基处理设计要求；滑坡稳定性分析方法和考虑工况；滑坡防治设计要求；红黏土与高液限土、黄土、膨胀土、盐渍土、季节冻土、崩塌、泥石流、岩溶、风沙、雪害等地段路基工程问题和设计要求。

典型习题

一、单项选择题

1. 推移式滑坡或由错落转化的滑坡,宜对滑坡采用下列哪种措施? ( )
   (A)后缘减载,前缘减压　(B)后缘减载,前缘反压
   (C)后缘加载,前缘减压　(D)后缘加载,前缘反压

2. 抗滑桩桩长宜小于下列哪个选项? ( )
   (A)20m　(B)25m
   (C)30m　(D)35m

3. 在滑体或滑带上具有下列哪种情况下,不应采用减载措施? ( )
   (A)加载鼓胀　(B)加载沉陷
   (C)卸载鼓胀　(D)卸载沉陷

4. 路基位于滑坡前缘时,宜采用下列哪种路基形式通过? ( )
   (A)路堤　(B)半填半挖
   (C)路堑　(D)零填零挖

5. 高速公路一般路段路基容许工后沉降为下列哪个选项? ( )
   (A)≤0.10m　(B)≤0.20m
   (C)≤0.30m　(D)≤0.40m

6. 强夯置换处理深度应由下列哪个条件决定? ( )
   (A)湿度　(B)锤重
   (C)厚度　(D)土质

7. 黄土地区路基排水设计应遵循下列哪种处理原则? ( )
   (A)疏导、分散　(B)疏导、集中
   (C)拦截、分散　(D)拦截、集中

8. 稳定的岩堆地段路基,当位于岩堆中部时,宜采取下列哪种处治措施? ( )
   (A)宜采用填方路基通过岩堆
   (B)采用台口式路基并放缓边坡
   (C)采用半填半挖路基并放缓边坡
   (D)挖方边坡宜设置挡土墙等支挡构造物

9. 对稳定路堑边坡上的干溶洞可采取下列哪种处理措施？（　　）

(A)浆砌片石填塞　(B)注浆

(C)干砌片石填塞　(D)强夯

10. 适用于地下水位以上，饱和度 $S_t \leqslant 65\%$，有效加固深度 5 ~ 12m 的湿陷性黄土的加固方法是下列哪个选项？（　　）

(A)强夯法　(B)挤密法

(C)垫层法　(D)桩基础

11. 路侧防沙工程设计时，对半湿润和半干旱沙地区，应以下列哪个选项为主？（　　）

(A)植物治沙　(B)化学固沙

(C)工程防沙　(D)人工输沙

12. 不应用作路基填料的膨胀土类型是下列哪个选项？（　　）

(A)非膨胀土　(B)中膨胀土

(C)弱膨胀土　(D)强膨胀土

13. 采空区埋深小于 10m、上覆岩体完整性差、强度低的地段，可采用下列哪种方法处理？（　　）

(A)片石回填　(B)强夯法

(C)开挖回填　(D)注浆法

14. 一般情况下滨海路基断面结构形式宜采用下列哪个选项？（　　）

(A)直墙式　(B)折线式

(C)斜坡式　(D)台阶式

二、多项选择题

1. 滑坡稳定性计算应考虑下列哪些工况？（　　）

(A)边坡处于天然状态下的工况

(B)边坡处于暴雨或连续降雨状态下的工况

(C)边坡处于湿度平衡状态下的工况

(D)边坡处于地震等荷载作用下的工况

2. 关于滑坡排水工程设计要求，下列哪些选项是正确的？（　　）

(A)应在滑坡后缘的稳定地层上设置环形截水沟

(B)滑坡范围较大时，宜在滑坡体范围内设置树枝状排水沟

(C)截水渗沟平面布置应垂直地下水流的方向

(D)渗沟的迎水面应设防渗隔离层，背水面应设反滤层

3. 抗滑桩防治滑坡设计要求中，下列哪些说法是错误的？（　　）

（A）抗滑桩宜以单排布置为主

（B）弯矩过大时，可对滑坡进行分段阻滑

（C）当滑坡推力较大时，应采取预应力锚杆抗滑桩

（D）对于滑带埋深大于 25m 的滑坡，应加深桩长

4. 滑坡防治监测可分为哪些类型？（　　）

（A）施工安全监测　　（B）缺陷期监测

（C）防治效果监测　　（D）营运期监测

5. 真空联合堆载预压可用于下列哪些选项的软土地基处理？（　　）

（A）深挖方路段　　（B）桥头路段

（C）高填方路段　　（D）挡墙路段

6. 粒料桩处理地基设计要求中，下列哪些选项的说法是正确的？（　　）

（A）振冲粒料桩可用于加固十字板抗剪强度大于 15kPa 的地基土

（B）振冲粒料桩可用于加固十字板抗剪强度大于 20kPa 的地基土

（C）沉管粒料桩可用于加固十字板抗剪强度大于 15kPa 的地基土

（D）沉管粒料桩可用于加固十字板抗剪强度大于 20kPa 的地基土

7. 膨胀土挖方路基边坡设计应遵循下列哪些原则？（　　）

（A）放缓坡率　　（B）加宽平台

（C）及时封闭　　（D）加固坡脚

8. 软土地基上路堤横断面设计应考虑下列哪些因素？（　　）

（A）地基沉降　　（B）路堤的顶面沉陷

（C）边坡变陡　　（D）顶宽和底宽收缩

9. 规模较小的危岩崩塌体可采取下列哪些处理措施？（　　）

（A）清除　　（B）预应力锚固

（C）支挡　　（D）设置拦石墙

10. 跨越泥石流沟时，应绕避下列哪些地段？（　　）

（A）河床纵坡由陡变缓的变坡处

（B）河床纵坡由缓变陡的变坡处

（C）平面上急弯部位

（D）平面上曲线部位

11. 关于导风板设计要求的说法中,下列哪些选项是不正确的? ( )

(A)导风板的位置应根据当地主导风向确定

(B)侧导风板宜设在迎风侧的路肩边缘以外不小于15m处

(C)下导风板宜设在迎风侧的路肩边缘处,且迎风侧路基边坡平顺

(D)下导风板可用于路线与主导风向的交角大于30°及迎风山体坡度小于40°的路段

12. 公路盐渍土地基评价包括下列哪些选项? ( )

(A)盐胀性　(B)湿陷性

(C)溶陷性　(D)膨胀性

13. 多年冻土路堤高度设计应计算地基的下列哪些选项? ( )

(A)固结沉降量　(B)压缩沉降量

(C)融化沉降量　(D)预压沉降量

14. 水库地段路基当渗透速度和渗透压力较大而可能发生冲蚀时,宜采用下列哪些措施?

( )

(A)在低水位一侧放缓边坡

(B)在高水位一侧放缓边坡

(C)在低水位一侧设置排水设施

(D)在高水位一侧设置排水设施

15. 季节性冻土地区的公路应按照下列哪些选项的要求设计? ( )

(A)宜填不宜挖

(B)宜挖不宜填

(C)路线宜布于山坡阳面

(D)路线宜布于山坡阴面

三、案例题

1. 某高速公路路堤位于软土地区,路基中心高度为5.5m,路基填料重度为20kN/m^3,填土速率约为0.05m/d。路线地表下0～2.0m为硬塑黏土,2.0～8.0m为流塑状态软土,软土不排水抗剪强度为18kPa,地基采用常规预压方法处理,用分层总和法计算的地基主固结沉降量为20cm。如公路通车时软土固结度达到70%,则此时的地基沉降量最接近下列哪个选项?

( )

(A)18cm　(B)20cm

(C)22cm　(D)24cm

2. 西南地区新建一级公路设计,双向四车道,路基宽度26.00m,公路选线时发现某段路堤附近有一溶洞,如图所示,溶洞顶板厚3.30m,岩层上覆土厚3.0m,岩石内摩擦角为41°。计算

确定该路基坡脚与溶洞间的安全距离 L 应不小于下列哪个选项？　（　　）

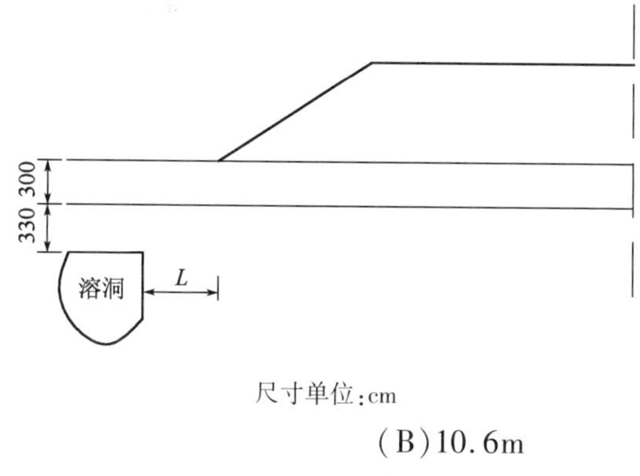

尺寸单位：cm

(A)9.2m　　(B)10.6m

(C)11.2m　　(D)12.6m

3. 某山区公路附近存在滑动面为折线形的均质滑坡，根据勘察资料和变形监测结果，判断该滑坡体处于极限平衡状态，且可分为2个条块，每个滑块的重力、滑动面长度和倾角等参数如图和表所示。现假设各滑动面的内摩擦角标准值 φ 相等，均为12°，滑坡体稳定系数为1.1，如采用传递系数法进行反分析求滑动面黏聚力标准值 c，其值最接近下列哪个选项？　（　　）

滑 块 编 号	自重 G(kN/m)	滑动面长度 l(m)
1	500	6.5
2	800	5.9

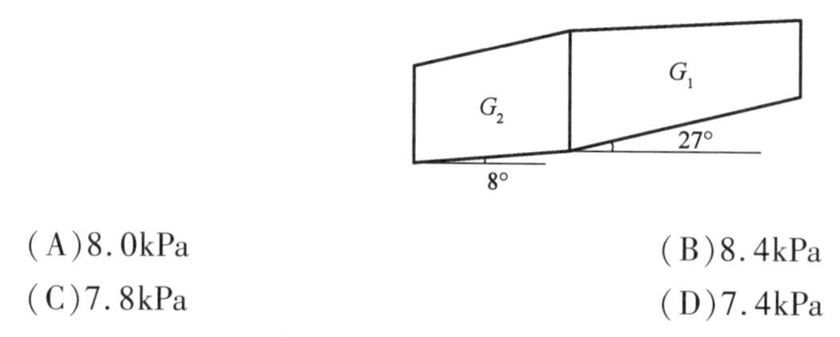

(A)8.0kPa　　(B)8.4kPa

(C)7.8kPa　　(D)7.4kPa

4. 某山区公路K4+550路段有一路堤斜坡，坡体为均质黏土且斜坡下存在潜在滑动面。已知滑动面为折线形，滑块参数如表所示。已知稳定系数为1.12，第1个滑块与第2个滑块间的剩余下滑力传递系数为0.811，若在第3个滑块后设置重力式挡墙，则计算作用于挡墙上每延米的作用力最接近于下列哪个选项？　（　　）

滑 块 编 号	下滑力(kN/m)	抗滑力(kN/m)	滑 面 倾 角
1	4500	1600	38°
2	6800	5500	29°
3	2500	3900	29°

(A)2080kN　　(B)2920kN

(C)3810kN　　(D)4910kN

5. 某二级公路 K9 + 150 路段有一路堤斜坡，主要由均质黏性土组成，各条块参数如表所示，滑动面倾角如图所示。已知潜在滑坡面为折线形，通过相关勘测资料得到滑动面的黏聚力 $c = 11\text{kPa}$，内摩擦角 $\varphi = 10°$。若稳定系数 F_s 为 1.2，则第 3 个滑块的下部边界处每米宽土体下滑推力最接近下列哪个选项？（　　）

条块编号	G(kN/m)	l(m)
1	460	10.15
2	880	11.33
3	660	10.26

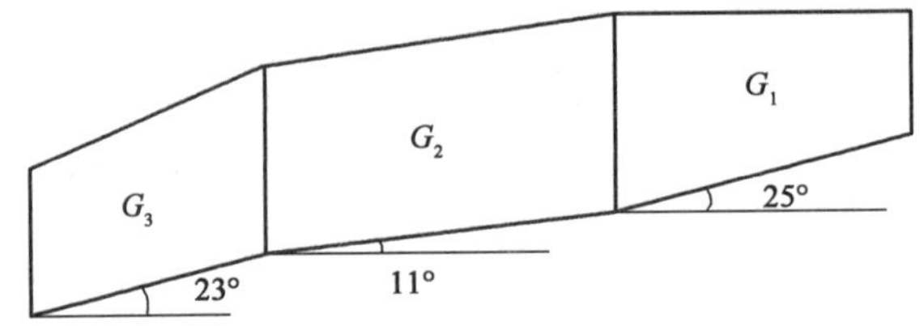

(A)80.5kN/m　　(B)89.5kN/m

(C)95.6kN/m　　(D)99.1kN/m

参考答案及解析

一、单项选择题

1.［答案］B

［解析］根据《公路路基设计规范》(JTG D30—2015)第 7.2.5 条。推移式滑坡或由错落转化的滑坡，宜采用滑坡后缘减载、前缘反压措施。

2.［答案］D

［解析］根据《公路路基设计规范》(JTG D30—2015)第 7.2.7 条。抗滑桩桩长宜小于 35m。对于滑带埋深大于 25m 的滑坡，应充分论证抗滑桩阻滑的可行性。

3.［答案］C

［解析］根据《公路路基设计规范》(JTG D30—2015)第 7.2.5 条。在滑体或滑带土具有卸载鼓胀开裂的情况下，不应采用减载措施。

4.［答案］A

［解析］根据《公路路基设计规范》(JTG D30—2015)第7.2.5条。滑坡前缘有较长的抗滑段，宜利用减载弃方反压；路基位于滑坡前缘时，宜采用路堤通过。

5.［答案］C

［解析］根据《公路路基设计规范》(JTG D30—2015)第7.7.1条。高速公路一般路段路基容许工后沉降应≤0.30m。

6.［答案］D

［解析］根据《公路路基设计规范》(JTG D30—2015)第7.7.10条。强夯置换处理深度应由土质条件决定，除厚层饱和粉土外，宜穿透软土层，达到较硬土层上。置换深度不宜超过7m。

7.［答案］C

［解析］根据《公路路基设计规范》(JTG D30—2015)第7.10.1条。黄土地区路基排水设计应遵循拦截、分散的处理原则，设置防冲刷、防渗漏和有利于水土保持的综合排水设施及防护工程，并应防止农田水利设施与路基的相互干扰。

8.［答案］D

［解析］根据《公路路基设计规范》(JTG D30—2015)第7.4.4条。稳定的岩堆地段路基，当位于岩堆中部时，挖方边坡宜设置挡土墙等支挡构造物。

9.［答案］C

［解析］根据《公路路基设计规范》(JTG D30—2015)第7.6.6条。对稳定路堑边坡上的干溶洞，洞内宜采用干砌片石填塞。

10.［答案］B

［解析］根据《公路路基设计规范》(JTG D30—2015)第7.10.5条。由表7.10.5-2可知，地下水位以上，饱和度S_t≤65%，有效加固深度5～12m的湿陷性黄土适用挤密法进行加固。

11.［答案］A

［解析］根据《公路路基设计规范》(JTG D30—2015)第7.13.6条。半湿润和半干旱沙地区，应以植物治沙为主、工程防沙或化学固沙为辅。植物治沙宜采用乔、灌、草相结合。

12.［答案］D

［解析］根据《公路路基设计规范》(JTG D30—2015)第7.9.5条。强膨胀土不应用作路基填料。

13.［答案］B

［解析］根据《公路路基设计规范》(JTG D30—2015)第7.16.6条。采空区埋深小于10m、上覆岩体完整性差、强度低的地段,可采用强夯法处理。

14.［答案］C

［解析］根据《公路路基设计规范》(JTG D30—2015)第7.17.3条。滨海路基断面结构形式应根据水深、波高、地基条件、填料性质、施工条件及使用要求等综合分析确定,一般情况下采用斜坡式,在材料缺乏等条件限制或对使用有其他要求时也可采用直墙式。

二、多项选择题

1.［答案］ABD

［解析］根据《公路路基设计规范》(JTG D30—2015)第7.2.1条。滑坡稳定性计算应考虑下列三种工况:①正常工况:边坡处于天然状态下的工况。②非正常工况Ⅰ:边坡处于暴雨或连续降雨状态下的工况。③非正常工况Ⅱ:边坡处于地震等荷载作用状态下的工况。

2.［答案］ABC

［解析］根据《公路路基设计规范》(JTG D30—2015)第7.2.4条。选项D错误,渗沟的迎水面应设反滤层,背水面应设防渗隔离层。

3.［答案］BCD

［解析］根据《公路路基设计规范》(JTG D30—2015)第7.2.7条。选项B错误,弯矩过大时,应采取预应力锚杆抗滑桩;选项C错误,当滑坡推力较大时,可对滑坡进行分段阻滑;选项D错误,对于滑带埋深大于25m的滑坡,应充分论证抗滑桩阻的可行性。

4.［答案］ACD

［解析］根据《公路路基设计规范》(JTG D30—2015)第7.2.10条。滑坡防治监测可分为施工安全监测、防治效果监测和营运期监测,应以施工安全监测和防治效果监测为主。

5.［答案］BC

［解析］根据《公路路基设计规范》(JTG D30—2015)第7.7.6条。真空联合堆载预压可用于高填方路段和桥头路段的软土地基处理。

6.［答案］AD

［解析］根据《公路路基设计规范》(JTG D30—2015)第7.7.7条。振冲粒料桩可用于加固十字板抗剪强度大于15kPa的地基土;沉管粒料桩可用于加固十字板抗剪强度大于20kPa的地基土。

7.[答案]ABD

[解析]根据《公路路基设计规范》(JTG D30—2015)第7.9.7条。膨胀土挖方路基边坡设计应遵循“放缓坡率、加宽平台、加固坡脚”的原则。

8.[答案]ABD

[解析]根据《公路路基设计规范》(JTG D30—2015)第7.7.12条。软土地基上路堤横断面设计应考虑地基沉降、路堤顶面凹陷、顶宽和底宽收缩以及边坡变缓等因素。

9.[答案]ACD

[解析]根据《公路路基设计规范》(JTG D30—2015)第7.3.3条。规模较小的危岩崩塌体可采取清除、支挡、挂网锚喷等处理措施,也可采用柔性防护系统或设置拦石墙、落石槽等构造物。

10.[答案]AC

[解析]根据《公路路基设计规范》(JTG D30—2015)第7.5.2条。跨越泥石流沟时,应选择在流通区或沟床稳定段设桥等构造物跨越,并绕避沟床纵坡由陡变缓的变坡处和平面上急弯部位。

11.[答案]ACD

[解析]根据《公路路基设计规范》(JTG D30—2015)第7.14.8条。选项A错误,导风板的位置应根据当地主导风向、路基横断面形式及地形等条件确定;选项C错误,下导风板宜设在迎风侧的路肩边缘以外0.75m,且迎风侧路基边坡平顺。

12.[答案]AC

[解析]根据《公路路基设计规范》(JTG D30—2015)第7.11.3条。盐渍土地基应进行盐胀性和溶陷性评价。

13.[答案]BC

[解析]根据《公路路基设计规范》(JTG D30—2015)第7.12.2条。多年冻土路堤高度设计应计算地基的融化沉降量和压缩沉降量,并按竣工后的沉降量确定路基预留加高与加宽值。

14.[答案]ABC

[解析]根据《公路路基设计规范》(JTG D30—2015)第7.12.2条。当渗透速度和渗透压力较大而可能发生冲蚀时,除放缓边坡外,还应在低水位一侧设置排水设施。

15.[答案]AC

[解析]根据《公路路基设计规范》(JTG D30—2015)第7.19.1条。季节冻土地区的公路宜填不宜挖,路线宜布于山坡阳面。

三、案例题

1. [**答案**]C

[**解析**]根据《公路路基设计规范》(JTG D30—2015)第7.7.2条。

$$m_s = 0.123\gamma^{0.7}(\theta H^{0.2} + \upsilon H) + Y$$
$$= 0.123 \times 20^{0.7} \times (0.9 \times 5.5^{0.2} + 0.025 \times 5.5) + 0$$
$$= 1.405$$

$$S_t = (m_s - 1 + U_t)S_c$$
$$= (1.405 - 1 + 0.7) \times 20$$
$$= 22.1\text{cm}$$

2. [**答案**]B

[**解析**]根据《公路路基设计规范》(JTG D30—2015)第7.6.3条。

坍塌扩散角：$\beta = \dfrac{45° + \dfrac{\varphi}{2}}{K} = \dfrac{45° + \dfrac{41°}{2}}{1.25} = 52.4°$

安全距离：$L = H\cot\beta + 3 + 5$
$$= 3.3 \times \cot 52.4° + 3 + 5$$
$$= 10.58\text{m}$$

3. [**答案**]C

[**解析**]根据《公路路基设计规范》(JTG D30—2015)第7.2.2条。

$$T_1 = F_s W_1 \sin\alpha_1 - W_1 \cos\alpha_1 \tan\varphi - c_1 l_1$$
$$= 1.1 \times 500 \times \sin 27° - 500 \times \cos 27° \times \tan 12° - 6.5c$$
$$= 155 - 6.5c$$

$$\psi = \cos(\alpha_1 - \alpha_2) - \sin(\alpha_1 - \alpha_2)\tan\varphi$$
$$= \cos(27° - 8°) - \sin(27° - 8°)\tan 12°$$
$$= 0.876$$

$$T_2 = F_s W_2 \sin\alpha_2 + \psi F_1 - W_2 \cos\alpha_2 \tan\varphi - c_2 l_2$$
$$= 1.1 \times 800 \times \sin 8° + 0.876 \times (155 - 6.5c) - 800 \times \cos 8° \times \tan 12° - 5.9c$$
$$= 89.86 - 11.59c = 0$$

则 $c = \dfrac{89.86}{11.59} = 7.75\text{kPa}$

4. [**答案**]C

[**解析**]根据《公路路基设计规范》(JTG D30—2015)第7.2.2条。

$$\psi_2 = \cos(\alpha_1 - \alpha_2) - \sin(\alpha_1 - \alpha_2)\tan\varphi_2$$
$$= \cos(38° - 29°) - \sin(38° - 29°)\tan\varphi_2$$

$=0.811$

则 $\tan\varphi_2 = 1.13$

$\psi_3 = \cos(\alpha_2 - \alpha_3) - \sin(\alpha_2 - \alpha_3)\tan\varphi_3$

$= \cos(29° - 29°) - \sin(29° - 29°)\tan\varphi_3$

$=1$

$T_1 = 1.12 \times 4500 + 0 - 1600 = 3440.0\text{kN}$

$T_2 = 1.12 \times 6800 + 0.811 \times 3440 - 5500 = 4905.8\text{kN}$

$T_3 = 1.12 \times 2500 + 1 \times 4906 - 3900 = 3805.8\text{kN}$

5.[**答案**]B

[**解析**]根据《公路路基设计规范》(JTG D30—2015)第7.2.2条。

$T_1 = F_s W_1 \sin\alpha_1 - W_1 \cos\alpha_1 \tan\varphi_1 - c_1 l_1$

$= 1.2 \times 460 \times \sin25° - 460 \times \cos25° \times \tan10° - 11 \times 10.15$

$=48.35\text{kN/m}$

$\psi_2 = \cos(\alpha_1 - \alpha_2) - \sin(\alpha_1 - \alpha_2)\tan\varphi_2$

$= \cos(25° - 11°) - \sin(25° - 11°)\tan10°$

$=0.928$

$T_2 = F_s W_2 \sin\alpha_2 + \psi_2 F_1 - W_2 \cos\alpha_2 \tan\varphi_2 - c_2 l_2$

$= 1.2 \times 880 \times \sin11° + 0.928 \times 48.12 - 880 \times \cos11° \times \tan10° - 11 \times 11.33$

$= -30.79\text{kN/m}$(不向下传递)

$T_3 = 1.2 \times 660 \times \sin23° - 660 \times \cos23° \times \tan10° - 11 \times 10.26$

$=89.47\text{kN/m}$

第三章　路 面 工 程

第一节　总　　论

本节考纲

1. 掌握路面基本性能要求及影响因素;路面的结构层次与功能;路面的分级、分类及相应面层类型。

2. 熟悉汽车荷载和环境影响因素对路面的影响;路面排水设计。

复习要点

路面的基本性能要求;路面各结构层次与功能;路面面层类型与适用范围;路面类型与特点;设计轴载规定;轴载换算的原则与方法;交通荷载分级;温度与湿度对路面的影响;路面表面排水与路面内部排水规定。

典 型 习 题

一、单项选择题

1. 下列哪一个选项不属于沥青路面基本性能要求?　(　　)

(A)低噪声性　　(B)抗车辙

(C)低透水性　　(D)抗滑性

2. 路面结构中用以阻止水下渗的功能层是下列哪一个选项?　(　　)

(A)黏层　　(B)透层

(C)封层　　(D)滤层

3. 岩石或填石路基顶面应设置整平层,整平层厚度宜选用下列哪个选项?　(　　)

(A)100 ~200mm　　(B)200 ~300mm

(C)300 ~400mm　　(D)400 ~500mm

4. 下列哪个选项的沥青混合料能适用于各交通荷载等级面层或基层?　(　　)

(A)就地冷再生　　(B)厂拌冷再生
(C)就地热再生　　(D)厂拌热再生

5. 对抗滑、排水或降噪有特殊要求的表面层,采用下列哪一选项是最合适的?　(　　)
(A)连续级配沥青混合料　　(B)无级配沥青混合料
(C)半开级配沥青混合料　　(D)开级配沥青混合料

6. 复合式路面的沥青混凝土上面层的厚度不宜小于下列哪个选项?　(　　)
(A)30mm　　(B)40mm
(C)50mm　　(D)60mm

7. 在路面设计中,将车轮荷载简化为当量的圆形均布荷载,并近似采用轮胎内压力作为轮胎接触压力 p,若作用在车轮上的荷载为 P,按我国现行的路面设计规范中规定的设计标准轴载 BZZ-100 的 P 为 25kN,p 为 700kPa,试问双圆荷载和单圆荷载的当量圆半径 d 和 D 分别为下列哪一项?　(　　)
(A)0.302m,0.213m　　(B)0.213m,0.302m
(C)0.238m,0.302m　　(D)0.302m,0.238m

8. 某类车辆中非满载车比例为 0.55,非满载和满载当量设计轴载换算系数分别为 2.4 和 7.0,则该类车辆的当量设计轴载换算系数最接近下列哪个选项?　(　　)
(A)3.26　　(B)4.47
(C)4.93　　(D)6.21

9. 设计使用年限内设计车道累计大型客车和货车交通量分别为 16.0×10^6 辆,则该沥青路面结构所承受的交通荷载等级为下列哪个选项?　(　　)
(A)轻　　(B)中等
(C)重　　(D)特重

10. 关于设计标准轴载,下列说法最合理的是哪一项?　(　　)
(A)我国沥青路面设计采用双轮组单轴载 110kN 作为标准轴载,以 BZZ 表示
(B)设计年限是一个计算累计标准当量轴次的基准年限,各级公路的设计年限即为使用年限或路面的使用寿命
(C)沥青路面设计时,交通量可根据累计标准轴次或每车道、每日平均大型客车及中型以上的各种货车交通量,选择一个较高的交通等级作为交通等级
(D)沥青路面结构设计计算中采用设计年限内设计车道累计大型客车和货车交通量,由此确定路面结构所承受的交通荷载等级

11. 路面排水设计应根据公路等级、降水量和路线纵坡等因素,合理选择排水方案,下列关

于路面排水的说法，哪个选项是正确的？（　）

(A)设置了截、排水功能的骨架护坡的高填方路段，应采用集中排水方式排除路表水

(B)在纵坡较大的路段上，对称式拦水带泄水口的泄水能力优于非对称式泄水口的泄水能力

(C)地下水丰富的低填或挖方路段的路基顶面应设置排水垫层

(D)水泥混凝土面层的排水基层，宜采用未经处治的开级配碎石

12. 关于沥青路面交通荷载等级划分依据，下列哪个选项是正确的？（　）

(A)当量设计轴载累计作用次数和大型客车交通量

(B)当量设计轴载累计作用次数和日平均货车交通量

(C)设计使用年限内设计车道承受设计轴载累计作用次数

(D)设计使用年限内设计车道累计大型客车和货车交通量

二、多项选择题

1. 下列基层类型中，哪些选项应要求具有足够的抗永久变形能力？（　）

(A)水泥稳定土　　(B)沥青贯入碎石

(C)半开级配沥青碎石　　(D)未筛分碎石

2. 下列哪些选项不宜用作高速公路的面层？（　）

(A)钢纤维混凝土面层　　(B)碾压混凝土面层

(C)连续配筋混凝土面层　　(D)混凝土预制块面层

3. 水泥混凝土面层在质量检验时，应采用下列哪些指标评定抗滑能力？（　）

(A)制动距离　　(B)横向力系数

(C)构造深度　　(D)摩擦系数

4. 为减少基层收缩开裂和路面反射裂缝，在无机结合料稳定层与沥青结合料类材料层间可设置下列哪些结构层？（　）

(A)级配碎石层　　(B)水泥稳定碎石层

(C)沥青碎石层　　(D)二灰稳定碎石层

5. 在一定轴载范围下，不同轴载对路面的作用效果可以互相换算。在进行换算时，应遵循下列哪些选项的原则？（　）

(A)等破坏　　(B)等变形

(C)等强度　　(D)等厚度

三、案例题

1. 公路自然区划Ⅱ区新建一条高速公路，路面采用水泥混凝土路面，路面单幅宽11.25m。

路面结构为:底基层和基层采用石灰粉煤灰稳定碎石;面层为 22cm 水泥混凝土。经交通调查分析得知,设计车道使用初期设计轴载日作用次数为 3600 次,货车交通量的年平均增长率为 7%。试问该公路的交通荷载分级为下列哪一选项?（　　）

(A)极重交通荷载　　(B)特重交通荷载

(C)重交通荷载　　(D)中等交通荷载

2. 上海市某新建高速公路采用水泥稳定碎石基层沥青路面,面层采用三层结构,分别为 4cm 厚 SMA13 沥青玛蹄脂碎石混合料,6cm 厚 AC20 沥青混凝土和 8cm 厚 AC25 沥青混凝土,基层、底基层分别采用水泥稳定碎石和级配碎石。分析该公路沥青混合料层永久变形量时,沥青混合料层的等效温度最接近下列哪个选项?（　　）

(A)23.06℃　　(B)24.13℃

(C)25.38℃　　(D)26.47℃

3. 公路自然区划IV_1区新建高速公路,双向八车道,路基宽度 42.00m,路面面层采用沥青混凝土,基层和底基层均采用水泥稳定碎石,根据 OD 分析,断面大型客车和货车交通量为 5000 辆/日,交通量年平均增长率为 7%。根据对路段每辆车实际收集到的轴载组成数据,经统计分析后,得到如表所示的车辆类型分布系数。问沥青混合料层层底拉应变和永久变形量分析时,设计年限内设计车道上的当量设计轴次轴载累计作用次数 N_e 最接近下列哪个选项?

（　　）

车辆类型分布系数

车辆类型	2 类	3 类	4 类	5 类	6 类	7 类	8 类	9 类	10 类	11 类
车辆类型分布系数(%)	6.4	15.3	1.4	0	11.9	3.1	16.3	20.4	25.2	0

(A)1.62×10^7 次　　(B)4.08×10^7 次

(C)1.62×10^9 次　　(D)4.08×10^9 次

4. 公路自然区划II_3 区新建二级公路,双向两车道,路基宽度 12m,路面采用沥青混凝土路面,基层和底基层均采用水泥稳定碎石。根据 OD 分析,断面大型客车和货车交通量为 2000 辆/日,交通量年平均增长率为 5.0%。根据对路段每辆车实际收集到的轴载组成数据,经统计分析后,得到如表所示的车辆类型分布系数。问无机结合料稳定层层底拉应力分析时,设计年限内设计车道上的当量设计轴次轴载累计作用次数 N_e 最接近下列哪个选项?（　　）

车辆类型分布系数

车辆类型	2 类	3 类	4 类	5 类	6 类	7 类	8 类	9 类	10 类	11 类
车辆类型分布系数(%)	22.0	23.3	2.7	0	8.3	7.5	17.1	8.5	10.6	0

(A)3.43×10^7 次　　(B)5.64×10^7 次

(C)7.09×10^8 次　　(D)8.76×10^9 次

5. 公路自然区划Ⅲ区新建一级公路，双向四车道，路基宽度 33.5m，路面采用沥青混凝土路面，基层和底基层均采用水泥稳定碎石。根据 OD 分析，断面大型客车和货车交通量为 3000 辆/日，交通量年平均增长率为 5.5%，通过计算得到初始年设计车道日平均当量轴次为 2500 次，试分析该公路交通荷载等级属于下列哪一选项？（　　）

(A)极重交通荷载　　(B)特重交通荷载

(C)重交通荷载　　(D)中等交通荷载

参考答案及解析

一、单项选择题

1.［答案］A

［解析］根据《公路沥青路面设计规范》(JTG D50—2017)第 4.5.1 条。沥青面层应具有平整、抗车辙、抗疲劳开裂、抗低温开裂和抗水损坏等性能，表面层混合料尚应具有抗滑和耐磨损性能，密级配沥青混合料表面层应具有低透水性能。

2.［答案］C

［解析］根据《公路沥青路面设计规范》(JTG D50—2017)第 2.1.8 条。封层是路面结构中用以阻止水下渗的功能层。

3.［答案］C

［解析］根据《公路沥青路面设计规范》(JTG D50—2017)第 4.3.3 条。岩石或填石路基顶面应设置整平层，厚度宜为 200～300mm。

4.［答案］D

［解析］根据《公路沥青路面设计规范》(JTG D50—2017)第 4.4.3 条和 4.5.2 条。厂拌热再生沥青混合料宜用于极重、特重和重交通荷载等级的基层，厂拌热再生沥青混合料适用于各交通荷载等级的表面层、中面层和下面层。

5.［答案］D

［解析］根据《公路沥青路面设计规范》(JTG D50—2017)第 4.5.3 条。对抗滑、排水或降噪有特殊要求的表面层可采用开级配沥青混合料，表面层下应设置防水层，防水层可采用改性乳化沥青或改性沥青等。

6.［答案］B

［解析］根据《公路水泥混凝土路面设计规范》(JTG D60—2011)第 4.5.5 条。复合式路面的沥青混凝土上面层的厚度不宜小于 40mm。

7. [答案]B

[解析]双圆荷载的当量圆直径：$d=\sqrt{\frac{4P}{\pi p}}$；单圆荷载的当量圆直径：$D=\sqrt{\frac{8P}{\pi p}}$，将 $P=25\text{kN}$，$p=700\text{kPa}$ 代入，可得：$d=0.213\text{m}$，$D=0.302\text{m}$。

8. [答案]B

[解析]根据《公路沥青路面设计规范》(JTG D50—2017)第A.3.1条。

$EALF_m = EALF_{ml} \times PER_{ml} + EALF_{mh} \times PER_{mh} = 2.4 \times 0.55 + 7.0 \times 0.45 = 4.47$

9. [答案]C

[解析]根据《公路沥青路面设计规范》(JTG D50—2017)第3.0.4条。重交通荷载等级相应的设计使用年限内设计车道累计大型客车和货车交通量为 $8.0 \times 10^6 \sim 19.0 \times 10^6$ 辆。

10. [答案]D

[解析]根据《公路沥青路面设计规范》(JTG D50—2017)第3.0.4条条文说明。沥青路面结构设计计算，采用设计年限内设计车道累计大型客车和货车交通量之和划分交通荷载等级。

11. [答案]C

[解析]根据《公路排水设计规范》(JTG/T D33—2012)第5.1.4条。地下水丰富的低填和挖方路段的路基顶面应设置排水垫层。

12. [答案]D

[解析]根据《公路沥青路面设计规范》(JTG D50—2017)第3.0.4条。沥青路面设计交通荷载等级划分依据为设计使用年限内设计车道累计大型客车和货车交通量。

二、多项选择题

1. [答案]BCD

[解析]根据《公路沥青路面设计规范》(JTG D50—2017)第4.4.1条。基层和底基层应具有足够的承载能力、抗疲劳开裂性能、足够的耐久性和水稳定性。沥青结合料类和粒料类基层尚应具有足够的抗永久变形能力。选项A为无机结合料类基层。

2. [答案]BD

[解析]根据《公路水泥混凝土路面设计规范》(JTG D60—2011)第4.5.2条条文说明。选项B适合于二级及二级以下公路；选项D适用于二级及二级以下公路桥头引道沉降未稳定段、服务区停车场。

3.［答案］BC

［解析］根据《公路工程质量检验评定标准》(JTG F80/1—2017)第7.2.2条。

4.［答案］AC

［解析］根据《公路沥青路面设计规范》(JTG D50—2017)第4.2.6条。当采用无机结合料稳定类基层时,为减少基层收缩开裂和路面反射裂缝,可在无机结合料稳定类基层上设置沥青碎石层或级配碎石层。

5.［答案］AD

［解析］在进行换算时,应遵循两项原则:第一,换算以达到相同临界状态为标准(等破坏原则);第二,对某一种交通组成,不论以哪种轴载标准进行换算,由换算所得的轴载作用次数计算的路面厚度相同(等厚度原则)。

三、案例题

1.［答案］B

［解析］根据《公路水泥混凝土路面设计规范》(JTG D40—2011)第3.0.1条、第3.0.7条和第A.2.4条。

$$N_e = \frac{N_s \times [(1+g_r)^t - 1] \times 365}{g_r} \times 0.22$$

$$= \frac{3600 \times [(1+0.07)^{30} - 1] \times 365}{0.07} \times 0.22$$

$$= 2.73 \times 10^7 \text{ 次}$$

可知该高速公路交通荷载等级为特重交通荷载等级。

2.［答案］C

［解析］根据《公路沥青路面设计规范》(JTG D50—2017)第G.1.2条和第G.2.1条。

$$T_{pef} = T_\xi + 0.016h_a = 22.5 + 0.016 \times (40+60+80) = 25.38℃$$

3.［答案］B

［解析］根据《公路沥青路面设计规范》(JTG D50—2017)第A.3.1条、第A.4.1条和第A.4.2条。各类车辆当量设计轴载换算时可采用水平三。查表A.3.1-2并将2类~11类车辆非满载与满载比例(取中值),填入解表中的第二行和第四行,查表A.3.1-3得对应沥青混合料层层底拉应变和永久变形量分析的2类~11类车辆当量设计轴载换算系数,填入解表中的第三行和第五行。利用式(A.3.1-5),计算得到各类车辆的当量设计轴载换算系数,见解表第六行。由题意知,双向年平均日交通量 $AADTT$ = 3500辆/日,方向系数 DDF 取0.55,车道系数 LDF 取0.5,代入式(A.4.1)。

$$N_1 = AADTT \times DDF \times LDF \times \sum_{m=2}^{11}(VCDF_m \times DALF_m)$$

$$= 5000 \times 0.55 \times 0.5 \times 3.239$$

$$= 4454 \text{ 次}$$

$$N_e = \frac{[(1+\gamma)^t - 1] \times 365}{\gamma} N_1 = \frac{[(1+0.07)^{15} - 1] \times 365}{0.07} \times 4454$$

$=4.08 \times 10^7$ 次

计算数据和计算结果

车辆类型	2类	3类	4类	5类	6类	7类	8类	9类	10类	11类
非满载车百分比 PER_{ml}	0.85	0.9	0.65	0.75	0.55	0.7	0.45	0.6	0.55	0.65
非满载当量轴载换算系数 $EALF_{ml}$	0.8	0.4	0.7	0.6	1.3	1.4	1.4	1.5	2.4	1.5
满载车百分比 PER_{mh}	0.15	0.1	0.35	0.25	0.45	0.3	0.55	0.4	0.45	0.35
满载当量轴载换算系数 $EALF_{mh}$	2.8	4.1	4.2	6.3	7.9	6	6.7	5.1	7	12.1
当量设计轴载换算系数 $EALF_m$	1.1	0.77	1.925	2.025	4.27	2.78	4.315	2.94	4.47	5.21
$EALF_m \times VCDF_m$	0.070	0.118	0.027	0	0.508	0.086	0.703	0.600	1.126	0

4. **[答案]**C

[解析]根据《公路沥青路面设计规范》(JTG D50—2017)第A.3.1条、第A.4.1条和第A.4.2条。各类车辆当量设计轴载换算时可采用水平三。查表A.3.1-2并将2类~11类车辆非满载与满载比例(取中值),填入解表的第二行和第四行,查表A.3.1-3得对应无机结合料稳定层层底拉应力分析的2类~11类车辆当量设计轴载换算系数,填入解表的第三行和第五行。利用式(A.3.1-5),计算得到各类车辆的当量设计轴载换算系数,见解表第六行。由题意知,双向年平均日交通量 $AADTT=2000$ 辆/日,方向系数 DDF 取0.55,车道系数 LDF 取0.625,代入式(A.4.1),得:

$$N_1 = AADTT \times DDF \times LDF \times \sum_{m=2}^{11}(VCDF_m \times EALF_m)$$

$$= 2000 \times 0.55 \times 0.625 \times 177.63 = 122121 \text{ 次}$$

$$N_e = \frac{[(1+\gamma)^t - 1] \times 365}{\gamma} N_1 = \frac{[(1+0.05)^{12} - 1] \times 365}{0.05} \times 122121 = 7.09 \times 10^8 \text{ 次}$$

计算数据和计算结果

车辆类型	2类	3类	4类	5类	6类	7类	8类	9类	10类	11类
非满载车百分比 PER_{ml}	0.85	0.9	0.65	0.75	0.55	0.7	0.45	0.6	0.55	0.65
非满载当量轴载换算系数 $EALF_{ml}$	0.5	1.3	0.3	0.6	10.2	7.8	16.4	0.7	37.8	2.5
满载车百分比 PER_{mh}	0.15	0.1	0.35	0.25	0.45	0.3	0.55	0.4	0.45	0.35
满载当量轴载换算系数 $EALF_{mh}$	35.5	314.2	137.6	72.9	1505.7	553	713.5	204.3	426.8	985.4
当量设计轴载换算系数 $EALF_m$	5.75	32.59	48.36	18.68	683.18	171.36	399.81	82.14	212.85	346.52
$EALF_m \times VCDF_m$	1.27	7.593	1.31	0	56.70	12.85	68.37	6.98	22.56	0

5.［答案］B

［解析］根据《公路沥青路面设计规范》（JTG D50—2017）第 3.0.4 条和第 A.4.2 条。

$$N_e=\frac{[(1+\gamma)^t-1]\times 365}{\gamma}N_1=\frac{[(1+0.055)^{15}-1]\times 365}{0.055}\times 2500$$

$=2.04\times 10^7$ 次

可知该高速公路交通荷载等级为特重交通荷载等级。

第二节　沥青路面

本节考纲

1. 掌握沥青路面的种类、特点及选择；沥青路面设计的内容；沥青路面结构组合设计；沥青路面的破坏状态及设计标准；沥青路面厚度计算。

2. 掌握沥青路面改建设计。

3. 了解沥青路面设计理论与方法。

复习要点

沥青路面面层与基层材料的交通荷载等级和层位；沥青路面结构类型及其特点和适用性；沥青路面面层与基层的结构要求、厚度要求、材料要求；沥青路面破坏类型、设计指标和设计标准；新建沥青路面结构验算，包括沥青混合料层疲劳开裂验算、无机结合料稳定层疲劳开裂验算、沥青混合料永久变形量验算、路基顶面竖向压应变验算、沥青面层低温开裂指数验算、防冻层厚度验算等；设计路面结构的验收弯沉值；改建路面结构验算，包括既有路面结构验算和加铺层结构验算。

典型习题

一、单项选择题

1. 新建高速公路沥青路面结构设计使用年限不应低于下列哪个选项？（　　）

(A)12 年　　(B)15 年

(C)18 年　　(D)20 年

2. 季节性冻土地区二级公路的沥青路面结构，面层低温开裂指数要求不宜大于下列哪个选项？（　　）

(A)1　　(B)3

(C)5　　(D)7

3. 沥青路面设计应加强路面各结构层之间的结合，提高路面结构的整体性，避免产生层间滑移，下列关于沥青路面层间结合设计正确的是哪一个选项？（　　）

(A)沥青层之间应设透层，透层沥青应具有良好的渗透性能

(B)各种基层上应设置黏层沥青，黏层沥青可用改性乳化沥青

(C)冷再生类材料结构层与沥青结合料类结构层之间宜设置封层

(D)当设置改性沥青应力吸收层时宜设置封层

4. 不能适用于特重、极重交通荷载等级的是下列哪个选项中的沥青路面基层类型？（　　）

(A)水泥稳定级配碎石　　(B)级配碎石

(C)半开级配沥青碎石　　(D)贫混凝土

5. 为保证混合料压实，减少施工离析，集料公称最大粒径19.0mm的连续级配沥青混合料层厚不宜小于下列哪个选项？（　　）

(A)30mm　　(B)40mm

(C)50mm　　(D)60mm

6. 粒料层的回弹模量在结构验算时应采用回弹模量乘以下列哪个选项后得到？（　　）

(A)温度调整系数　　(B)湿度调整系数

(C)季节调整系数　　(D)体积调整系数

7. 水泥稳定类材料水泥剂量宜为下列哪个选项？（　　）

(A)3% ~5%　　(B)3% ~6%

(C)4% ~5%　　(D)4% ~6%

8. 沥青路面结构验算时，无机结合料稳定类材料弹性模量应乘以结构层模量调整系数，该系数值采用下列哪个选项？（　　）

(A)0.5　　(B)1.5

(C)2.0　　(D)2.5

9. 评价冻土地区石灰粉煤灰稳定类材料抗冻性能的技术指标是下列哪个选项？（　　）

(A)残留抗压强度　　(B)残留抗压强度比

(C)剩余抗压强度　　(D)剩余抗压强度比

10. 沥青路面结构力学指标计算采用的理论是下列哪个选项？（　　）

(A)单圆均布垂直荷载作用下的弹性层状连续体系理论

(B)单圆均布垂直荷载作用下的弹性层状滑动体系理论
(C)双圆均布垂直荷载作用下的弹性层状连续体系理论
(D)双圆均布垂直荷载作用下的弹性层状滑动体系理论

11. 水泥混凝土基层沥青路面的设计指标是下列哪个选项? ( )
(A)沥青混合料层永久变形量 (B)沥青混合料层层底拉应变
(C)路基顶面竖向压应变 (D)沥青混合料层层底拉应力

12. 下列哪个选项不属于沥青结合料类基层沥青路面的设计指标? ( )
(A)沥青混合料层永久变形量 (B)路基顶面竖向压应变
(C)沥青混合料层层底拉应变 (D)路表弯沉

13. 沥青混合料层层底拉应变设计指标对应的力学响应是下列哪个选项? ( )
(A)沿行车方向的竖向拉应变 (B)沿行车方向的水平拉应变
(C)垂直行车方向的竖向拉应变 (D)垂直行车方向的水平拉应变

14. 沥青混合料层永久变形量设计指标对应的力学响应是下列哪个选项? ( )
(A)竖向压应变 (B)水平拉应变
(C)竖向压应力 (D)水平拉应力

15. 既有路面破损严重且结构性能不足时,下列哪个选项是正确的? ( )
(A)加铺层应进行结构验算
(B)既有路面应进行结构验算
(C)铣刨后留用的路面结构应进行结构验算
(D)同时对既有路面和加铺层进行结构验算

16. 进行沥青混合料层疲劳开裂验算时,沥青混合料的压缩模量应采用下列哪个选项? ( )
(A)15℃时的静态压缩模量 (B)20℃时的静态压缩模量
(C)15℃时的动态压缩模量 (D)20℃时的动态压缩模量

17. 满足沥青混合料层容许永久变形量要求的沥青混合料尚应满足下列哪个选项的要求? ( )
(A)贯入强度 (B)回弹模量
(C)动稳定度 (D)压缩模量

18. 某夏热区高速公路路面设计,通过验算得到沥青混合料层永久变形量为5mm,则该沥青混合料的动稳定度最接近下列哪个选项? ( )

(A)743 次/mm　(B)806 次/mm
(C)865 次/mm　(D)798 次/mm

19. 沥青路面的低温开裂指数值不满足要求时,应采取下列哪个选项的措施? (　　)
(A)改变路面结构　(B)改变面层厚度
(C)改变路基土质　(D)改变沥青材料

20. 平衡湿度状态下路基顶面回弹模量为 40MPa,则路基顶面验收弯沉值最接近下列哪个选项? (　　)
(A)423(0.01mm)　(B)467(0.01mm)
(C)534(0.01mm)　(D)586(0.01mm)

21. 沥青路面结构方案确定时,结构层厚度是一项重要内容,下列哪个选项宜取较厚的结构层? (　　)
(A)交通荷载等级高,路基承载能力强　(B)交通荷载等级高,路基承载能力弱
(C)交通荷载等级低,路基承载能力强　(D)交通荷载等级低,路基承载能力弱

22. 在一段中湿路基上进行路面工程施工,填土高度为 3m,拟铺筑沥青混凝土路面,若大地标准冻深为 Z_d,则该段道路多年最大冻深最接近下列哪个选项? (　　)
(A)$1.30Z_d$　(B)$1.35Z_d$
(C)$1.40Z_d$　(D)$1.45Z_d$

二、多项选择题

1. 为减少无机结合料稳定类基层收缩开裂和反射裂缝,下列哪些选项的做法是合理的? (　　)
(A)增加透层和封层厚度　(B)减小沥青混合料层厚度
(C)在基层上设置级配碎石层　(D)在基层上设置应力吸收层

2. 路基顶面回弹模量不满足要求时,可以采用下列哪些选项中的措施进行处治? (　　)
(A)改变填料　(B)设置级配碎石层
(C)采用石灰处理　(D)增加基层厚度

3. 根据《公路沥青路面设计规范》(JTG D50—2017),关于水平一确定无机结合料稳定类材料弯拉强度和弹性模量,下列哪些选项的说法是正确的? (　　)
(A)水泥稳定类材料试验的龄期应为 180d
(B)采用中间段法单轴压缩试验测定
(C)采用顶面法回弹模量试验测定
(D)应取测试数据的平均值

4. 沥青混合料特性取决于沥青和集料的特性,关于沥青结合料类材料,下列说法正确的有哪些选项? ( )

(A)连续长陡纵坡路段中面层和表面层宜选用改性沥青

(B)开级配沥青混合料面层宜采用高黏沥青或橡胶沥青

(C)表面层沥青混合料公称最大粒径不宜大于16.0mm

(D)中面层和下面层沥青混合料公称最大粒径不宜大于16.0mm

5. 沥青混合料水稳定性不满足要求时,可采取下列哪些措施? ( )

(A)掺入生石灰　　(B)掺入水泥

(C)掺入抗剥落剂　　(D)更换集料

6. 无机结合料稳定类基层沥青路面的设计指标有下列哪些选项? ( )

(A)沥青混合料层永久变形量　　(B)无机结合料稳定层层底拉应力

(C)沥青混合料层层底拉应变　　(D)路基顶面竖向压应变

7. 既有路面破损不严重且结构性能较好,采用直接加铺方案或铣刨至某一结构层再加铺方案时,下述哪些选项的说法是错误的? ( )

(A)仅对加铺层进行结构验算

(B)仅对既有路面结构层进行结构验算

(C)应同时对既有路面结构层和加铺层进行结构验算

(D)加铺层的设计参数应按既有路面结构确定

8. 关于无机结合料稳定类基层沥青路面车辙的叙述,下列哪些选项是正确的? ( )

(A)标准车辙试验温度为60℃,压强为0.7MPa

(B)二级公路沥青混合料应进行车辙试验确定动稳定度技术指标

(C)路面车辙包括沥青混合料层变形、无机结合料稳定层和路基的永久变形

(D)沥青路面车辙同荷载应力大小、重复作用次数以及结构层和路基的性质有关

9. 关于验收弯沉值的叙述,下列哪些选项是正确的? ( )

(A)路基顶面及路面各结构层均需进行弯沉检测

(B)宜采用贝克曼梁或落锤式弯沉仪实测

(C)路基顶面实测代表弯沉值不大于验收弯沉值

(D)路表弯沉仪中心点弯沉代表值不大于路表弯沉验收值

10. 防冻层时路面结构中按防冻要求所设置的功能层,下列防冻层的设置错误的有哪些选项? ( )

(A)防冻层厚度不宜小于150mm

(B)防冻层宜采用粗砂、砂砾和碎石等粒料类材料

(C)路面结构厚度小于规定的最小防冻厚度时,应设置防冻层

(D)公路多年最大冻深是由大地多年最大冻深乘以路基湿度系数计算得到

11. 下列哪些选项的公路沥青路面在交工验收时,需进行抗滑性能测定,其抗滑技术指标应满足相应的技术要求？　(　　)

(A)山岭重丘区二级公路　(B)平原微丘区二级公路

(C)山岭重丘区三级公路　(D)平原微丘区三级公路

12. 无机结合料类基层沥青路面有下列哪些选项的主要病害？　(　　)

(A)面层反射裂缝　(B)面层疲劳开裂

(C)基层反射裂缝　(D)基层疲劳开裂

13. 极重、特重和重交通荷载等级路面的黏层宜采用下列哪些选项的沥青类型？　(　　)

(A)乳化沥青　(B)改性乳化沥青

(C)改性沥青　(D)道路石油沥青

14. 关于路面材料设计参数的确定,下列哪些选项宜采用水平一？　(　　)

(A)高速公路初步设计阶段　(B)高速公路施工图设计阶段

(C)一级公路施工图设计阶段　(D)二级公路施工图设计阶段

15. 按网络结构中嵌挤成分和密实成分所占比例不同,沥青混合料的组成结构形态有下列哪些选项的结构？　(　　)

(A)密实悬浮结构　(B)骨架悬浮结构

(C)密实骨架结构　(D)骨架空隙结构

16. 影响沥青路面疲劳的因素包括下列哪些选项？　(　　)

(A)荷载条件　(B)路基强度

(C)材料性质　(D)环境变量

17. 关于路面结构验算时结构层模量取值的叙述,下列哪些选项是正确的？　(　　)

(A)粒料层采用湿度调整的回弹模量

(B)无机结合料稳定层采用经调整系数修正后的弹性模量

(C)沥青面层和沥青类基层均采用20℃、10Hz条件下的动态压缩模量

(D)路基采用平衡湿度状态下并考虑干湿与冻融循环作用后的顶面当量弹性模量

18. 关于沥青路面改建方案,下列哪些选项的说法是错误的？　(　　)

(A)既有路面破损严重的路段,宜采用整体性处理方式

(B)既有路面结构性能不足的路段,宜采用局部性处理方式
(C)既有路面存在较多裂缝时,应采取减缓反射裂缝的措施
(D)加铺层与既有路面间应采取设置透层或封层等层间结合措施

19. 沥青路面结构选用宜符合下列哪些选项的规定? ( )
(A)粒料类基层沥青路面适用于重及以下交通荷载等级
(B)水泥混凝土基层沥青路面适用于重及以上交通荷载等级
(C)沥青结合料类基层沥青路面适用于重及以下交通荷载等级
(D)无机结合料稳定类基层沥青路面适用于各种交通荷载等级

20. 关于沥青面层材料的交通荷载等级和层位的说法中,下列哪些选项是合理的? ( )
(A)沥青表面处治适用于中等、轻交通荷载等级的表面层
(B)沥青玛蹄脂碎石混合料适用于对抗滑有特殊要求的表面层
(C)上拌下贯沥青碎石适用于重、中等、轻交通荷载等级的面层
(D)厂拌热再生沥青混合料适用于各交通荷载等级的表面层、中面层和下面层

21. 关于沥青面层低温开裂指数验算的说法中,下列哪些选项是错误的? ( )
(A)路面低温设计温度为连续5年年最低气温平均值
(B)高速公路、一级公路低温开裂指数要求不大于5
(C)竣工验收时100m调查单元内横向裂缝条数,贯穿全幅的裂缝按1条计
(D)竣工验收时100m调查单元内横向裂缝条数,未贯穿全幅的裂缝按0.5条计

三、案例题

1. 公路自然区划Ⅲ区新建一条高速公路,路面为水泥稳定级配碎石基层沥青路面,面层采用三层结构,表面层为4cm厚AC13SBS改性沥青混凝土,中面层为6cm厚AC20沥青混凝土,下面层为8cm厚AC25沥青混凝土,路面交工验收时,采用落锤式弯沉仪进行路表检测,弯沉测定时面层中点实测温度为16℃,路基顶面回弹模量为80MPa,湿度调整系数为0.95。计算路表弯沉温度影响系数最接近下列哪个选项? ( )

(A)1.015　　(B)1.023
(C)1.038　　(D)1.047

2. 西南地区某公路路基交工时,采用落锤式弯沉仪进行弯沉验收,落锤式弯沉仪荷载为50kN,荷载盘半径为150mm。标准状态下的路基回弹模量为75MPa,湿度调整系数为1.10,干湿与冻融循环作用后的模量折减系数为0.90。路基顶面验收弯沉值最接近下列哪个数值? ( )

(A)186(0.01mm)　　(B)225(0.01mm)
(C)246(0.01mm)　　(D)258(0.01mm)

3. 某改建公路,既有路面破损严重,采用铣刨至水泥稳定碎石基层再加铺方案,为合理确定加铺层的材料和厚度,需对铣刨后的路面结构层进行检测,采用落锤式弯沉仪测得承载板中心点弯沉值为207.5(0.01mm)。计算其顶面回弹模量最接近下列哪个选项?　(　　)

(A)84MPa　　(B)90MPa

(C)96MPa　　(D)98MPa

4. 公路自然区划Ⅴ区某高速公路,双向六车道,路基宽度33.50m,路面采用三层沥青路面结构,路面设计资料如表所示。设计使用年限内,该地区月平均气温大于0℃的月份气温平均值为18.4℃,设计车道当量设计轴载累计作用次数为4.62×10^7次。试求满足该路面结构沥青混合料层容许永久变形量的贯入强度不应小于下列哪个选项?　(　　)

路面设计资料

结构层	材料类型	厚度(mm)	结构层模量(MPa)
面层	SMA13 沥青玛蹄脂碎石混合料	40	10000
	AC16 沥青混凝土	60	10000
	AC25 沥青混凝土	80	9000
基层	水泥稳定级配碎石	350	24000
底基层	级配碎石	200	500

(A)0.73MPa　　(B)0.83MPa

(C)0.93MPa　　(D)1.03MPa

5. 某高速公路路面采用沥青路面,面层厚度为180mm,基层采用级配碎石,厚度为600mm,该地区月平均气温大于0℃的月份气温平均值为20.8℃,设计车道当量设计轴载累计作用次数为3.25×10^7次,荷载等级为特重交通荷载等级。满足该路面结构沥青混合料层容许永久变形量的贯入强度不应小于下列哪个选项?　(　　)

(A)0.217MPa　　(B)0.682MPa

(C)1.063MPa　　(D)1.352MPa

6. 公路自然区划Ⅴ区新建一条公路,双向六车道,采用水泥稳定级配碎石基层沥青路面,面层采用两层结构,上面层为AC16沥青混凝土,厚度40mm,模量10000MPa,下面层为AC20沥青混凝土,厚度60mm,模量9000MPa。为方便路面结构验算及相应的分析,需将两层或两层以上不同面层材料换算成当量面层。问该路面换算成当量面层的厚度和模量最接近下列哪个选项?　(　　)

(A)90mm,9478MPa　　(B)100mm,9478MPa

(C)90mm,9953MPa　　(D)100mm,9953MPa

7. 公路自然区划Ⅲ区新建一条公路,双向六车道,基层采用水泥稳定级配碎石基层,厚度

360mm，模量 12000MPa，底基层采用级配碎石，厚度 200mm，模量 300MPa。为方便路面结构验算及相应的分析，需将两层或两层以上不同基层材料换算成当量基层。问该路面换算成当量基层的厚度和模量最接近下列哪个选项？（　　）

(A)550mm，3016MPa　　(B)560mm，3016MPa

(C)550mm，3519MPa　　(D)560mm，3519MPa

8. 北京市新建一条一级公路，双向六车道，采用水泥稳定级配碎石基层沥青路面，面层与基层当量模量的比值为 0.80，当量厚度的比值为 0.25。进行沥青混合料层疲劳开裂分析时，计算该路面结构的温度调整系数最接近下列哪个选项？（　　）

(A)0.52　　(B)0.67

(C)0.73　　(D)0.88

9. 上海市某高速公路，双向八车道，采用水泥稳定级配碎石基层沥青路面，面层与基层当量模量的比值为 0.82，当量厚度的比值为 0.27。进行无机结合料稳定层疲劳开裂分析时，计算该路面结构的温度调整系数最接近下列哪个选项？（　　）

(A)0.95　　(B)1.06

(C)1.17　　(D)1.23

10. 重庆市某新建二级公路，双向两车道，采用级配碎石基层沥青路面，面层与基层当量模量的比值为 0.79，当量厚度的比值为 0.28。进行公路路基顶面竖向压应变分析时，计算该路面结构的温度调整系数最接近下列哪个选项？（　　）

(A)0.89　　(B)0.97

(C)1.07　　(D)1.15

11. 公路自然区划Ⅳ区新建高速公路，双向六车道，路基宽度 33.50m，路面结构采用水泥稳定级配碎石基层沥青路面，沥青混合料层厚度为 20cm，沥青混合料 20℃时的动态压缩模量为 10000MPa，沥青饱和度为 65%。进行沥青混合料层的疲劳开裂分析时温度调整系数为 1.27，根据弹性层状体系理论计算得沥青混合料层层底拉应变为 103.9με。则该公路沥青混合料层疲劳开裂寿命最接近下列哪个选项？（　　）

(A)1.98×10^{5} 轴次　　(B)2.98×10^{5} 轴次

(C)1.98×10^{6} 轴次　　(D)2.98×10^{6} 轴次

12. 公路自然区划V_2区新建一级公路，双向六车道，路基宽度 33.50m，路面结构采用沥青路面，具体设计资料如表所示。无机结合料稳定层疲劳开裂分析时温度调整系数为 1.14，弯拉强度为 1.8MPa，根据弹性层状体系理论计算得无机结合料稳定层的层底拉应力为 0.25MPa。则该公路无机结合料层的疲劳开裂寿命最接近下列哪一项？（　　）

路面设计资料

结构层	材料类型	厚度(mm)
面层	AC16 沥青混凝土	50
	AC20 沥青混凝土	70
	AC25 沥青混凝土	80
基层	水泥稳定级配碎石	360
底基层	级配碎石	200

(A)1.77×10^{8}轴次　　(B)2.77×10^{8}轴次

(C)1.77×10^{9}轴次　　(D)2.77×10^{9}轴次

13. 公路自然区划V_3区新建二级公路,双向两车道,路基宽度12m,采用级配碎石基层沥青路面,具体设计资料如表所示,当量设计轴载累计作用次数为1.4×10^{7}次。路基顶面竖向压应变分析时温度调整系数为1.11。则该公路路基顶面的容许竖向压应变最接近下列哪个选项? (　　)

路面设计资料

结构层	材料类型	厚度(mm)	结构层模量(MPa)
面层	AC13 沥青混凝土	40	9000
	AC25 沥青混凝土	80	10000
基层	级配碎石	300	500
底基层	级配碎石	200	300

(A)167με　　(B)189με

(C)304με　　(D)336με

参考答案及解析

一、单项选择题

1. **[答案]**B

[解析]根据《公路沥青路面设计规范》(JTG D50—2017)第3.0.2条。新建高速公路、一级公路路面结构设计使用年限为15年。

2. **[答案]**C

[解析]根据《公路沥青路面设计规范》(JTG D50—2017)第3.0.6条。二级公路低温开裂指数不大于5。

3.［答案］C

［解析］根据《公路沥青路面设计规范》(JTG D50—2017)第4.6.3条。无机结合料稳定类或冷再生类材料结构层与沥青结合料类结构层之间宜设置封层，封层可采用单层沥青表面处治或稀浆封层等。

4.［答案］B

［解析］根据《公路沥青路面设计规范》(JTG D50—2017)第4.4.2条。级配碎石适用于重及重以下交通荷载等级的基层、各交通荷载等级的底基层。

5.［答案］C

［解析］根据《公路沥青路面设计规范》(JTG D50—2017)第4.5.4条。连续级配沥青混合料和沥青玛蹄脂碎石混合料的结构层厚度不宜小于集料公称最大粒径的2.5倍。

6.［答案］B

［解析］根据《公路沥青路面设计规范》(JTG D50—2017)第5.3.7条。粒料层的回弹模量在结构验算时应采用粒料回弹模量乘以湿度调整系数后得到，湿度调整系数可在1.6 ~ 2.0范围内选取。

7.［答案］B

［解析］根据《公路沥青路面设计规范》(JTG D50—2017)第5.4.2条。水泥稳定类材料水泥剂量宜为3.0% ~6.0%。

8.［答案］A

［解析］根据《公路沥青路面设计规范》(JTG D50—2017)第5.4.6条。结构验算时，无机结合料稳定类材料弹性模量应乘以结构层模量调整系数0.5。

9.［答案］B

［解析］根据《公路沥青路面设计规范》(JTG D50—2017)第5.4.7条。冻土地区高速公路和一级公路的石灰粉煤灰稳定类基层，应按现行《公路工程无机结合料稳定材料实验规程》(JTG E51—2009)的有关规定进行材料抗冻性能检验，其残留抗压强度比应符合要求。

10.［答案］C

［解析］根据《公路沥青路面设计规范》(JTG D50—2017)第6.1.1条。路面结构力学指标计算应采用双圆均布垂直荷载作用下的弹性层状连续体系理论。

11.［答案］A

［解析］根据《公路沥青路面设计规范》(JTG D50—2017)第6.2.1条。水泥混凝土基层沥青路面的设计指标为沥青混合料永久变形量。

12.［答案］D

［解析］根据《公路沥青路面设计规范》(JTG D50—2017)第6.2.1条。粒料类底基层沥青混合料类基层沥青路面的设计指标包括沥青混合料层层底拉应变、沥青混合料层永久变形量、路基顶面竖向压应变；无机结合料稳定类底基层沥青混合料基层沥青路面的设计指标包括沥青混合料层永久变形量和无机混合料稳定层层底拉应力。

13.［答案］B

［解析］根据《公路沥青路面设计规范》(JTG D50—2017)第6.2.2条。路面结构验算时，沥青混合料层层底拉应变设计指标对应的力学响应为沿行车方向的水平拉应变。

14.［答案］C

［解析］根据《公路沥青路面设计规范》(JTG D50—2017)第6.2.2条。路面结构验算时，沥青混合料层永久变形量设计指标对应的力学响应为竖向压应力。

15.［答案］A

［解析］根据《公路沥青路面设计规范》(JTG D50—2017)第7.4.4条。既有路面破损严重且结构性能不足时，无论采用直接加铺方案还是采用铣刨至某一结构层再加铺方案，均应对加铺层进行结构验算。既有路面或铣刨后留用的路面结构层不再进行结构验算。

16.［答案］D

［解析］根据《公路沥青路面设计规范》(JTG D50—2017)第B.1.1条。进行沥青混合料层疲劳开裂验算时，沥青混合料的压缩模量应采用20℃时的动态压缩模量。

17.［答案］C

［解析］根据《公路沥青路面设计规范》(JTG D50—2017)第B.3.4条。满足沥青混合料层容许永久变形量要求的沥青混合料，尚应满足标准车辙试验的动稳定度要求。

18.［答案］C

［解析］根据《公路沥青路面设计规范》(JTG D50—2017)第B.3.4条。

$DS = 9365R_0^{-1.48} = 9365 \times 5^{-1.48} = 865$ 次/mm

19.［答案］D

[解析]根据《公路沥青路面设计规范》(JTG D50—2017)第B.5.2条。沥青路面的低温开裂指数值不满足要求时,应改变所选用的沥青材料,直至满足要求。

20.[答案]B

[解析]根据《公路沥青路面设计规范》(JTG D50—2017)第B.7.1条。

$$p = \frac{P}{A^2} = \frac{50 \times 1000}{\pi \times 150^2} = 0.707\text{MPa}$$

$$l_g = \frac{176pr}{E_0} = \frac{176 \times 0.707 \times 150}{40} = 467(0.01\text{mm})$$

21.[答案]B

[解析]根据《公路沥青路面设计规范》(JTG D50—2017)第C.0.2条。结构层厚度应根据交通荷载等级、路基承载能力等因素选择。交通荷载等级高、路基承载能力弱时宜取靠近高限的厚度或参照高一个交通荷载等级的路面厚度范围,反之可靠近低限取值或参照低一个交通荷载等级的路面厚度范围。

22.[答案]B

[解析]根据《公路沥青路面设计规范》(JTG D50—2017)第B.6.1条。

$$Z_{max} = abcZ_d = 1.35 \times 0.95 \times 1.05Z_d = 1.347Z_d$$

二、多项选择题

1.[答案]CD

[解析]根据《公路沥青路面设计规范》(JTG D50—2017)第4.2.6条。当采用无机结合料稳定类基层时,可采取下列一种或多种措施减少基层收缩开裂和路面反射裂缝:①选用抗裂性好的无机结合料稳定类基层。②增加沥青混合料层厚度,或在无机结合料稳定类基层上设置沥青碎石层或级配碎石层。③在无机结合料稳定类基层上设置改性沥青应力吸收层或敷设土工合成材料。

2.[答案]ABC

[解析]根据《公路沥青路面设计规范》(JTG D50—2017)第5.2.2条。路基顶面回弹模量不满足要求时,应采取改变填料、设置粒料类或无机结合料稳定类路基改善层,或采用石灰或水泥处理等措施提高路基顶面回弹模量。

3.[答案]BD

[解析]根据《公路沥青路面设计规范》(JTG D50—2017)第5.4.5条。选项A错误,测试时水泥稳定类、水泥粉煤灰稳定类材料试件的龄期应为90d,石灰稳定类、石灰粉煤灰稳定类材料试件的龄期应为180d;选项C错误,水平一确定无机结合料稳定类材料弯拉强度和弹

性模量,按规范应采用中间段法单轴压缩试验测定。

4.[答案]ABC

[解析]根据《公路沥青路面设计规范》(JTG D50—2017)第5.5.2条和第5.5.4条。选项D错误,表面层沥青混合料公称最大粒径不宜大于16.0mm,中面层和下面层沥青混合料公称最大粒径不宜小于16.0mm,基层沥青碎石公称最大粒径不宜小于26.5mm。

5.[答案]BCD

[解析]根据《公路沥青路面设计规范》(JTG D50—2017)第5.5.10条。选项A错误,沥青混合料水稳定性不满足要求时,可采取掺入消石灰、水泥或抗剥落剂,或更换集料等措施。

6.[答案]AB

[解析]根据《公路沥青路面设计规范》(JTG D50—2017)第6.2.1条。无机结合料稳定类基层沥青路面的设计指标包括无机结合料稳定层层底拉应力和沥青混合料层永久变形量。

7.[答案]ABD

[解析]根据《公路沥青路面设计规范》(JTG D50—2017)第7.4.3条。既有路面破损不严重且结构性能较好,采用直接加铺方案或铣刨至某一结构层再加铺方案时,应同时对既有路面结构层和加铺层进行结构验算。加铺层的设计参数应按新建路面结构确定。

8.[答案]AD

[解析]根据《公路沥青路面设计规范》(JTG D50—2017)第5.5.7条。选项B错误,高速公路和一级公路沥青混合料应在规定的试验条件下进行车辙试验,二级公路可参照执行。根据第3.0.6条条文说明,选项C错误,无机结合料稳定类基层沥青路面车辙主要有沥青混合料永久变形产生。

9.[答案]CD

[解析]根据《公路沥青路面设计规范》(JTG D50—2017)第B.7.1条~第B.7.4条。选项A错误,路基顶面及路表需进行弯沉检测和验收,其他结构层不做要求。选项B错误,弯沉宜采用落锤式弯沉仪进行检测。

10.[答案]AD

[解析]根据《公路沥青路面设计规范》(JTG D50—2017)第4.6.1条、第B.6.1条和第B.6.2条。选项A错误,防冻层厚度按规范验算确定。选项D错误,公路多年最大冻深是由大地多年最大冻深乘以路基湿度系数、各层材料热物性系数、路基断面形式系数得到。

11.[答案]AC

[解析]根据《公路沥青路面设计规范》(JTG D50—2017)第3.0.7条。高速公路、一

级公路以及山岭重丘区二级和三级公路的路面在交工验收时，其抗滑技术指标应满足相应的技术要求。

12.［答案］AD

［解析］根据《公路沥青路面设计规范》(JTG D50—2017)第4.2.1条条文说明。无机结合料稳定类基层沥青路面承载能力高，适用于各种交通荷载等级，主要病害是无机结合料稳定层疲劳开裂和面层反射裂缝。

13.［答案］BCD

［解析］根据《公路沥青路面设计规范》(JTG D50—2017)第4.6.4条。极重、特重和重交通荷载等级路面的黏层宜采用改性乳化沥青、道路石油沥青或改性沥青。中等或轻交通荷载等级路面的黏层可选用改性沥青。

14.［答案］BC

［解析］根据《公路沥青路面设计规范》(JTG D50—2017)第5.1.4条。高速公路和一级公路的施工图设计阶段宜采用水平一，其他设计阶段可采用水平二或水平三；二级及二级以下公路可采用水平二或水平三。

15.［答案］ACD

［解析］按网络结构中嵌挤成分和密实成分所占比例不同，沥青混合料的组成结构形态有密实悬浮结构、骨架空隙结构、密实骨架结构。

16.［答案］ACD

［解析］沥青路面的疲劳寿命除了受荷载条件的影响外，还受到材料性质和环境变量的影响。

17.［答案］ABD

［解析］根据《公路沥青路面设计规范》(JTG D50—2017)第6.3.2条。选项C错误，沥青面层采用20℃、10Hz条件下的动态弹性模量，沥青类基层采用20℃、5Hz条件下的动态弹性模量。

18.［答案］BD

［解析］根据《公路沥青路面设计规范》(JTG D50—2017)第7.3.2条。选项B错误，既有路面破损严重或结构性能不足的路段，宜采用整体性处理方式；根据第7.3.5条，选项D错误，加铺层与既有路面间应采取设置黏层或封层等层间结合措施。

19.［答案］ABD

［解析］根据《公路沥青路面设计规范》(JTG D50—2017)第4.2.3条。选项C错误，

沥青结合料类基层沥青路面适用于各种交通荷载等级。

20. [答案]ABD

[解析]根据《公路沥青路面设计规范》(JTG D50—2017)第4.5.2条。选项C错误,上拌下贯沥青碎石适用于中等、轻交通荷载等级的面层。

21. [答案]ABC

[解析]根据《公路沥青路面设计规范》(JTG D50—2017)第3.0.6条和第B.5.1条。选项A错误,路面低温设计温度为连续10年年最低气温平均值。选项B错误,高速公路一级公路低温开裂指数要求不大于3。选项D错误,竣工验收时100m调查单元内横向裂缝条数,贯穿全幅的裂缝按1条计,未贯穿且长度超过一个车道宽度的裂缝按0.5条计,不超过一个车道宽度的裂缝不计入。

三、案例题

1. [答案]C

[解析]《公路沥青路面设计规范》(JTG D50—2017)第B.7.4条。

$$E_0 = K_S \cdot M_R = 0.95 \times 80 = 76.0\text{MPa}$$

$$h_a = 40 + 60 + 80 = 180\text{mm}$$

$$K_3 = e^{[9\times10^{-6}(\ln E_0 - 1)h_a + 4\times10^{-3}](20-T)}$$

$$= e^{[9\times10^{-6}\times(\ln 76.0-1)\times180+4\times10^{-3}]\times(20-16)} = 1.038$$

2. [答案]B

[解析]《公路沥青路面设计规范》(JTG D50—2017)第B.7.1条。

$$p = \frac{P}{A} = \frac{50\times1000}{\pi\times150^2} = 0.707\text{MPa}$$

$$E_0 = K_S \cdot M_R = 1.1\times75 = 82.5\text{MPa}$$

$$l_g = \frac{176pr}{E_0} = \frac{176\times0.707\times150}{82.5} = 226.4(0.01\text{mm})$$

注:计算路基顶面验收弯沉值时,采用路基平衡湿度状态下的顶面当量回弹模量,即只考虑湿度调整系数,不考虑干湿与冻融循环作用后的模量折减,详见第B.7.1~B.7.2条条文说明。

3. [答案]B

[解析]《公路沥青路面设计规范》(JTG D50—2017)第7.4.4条。

$$p = \frac{P}{A} = \frac{50\times1000}{\pi\times150^2} = 0.707\ \text{MPa}$$

$$E_d = \frac{176pr}{l_0} = \frac{176\times0.707\times150}{207.5} = 90\text{MPa}$$

4. [答案]A

[解析]《公路沥青路面设计规范》(JTG D50—2017)第3.0.6条和第5.5.8条。

$$\psi_s = (0.52h_a^{-0.003} - 317.59h_b^{-1.32})E_b^{0.1}$$
$$= (0.52 \times 180^{-0.003} - 317.59 \times 350^{-1.32}) \times 24000^{0.1}$$
$$= 1.022$$

查表3.0.6-1,$[R_a] = 15\text{mm}$

$$R'_{TS} = \left(\frac{0.31\lg N_{e5} - 0.68}{\lg[R_a] - 1.31\lg T_d - \lg\psi_s + 2.50}\right)^{1.86}$$
$$= \left(\frac{0.31\lg 46200000 - 0.68}{\lg 15 - 1.31\lg 18.4 - \lg 1.022 + 2.50}\right)^{1.86}$$
$$= 0.730\text{MPa}$$

5. [答案]B

[解析]《公路沥青路面设计规范》(JTG D50—2017)第3.0.6条和第5.5.9条。

$$\psi_g = 20.16h_a^{-0.642} + 820916h_b^{-2.84}$$
$$= 20.16 \times 180^{-0.642} + 820916 \times 600^{-2.84}$$
$$= 0.729$$

查表3.0.6-1,$[R_a] = 15\text{mm}$

$$R'_{TS} = \left(\frac{0.35\lg N_{e5} - 1.16}{\lg[R_a] - 1.62\lg T_d - \lg\psi_g + 2.76}\right)^{1.38}$$
$$= \left(\frac{0.35\lg 32500000 - 1.16}{\lg 15 - 1.62\lg 20.8 - \lg 0.729 + 2.76}\right)^{1.38}$$
$$= 0.682\text{MPa}$$

6. [答案]B

[解析]《公路沥青路面设计规范》(JTG D50—2017)第G.1.1条。

$$h_a^* = h_{a1} + h_{a2} = 40 + 60 = 100\text{mm}$$

$$E_a^* = \frac{E_{a1}h_{a1}^3 + E_{a2}h_{a2}^3}{(h_{a1} + h_{a2})^3} + \frac{3}{h_{a1} + h_{a2}}\left(\frac{1}{E_{a1}h_{a1}} + \frac{1}{E_{a2}h_{a2}}\right)^{-1}$$
$$= \frac{10000 \times 40^3 + 9000 \times 60^3}{(40 + 60)^3} + \frac{3}{40 + 60}\left(\frac{1}{10000 \times 40} + \frac{1}{9000 \times 60}\right)^{-1}$$
$$= 9478\text{MPa}$$

7. [答案]D

[解析]《公路沥青路面设计规范》(JTG D50—2017)第G.1.1条。

$$h_b^* = h_{b1} + h_{b2} = 360 + 200 = 560\text{mm}$$

$$E_b^* = \frac{E_{b1}h_{b1}^3 + E_{b2}h_{b2}^3}{(h_{b1} + h_{b2})^3} + \frac{3}{h_{b1} + h_{b2}}\left(\frac{1}{E_{b1}h_{b1}} + \frac{1}{E_{b2}h_{b2}}\right)^{-1}$$

$$= \frac{12000 \times 360^3 + 300 \times 200^3}{(360 + 200)^3} + \frac{3}{360 + 200}\left(\frac{1}{12000 \times 360} + \frac{1}{300 \times 200}\right)^{-1}$$

$$= 3519\text{MPa}$$

8.［答案］C

［解析］《公路沥青路面设计规范》(JTG D50—2017)第 G.1.2 条和第 G.1.3 条。查表 G.1.2，得北京市基准路面结构温度调整系数 $\hat{k}_{T1} = 1.23$。

$A_E = 0.76\lambda_E^{0.09} = 0.76 \times 0.80^{0.09} = 0.74$

$A_h = 1.14\lambda_h^{0.17} = 1.14 \times 0.25^{0.17} = 0.90$

$B_E = 0.14\ln(\lambda_E/20) = 0.14 \times \ln(0.80/20) = -0.45$

$B_h = 0.23\ln(\lambda_E/0.45) = 0.23 \times \ln(0.25/0.45) = -0.14$

$K_{T1} = A_h A_E \hat{k}_{T1}^{1+B_h+B_E} = 0.90 \times 0.74 \times 1.23^{1-0.14-0.45} = 0.73$

9.［答案］B

［解析］《公路沥青路面设计规范》(JTG D50—2017)第 G.1.2 条和第 G.1.3 条。查表 G.1.2，得上海市基准路面结构温度调整系数 $\hat{k}_{T2} = 1.38$。

$A_E = 0.10\lambda_E + 0.89 = 0.10 \times 0.82 + 0.89 = 0.97$

$A_h = 0.73\lambda_h + 0.67 = 0.73 \times 0.27 + 0.67 = 0.87$

$B_E = 0.15\ln(\lambda_E/1.14) = 0.15 \times \ln(0.82/1.14) = -0.049$

$B_h = 0.44\ln(\lambda_h/0.45) = 0.44 \times \ln(0.27/0.45) = -0.22$

$K_{T2} = A_h A_E \hat{k}_{T2}^{1+B_h+B_E} = 0.87 \times 0.97 \times 1.38^{1-0.22-0.049} = 1.06$

10.［答案］A

［解析］《公路沥青路面设计规范》(JTG D50—2017)第 G.1.2 条和第 G.1.3 条。查表 G.1.2，得重庆市基准路面结构温度调整系数 $\hat{k}_{T3} = 1.31$。

$A_E = 0.006\lambda_E + 0.89 = 0.006 \times 0.79 + 0.89 = 0.895$

$A_h = 0.67\lambda_h + 0.70 = 0.67 \times 0.28 + 0.70 = 0.89$

$B_E = 0.12\ln(\lambda_E/20) = 0.12 \times \ln(0.79/20) = -0.39$

$B_h = 0.38\ln(\lambda_h/0.45) = 0.38 \times \ln(0.28/0.45) = -0.18$

$K_{T3} = A_h A_E \hat{k}_{T3}^{1+B_h+B_E} = 0.89 \times 0.895 \times 1.31^{1-0.18-0.39} = 0.89$

11.［答案］D

［解析］《公路沥青路面设计规范》(JTG D50—2017)第 3.0.1 条和第 B.1.1 条。

$$k_b = \left[\frac{1 + 0.3E_a^{0.43}(VFA)^{-0.85}e^{0.024h_a-5.41}}{1 + e^{0.024h_a-5.41}}\right]^{3.33}$$

$$= \left[\frac{1 + 0.3 \times 10000^{0.43} \times 65^{-0.85} \times e^{0.024\times200-5.41}}{1 + e^{0.024\times200-5.41}}\right]^{3.33}$$

$$= 0.49$$

查表 B.1.1，$k_a = 1.00$；查表 3.0.1，$\beta = 1.65$

$$N_{f1} = 6.32 \times 10^{15.96-0.29\beta} k_a k_b k_{T1}^{-1} \left(\frac{1}{\varepsilon_a}\right)^{3.97} \left(\frac{1}{E_a}\right)^{1.58} (VFA)^{2.72}$$

$$= 6.32 \times 10^{15.96-0.29\times1.65} \times 1.00 \times 0.49 \times 1.27^{-1} \times \left(\frac{1}{103.9}\right)^{3.97} \times \left(\frac{1}{10000}\right)^{1.58} \times 65^{2.72}$$

$= 2.98 \times 10^6$ 轴次

12. [**答案**]D

[**解析**]《公路沥青路面设计规范》(JTG D50—2017) 第 B.1.1 条、第 B.2.1 条和第 3.0.1 条。

查表 B.2.1-1，$c_1 = 14.0$，$c_2 = -0.0076$，$c_3 = -1.47$

$$k_c = c_1 e^{c_2(h_a+h_b)} + c_3 = 14.0 \times e^{-0.0076\times(200+360)} - 1.47 = -1.27$$

查表 B.2.1-2，$a = 13.24$，$b = 12.52$；查表 B.1.1，$k_a = 1.00$；查表 3.0.1，$\beta = 1.28$

$$N_{f2} = k_a k_{T2}^{-1} 10^{a-b\frac{\sigma_t}{R_s}+k_c-0.57\beta} = 1.00 \times 1.14^{-1} \times 10^{13.24-12.52\times\frac{0.25}{1.8}-1.27-0.57\times1.28}$$

$= 2.77 \times 10^9$ 轴次

13. [**答案**]C

[**解析**]《公路沥青路面设计规范》(JTG D50—2017) 第 B.4.1 条和第 3.0.1 条。

查表 3.0.1，$\beta = 1.04$

$$[\varepsilon_z] = 1.25 \times 10^{4-0.1\beta} (k_{T3} N_{e4})^{-0.21} = 1.25 \times 10^{4-0.1\times1.04} \times (1.11 \times 1.4 \times 10^7)^{-0.21} = 303.9\mu\varepsilon$$

第三节　水泥混凝土路面

本节考纲

1. 掌握水泥混凝土路面的种类、特点；水泥混凝土路面设计的内容；水泥混凝土路面结构组合设计。

2. 熟悉水泥混凝土路面平面布置与接缝设计；水泥混凝土路面厚度设计；水泥混凝土路面加铺层设计。

3. 了解水泥混凝土路面设计理论与方法。

复习要点

水泥混凝土路面类型及特点和适用性；水泥混凝土路面面层与基层和底基层的结构要求、厚度要求、材料要求；接缝类型和接缝构造；接缝钢筋作用及设置；混凝土面层配筋的目的和要求；混凝土面板的构造和端部处理；水泥混凝土路面设计参数、设计理论和力学模型；单层板、双层板和复合板荷载应力和温度应力计算；水泥混凝土路面板厚设计；水泥混凝土路面加铺层设计等。

典型习题

一、单项选择题

1. 面层内横向不设缩缝的水泥混凝土路面是下列哪个选项？（　　）
(A)普通水泥混凝土路面　(B)钢筋混凝土路面
(C)连续配筋混凝土路面　(D)钢纤维混凝土路面

2. 在所有条件相同的情况下，路面板厚度最小的是下列哪个选项？（　　）
(A)普通水泥混凝土路面　(B)钢筋混凝土路面
(C)连续配筋混凝土路面　(D)钢纤维混凝土路面

3. 水泥混凝土路面结构分析理论应采用下列哪个选项？（　　）
(A)弹性层状体系理论　(B)弹性地基板理论
(C)塑性层状体系理论　(D)塑性地基板理论

4. 水泥混凝土路面结构设计标准应为下列哪个选项？（　　）
(A)在行车荷载作用下，不产生疲劳断裂
(B)在温度梯度作用下，不产生疲劳断裂
(C)在行车荷载和温度梯度综合作用下，不产生疲劳断裂
(D)在最重轴载和最大温度梯度综合作用下，不产生极限断裂

5. 中等交通荷载等级的水泥混凝土弯拉强度标准值不得低于下列哪个选项？（　　）
(A)4.0MPa　(B)4.5MPa
(C)5.0MPa　(D)5.5MPa

6. 碾压混凝土基层上应铺设沥青混凝土夹层，层厚不宜小于下列哪个选项？（　　）
(A)20mm　(B)20cm
(C)40mm　(D)40cm

7. 下列关于混凝土路面横向胀缝设计说法正确的是哪个选项？（　　）
(A)胀缝可设置为不设传力杆的假缝形式
(B)在邻近桥梁或其他固定构造物时，应尽量不设胀缝
(C)胀缝应尽量少设或不设，但当板厚尺寸≥20cm，并在夏季施工时，必须设置胀缝
(D)在与其他类型路面相连接处、板厚变化处、隧道口、小半径曲线处均应设置胀缝

8. 下图属于下列哪个选项的接缝构造图？（　　）
(A)纵向施工缝　(B)纵向缩缝

(C)横向施工缝　　(D)横向胀缝

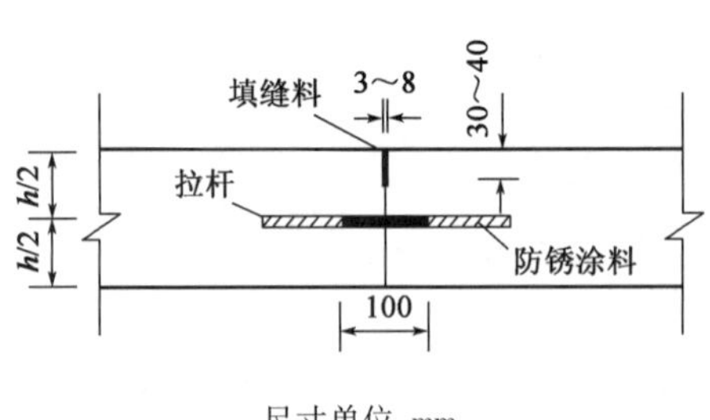

尺寸单位:mm

9. 普通水泥混凝土路面一次铺筑宽度大于4.5m时,应设置下列哪个选项的接缝类型? ( )

(A)纵向施工缝　　(B)纵向缩缝

(C)横向施工缝　　(D)横向胀缝

10. 设在缩缝处的横向施工缝,应采用下列哪个选项的接缝形式? ( )

(A)加拉杆假缝形式　　(B)加传力杆假缝形式

(C)加拉杆平缝形式　　(D)加传力杆平缝形式

11. 水泥混凝土路面横向缩缝顶部应锯切槽口,设置传力杆时槽口深度宜为面层厚度的下列哪个选项? ( )

(A)1/6~1/5　　(B)1/5~1/4

(C)1/4~1/3　　(D)1/3~1/2

12. 水泥混凝土路面板接缝中,传力杆的钢筋类型应采用下列哪个选项? ( )

(A)螺纹钢筋　　(B)型钢

(C)光圆钢筋　　(D)角钢

13. 钢筋混凝土路面是指面层内配置纵、横向钢筋或钢筋网并设接缝的水泥混凝土路面,关于钢筋混凝土面层配筋,下列哪个选项的说法是正确的? ( )

(A)横向钢筋应位于纵向钢筋之上

(B)纵横向钢筋均应采用光圆钢筋

(C)纵横向钢筋均应采用螺纹钢筋

(D)纵横向钢筋可采用直径相同的钢筋

14. 连续配筋混凝土路面是指面层内配置纵向连续钢筋和横向钢筋,横向不设缩缝的水泥混凝土路面,关于连续配筋混凝土面层配筋,下列哪个选项的说法是错误的? ( )

(A)横向钢筋应位于纵向钢筋之下

(B)纵横向钢筋均应采用光圆钢筋

(C)纵横向钢筋均应采用螺纹钢筋

(D)纵横向钢筋可采用直径相同的钢筋

15. 路面结构可采用弹性地基双层板模型进行分析的是下列哪个选项？（　）

(A)粒料基层上混凝土面层

(B)旧沥青路面加铺混凝土面层

(C)无机结合料类基层上混凝土面层

(D)旧混凝土路面上加铺结合式混凝土面层

16. 水泥混凝土面层板临界荷位位于下列哪个选项？（　）

(A)横缝边缘中部　　(B)面板中心

(C)纵缝边缘中部　　(D)面板板角

17. 水泥混凝土面层下基层的首要要求是下列哪个选项？（　）

(A)强度与刚度　　(B)平整度

(C)抗冲刷能力　　(D)耐久性

18. 水泥混凝土路面纵向接缝的间距(即板宽)的合理范围是下列哪个选项？（　）

(A)3.0～4.5m　　(B)3.5～4.5m

(C)4.0～5.0m　　(D)4.5～5.5m

19. 普通水泥混凝土面层板的长宽比不宜超过下列哪个选项？（　）

(A)1.10　　(B)1.25　　(C)1.35　　(D)1.50

20. 混凝土面层下采用贫混凝土基层时，下列叙述中错误的是哪个选项？（　）

(A)主要的目的是为了增加基层的抗冲刷能力

(B)高强度的贫混凝土能大幅度降低面层厚度

(C)高强度的贫混凝土会增加面层的温度翘曲应力

(D)贫混凝土 28d 弯拉强度标准值宜控制在 2.0～2.5MPa

二、多项选择题

1. 不宜用在高速公路和一级公路路面面层的有下列哪些选项？（　）

(A)贫混凝土　　(B)预应力混凝土

(C)碾压混凝土　　(D)钢纤维混凝土

2. 关于基层和底基层设置，下列哪些选项的说法是正确的？（　）

(A)承受极重、特重或重交通荷载的路面，基层下应设置底基层

(B)承受中等或轻交通荷载时，可不设底基层

(C)无机结合料稳定类材料基层下应设置粒料类底基层

(D)无机结合料稳定碎石基层上应设置封层

3.某一级公路路基为低透水性细粒土,处于湿润多雨地区,现拟订基层结构类型,较为合理的方案有下列哪些选项? ( )

(A)20cm 厚开级配水泥稳定碎石基层+20cm 厚密级配碎石底基层

(B)20cm 厚开级配水泥稳定碎石基层+20cm 厚密级配水泥稳定碎石底基层

(C)10cm 厚开级配沥青稳定碎石基层+20cm 厚密级配水泥稳定碎石底基层

(D)10cm 厚开级配沥青稳定碎石基层+20cm 厚开级配水泥稳定碎石底基层

4.下列哪些选项应采用接缝设置传力杆的钢筋混凝土面层? ( )

(A)路面结构下埋有地下设施时

(B)当面层板的平面尺寸较小时

(C)当面层板的平面形状不规则时

(D)有可能产生不均匀沉降的路基段时

5.关于路肩与行车道面层,下列哪些选项的说法是错误的? ( )

(A)行车道混凝土面层宜宽出外侧车道边缘线1.0m

(B)中等交通荷载以上等级公路路肩面层应采用沥青表面处治

(C)路肩混凝土面层与行车道混凝土面层应设置拉杆相连,二者的横向缩缝应连通

(D)路肩铺面的面层、基层和底基层应采用与行车道路面结构相同的材料类型和厚度

6.水泥混凝土路面横向缩缝可采用下列哪些接缝形式? ( )

(A)加拉杆假缝形式

(B)不加拉杆假缝形式

(C)加传力杆假缝形式

(D)不加传力杆假缝形式

7.水泥混凝土路面纵向接缝的布设应视路面总宽度、行车道及硬路肩宽度以及施工铺筑宽度而定。关于纵向接缝,下列哪些选项的说法是正确的? ( )

(A)纵缝应与路线中线平行

(B)一次铺筑宽度大于4.5m时,应设置纵向缩缝

(C)一次铺筑宽度小于4.5m时,应设置纵向施工缝

(D)行车道路面与混凝土硬路肩之间的纵向接缝必须设置拉杆

8.水泥混凝土路面横向缩缝可等间距或变间距布置,下列哪些情况应采用设传力杆假缝形式? ( )

(A)收费广场的横向缩缝

(B)中等或轻交通荷载公路邻近胀缝的3条横向缩缝

(C)中等或轻交通荷载公路邻近自由端部的3条横向缩缝

(D)极重、特重和重交通荷载公路邻近自由端部的3条横向缩缝

9. 关于水泥混凝土路面纵向接缝，下列哪些说法是错误的？　　（　　）

(A)一次铺筑宽度小于路面宽度时，应设置纵向缩缝

(B)一次铺筑宽度大于4.5m时，应设置纵向施工缝

(C)纵向缩缝应采用设拉杆假缝形式，拉杆采用光圆钢筋，并设在板中央

(D)行车道路面与混凝土硬路肩之间的纵向接缝必须设置拉杆

10. 关于水泥混凝土路面横向接缝，下列哪些说法是错误的？　　（　　）

(A)每日施工结束或临时原因中断施工时，都必须设置横向施工缝

(B)横向缩缝可等间距或变间距布置，且应采用平缝形式

(C)设在缩缝处的施工缝，其构造应与缩缝相同

(D)设在胀缝处的施工缝，其构造应与胀缝相同

11. 高速公路和一级公路宜选用下列哪些类型的填缝料？　　（　　）

(A)硅酮类　　(B)橡胶沥青类

(C)聚氨酯类　　(D)改性沥青类

12. 旧混凝土路面损坏状况的评定应采用下列哪些指标？　　（　　）

(A)断板率　　(B)接缝传荷能力

(C)弯沉值　　(D)平均错台量

13. 某设计院设计一条公路，采用了水泥混凝土路面和沥青混凝土路面两种路面结构形式，其中水泥混凝土路面结构示意图如图所示（尺寸单位：mm），为保证两种路面结构的有效衔接，下列哪些选项的过渡形式是正确的？　　（　　）

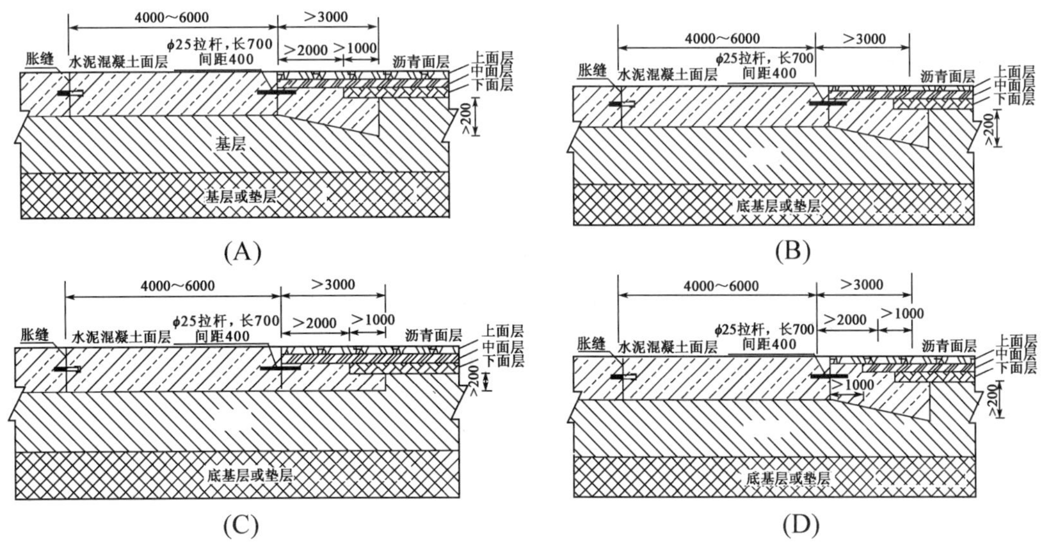

(A)　　(B)

(C)　　(D)

14. 路面结构可采用弹性地基单层板模型进行分析的是下列哪些选项？（　　）

(A)粒料类基层上混凝土面层

(B)沥青类基层上混凝土面层

(C)旧沥青路面加铺混凝土面层

(D)无机结合料类基层上混凝土面层

15. 关于普通水泥混凝土横向接缝的间距(即板长)说法,下列哪些选项是正确的？（　　）

(A)随面层厚度增加而增大

(B)随面层厚度增加而缩短

(C)随基层刚度增加而增大

(D)随基层刚度增加而缩短

16. 混凝土路面与桥涵、通道及隧道等固定构造物相衔接的胀缝无法设置传力杆时,下列哪些选项的处理措施是合理的？（　　）

(A)在毗邻构造物的板端部内配置单层钢筋网

(B)在毗邻构造物的板端部内配置双层钢筋网

(C)在长度为6~10倍板厚的范围内逐渐将板厚增加10%

(D)在长度为6~10倍板厚的范围内逐渐将板厚增加20%

三、案例题

1. 某三级公路处于季节性冰冻地区,路基属于中湿型高液限黏土,当地最大冰冻深度为1.5~2.0m,最小防冻要求厚度为0.5~0.7m,设计拟订的水泥混凝土板厚20cm,水泥稳定细粒土30cm,下列垫层拟订方案比较经济合理的是下列哪个选项？（　　）

(A)5cm　　(B)10cm

(C)15cm　　(D)25cm

2. 某公路设计标准轴载累计作用次数为2500×10^4次,路面结构采用水泥混凝土,在面板的自由端部,设计的接缝结构类型为下列哪个选项(图中尺寸单位为mm)？（　　）

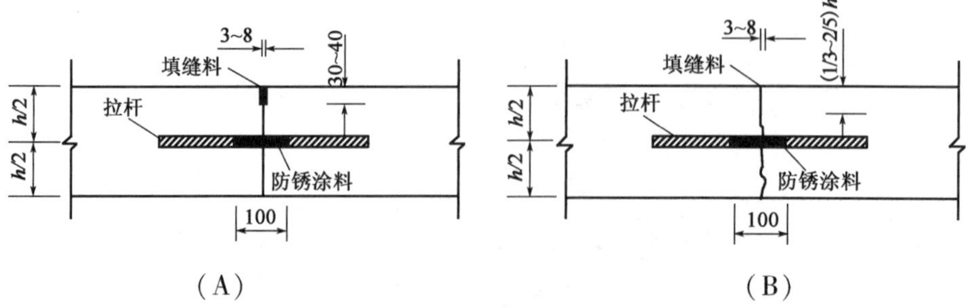

(A)　　(B)

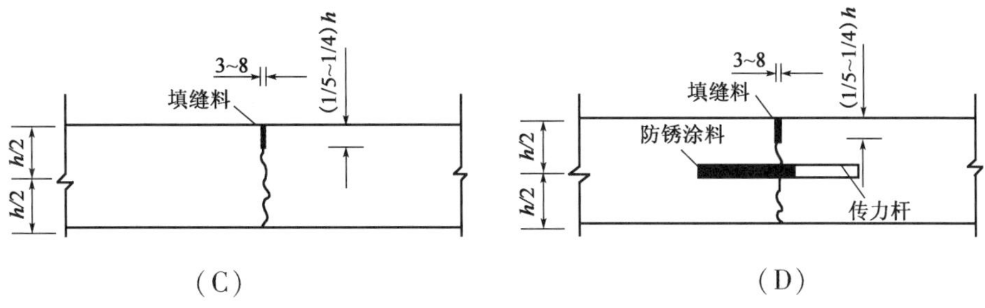

(C) (D)

3. 公路自然区划Ⅳ区拟新建一条一级公路，双向四车道，路面拟采用水泥混凝土路面，基层选用水泥稳定碎石。经交通调查得知，设计车道使用初期的设计轴载日作用次数为7000次，交通量平均增长率为5.5%。请分析该道路交通荷载等级属于下列哪个选项？（ ）

(A)极重交通荷载 (B)特重交通荷载

(C)重交通荷载 (D)中等交通荷载

4. 某地拟新建一条一级公路，经交通分析，属于重交通荷载等级，拟订路面结构组合如下：面层为水泥混凝土，基层为水泥稳定碎石，底基层为级配碎石，垫层为天然砂砾。进行结构分析时，该路面应采用下列哪个选项的力学模型？（ ）

(A)弹性地基单层板模型 (B)复合板模型

(C)弹性地基双层板模型 (D)结合板模型

5. 某二级公路，路面使用水泥混凝土面层，其中局部路段路面下埋设有地下设施，拟使用接缝设置传力杆的钢筋混凝土路面，钢筋混凝土面板横缝间距7m，面层厚220mm，基层使用水泥稳定砂砾。钢筋使用HPB300，直径15mm。计算钢筋混凝土面层的纵向钢筋配筋量最接近下列哪个选项？（ ）

(A)933mm^2 (B)756mm^2

(C)687mm^2 (D)569mm^2

6. 某旧水泥混凝土路面拟进行加铺层设计，现用弯沉测试法调查评定旧水泥混凝土路面面板的接缝传荷能力。测试结果部分数据如表所示。ω_u为未受荷载接缝边缘处的弯沉值，ω_l为受荷载接缝边缘处的弯沉值。判断该水泥混凝土路面的接缝传荷能力等级属于下列哪个选项？（ ）

弯沉检测数据

ω_u(mm)	ω_l(mm)	ω_u(mm)	ω_l(mm)
0.645	3.145	0.834	3.208
0.762	3.326	0.965	3.469

(A)优良 (B)中

(C)次 (D)差

7. 公路自然区划Ⅱ区拟新建一条二级公路,双向两车道,初拟采用普通水泥混凝土面层厚度为0.23m,弯拉强度要求4.5MPa,相应的弹性模量和泊松比分别为29GPa和0.15;基层选用级配碎石,厚0.20m,弹性模量300MPa。路床顶面综合回弹模量为65MPa。试求混凝土板底地基当量回弹模量最接近下列哪个选项? ( )

(A)105.3MPa (B)127.8MPa

(C)139.7MPa (D)156.1MPa

8. 西南地区新建一条二级公路,双向两车道,设计基准期内设计车道设计轴载累计作用次数为160万次,拟采用普通水泥混凝土面层,路面宽度10.0m,厚度为0.24m,弯拉强度要求4.5MPa,弹性模量和泊松比分别为29GPa和0.15;基层选用级配碎石,厚0.20m,弹性模量300MPa。路肩面层与行车道面层等厚并设拉杆相连。板底地基当量回弹模量为120MPa。确定路面板在临界荷位处产生的荷载应力最接近下列哪个选项? ( )

(A)0.96MPa (B)1.18MPa

(C)1.37MPa (D)1.65MPa

9. 西南地区新建一条一级公路,双向两车道,设计基准期内设计车道设计轴载累计作用次数为160万次,拟采用普通水泥混凝土面层,路面宽度10.0m,厚度为0.24m;基层选用级配碎石,厚0.20m,弹性模量300MPa。路肩面层与行车道面层等厚并设拉杆相连。路面板在临界荷位处产生的荷载应力为2.03MPa。确定路面板在临界荷位处产生的荷载疲劳应力最接近下列哪个选项? ( )

(A)4.07MPa (B)4.39MPa

(C)4.58MPa (D)5.17MPa

10. 公路自然区划Ⅳ区新建一条二级公路,拟采用普通水泥混凝土面层,路面宽度10.0m,初拟路面厚度为0.24m,弯拉强度要求4.5MPa,弯拉弹性模量和泊松比分别为29GPa和0.15;基层选用级配碎石,厚0.20m,弹性模量300MPa,混凝土面层板的相对刚度半径为0.78。当地的粗集料以花岗岩为主,经交通调查属中等交通荷载等级。混凝土面板平面尺寸为4.5m×3.5m,纵缝为设拉杆平缝形式。横缝为不设传力杆假缝形式。确定面板的最大温度应力最接近下列哪个选项? ( )

(A)1.02MPa (B)1.22MPa

(C)1.42MPa (D)1.62MPa

11. 公路自然区划Ⅴ区拟新建一条一级公路,拟采用普通水泥混凝土面层,面层弯拉强度要求5.0MPa,当地的粗集料以花岗岩为主,经计算面层最大温度应力为1.79MPa。试求面板最大温度疲劳应力最接近下列哪个选项? ( )

(A)0.65MPa (B)0.81MPa

(C)0.97MPa (D)1.12MPa

12. 西南地区新建一条一级公路，路面拟采用普通水泥混凝土面层，路面宽度 22.5m，初拟路面厚度为 0.26m，弯拉强度要求 5.0MPa，弯拉弹性模量和泊松比分别为 29GPa 和 0.15；基层选用水泥稳定碎石，厚 0.20m，弹性模量 2000MPa，底基层选用级配碎石，弹性模量 250MPa，厚 0.18m。路床顶面综合回弹模量为 80MPa。试求混凝土板底地基当量回弹模量最接近下列哪个选项？（　　）

(A) 105MPa　　(B) 120MPa

(C) 120MPa　　(D) 125MPa

13. 某高速公路，位于公路自然区划Ⅴ区，设计轴载 100kN，最重轴载 250kN。路面拟采用普通水泥混凝土面层，路面宽度 26.5m，初拟路面厚度为 0.26m，弯拉强度要求 5.5MPa，弯拉弹性模量和泊松比分别为 31GPa 和 0.15；基层选用碾压混凝土，厚 0.20m，弯拉弹性模量 27GPa，泊松比 0.15，面层与基层之间设置 40mm 厚的沥青混凝土夹层，底基层选用级配碎石，弹性模量 250MPa，厚 0.20m。路肩面层与行车道面层等厚并设拉杆相连。板底地基当量回弹模量为 120MPa。试求混凝土面层最大荷载应力最接近下列哪个选项？（　　）

(A) 0.98MPa　　(B) 1.08MPa

(C) 1.18MPa　　(D) 1.28MPa

参考答案及解析

一、单项选择题

1. **[答案]** C

[解析] 根据《公路水泥混凝土路面设计规范》(JTG D40—2011) 第 2.1.4 条。连续配筋混凝土路面指面层内配置纵向连续钢筋和横向钢筋，横向不设缩缝的水泥混凝土路面。

2. **[答案]** D

[解析] 选项 B，由于钢筋混凝土路面配筋后并不能够提高路面板的抗弯拉强度，因此路面板的厚度采用与不配筋的普通混凝土路面相同的设计厚度；选项 C，连续配筋混凝土路面纵向连续钢筋的作用是约束变形，防止裂缝宽度增大，并不分担截面的弯拉应力，因此原则上连续配筋混凝土路面的厚度与普通混凝土路面相同；选项 D，根据《公路水泥混凝土路面设计规范》(JTG D40—2011) 第 4.5.4 条，钢纤维混凝土面层厚度宜为普通混凝土面层厚度的 0.65 ~ 0.75倍。

3. **[答案]** B

[解析] 根据《公路水泥混凝土路面设计规范》(JTG D40—2011) 第 3.0.3 条。水泥混凝土路面结构分析应采用弹性地基板理论。除粒料类基层外，其他各类基层与混凝土面层应按分离式双层板模型进行结构分析。粒料类基层及各类底基层和垫层，应与路基一起视作多层弹性地基，以地基顶面当量回弹模量表征。

4.[答案]C

[解析]根据《公路水泥混凝土路面设计规范》(JTG D40—2011)第3.0.4条。水泥混凝土路面结构设计应以面层板在设计基准期内,在行车荷载和温度梯度综合作用下,不产生疲劳断裂作为设计标准;并以最重轴载和最大温度梯度综合作用下,不产生极限断裂作为验算标准。

5.[答案]B

[解析]根据《公路水泥混凝土路面设计规范》(JTG D40—2011)第3.0.8条。中等交通荷载等级的水泥混凝土弯拉强度标准值不得低于4.5MPa。

6.[答案]C

[解析]根据《公路水泥混凝土路面设计规范》(JTG D40—2011)第4.4.5条。贫混凝土和碾压混凝土基层上应铺设沥青混凝土夹层,厚度不宜小于40mm。

7.[答案]D

[解析]选项A和选项B错误,由《公路水泥混凝土路面设计规范》(JTG D40—2011)第5.3.4条可知,在邻近桥梁或其他固定构造物处,或者与其他道路相交处,应设置横向胀缝,缝内应设置填缝板和可滑动的传力杆。选项C错误,胀缝应尽量少设或不设,但当板厚尺寸≥20cm,并在夏季施工时,可不设置胀缝。

8.[答案]A

[解析]根据《公路水泥混凝土路面设计规范》(JTG D40—2011)第5.2.1条。纵向施工缝应采用设拉杆平缝形式。

9.[答案]B

[解析]根据《公路水泥混凝土路面设计规范》(JTG D40—2011)第5.2.1条。一次铺筑宽度大于4.5m时,应设置纵向缩缝。

10.[答案]D

[解析]根据《公路水泥混凝土路面设计规范》(JTG D40—2011)第5.3.1条。每日施工结束或因临时原因中断施工,必须设置横向施工缝,其位置宜选在缩缝或胀缝处。设在缩缝处的施工缝,应采用加传力杆的平缝形式。

11.[答案]C

[解析]根据《公路水泥混凝土路面设计规范》(JTG D40—2011)第5.3.3条。横向缩缝顶部应锯切槽口,设置传力杆时槽口深度宜为面层厚度的1/4~1/3,不设置传力杆时槽口深度宜为面层厚度的1/5~1/4。

12.［答案］C

［解析］根据《公路水泥混凝土路面设计规范》(JTG D40—2011)第5.3.5条。传力杆应采用光圆钢筋。

13.［答案］D

［解析］根据《公路水泥混凝土路面设计规范》(JTG D40—2011)第6.2.2条。纵向和横向钢筋宜采用相同或相近的直径,直径差不应大于4mm。

14.［答案］B

［解析］根据《公路水泥混凝土路面设计规范》(JTG D40—2011)第6.3.3条。连续配筋混凝上面层的纵向和横向钢筋均应采用螺纹钢筋,直径宜为12~20mm。

15.［答案］C

［解析］根据《公路水泥混凝土路面设计规范》(JTG D40—2011)第B.1.1条。弹性地基双层板模型适用于无机结合料类基层或沥青类基层上混凝上面层,旧混凝土路面上加铺分离式混凝土面层;面层和基层或者新旧面层作为双层板,基层底面以下或者旧面层底面以下部分按弹性地基处理。

16.［答案］C

［解析］根据《公路水泥混凝土路面设计规范》(JTG D40—2011)第B.1.2条。混凝土面层板的临界荷位位于纵缝边缘中部。基层板的临界荷位与面层板相同。

17.［答案］C

［解析］根据《公路水泥混凝土路面设计规范》(JTG D40—2011)第4.4.1条和条文说明。基层和底基层应具有足够的抗冲刷能力和适当的刚度。对水泥混凝土面层下基层的首要要求是抗冲刷能力。

18.［答案］A

［解析］根据《公路水泥混凝土路面设计规范》(JTG D40—2011)第5.1.2条。纵向接缝的间距(板宽)宜在3.0 ~ 4.5m范围内选用。

19.［答案］C

［解析］根据《公路水泥混凝土路面设计规范》(JTG D40—2011)第5.1.3条。普通水泥混凝土面层宜为4~6m,面层板的长宽比不宜超过1.35,平面面积不宜大于45m^2。

20.［答案］B

［解析］根据《公路水泥混凝土路面设计规范》(JTG D40—2011)第7.3.1条条文说明。混凝土面层下采用贫混凝土基层,主要是为了增加基层的抗冲刷能力,并不要求它有很高

的强度。高强度的贫混凝土并不能使面层厚度降低很多，反而会增加混凝土面层的温度翘曲应力，并产生会影响到面层的收缩裂缝。

二、多项选择题

1. [**答案**]AC

[**解析**]选项A，贫混凝土板不能作为面层使用，主要用作特重交通公路、高速公路、一级公路沥青路面和水泥混凝土路面的刚性基层；选项C，碾压混凝土不宜用在高速公路、一级公路，一般用于二级以下公路，或作为高速公路、一级公路的刚性基层使用。

2. [**答案**]ABD

[**解析**]选项C错误，根据《公路水泥混凝土路面设计规范》(JTG D40—2011)第4.4.3条，当基层采用无机结合料稳定类材料，且上路床由细粒土组成时，应在基层下设置粒料类底基层。

3. [**答案**]ABC

[**解析**]选项D错误，根据《公路水泥混凝土路面设计规范》(JTG D40—2011)第4.4.6条，多雨地区，路基由低透水性细粒土组成的高速公路和一级公路或者承受极重或特重交通荷载的二级公路，宜设置由开级配沥青稳定碎石或开级配水泥稳定碎石组成的排水基层。排水基层下应设置密级配粒料或水泥稳定碎石组成的不透水底基层。

4. [**答案**]ACD

[**解析**]选项B错误，根据《公路水泥混凝土路面设计规范》(JTG D40—2011)第4.5.2条。当面层板的平面尺寸较大或不规则，路面结构下埋有地下设施，位于高填方、软土地基、填挖交界段等有可能产生不均匀沉降路基段时，应采用接缝设置传力杆的钢筋混凝土面层。

5. [**答案**]ABD

[**解析**]选项A错误，根据《公路水泥混凝土路面设计规范》(JTG D40—2011)第4.6.2条，行车道混凝土面层宜宽出外侧车道边缘线0.6m。选项B错误，根据第4.6.4条，中等交通荷载以上等级公路，应采用热拌沥青混合料；低等级公路和轻交通荷载等级公路可采用沥青表面处治。选项C正确，根据第4.6.5条，路肩混凝土面层与行车道混凝土面层应设置拉杆相连，二者的横向缩缝应连通。选项D错误，根据第4.6.3条，高速公路和一级公路以及承受极重、特重和重交通荷载等级的公路，路肩铺面应采用与行车道路面相同的结构层全组合和组成材料类型，其他等级公路、路肩铺面的基层和底基层应采用与行车道路面结构相同的材料类型和厚度。

6. [**答案**]CD

[**解析**]选项A和选项B正确，根据《公路水泥混凝土路面设计规范》(JTG D40—2011)第5.3.2条。横向缩缝可等间距或变间距布置，应采用假缝形式。极重、特重和重交通荷载公

路的横向缩缝,中等和轻交通荷载公路邻近胀缝或自由端部的3条横向缩缝,收费广场的横向缩缝,应采用设传力杆假缝形式。其他情况可采用不设传力杆假缝形式。

7.[答案]ABD

[解析]选项C错误,根据《公路水泥混凝土路面设计规范》(JTG D40—2011)第5.2.1条。一次铺筑宽度小于路面宽度时,应设置纵向施工缝。

8.[答案]ABC

[解析]选项D错误,根据《公路水泥混凝土路面设计规范》(JTG D40—2011)第5.3.2条。极重、特重和重交通荷载公路的横向缩缝,中等和轻交通荷载公路邻近胀缝或自由端部的3条横向缩缝,收费广场的横向缩缝,应采用设传力杆假缝形式。其他情况可采用不设传力杆假缝形式。

9.[答案]ABC

[解析]根据《公路水泥混凝土路面设计规范》(JTG D40—2011)第5.2.1条,选项A错误,一次铺筑宽度小于路面宽度时,应设置纵向施工缝;选项B错误,一次铺筑宽度大于4.5m时,应设置纵向缩缝;根据第5.2.3条,选项C错误,拉杆应采用螺纹钢筋。

10.[答案]BC

[解析]根据《公路水泥混凝土路面设计规范》(JTG D40—2011)第5.3.2条,选项B错误,横向缩缝可等间距或变间距布置,应采用假缝形式;根据第5.3.1条,选项C错误,设在缩缝处的施工缝,应采用加传力杆的平缝形式。

11.[答案]AC

[解析]根据《公路水泥混凝土路面设计规范》(JTG D40—2011)第5.6.1条,高速公路和一级公路宜选用硅酮类、聚氨酯类填缝料;二级及二级以下公路可选用聚氨酯类、橡胶沥青类或改性沥青类填缝料。

12.[答案]AD

[解析]根据《公路水泥混凝土路面设计规范》(JTG D40—2011)第8.2.1条,旧混凝土路面的损坏状况应采用断板率和平均错台量两项指标评定。

13.[答案]AB

[解析]根据《公路水泥混凝土路面设计规范》(JTG D40—2011)第5.5.3条。

14.[答案]AC

[解析]根据《公路水泥混凝土路面设计规范》(JTG D40—2011)第B.1.1条。弹性地基单层板模型适用于粒料基层上混凝土面层,旧沥青路面加铺混凝土面层。

15. [答案]AD

[解析]根据《公路水泥混凝土路面设计规范》(JTG D40—2011)第5.1.3条条文说明,在普通混凝土面层的建议范围内,所选横缝间距可随面层厚度增加而增大,随基层刚度的增加而适当缩短。

16. [答案]BD

[解析]根据《公路水泥混凝土路面设计规范》(JTG D40—2011)第5.5.1条。混凝土路面与桥涵、通道及隧道等固定构造物相衔接的胀缝无法设置传力杆时,可在毗邻构造物的板端部内配置双层钢筋网;或在长度为6~10倍板厚的范围内逐渐将板厚增加20%。

三、案例题

1. [答案]C

[解析]依据《公路水泥混凝土路面设计规范》(JTG D40—2011)第3.0.9条。在季节性冰冻地区,路面总厚度小于防冻厚度要求时,应以垫层厚度补足,以防止翻浆现象的发生。水泥板20cm,基层30cm,最小防冻要求50~70cm,本题考虑为高液限黏土,故最好选择上限,考虑垫层施工工艺性和经济性,综合选择15 cm,总厚度65 cm,满足最小防冻要求。

2. [答案]D

[解析]依据《公路水泥混凝土路面设计规范》(JTG D40—2011)第3.0.7条、第5.2.2条和第5.3.2条。设计标准轴载累计作用次数为2500×10^4次,属于特重交通荷载,在混凝土设计中为保证混凝土路面的使用寿命,对极重、特重和重交通荷载公路、收费广场以及邻近胀缝或自由端部的3条缩缝,应采用设传力杆假缝形式,其构造如选项D所示。

3. [答案]B

[解析]根据《公路水泥混凝土路面设计规范》(JTG D40—2011)第3.0.1条、第3.0.7条和第A.2.4条。

$$N_e = \frac{N_s\times[(1+g_r)^t-1]\times365}{g_r}\times0.22$$

$$=\frac{7000\times[(1+0.055)^{30}-1]\times365}{0.055}\times0.22$$

$$=4.07\times10^7\text{次}$$

可知该高速公路交通荷载等级为特重交通荷载等级。

4. [答案]C

[解析]依据《公路水泥混凝土路面设计规范》(JTG D40—2011)第B.1.1条。弹性地基双层板模型适用于无机结合料类基层或沥青类基层上混凝土面层,旧混凝土路面上加铺分离式混凝土面层;面层和基层或者新旧面层作为双层板,基层底面以下或者旧面层底面以下部分按弹性地基处理。

5.[答案]A

[解析]依据《公路水泥混凝土路面设计规范》(JTG D40—2011)第6.2.1条、第E.0.3条和第E.0.4条。

$$A_s = \frac{16L_s h\mu}{f_{sy}} = \frac{16 \times 7 \times 220 \times 8.9}{235} = 933.2\text{mm}^2$$

6.[答案]D

[解析]根据《公路水泥混凝土路面设计规范》(JTG D40—2011)第8.3.2条和第8.3.3条。

$$\omega_u = \frac{0.645 + 0.762 + 0.834 + 0.965}{4} = 80.2(0.01\text{mm})$$

$$\omega_l = \frac{3.145 + 3.326 + 3.208 + 3.469}{4} = 328.7(0.01\text{mm})$$

$$k_j = \frac{\omega_u}{\omega_l} = \frac{80.2}{328.7} \times 100 = 24.4$$

接缝传荷系数小于40,接缝传荷能力为差。

7.[答案]B

[解析]依据《公路水泥混凝土路面设计规范》(JTG D40—2011)第B.1.1条和第B.2.4条。

$$E_x = \frac{\sum_{i=1}^{n} h_i^2 E_i}{\sum_{i=1}^{n} h_i^2} = \frac{h_1^2 E_1}{h_1^2} = 300\text{MPa}$$

$$h_x = \sum_{i=1}^{n} h_i^2 = h_1 = 0.20\text{m}$$

$$\alpha = 0.86 + 0.26\ln h_x = 0.86 + 0.26 \times \ln(0.20) = 0.442$$

$$E_t = \left(\frac{E_x}{E_0}\right)^{\alpha} E_0 = \left(\frac{300}{65}\right)^{0.442} \times 65 = 127.8\text{MPa}$$

8.[答案]D

[解析]依据《公路水泥混凝土路面设计规范》(JTG D40—2011)第B.1.1条、第B.2.1条、第B.2.2条、第B.2.3条和第E.0.3条。

$$D_c = \frac{E_c h_c^3}{12(1 - \nu_c^2)} = \frac{29000 \times 0.24^3}{12 \times (1 - 0.15^2)} = 34.2\text{MN} \cdot \text{m}$$

$$r = 1.21\left(\frac{D_c}{E_t}\right)^{1/3} = 1.21 \times \left(\frac{34.2}{120}\right)^{1/3} = 0.796\text{m}$$

$$\sigma_{ps} = 1.47 \times 10^{-3} r^{0.70} h_c^{-2} P_s^{0.94}$$
$$= 1.47 \times 10^{-3} \times 0.796^{0.70} \times 0.24^{-2} \times 100^{0.94} = 1.65\text{MPa}$$

9. [答案]B

[解析]依据《公路水泥混凝土路面设计规范》(JTG D40—2011)第B.1.1条、第B.2.1条、第B.2.2条、第B.2.3条和第E.0.3条。

$k_r = 0.87, k_c = 1.10$

$k_f = N_e^{0.057} = (160 \times 10^4)^{0.057} = 2.258$

$\sigma_{pr} = k_r k_f k_c \sigma_{ps} = 0.87 \times 2.258 \times 1.10 \times 2.03 = 4.39\text{MPa}$

10. [答案]C

[解析]依据《公路水泥混凝土路面设计规范》(JTG D40—2011)第B.1.1条、第B.2.1条、第B.2.2条、第B.2.3条和第E.0.3条。

$$t = \frac{L}{3r} = \frac{4.5}{3 \times 0.78} = 1.92$$

$$\begin{aligned} C_L &= 1 - \frac{\sinh t \cos t + \cosh t \sin t}{\cos t \sin t + \sinh t \cosh t} \\ &= 1 - \frac{\sinh(1.92)\cos(1.92) + \cosh(1.92)\sin(1.92)}{\cos(1.92)\sin(1.92) + \sinh(1.92)\cosh(1.92)} \\ &= 0.811 \end{aligned}$$

$$\begin{aligned} B_L &= 1.77e^{-4.48h_c} C_L - 0.131(1 - C_L) \\ &= 1.77 \times e^{-4.48 \times 0.24} \times 0.811 - 0.131 \times (1 - 0.811) \\ &= 0.465 \end{aligned}$$

$$\begin{aligned} \sigma_{t,max} &= \frac{\alpha_c E_c h_c T_g}{2} B_L \\ &= \frac{10 \times 10^{-6} \times 29000 \times 0.24 \times 88}{2} \times 0.465 \\ &= 1.425\text{MPa} \end{aligned}$$

11. [答案]B

[解析]依据《公路水泥混凝土路面设计规范》(JTG D40—2011)第B.3.1条和第B.3.4条。

$$\begin{aligned} k_t &= \frac{f_r}{\sigma_{t,max}}\left[\alpha_t\left(\frac{\sigma_{t,max}}{f_r}\right)^{b_t} - c_t\right] \\ &= \frac{5}{1.79}\left[0.871 \times \left(\frac{1.79}{5}\right)^{1.287} - 0.071\right] \\ &= 0.45 \end{aligned}$$

$\sigma_{tr} = k_t \sigma_{t,max} = 0.45 \times 1.79 = 0.81\text{MPa}$

12. [答案]D

[解析]依据《公路水泥混凝土路面设计规范》(JTG D40—2011)第B.1.1条和第B.2.4条。

$$E_x = \frac{\sum_{i=1}^{n}(h_i^2 E_i)}{\sum_{i=1}^{n} h_i^2} = \frac{h_1^2 E_1}{h_1^2} = 250\text{MPa}$$

$$h_x = \sum_{i=1}^{n} h_i^2 = h_1 = 0.18\text{m}$$

$$\alpha = 0.86 + 0.26\ln h_x = 0.86 + 0.26 \times \ln 0.18 = 0.414$$

$$E_t = \left(\frac{E_x}{E_0}\right)^{\alpha} E_0 = \left(\frac{250}{80}\right)^{0.414} \times 80 = 128.2\text{MPa}$$

13. [**答案**]B

[**解析**]依据《公路水泥混凝土路面设计规范》(JTG D40—2011)第B.1.1条、第B.2.2条和第B.4.1条。

$$D_c = \frac{E_c h_c^3}{12(1-\nu_c^2)} = \frac{31000 \times 0.26^3}{12 \times (1-0.15^2)} = 46.5\text{MN}\cdot\text{m}$$

$$D_b = \frac{E_b h_b^3}{12(1-\nu_b^2)} = \frac{27000 \times 0.20^3}{12 \times (1-0.15^2)} = 18.4\text{MN}\cdot\text{m}$$

$$r_g = 1.21\left(\frac{D_c + D_b}{E_t}\right)^{1/3} = 1.21 \times \left(\frac{46.5 + 18.4}{120}\right)^{1/3} = 0.986\text{m}$$

$$\sigma_{pm} = \frac{1.45 \times 10^{-3}}{1 + D_b / D_c} r_g^{0.65} h_c^{-2} P_m^{0.94}$$

$$= \frac{1.45 \times 10^{-3}}{1 + 46.5/18.4} \times 0.986^{0.70} \times 0.26^{-2} \times 250^{0.94}$$

$$= 1.081\text{MPa}$$

$$\sigma_{p,max} = k_r k_f \sigma_{pm} = 0.87 \times 1.15 \times 1.08 = 1.08\text{MPa}$$

第四章　桥 梁 工 程

第一节　一 般 要 求

本节考纲

1. 掌握桥梁的设计原则；桥梁设计荷载种类及其组合。

2. 掌握桥梁的组成与分类；桥梁纵、横断面设计及平面布置；桥梁勘测、设计内容。

复习要点

桥梁的基本组成与分类，桥梁设计的基本原则，桥梁勘测、设计的主要内容，桥梁设计的程序，桥梁纵、横断面设计的基本内容，桥梁设计荷载种类及其组合。

典 型 习 题

一、单项选择题

1. 公路桥涵结构的设计基准期为多少年？（　　）

(A)50 年　　(B)60 年　　(C)80 年　　(D)100 年

2. 根据设计洪水频率计算所得的年最高洪水位称为______。（　　）

(A)标准水位　　(B)枯水位　　(C)最高水位　　(D)设计洪水位

3. 设计洪水位上相邻两个桥墩之间的净距是______。（　　）

(A)净跨径　　(B)计算跨径　　(C)标准跨径　　(D)总跨径

4. 梁式桥的两个相邻桥墩中线之间的水平距离，或桥墩中线到桥台台背前缘之间的水平距离，称为______。（　　）

(A)净跨径　　(B)标准跨径　　(C)总跨径　　(D)计算跨径

5. 对具有支座的桥，桥跨结构两端支座中心之间的水平距离，称为______。（　　）

(A)净跨径　　(B)标准跨径　　(C)总跨径　　(D)计算跨径

6. 桥梁全长是指______。（　　）

（A）桥梁两桥台台背前缘间的距离　　（B）桥梁结构两支点间的距离

（C）桥梁两个桥台侧墙尾端间的距离　　（D）各孔净跨径的总和

7. 桥梁高度是指______。（　　）

（A）桥面与高水位之间的高差　　（B）桥面与设计洪水位之间的高差

（C）桥面与低水位之间的高差　　（D）桥面与基础底面之间的高差

8. 桥梁建筑高度是指______。（　　）

（A）桥面与基础底面之间的高差　　（B）桥面与地面线之间的高差

（C）桥面与桥墩底面之间的高差　　（D）桥面与桥跨结构最下缘之间的高差

9. 桥下净空高度是指______。（　　）

（A）常水位至桥跨结构最下缘之间的距离

（B）最大洪水位至桥跨结构最下缘之间的距离

（C）设计洪水位至桥跨结构最下缘之间的距离

（D）测时水位至桥跨结构最下缘之间的距离

10. 桥梁按基本结构体系划分可分为______。（　　）

（A）梁式桥、拱式桥、刚构桥、缆索承重桥以及组合体系桥

（B）简支梁桥、悬臂梁桥、连续梁桥

（C）木桥、钢桥、圬工桥、钢筋混凝土桥和预应力混凝土桥

（D）公路桥、铁路桥、人行桥和农用桥

11. 按主要承重结构所用的材料划分的桥梁类型是下列哪个选项？（　　）

（A）圬工桥　　（B）斜拉桥

（C）梁式桥　　（D）悬索桥

12. 按用途来划分的桥梁类型是下列哪个选项？（　　）

（A）直桥　　（B）斜拉桥

（C）公路桥　　（D）钢桥

13. 按跨越障碍的性质划分的桥梁类型是下列哪个选项？（　　）

（A）梁式桥　　（B）跨河桥

（C）拱桥　　（D）钢桥

14. 某桥为多孔梁桥，跨径布置为 $7 \times 20\text{m}$，该桥属于下列哪种桥？（　　）

（A）特大桥　　（B）大桥　　（C）中桥　　（D）小桥

15. 桥梁设计和施工中,要进行强度、刚度和稳定性验算,其中强度是指下列哪个选项? ( )

(A)使全部构件及其连接构造的材料抗力或承载能力具有足够的安全储备
(B)使桥梁在设计作用(荷载)下的变形不超过规范规定的容许值
(C)使桥梁结构在各种作用下具有能保持原来的形状和位置的能力
(D)保证桥梁结构在设计使用年限内的长期安全要求

16. 桥梁设计和施工中,要进行强度、刚度和稳定性验算,其中刚度是指下列哪个选项? ( )

(A)使全部构件及其连接构造的材料抗力或承载能力具有足够的安全储备
(B)使桥梁在设计作用(荷载)下的变形不超过规范规定的容许值
(C)使桥梁结构在各种作用下具有能保持原来的形状和位置的能力
(D)保证桥梁结构在设计使用年限内的长期安全要求

17. 桥跨结构稳定性是要使其在各种作用下达到下列哪个要求? ( )
(A)变形不超过规定的容许值
(B)具有保持原来的形状和位置的能力
(C)具有足够的材料抗力和承载能力
(D)承重结构宽度小,建筑高度小

18. 在设计基准期内始终存在且其量值变化与平均值相比可以忽略不计的作用,或其变化是单调的并趋于某个限值的是下列哪种作用? ( )
(A)永久作用 (B)可变作用
(C)偶然作用 (D)地震作用

19. 承载能力极限状态设计时,永久作用设计值与可变作用设计值的组合是下列哪个选项? ( )
(A)作用基本组合 (B)作用偶然组合
(C)作用频遇组合 (D)作用准永久组合

20. 正常使用极限状态设计时,永久作用标准值与可变作用准永久值的组合是下列哪个选项? ( )
(A)作用基本组合 (B)作用偶然组合
(C)作用频遇组合 (D)作用准永久组合

21. 通常,桥梁设计应包括哪些阶段? ( )
(A)上部结构设计、下部结构设计和基础设计
(B)平面设计、立面设计和横断面设计

(C)桥型设计、截面设计和施工图设计

(D)工程可行性研究、初步设计、技术设计和施工图设计

22. 对于技术上复杂的特大桥、互通式立交桥或新特桥梁结构,需进行下列哪种设计?
( )

(A)施工图设计　(B)初步设计

(C)技术设计　(D)施工组织设计

23. 下列不属于桥梁纵断面设计内容的是哪个选项? ( )

(A)确定桥梁的总跨径　(B)确定桥面宽度

(C)确定桥梁的分孔　(D)确定基础的埋置深度

24. 对于公路桥,其桥上纵坡不宜大于下列哪个选项? ( )

(A)2%　(B)3%　(C)4%　(D)5%

25. 对于通航河流上的桥梁,其墩台沿水流方向的轴线应与最高通航水位时的主流方向一致。当斜交不能避免时,交角不宜大于下列哪个选项? ( )

(A)5°　(B)15°　(C)25°　(D)45°

26. 下列不属于永久作用的是哪一项? ( )

(A)预加力　(B)土侧压力　(C)基础变位作用　(D)温度作用

27. 在以下作用中,属于可变作用的是哪一项? ( )

(A)结构自重　(B)水浮力　(C)疲劳荷载　(D)基础变位作用

28. 汽车外侧车轮的中线离人行道或安全带边缘的距离不得小于下列哪个选项? ( )

(A)1m　(B)0.7m　(C)0.5m　(D)0.25m

29. 用于桥梁结构整体计算的汽车荷载类型是下列哪个选项? ( )

(A)集中荷载　(B)均布荷载　(C)车辆荷载　(D)车道荷载

30. 汽车荷载的冲击力标准值为汽车荷载标准值乘以相应系数,则系数为下列哪个选项?
( )

(A)荷载增大系数　(B)冲击系数　(C)折减系数　(D)横向分布系数

31. 拱桥、涵洞及重力式墩台可不计冲击力,其填料厚度(包括路面厚度)应等于或大于下列哪个选项? ( )

(A)0.3m　(B)0.5m　(C)0.6m　(D)0.7m

32. 横桥向布置多道汽车荷载时,应考虑汽车荷载的折减;布置一条车道汽车荷载时横向车道布载系数为下列哪个数值? ( )

(A)1.2 (B)1.0 (C)0.78 (D)0.67

33. 同向行驶三车道的汽车荷载制动力标准值应为一个设计车道制动力标准值的倍数,该倍数为下列哪一项? ( )

(A)3 (B)2.68 (C)2.34 (D)1.8

二、多项选择题

1. 公路桥涵设计时应遵循哪些原则? ( )

(A)安全 (B)适用 (C)耐久 (D)环保

2. 公路桥涵进行减灾防灾设计时应考虑哪些因素? ( )

(A)抗风 (B)抗震 (C)抗腐蚀 (D)抗撞

3. 桥梁的基本组成部分包括下列哪些选项? ( )

(A)伸缩缝 (B)桥跨结构 (C)下部结构 (D)墩台基础

4. 桥梁按其基本结构体系分类可分为哪几种? ( )

(A)梁式桥 (B)拱式桥 (C)缆索承重桥 (D)钢架桥

5. 为确保桥梁的安全性,应保证桥梁结构在施工过程(制造、运输、安装)、成桥状态具有足够的______。 ( )

(A)强度 (B)刚度 (C)稳定性 (D)耐久性

6. 在初步设计的技术文件中,需要提供的资料有哪些? ( )

(A)估算工程数量 (B)施工图纸 (C)施工预算 (D)最优桥型方案

7. 桥梁纵断面设计主要是确定哪些内容? ( )

(A)桥面高程 (B)桥面宽度 (C)桥孔设计长度 (D)桥梁分孔

8. 桥梁横断面设计主要是确定哪些内容? ( )

(A)桥面高程 (B)桥面宽度

(C)桥梁分孔 (D)桥跨结构横截面布置

9. 桥梁设计方案比较的主要步骤有哪些? ( )

(A)拟订桥梁图式 (B)编制方案

(C)最优方案选定 (D)技术经济比较

10. 公路桥涵进行极限状态设计时，根据不同种类的作用及其对桥涵的影响、桥涵所处的环境条件，应考虑的设计状况有哪些？ ( )

(A)持久状况 (B)短暂状况 (C)偶然状况 (D)地震状况

11. 公路桥涵设计采用的作用分为哪几项？ ( )

(A)地震作用 (B)偶然作用 (C)永久作用 (D)可变作用

12. 偶然作用包括哪些作用？

(A)地震作用 (B)船舶的撞击作用

(C)汽车撞击作用 (D)漂流物的撞击作用

13. 汽车以较高速度驶过桥梁会引起桥梁结构的振动，其造成内力增大的原因有哪些？ ( )

(A)桥面不平整 (B)离心力作用

(C)发动机振动 (D)荷载的偏心布置

14. 可变作用的代表值包括哪些？ ( )

(A)标准值 (B)组合值 (C)频遇值 (D)准永久值

15. 不与制动力同时参与组合的作用有哪些？ ( )

(A)流水压力 (B)冰压力 (C)支座摩阻力 (D)波浪力

三、案例题

1. 某公路上有一计算跨径 $l_0 = 5\text{m}$ 的简支梁桥，计算其在公路—Ⅰ级汽车荷载作用下主梁产生的剪力时，应采用的集中荷载标准值最接近下列哪一项？ ( )

(A)180kN (B)270kN (C)324kN (D)360kN

2. 某公路上有一计算跨径 $l_0 = 20\text{m}$ 的梁式桥，计算其在公路—Ⅰ级汽车荷载作用下主梁产生的弯矩效应时，其集中荷载标准值最接近下列哪一项？ ( )

(A)180kN (B)270kN (C)300kN (D)360kN

3. 某公路上有一计算跨径 $l_0 = 55\text{m}$ 的梁式桥，计算其在公路—Ⅱ级汽车荷载作用下主梁产生的剪力效应时，其均布荷载标准值最接近下列哪一项？ ( )

(A)7.875kN/m (B)10.5kN/m (C)12.5kN/m (D)15.5kN/m

4. 某简支 T 形梁桥的计算跨径为 $l = 29.12\text{m}$，主梁采用 C50 混凝土，已知其每延米的重力集度为 $G = 32.11\text{kN/m}$，抗弯惯性矩为 $I_c = 7.492 \times 10^{11}\text{mm}^4$，弹性模量为 $E = 3.45 \times 10^4\text{MPa}$，该结构的基频 f 最接近下列哪一项？ ( )

(注:简支梁桥的结构基频为$f=\frac{\pi}{2l^2}\sqrt{\frac{EI_c}{m_c}}$,$m_c=\frac{G}{g}$)

(A)4.35　(B)5.203　(C)6.5　(D)7.33

5. 某简支T形梁桥的计算跨径为$l=12.6$m,已知结构的基频$f=7.33$,则计算汽车荷载冲击力时应计入的冲击系数μ最接近下列哪一项?　(　)

(A)0.05　(B)0.276　(C)0.336　(D)0.45

参考答案及解析

一、单项选择题

1. [答案]D

[解析]《公路桥涵设计通用规范》(JTG D60—2015)第1.0.3条规定:公路桥涵结构的设计基准期为100年。

2. [答案]D

[解析]设计洪水位系指根据设计洪水频率计算所得的年最高洪水位。

3. [答案]A

[解析]对梁式桥,净跨径是指设计洪水位上相邻两桥墩(或桥台)之间的净距。

4. [答案]B

[解析]对梁式桥,标准跨径是指两相邻桥墩中线之间的水平距离,或桥墩中线到桥台台背前缘之间的水平距离。

5. [答案]D

[解析]对具有支座的桥,计算跨径是指桥跨结构两端支座中心之间的水平距离。

6. [答案]C

[解析]桥梁全长简称桥长,对于有桥台的桥梁为两个桥台侧墙或八字墙尾端间的距离,对于无桥台的桥梁为桥面系行车道长度。

7. [答案]C

[解析]桥梁高度(简称桥高)是指桥面与低水位之间的高差,或桥面与桥下道路路面之间的距离。

8. [答案]D

[解析]桥梁建筑高度指桥上行车路面(或轨顶)高程到桥跨结构最下缘的垂直距离。

9.[答案]C

[解析]设计洪水位、设计通航水位、桥下道路路面至桥跨结构最下缘之间的距离称为桥下净空高度。

10.[答案]A

[解析]按桥梁基本结构体系分类可分为:梁式桥、拱式桥、刚构桥、缆索承重桥以及组合体系桥。选项B为梁式桥的分类,选项C是按承重结构所用的材料分类,选项D是按用途分类。

11.[答案]A

[解析]按承重结构所用的材料划分,有木桥、钢桥、圬工桥、钢筋混凝土桥和预应力混凝土桥和钢混组合桥。

12.[答案]C

[解析]按用途来划分,有公路桥、铁路桥、公铁两用桥、农用桥、人行桥、渡槽桥及其他专用桥梁。

13.[答案]B

[解析]按跨越障碍的性质,可分为跨河桥、跨线桥、高架桥等。

14.[答案]B

[解析]根据《公路桥涵设计通用规范》(JTG D60—2015)第1.0.5条,单孔跨径20m的桥为中桥,多孔跨径总长为140m的桥属于大桥。根据"就高不就低"的原则,跨径布置为7×20m的桥梁属于大桥。

15.[答案]A

[解析]桥梁结构的强度应使全部构件及其连接构造的材料抗力或承载能力具有足够的安全储备。

16.[答案]B

[解析]桥梁结构的刚度应使桥梁在设计作用(荷载)下的变形不超过规范规定的容许值。

17.[答案]B

[解析]桥跨结构稳定性是要使其在各种作用下具有保持原来的形状和位置的能力。

18. [答案]A

[解析]《公路桥涵设计通用规范》(JTG D60—2015)第2.1.9条规定:永久作用是指在设计基准期内始终存在且其量值变化与平均值相比可以忽略不计的作用,或其变化是单调的并趋于某个限值的作用。

19. [答案]A

[解析]《公路桥涵设计通用规范》(JTG D60—2015)第2.1.21条规定:作用基本组合指承载能力极限状态设计时,永久作用设计值与可变作用设计值的组合。

20. [答案]D

[解析]《公路桥涵设计通用规范》(JTG D60—2015)第2.1.24条规定:作用准永久组合指正常使用极限状态设计时,永久作用标准值与可变作用准永久值的组合。

21. [答案]D

[解析]通常,桥梁设计包括工程可行性研究、初步设计、技术设计和施工图设计等四个阶段。

22. [答案]C

[解析]桥梁技术设计是针对新型、特大型桥梁,技术复杂桥梁而言。技术设计应根据初步设计批复意见,对重大、复杂的技术问题通过科学试验、专题研究,进一步勘探、分析比较,解决初步设计中未解决的问题,落实技术方案,提出修正施工方案等。

23. [答案]B

[解析]桥梁纵断面设计主要包括:确定桥梁的桥孔设计长度、桥梁分孔、桥面高程与桥下净空、桥梁纵坡布置以及基础的埋置深度等。

24. [答案]C

[解析]根据《公路桥涵设计通用规范》(JTG D60—2015)第3.5.1条,桥梁纵坡设计应符合下列规定:桥上纵坡不宜大于4%的桥梁,桥头引道纵坡不宜大于5%;位于城镇混合交通繁忙处的桥梁,桥上纵坡均不得大于3%。

25. [答案]A

[解析]《公路桥涵设计通用规范》(JTG D60—2015)第3.2.3条规定:对于通航河流上的桥梁,其墩台沿水流方向的轴线应与最高通航水位时的主流方向一致,当斜交不能避免时交角不宜大于5°。

26. [答案]D

[解析]《公路桥涵设计通用规范》(JTG D60—2015)第4.1.1条规定:永久作用包括

结构重力(包括结构附加重力)、预加力、土的重力、土侧压力、混凝土收缩及徐变作用、水浮力和基础变位作用等。

27.[答案]C

[解析]根据《公路桥涵设计通用规范》(JTG D60—2015)第4.1.1条,可变作用包括:汽车荷载,汽车冲击力、汽车离心力、汽车引起的土侧压力、汽车制动力、人群荷载,疲劳荷载、风荷载,流水压力,冰压力,波浪力、温度作用和支座摩阻力等。

28.[答案]C

[解析]《公路桥涵设计通用规范》(JTG D60—2015)第4.3.1条规定:对于汽车荷载,汽车横向轮距为1.8m,两列汽车车轮的横向最小间距为1.3m,汽车外侧车轮的中线离人行道或安全带边缘的距离不得小于0.5m。

29.[答案]D

[解析]《公路桥涵设计通用规范》(JTG D60—2015)第4.3.1条规定:桥梁结构的整体计算采用车道荷载,桥梁结构的局部加载、涵洞、桥台和挡土墙土压力等的计算采用车辆荷载。

30.[答案]B

[解析]《公路桥涵设计通用规范》(JTG D60—2015)第4.3.2条规定:汽车荷载的冲击力基准值为汽车荷载标准值乘以冲击系数μ。

31.[答案]B

[解析]填料厚度(包括路面厚度)等于或大于0.5m的拱桥、涵洞以及重力式墩台不计冲击力。

32.[答案]A

[解析]《公路桥涵设计通用规范》(JTG D60—2015)第4.3.1条规定:横桥向布置多车道汽车荷载时,应考虑汽车荷载的折减;布置一条车道汽车荷载时应考虑汽车荷载的提高,其横向车道布载系数为1.2。

33.[答案]C

[解析]《公路桥涵设计通用规范》(JTG D60—2015)第4.3.5条规定:同向行驶双车道的汽车荷载制动力标准值应为一个设计车道制动力标准值的2倍,同向行驶三车道应为一个设计车道的2.34倍,同向行驶四车道应为一个设计车道的2.68倍。

二、多项选择题

1.[答案]ABCD

[解析]《公路桥涵设计通用规范》(JTG D60—2015)第1.0.1条规定:为规范公路桥涵

设计,按照安全、耐久、适用、环保、经济和美观的原则,制定本规范。

2. [答案]ABD

[解析]《公路桥涵设计通用规范》(JTG D60—2015)第1.0.6条规定:公路桥涵应进行抗风、抗震、抗撞等减灾防灾设计。

3. [答案]BCD

[解析]桥梁是由桥跨结构、下部结构和墩台基础三个主要部分组成的人工构筑物。下部结构包括桥墩和桥台。

4. [答案]ABCD

[解析]桥梁按其基本结构体系,可分为:梁式桥、拱式桥、刚架桥、缆索承重桥和组合体系桥等。

5. [答案]ABCD

[解析]桥梁设计应确保安全性,保证桥梁结构在施工过程(制造、运输、安装)、成桥状态具有足够的强度、刚度、稳定性和耐久性。

6. [答案]AD

[解析]初步设计的目的是确定设计方案,通过桥型方案比选,推荐最优方案,报上级审批。在编制各个桥型方案时,应提供平、纵、横布置图,标明主要尺寸,并估算工程数量和主要材料数量,提出施工方案的意见,编制设计概算,提供文字说明和图表资料。

7. [答案]ACD

[解析]桥梁纵断面设计主要包括:确定桥梁的桥孔设计长度、桥梁分孔、桥面高程、桥梁纵坡布置以及基础的埋置深度等。

8. [答案]BD

[解析]桥梁横断面设计主要包括:确定桥面宽度和桥跨结构横截面的布置。

9. [答案]ABCD

[解析]桥梁设计方案比较的主要步骤是拟订桥梁图式、方案初选、编制方案、技术经济比较和最优方案选定等。

10. [答案]ABCD

[解析]《公路桥涵设计通用规范》(JTG D60—2015)第3.1.4条规定:公路桥涵应根据不同种类的作用及其对桥涵的影响、桥涵所处的环境条件,考虑以下四种设计状况,进行极限状态设计:持久状况、短暂状况、偶然状况和地震状况。

11.［答案］ABCD

［解析］《公路桥涵设计通用规范》(JTG D60—2015)第 4.1.1 条规定:公路桥涵设计采用的作用分为永久作用、可变作用、偶然作用和地震作用。

12.［答案］BCD

［解析］《公路桥涵设计通用规范》(JTG D60—2015)第 4.1.1 条规定:偶然作用包括船舶的撞击作用、漂流物的撞击作用和汽车撞击作用。

13.［答案］AC

［解析］汽车以较高速度驶过桥梁时,由于桥面不平整、发动机振动等原因,会引起桥梁结构的振动,从而造成内力增大,这种动力效应称为冲击作用。

14.［答案］ABCD

［解析］《公路桥涵设计通用规范》(JTG D60—2015)第 4.1.2 条规定:公路桥涵设计时,对不同的作用应按下列规定采用不同的代表值:可变作用的代表值包括标准值、组合值、频遇值和准永久值。

15.［答案］ABCD

［解析］《公路桥涵设计通用规范》(JTG D60—2015)第 4.1.4 条规定:当可变作用的出现对结构或结构构件产生有利影响时,该作用不应参与组合。实际不可能同时出现的作用或同时参与组合概率很小的作用,按表 4.1.4 规定不考虑其参与组合。

三、案例题

1.［答案］C

［解析］根据《公路桥涵设计通用规范》(JTG D60—2015)第 4.3.1 条,公路—I 级车道荷载集中荷载标准值 P_k 取值见表 4.3.1-2(下表)。计算剪力效应时,上述集中荷载标准值应乘以系数 1.2。由表 4.3.1-2 可知,当 $l_0 = 5\text{m}$ 时,$P_k = 270\text{kN}$。计算剪力效应时,应乘以系数 1.2,故应采用的集中荷载标准值 $P_k = 270 \times 1.2 = 324.0\text{kN}$。

集中荷载标准值 P_k 取值

计算跨径 l_0(m)	$l_0 \leqslant 5\text{m}$	$5 < l_0 < 50$	$l_0 \geqslant 50$
P_k(kN)	270	$2(l_0 + 130)$	360

2.［答案］C

［解析］由上题表可知,当 $l_0 = 20\text{m}$ 时,$P_k = 2(l_0 + 130)$。故计算公路—I 级汽车荷载作用下主梁产生的弯矩效应时,应采用的集中荷载标准值 $P_k = 2 \times (20 + 130) = 300\text{kN}$。

3. [答案]A

[解析]《公路桥涵设计通用规范》(JTG D60—2015)第4.3.1条规定:公路—I级车道荷载均布荷载标准值 $q_k = 10.5\text{kN}$。公路—II级车道荷载的均布荷载标准值和集中荷载标准值按公路—I级车道荷载的0.75倍采用。故计算公路—II级汽车荷载作用下主梁产生的弯矩效应时,应采用的均布荷载标准值 $q_k = 0.75 \times 10.5 = 7.875\text{kN}$。

4. [答案]B

[解析]《公路桥涵设计通用规范》(JTG D60—2015)第4.3.2条规定:冲击系数与结构基频有关。根据简支梁桥的结构基频:$f = \frac{\pi}{2l^2}\sqrt{\frac{EI_c}{m_c}}$,$m_c = \frac{G}{g}$的公式计算得:$f = 5.203\text{Hz}$。

5. [答案]C

[解析]《公路桥涵设计通用规范》(JTG D60—2015)第4.3.2条规定:冲击系数与结构基频有关。根据简支梁桥的结构基频 $f = 7.33\text{Hz}$。由于 $1.5\text{Hz} \leqslant f \leqslant 14\text{Hz}$,则冲击系数 $\mu = 0.1767\ln f - 0.0157 = 0.336$。

第二节 桥面构造

本节考纲

1. 熟悉桥面组成与布置;桥面铺装与桥面防排水设施作用、布设;桥面伸缩缝构造与选型。
2. 了解人行道、栏杆(防撞护栏)与照明设施设计。

复习要点

桥面部分的组成、桥面布置、桥面铺装、桥面防水和排水设施、桥面伸缩缝、人行道、栏杆、防撞护栏和照明设施。

典型习题

一、单项选择题

1. 下列属于桥面构造的是哪一项? ( )

(A)主梁 (B)桥墩 (C)支座 (D)桥面铺装

2. 下列不属于桥梁的桥面部分构造的是哪一项? ( )

(A)桥面铺装 (B)桥面板 (C)伸缩缝 (D)栏杆和灯柱

3. 下列哪种桥面布置形式适用于道路等级较低、车流量较小、桥面较窄的公路桥梁？
（　　）

(A)双向车道布置　　(B)分车道布置

(C)双层桥面布置　　(D)分幅布置

4. 下列哪种桥面布置形式适用于高速公路桥梁？（　　）

(A)双向车道布置　　(B)分车道布置

(C)双层桥面布置　　(D)分幅布置

5. 在钢桥上已普遍采用的桥面布置形式是下列哪个选项？（　　）

(A)双向车道布置　　(B)分车道布置

(C)双层桥面布置　　(D)分幅布置

6. 桥面铺装除了保护主梁部分行车道板不受车轮直接磨耗，防止主梁遭受雨水侵蚀外，还能起到什么作用？（　　）

(A)使梁板连为整体　　(B)保持桥面刚性

(C)形成桥面横坡　　(D)分布车轮荷载

7. 为了迅速排除桥面雨水，通常使桥梁设有纵向坡度外，还应设置哪个构造？（　　）

(A)桥面横坡　　(B)伸缩缝

(C)桥面铺装　　(D)栏杆

8. 为迅速排除桥面雨水，要设置桥面横坡。以下哪种设置方法是错误的？（　　）

(A)三角垫层法　　(B)在墩、台帽上设置

(C)设支撑垫层　　(D)设置横向倾斜的行车道板

9. 适合于重载交通，造价低，耐磨性能好，但养生期较长的是下列哪种桥面铺装类型？
（　　）

(A)沥青表面处治　　(B)水泥混凝土桥面铺装

(C)沥青混凝土桥面铺装　　(D)改性沥青混凝土桥面铺装

10. 具有质量轻、维修养护方便、铺筑后只需养生几个小时就可开放交通等优点的是下列哪种桥面铺装类型？（　　）

(A)沥青表面处治　　(B)水泥混凝土桥面铺装

(C)沥青混凝土桥面铺装　　(D)改性沥青混凝土桥面铺装

11. 雨水可流至桥头从引道上排除，桥上不必设置专门的泄水孔道的是下列哪一种情况？
（　　）

(A)纵坡大于2%,桥长大于50m
(B)纵坡大于2%,桥长小于50m
(C)纵坡小于2%,桥长大于50m
(D)纵坡小于2%,桥长小于50m

12. 目前不仅适用于不专门设置防水层而采用防水混凝土桥面铺装的桥梁,也适用于具有贴式防水层的铺装结构桥梁,且采用最广泛的是下列哪种泄水管形式? ( )

(A)金属泄水管　　(B)钢筋混凝土泄水管
(C)横向排水管道　　(D)封闭式排水系统

13. 对于城市桥梁,公路跨线桥和跨越鱼塘、水库以及水源保护区的公路桥梁,为保持桥梁外形美观并利于桥下行车、行人及环境保护,应采用哪种泄水管形式? ( )

(A)金属泄水管　　(B)钢筋混凝土泄水管
(C)横向排水管道　　(D)封闭式排水系统

14. 不仅能满足变形要求,还具有良好的吸振作用,能显著减小活载的动力作用,行驶性能好的伸缩缝构造是下列哪个选项? ( )

(A)U形锌铁皮式伸缩缝　　(B)橡胶伸缩缝
(C)跨搭钢板式伸缩缝　　(D)组合伸缩缝

15. 在具有行人需求的桥梁上,为了避免人车混行,桥面均应设置下列哪种设施? ( )

(A)防撞护栏　　(B)栏杆　　(C)分隔带　　(D)人行道

16. 人行道缘石高度满足行人和行车安全需要一般应至少高出行车道面多少距离? ( )

(A)20cm　　(B)25cm　　(C)30cm　　(D)35cm

17. 对于有2%以上纵坡且设计车速较高的桥梁,路缘石宜至少高出行车道多少距离? ( )

(A)20cm　　(B)25cm　　(C)30cm　　(D)35cm

18. 在行人稀少地区的桥梁可不设人行道,但应设下列哪种设施? ( )

(A)安全带　　(B)栏杆　　(C)分隔带　　(D)缘石

19. 可在桥面任意设置,造价经济,在弯桥上有良好的视觉效果;但不宜用在大型立交桥,以免给人造成视觉混乱的照明方式是下列哪个选项? ( )

(A)灯杆照明　　(B)高杆照明
(C)栏杆照明　　(D)集中照明与分散照明混合

二、多项选择题

1. 桥面部分通常包括哪些内容? （ ）

(A)桥面铺装 (B)支座

(C)桥面排水设施 (D)栏杆或防撞护栏

2. 桥面布置应根据道路的等级、桥梁的宽度、行车要求等条件确定,主要有哪些布置方式? （ ）

(A)双向车道布置 (B)分车道布置

(C)分幅布置 (D)双层桥面布置

3. 桥面铺装,又称行车道铺装,其功能主要表现在哪些方面? （ ）

(A)保护主梁行车道板部分不受车辆轮胎(或履带)的直接磨耗

(B)分布车辆轮重等集中荷载,使主梁受力均匀

(C)保证桥跨结构在荷载作用下按其静力图式自由变形

(D)防止主梁遭受雨水的侵蚀

4. 为迅速排除桥面雨水,要设置桥面横坡,其主要的设置方法有哪些? （ ）

(A)三角垫层法 (B)设支承垫石

(C)在墩台顶部形成 (D)设置横向倾斜的行车道板

5. 下列哪些选项是桥梁伸缩缝的设置位置? （ ）

(A)梁底与桥墩之间 (B)两主梁端之间

(C)梁端与桥台台背之间 (D)桥台侧墙尾端与路堤之间

6. 桥梁伸缩缝的种类有哪些? （ ）

(A)U 形锌铁皮式伸缩缝 (B)橡胶伸缩缝

(C)组合伸缩缝 (D)跨搭钢板式伸缩缝

7. 为防止车辆突破、下穿、翻越桥梁,需设置防撞护栏,其常用的形式有哪些? （ ）

(A)金属梁柱式护栏 (B)组合式护栏

(C)预应力混凝土墙式护栏 (D)钢筋混凝土墙式护栏

8. 在城市及城郊地区的桥梁,行人和车辆较多,应设置的照明设备布置方式有哪些? （ ）

(A)车辆照明 (B)分散照明

(C)集中照明 (D)集中照明与分散照明混合

参考答案及解析

一、单项选择题

1. [答案]D

[解析]公路和城市桥梁的桥面部分主要由桥面铺装、桥面排水设施、桥面伸缩缝、人行道、栏杆或防撞护栏及照明设施等构成。

2. [答案]B

[解析]同上述第 1 小题。

3. [答案]A

[解析]双向车道布置是将行车道的上下行交通布置在同一桥面上。在桥面上,上下行交通有画线分隔,因此没有明显的界限。此种布置形式主要适用于道路等级较低、车流量较小、桥面较窄的公路桥梁。

4. [答案]B

[解析]通过中央分隔带或分离式主梁布置,将行车道的上下行交通在桥梁上进行分隔布置,从而使上下行交通互不干扰,可提高行车速度,便于交通管理。高速公路桥梁均采用分车道布置。

5. [答案]C

[解析]双层桥面布置是桥梁结构在空间上设置两个不在同一平面上的桥面构造。双层桥面布置在钢桥上已普遍采用。

6. [答案]D

[解析]桥面铺装,又称行车道铺装,其功能主要表现在:①保护主梁行车道板部分不受车辆轮胎(或履带)的直接磨耗;②分布车辆轮重等集中荷载,使主梁受力均匀;③防止主梁遭受雨水的侵蚀。

7. [答案]A

[解析]桥面积水不仅对结构有侵蚀作用,对行车也非常不利,因此,除设置桥梁纵向坡度外,还应将桥面沿横向设置成双向横坡或单向横坡(分幅桥梁),以便迅速排除桥面雨水。

8. [答案]C

[解析]桥面横坡设置的常用方法主要有:横坡设置在墩台顶部,桥面板倾斜,在整个桥宽上采用等厚度的铺装层;通过不等厚的铺装层来形成横坡;将行车道板做成双向倾斜的

横坡。

9.［答案］B

［解析］普通的水泥混凝土铺装，造价低、耐磨性能好，适用于重载交通，但养生期较长，且日后修补不便。

10.［答案］C

［解析］经合理选择级配组成的矿质混合料和适量沥青结合料拌制而成的沥青混凝土铺装，具有质量轻、维修养护方便、铺筑后只需养生几个小时就可开放交通等优点，虽造价比普通水泥混凝土铺装高，但仍是目前广泛采用的桥面铺装形式之一。

11.［答案］B

［解析］根据《公路排水设计规范》(JTG/T D33—2012)有关规定确定，桥长 $L \leqslant 50$m 时，当桥面纵坡 $i \geqslant 2\%$，则不必设置专门的泄水孔道，雨水可直接流至桥头从引道上排除。

12.［答案］A

［解析］目前桥面排水设施中采用最广泛的泄水管形式是“铸铁式”金属泄水管，它不仅适用于不专门设置防水层而采用防水混凝土桥面铺装的桥梁，也适用于具有贴式防水层的铺装结构桥梁。

13.［答案］D

［解析］对于城市桥梁，公路跨线桥和跨越鱼塘、水库以及水源保护区的公路桥梁，为保持桥梁外形美观并利于桥下行车、行人、环境保护，应采用封闭式排水系将排水管直接引向地面或积水槽，而不宜将泄水管挂在结构上直接将水排出桥外。

14.［答案］B

［解析］橡胶伸缩缝构造不仅能满足变形要求，还具有良好的吸振作用，能显著减小活载的动力作用，行驶性能好。

15.［答案］D

［解析］在具有行人需求的桥梁上均应设置人行道，应尽量避免人车混行。

16.［答案］B

［解析］人行道缘石高度满足行人和行车安全需要，一般应至少高出行车道25cm。

17.［答案］D

［解析］对具有2%以上纵坡且设计车速较高的桥梁，路缘石宜高出行车道35cm以上。

18.[答案]A

[解析]在行人稀少地区或全封闭高速公路上的桥梁可不设人行道,但为保障交通安全,须在行车道边缘设置高出行车道的带状构造物,即安全带。

19.[答案]A

[解析]灯杆照明方式的特点是:可在桥面任意预留灯杆位置,造价经济,在弯桥上有良好的视觉效果;但不宜用在大型立交桥上,以免给人造成视觉混乱的感觉。

二、多项选择题

1.[答案]ACD

[解析]公路和城市桥梁的桥面部分主要由桥面铺装、桥面排水设施、桥面伸缩缝、人行道、栏杆或防撞护栏及照明设施等构成。

2.[答案]ABD

[解析]桥面布置应在桥梁的总体设计中考虑,根据道路的等级、桥梁的宽度及行车要求等条件综合确定。目前,公路与城市桥梁的桥面布置主要有双向车道布置、分车道布置、双层桥面布置等几种形式。

3.[答案]ABD

[解析]桥面铺装,又称行车道铺装,其功能主要表现在:①保护主梁行车道板部分不受车辆轮胎(或履带)的直接磨耗;②分布车辆轮重等集中荷载,使主梁受力均匀;③防止主梁遭受雨水的侵蚀。

4.[答案]ACD

[解析]桥面横坡设置的常用方法主要有:横坡设置在墩台顶部,桥面板倾斜,在整个桥宽上采用等厚度的铺装层;通过不等厚的铺装层来形成横坡;将行车道板做成双向倾斜的横坡。

5.[答案]BC

[解析]伸缩缝设置在两主梁端之间以及梁端与桥台台背之间。

6.[答案]ABCD

[解析]桥梁伸缩缝有U形锌铁皮式伸缩缝、跨搭钢板式伸缩缝、梳形齿式钢板伸缩缝、橡胶伸缩缝、组合伸缩缝等。目前主要采用橡胶伸缩缝和组合伸缩缝。

7.[答案]ABD

[解析]防撞护栏是为了防止车辆突破、下穿、翻越桥梁而设置的。目前采用的防撞桥梁护栏有金属梁柱式护栏、钢筋混凝土墙式护栏和组合式护栏等几种形式。

8. [**答案**]BCD

[**解析**]在城市及郊区的桥梁,行人和车辆较多,应设置照明设施。其布置方式有分散照明、集中照明及组合形式三种。

第三节 桥梁的构造与设计

本节考纲

1. 掌握弯桥、斜桥、坡桥的受力特点与构造。
2. 熟悉连续梁桥、先简支后连续结构梁桥的受力特点、构造设计。
3. 熟悉简支梁桥的受力特点、构造设计。

复习要点

混凝土梁桥的基本类型,简支梁桥受力特点与构造设计,连续梁桥的受力特点与构造设计,梁桥的计算要点,装配式简支梁桥的内力计算,弯桥、斜桥、坡桥的受力特点与构造。

典型习题

一、单项选择题

1. 桥梁在垂直荷载作用下,支撑处仅产生竖向反力。下列哪个选项是主要承重构件? ( )

(A)桥面板 (B)桥墩 (C)主梁 (D)桥面铺装

2. 下列哪个选项属于静定结构,构造简单,并且便于设计为各种标准跨径的装配式结构? ( )

(A)简支梁桥 (B)悬臂梁桥 (C)连续梁桥 (D)钢架桥

3. 承重结构不间断的连续跨越多个桥孔而形成的超静定结构的是下列哪种桥梁? ( )

(A)简支梁桥 (B)悬臂梁桥 (C)连续梁桥 (D)钢架桥

4. 将简支梁梁体加长,并越过支点就可以成为哪种类型桥? ( )

(A)门式钢架桥 (B)悬臂梁桥

(C)连续梁桥 (D)T形钢架桥

5. 在温度变化、支座不均匀沉降等情况下，会产生附加内力的结构是哪种类型桥？（　　）

(A)悬臂梁桥　　(B)连续梁桥

(C)简支梁桥　　(D)三铰拱桥

6. 构造简单，施工方便，建筑高度小。当跨径较大时会显得笨重而不经济，仅适用于小跨径的桥梁是哪种类型桥？（　　）

(A)板桥　　(B)箱形梁桥

(C)板肋式梁桥　　(D)小箱梁桥

7. 主梁截面在一定的截面面积下能获得较大的抗弯惯矩，具有几乎同等的承受正、负弯矩的能力，特别适用于较大跨径的连续梁桥、连续钢构桥是哪种类型桥？（　　）

(A)板桥　　(B)箱形梁桥

(C)板肋式梁桥　　(D)小箱梁桥

8. 整体式板桥的跨径通常与板宽相差不大，在车辆荷载的作用下的受力状态为哪种形式？（　　）

(A)纵向单向受力　　(B)横向单向受力

(C)双向受力　　(D)三向受力

9. 预应力混凝土梁中通常不设下列哪类钢筋？（　　）

(A)斜筋　　(B)水平分布钢筋

(C)箍筋　　(D)架立钢筋

10. 在装配式简支T形梁桥中，为保证各片主梁能相互连接成整体，共同参与受力，需设置哪种构造？（　　）

(A)钢板　　(B)横隔板

(C)内纵梁　　(D)腹板

11. 对于连续梁桥的受力特点，下列说法错误的是哪一项？（　　）

(A)在自重作用下，由于支点负弯矩的卸载作用，跨中正弯矩显著减小

(B)连续梁桥受力后，一孔受载，多孔受力

(C)随着跨数增多，联长加大，受温度变化影响产生的纵向位移较小

(D)连续梁桥为超静定结构，支座变位将引起结构内力变化

12. 在跨径 l 与集中荷载 p 相同的情况下，简支体系梁桥与连续体系梁桥比较，下列说法错误的是哪一项？（　　）

(A)简支体系的跨中弯矩较大

(B)简支体系梁桥伸缩缝多,不利于高速行车
(C)连续体系由于支点负弯矩的存在,使跨中正弯矩值显著减小
(D)简支体系梁桥的弯矩图面积比连续体系梁桥小很多

13. 关于简支刚构桥,下列说法错误的是哪一项? ( )
(A)在施工中属于简支结构,在使用中属于连续梁受力体系
(B)在施工中属于简支结构,在使用中属于钢构受力体系
(C)因无支座(梁端除外),不存在支座易损坏、难维修、更换等问题
(D)无伸缩缝(梁端除外),不存在伸缩缝易损坏、难维修、更换等问题

14. 关于简支结构连续梁桥,下列说法错误的是哪一项? ( )
(A)在施工中属于简支结构,在使用中属于连续梁受力体系
(B)在施工中属于简支结构,在使用中属于钢构受力体系
(C)服役期受力性能和行车舒适性方面比简支梁桥更优越
(D)无伸缩缝(梁端除外),不存在伸缩缝易损坏、难维修、更换等问题

15. 预应力混凝土梁桥中,用以保证桥梁在恒、活载作用下纵向跨越能力的主要受力钢筋是哪种钢筋? ( )
(A)纵向预应力筋　　(B)横向预应力筋
(C)竖向预应力筋　　(D)箍筋

16. 预应力混凝土箱梁中,竖向预应力筋通常布置在箱梁的哪个位置? ( )
(A)横隔板中　　(B)顶板中
(C)腹板中　　(D)底板中

17. 对于简支梁桥预应力筋弯起的主要原因,下列说法错误的是哪一项? ( )
(A)减小梁端负弯矩　　(B)减小预应力损失
(C)抵抗部分剪力　　(D)便于布置锚具

18. 简支T形梁桥上部结构计算的项目不包括下列哪个选项? ( )
(A)主梁　　(B)盖梁
(C)桥面板　　(D)横隔梁

19. 把横向结构(桥面板和横隔梁)视作在主梁上断开而简支在其上的简支梁或带悬臂的简支梁(对于边梁)。符合此假定的荷载横向分布计算方法是下列哪个选项? ( )
(A)杠杆原理法　　(B)偏心压力法
(C)横向刚接梁法　　(D)横向铰接板法

20. 把横隔梁视作刚性,在荷载作用下,各主梁挠度呈线性变化。符合此假定的荷载横向分布计算方法是下列哪个选项? ( )

(A)杠杆原理法 (B)偏心压力法

(C)横向刚接梁法 (D)横向铰接板法

21. 把相邻主梁之间视作刚性,及同时传递弯矩及剪力。符合此假定的荷载横向分布计算方法是下列哪个选项? ( )

(A)杠杆原理法 (B)偏心压力法

(C)横向刚接梁法 (D)横向铰接板法

22. 将相邻板(梁)之间的连接视为铰接,只传递剪力。符合此假定的荷载横向分布计算方法是下列哪个选项? ( )

(A)杠杆原理法 (B)偏心压力法

(C)横向刚接梁法 (D)横向铰接板法

23. 在计算荷载位于靠近主梁支点时的横向分布系数 m 时,可偏安全地采用哪种方法? ( )

(A)杠杆原理法 (B)偏心压力法

(C)横向刚接梁法 (D)横向铰接板法

24. 对于有中横隔梁的简支T形梁桥,其宽跨比 B/L 小于或接近0.5,在计算荷载位于跨中时的荷载横向分布系数时,可采用哪种方法? ( )

(A)杠杆原理法 (B)偏心压力法

(C)铰接板梁法 (D)刚接梁法

25. 对于无中间横隔梁或仅有一根中横隔梁的情况,跨中部分采用不变的 m_c,从 m_c 变化至 m_0,呈直线形过渡,具体的变化位置是离支点多远位置处? ( )

(A)1/2 处 (B)1/4 处

(C)1/8 处 (D)第一根内横梁处

26. 关于斜板梁的受力特点,下列说法错误的是哪一项? ( )

(A)简支斜板的纵向主弯矩比跨径为斜跨长 l_{φ}、宽度为 b 的矩形板要小

(B)斜板的荷载有向支承边的最短距离传递分配的趋势

(C)斜板的最大纵向弯矩和横向弯矩均比正板大得多

(D)斜板在支承边上的反力很不均匀,钝角角隅的反力可能比正板大数倍

二、多项选择题

1. 不适合梁桥建设采用的建筑材料有哪些? ( )

(A)木材 (B)钢筋混凝土

(C)预应力混凝土 (D)素混凝土

2. 混凝土梁桥按承重结构的静力体系划分,可分为哪些类型? ( )

(A)简支梁桥 (B)悬臂梁桥

(C)T形刚构桥 (D)连续梁桥

3. 混凝土梁桥按承重结构的截面形式划分,可分为哪些类型? ( )

(A)板桥 (B)箱形梁桥

(C)串连梁桥 (D)小箱梁桥

4. 实心板桥应用广泛,但跨径不超过8m,常采用的标准跨径有哪些? ( )

(A)5m (B)6m

(C)7m (D)8m

5. 预应力混凝土简支T形梁桥的梁肋下部通常加宽做成马蹄形,其主要目的有哪些?

( )

(A)满足局部承压需要 (B)增强稳定性

(C)便于布置预应力钢筋 (D)减薄梁肋

6. 除主要的纵向预应力钢筋外,预应力混凝土梁内布置的其他非预应力钢筋有哪些?

( )

(A)架立钢筋 (B)斜筋

(C)水平分布钢筋 (D)箍筋

7. 钢筋混凝土连续梁桥和预应力混凝土连续梁桥在立面上都可以做成下列哪些形式?

( )

(A)等跨 (B)等高

(C)不等跨 (D)不等高

8. 连续箱梁桥中,通常需要设置横隔板的位置有哪些? ( )

(A)支点 (B)1/8处

(C)1/4处 (D)1/2处

9. 预应力混凝土连续梁桥中,纵向预应力筋主要用于纵向弯矩和部分剪力,通常布置在哪

些位置？（　　）

(A)顶板中　(B)横隔板中

(C)底板中　(D)腹板中

10. 预应力混凝土连续梁桥中，横向预应力筋是用以保证桥梁的横向整体性，桥面板及横隔板横向抗弯能力的主要受力钢筋，一般布置在哪些位置？（　　）

(A)顶板中　(B)横隔板中

(C)底板中　(D)腹板中

11. 引起超静定体系的连续梁桥产生次内力的原因有哪些？（　　）

(A)预加力　(B)温度变化

(C)混凝土收缩徐变　(D)墩台基础不均匀沉降

12. 对于梁式桥，持久状态承载能力极限状态验算主要包括哪些内容？（　　）

(A)正截面抗弯承载力　(B)斜截面抗剪承载力

(C)正截面抗压承载力　(D)斜截面抗裂性验算

13. 对于梁式桥，持久状态正常使用极限状态验算主要包括哪些内容？（　　）

(A)正截面抗裂性验算　(B)斜截面抗裂性验算

(C)混凝土受弯构件挠度验算　(D)混凝土构件裂缝宽度验算

14. 简支梁桥常用的荷载横向分布计算方法有哪些？（　　）

(A)刚性横梁法　(B)杠杆原理法

(C)横向铰接板法　(D)等代简支梁法

15. 弯桥的受力特点有哪些？（　　）

(A)弯桥的变形比同样跨径直线桥要小

(B)弯桥梁间横梁与直线桥相比，其刚度一般较大

(C)弯桥即使截面在对称荷载作用下也会产生较大的扭转

(D)弯桥的支点反力与直线桥相比，曲线外侧大、内侧变小，内侧甚至出现负反力

16. 影响弯桥受力的主要因素有哪些？（　　）

(A)圆心角　(B)弯扭刚度比

(C)曲率半径　(D)扇性惯矩

三、案例题

1. 如图所示铰接悬板，桥面铺装为80mm厚的C50混凝土配$\phi 8$@100mm钢筋网；重度为$25kN/m^3$；下设40mm厚素混凝土找平层，重度$23kN/m^3$。T形梁翼板材料重度为$25kN/m^3$；

其每延米板上的恒载 g,最接近下列哪一项? ( )

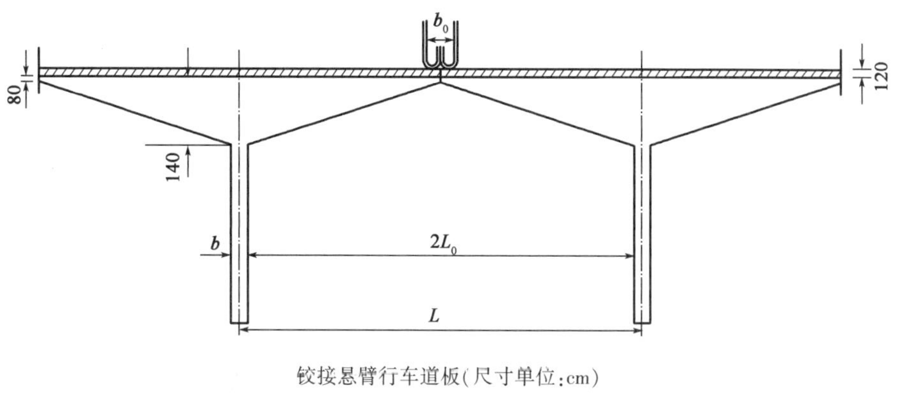

铰接悬臂行车道板(尺寸单位:cm)

(A)4.13kN/m (B)5.67kN/m (C)6.75kN/m (D)7.35kN/m

2. 图示为一桥面宽度为9m(净宽) +2×1.5m(人行道)的钢筋混凝土T形梁桥,共设5根主梁。其荷载位于支点处时1号主梁相应于汽车荷载的横向分布系数最接近下列哪一项?

( )

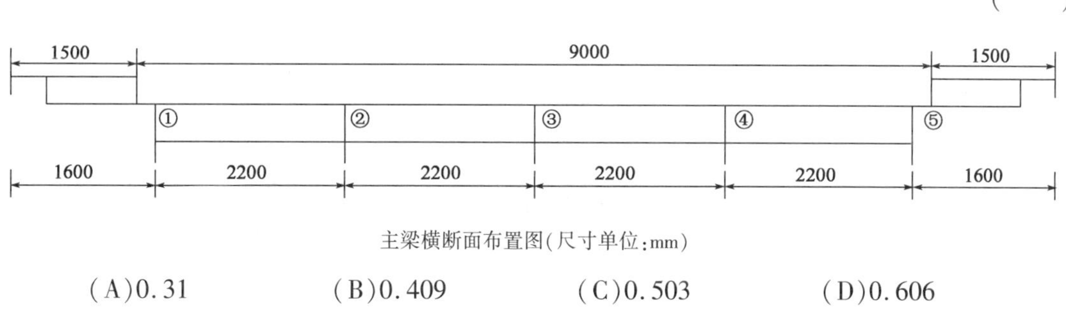

主梁横断面布置图(尺寸单位:mm)

(A)0.31 (B)0.409 (C)0.503 (D)0.606

3. 计算跨径为 $l=29.12\text{m}$ 的T形梁(横断面图如上述第2题),桥面宽度为9m(净宽) +2×1.5m(人行道)的钢筋混凝土T形梁桥,共设5根主梁,各主梁横截面均相等。跨度内设有多道横隔梁,若采用偏心压力法计算,则横向分布影响线竖标值 η_{15} 最接近下列哪一项?

( )

(A) -0.2 (B)0.0 (C)0.2 (D)0.6

4. 计算跨径为 $l=29.12\text{m}$ 的T形梁(横断面图如上述第2题),桥面宽度为9m(净宽) +2×1.5m(人行道)的钢筋混凝土T形梁桥,共设5根主梁,各主梁横截面均相等。跨度内设有多道横隔梁,若采用偏心压力法计算,则横向分布影响线竖标值 $\eta_{11}=0.6$、$\eta_{14}=0$。则荷载位于跨中时,1号主梁相应于汽车荷载的横向分布系数最接近下列哪一项? ( )

(A)0.523 (B)0.635 (C)0.661 (D)0.682

5. 某简支T形梁桥的计算跨径为 $l=29.12\text{m}$,跨度内从支点到第一根横隔梁之间的距离为 $a=4.96\text{m}$,冲击系数 $\mu=0.276$。跨中荷载横向分布系数 $m_{\text{cq}}=0.635$,支点荷载横向分布系

数 $m_{0q}=0.409$，车道荷载标准值 $q_k=10.5\mathrm{kN/m}$，$P_k=318.24\mathrm{kN}$。则主梁在汽车荷载作用下的跨中最大弯矩最接近下列哪一项？（　　）

(A)1899kN·m　　(B)2084kN·m　　(C)2532kN·m　　(D)2799kN·m

6. 某简支T形梁桥的计算跨径为 $l=29.12\mathrm{m}$，跨度内从支点到第一根横隔梁之间的距离为 $a=4.96\mathrm{m}$，冲击系数 $\mu=0.276$。跨中荷载横向分布系数 $m_{cq}=0.635$，支点荷载横向分布系数 $m_{0q}=0.409$，车道荷载标准值 $q_k=10.5\mathrm{kN/m}$，$P_k=1.2\times318.24\mathrm{kN}$。则主梁在汽车荷载作用下的支点最大剪力最接近下列哪一项？（　　）

(A)316.09kN　　(B)289.94kN　　(C)237.07kN　　(D)217.46kN

7. 简支T形梁桥各主梁中心距相等，从1号主梁至5号主梁的抗弯惯性矩分别为 $2I$、I、$2I$、I、$2I$。当单位荷载作用在3号梁位处时，1号边梁所分担的荷载值最接近下列哪一项？（　　）

(A)0.125　　(B)0.25　　(C)0.375　　(D)0.5

8. 简支T形梁桥共有7片主梁，中间横隔梁近似刚性，且各主梁中心距相等，各主梁的惯性矩相等，若在结构上仅作用有桥轴线中心荷载 $P=1$，1号主梁所承担的荷载最接近下列哪一项？（　　）

(A)0.125　　(B)0.143　　(C)0.25　　(D)0.35

参考答案及解析

一、单项选择题

1. **[答案]** C

[解析] 梁桥的承重结构是主梁，其基本受力特征为弯曲，在垂直荷载作用下，支承处仅产生竖向反力。

2. **[答案]** A

[解析] 简支梁桥属于静定结构，是目前中小跨径梁桥的主要形式之一。其优点在于：构造简单，便于设计为各种标准跨径的装配式结构。

3. **[答案]** C

[解析] 连续梁桥是指主梁连续跨过两跨或两跨以上的桥梁。这种体系的主要特点是承重结构不间断地连续跨越多个桥孔而形成超静定结构。

4. **[答案]** B

[解析] 将简支梁梁体加长，并越过支点就可成为悬臂梁桥。悬臂梁桥至少有三孔，或

是中孔采用简支挂梁的单悬臂梁桥,或是一双悬臂梁结构的跨线桥。

5. [答案]B

[解析]连续梁桥除其中一个桥墩上设固定铰支座外,其余均设活动铰支座,属于超静定结构,因此,适用于地基条件良好的场合。否则,任何支座不均匀沉陷均会在桥跨结构中产生次内力。

6. [答案]A

[解析]板桥的主要特点是构造简单,施工方便,建筑高度小。从力学性能上分析,位于受拉区域的混凝土不但不能发挥作用,反而增大了结构的自重,当跨度较大时就显得笨重而不经济,所以,简支板桥仅适用于小跨径桥梁。

7. [答案]B

[解析]箱形梁桥横截面在一定的截面面积下能获得较大的抗弯惯矩,具有几乎同等的承受正、负弯矩的能力。另外,闭合箱形梁具有比相应肋板式截面大得多的抗扭刚度,在偏心的活载作用下箱梁的受力比较均匀,因此,箱形截面梁特别适用于较大跨径的连续梁桥、连续刚构桥。

8. [答案]C

[解析]整体式板桥的跨径通常与板宽相差不大,在车辆荷载作用下处于双向受力状态。因此,除了配置纵向受力钢筋(直径不应小于10mm),还需在板内设置垂直于主钢筋的横向分布钢筋。

9. [答案]A

[解析]除主要的纵向预应力筋外,预应力混凝土主梁内还设有架立钢筋、箍筋、水平分布钢筋、承受局部应力的钢筋等其他非预应力钢筋。

10. [答案]B

[解析]在装配式简支T形梁桥中,横隔梁必须设置,以保证各片主梁能相互连接成整体,共同参与受力。

11. [答案]C

[解析]连续梁可以做成二跨或三跨一联,也可以做成多跨一联。每联跨数太多,联长就要加大,受温度变化及混凝土收缩等影响产生的纵向位移也就较大,使伸缩缝及活动支座的构造复杂化。

12. [答案]D

[解析]当跨径 l 和荷载集度 p 相同的情况下,简支体系的跨中弯矩最大,连续体系则由于支点负弯矩的存在,使跨中正弯矩值显著减小,就表征材料用量的弯矩图面积大小(绝对

值)而言,连续体系比简支体系小很多。

13.[答案]A

[解析]简支刚构桥在施工中属于简支结构,在使用中属于刚构受力体系,对基础要求高,温度、混凝土收缩徐变影响大;服役期受力性能和行车舒适性方面较简支梁桥或先简支后桥面连续梁桥更优越;因无伸缩缝(梁端除外),也就不存在伸缩缝易损坏、难维护等问题;因无支座(梁端除外),也就不存在支座易损坏、难维护、更换等问题。

14.[答案]B

[解析]同第13小题。

15.[答案]A

[解析]预应力混凝土梁桥中,预应力筋是主要的受力钢筋。所以,保证桥梁在恒、活载作用下纵向跨越能力的主要受力钢筋是纵向预应力筋。

16.[答案]C

[解析]预应力混凝土箱梁中,竖向预应力筋主要抵抗竖向剪力,通常布置在箱梁的腹板中。

17.[答案]B

[解析]简支梁桥预应力筋弯起可以抵抗部分剪力、减小梁端负弯矩以及便于锚具分散均匀锚固,但预应力筋弯起会增大预应力损失。

18.[答案]B

[解析]梁桥上部结构计算包括桥面板、主梁、横隔梁和其他细部构造计算,必要时还需进行施工阶段验算或其他特殊项目的验算。

19.[答案]A

[解析]按杠杆原理法计算荷载横向分布的基本假定是忽略主梁之间横向结构的联系作用,即假设桥面板在主梁上断开,而视作沿横向支承在主梁上的简支板或单悬臂(对边主梁)简支板来考虑。

20.[答案]B

[解析]偏心压力法(也称刚性横梁法),把横隔梁视作刚性,即在荷载作用下,各主梁挠度呈线性变化;当计入主梁抗扭刚度影响时,此法又称为修正偏心压力法。

21.[答案]C

[解析]横向刚接梁法——把相邻主梁之间视为刚性连接,即同时传递剪力和弯矩。

22.［答案］D

［解析］横向铰接板(梁)法——把相邻板(梁)间的连接视为铰接,只传递剪力。

23.［答案］A

［解析］对于一般多梁式桥,不论桥跨内有无中间横隔梁,当桥上荷载作用在靠近支点处时,由于不考虑支座的弹性压缩和主梁本身的微小压缩变形,显然荷载将主要传至两个相邻的主梁支座。因此,在实践中偏于安全地用杠杆原理法来计算荷载位于靠近主梁支点时的横向分布系数。

24.［答案］B

［解析］偏心压力法的基本前提是:①汽车荷载作用下,中间横隔梁可近似地看作一根刚度为无穷大的刚性梁,横隔梁仅发生刚体位移。②忽略主梁的抗扭刚度,即不计入主梁扭矩抵抗活载的影响。根据试验结果和理论分析,在具有可靠横向联系的桥上,且在桥的宽跨比 B/L 小于或接近于0.5时(一般称为窄桥),车辆荷载作用下中间横隔梁的弹性挠曲变形同主梁的变形相比微不足道。也就是说,中间横隔梁像一根刚度无穷大的刚性梁一样保持直线的形状,仅做刚体位移。

25.［答案］B

［解析］荷载横向分布系数 m 沿桥跨的变化如下:对于无中间横隔梁或仅有一根中横隔梁的情况,跨中部分须用不变的 m_c,从离支点处起至支点的1/4区段内 m 呈直线形过渡至 m_x;对于有多根内横隔梁的情况,m_0 从第一根内横隔梁起向支点 m 直线形过渡。

26.［答案］C

［解析］斜弯桥受力与构造斜板桥的受力特点是:简支斜板的纵向主弯矩比跨径为斜跨长 l_φ、宽度为 b 的矩形板要小,并随斜交角的增大而减小;斜板的荷载有向支承边的最短距离传递分配的趋势;斜板的最大纵向弯矩虽比相应的正板小,但横向弯矩却比正板大得多,跨中部分的横向弯矩尤其突出;斜板在支承边上的反力很不均匀。钝角角隅处的反力可能比正板大数倍,而锐角处的反力却有所减小,甚至出现负反力。

二、多项选择题

1.［答案］AD

［解析］由于梁桥以受弯为主,所以,抗拉压强度以及弹性模量低的材料(如木材、石材、素混凝土等)均不适合梁桥建设。

2.［答案］ABCD

［解析］在钢筋混凝土与预应力混凝土梁式桥体系中,简支梁、悬臂梁和连续梁是三种古老的梁式结构体系。20世纪50年代末,在传统的钢桥悬臂拼装方法基础上,经改良和创新,预应力混凝上梁式桥中的悬臂体系得到新的发展,形成了T形刚构桥,随后,又进一步将T

形刚构粗厚桥墩减薄，形成柔性桥墩，使墩梁固结形成连续刚构桥。

3. [答案] AD

[解析] 混凝土梁桥按承重结构的截面形式划分，可分为板桥、肋板式梁桥、小箱梁桥。

4. [答案] ABD

[解析] 实心板桥应用广泛，但通常跨径不超过8m(1.5m、2.0m、2.5m、3.0m、4.0m、5.0m、6.0m、8.0m)，板高0.16～0.36m。

5. [答案] ACD

[解析] 预应力混凝土简支T形梁的梁肋通常要加宽做成马蹄形，以便减轻自重，便于预应力钢束的布置和满足局部承压要求。

6. [答案] ACD

[解析] 除主要的纵向预应力筋外，预应力混凝土梁内还布置有其他非预应力钢筋：架立钢筋、箍筋、水平分布钢筋、承受局部应力的钢筋等其他非预应力钢筋。

7. [答案] ABCD

[解析] 不论是钢筋混凝土连续梁桥，还是预应力混凝土连续梁桥，在立面上都可以做成等跨和不等跨，等高和不等高(变截面)。

8. [答案] AD

[解析] 横隔板的主要作用是增加箱梁刚度，限制箱梁的畸变，跨中横隔板还可有效防止因箱梁二次预应力张拉产生的径向力引起跨中区段底板崩裂破坏。所以，在支承处通常需要设置横隔板。

9. [答案] ACD

[解析] 纵向预应力筋采用钢绞线，按受力需要设置，用于抵抗纵向弯矩，纵向下弯预应力筋还可抵抗部分剪力。沿桥跨方向的纵向力筋又称为主筋，它是用以保证桥梁在恒、活载作用下纵向跨越能力的主要受力钢筋，可布置在顶板、底板和腹板中。

10. [答案] AB

[解析] 横向预应力筋是用以保证桥梁的横向整体性、桥面板及横隔板横向抗弯能力的主要受力钢筋，一般布置在横隔板和顶板中。

11. [答案] ABCD

[解析] 对于超静定体系的连续梁桥，预加力、墩台基础不均匀沉降、温度变化、混凝土收缩徐变等会引起结构产生次内力。

12. [答案]ABC

[解析]对于梁式桥,持久状态承载能力极限状态验算主要包括:正截面抗弯承载力、斜截面抗剪承载力、正截面抗压承载力、正截面抗拉承载力、抗扭承载力、局部抗压承载力等的验算。

13. [答案]ABCD

[解析]为保证桥梁的正常使用和耐久性,持久状态正常使用极限状态验算须对下列项目进行验算:预应力构件正截面、斜截面抗裂性验算;钢筋混凝土和B类预应力混凝土构件裂缝宽度验算;钢筋混凝土和预应力混凝土受弯构件挠度验算。

14. [答案]ABC

[解析]简支梁桥常用的荷载横向分布计算方法有杠杆原理法、偏心压力法(也称刚性横梁法)、横向铰接板(梁)法、横向刚接梁法和比拟正交异性板法。

15. [答案]BCD

[解析]弯桥具有如下受力特点:弯桥的变形比同样跨径直线桥要大;弯桥即使截面在对称荷载作用下也会产生较大的扭转;弯桥的支点反力与直线桥相比,曲线外侧大、内侧变小,内侧甚至出现负反力;弯桥梁间横梁除具有直线桥中横梁同样的作用外,还是保持全桥稳定的重要构件,与直线桥相比,其刚度一般较大;弯桥中空间预应力效应对支反力的分配有较大影响。

16. [答案]ABCD

[解析]影响弯桥受力的主要因素有圆心角、桥宽与曲率半径、扇性惯矩和弯扭刚度比。

三、案例题

1. [答案]B

[解析]钢筋混凝土面层 g_1:$0.08\times1.0\times25=2.00\text{kN/m}$;素混凝土找平层 g_2:$0.04\times1.0\times23=0.92\text{kN/m}$;T形梁翼板自重 g_3:$(0.08+0.14)/2\times1.0\times25=2.75\text{kN/m}$。

则每延米板上的恒载 g 为:$g=g_1+g_2+g_3=5.67\text{kN/m}$。

2. [答案]B

[解析]荷载位于支点处,应采用杠杆原理法进行计算。

在荷载横向影响线上确定荷载沿横向最不利的布置位置。《公路桥涵设计通用规范》(JTG B01—2015)规定对于汽车荷载,车辆横向轮距为1.80m,两列汽车车轮的横向最小间距为1.30m,车轮离人行道缘石的最小距离为0.5m。求出相应于荷载位置的影响线竖标值后,就可以得到1号梁的横向分布系数为:$m_0=\frac{1}{2}\times\frac{1.8}{2.2}=0.409$。

3.[答案]A

[解析]此桥跨内多道端隔梁,具有强大的横向连接刚性,且承重结构的长宽比为:

$\frac{l}{B}=\frac{29.12}{5\times 2.2}=2.65>2$,可采用偏心压力法计算。

该桥有5根主梁,各主梁横截面均相等,主梁间距为2.2m,则:

$\sum_{i=1}^{5}a_i^2=a_1^2+a_2^2+a_3^2+a_4^2+a_5^2=48.4\text{m}^2$

1号主梁的横向影响线竖标值为:

$$\eta_{15}=\frac{1}{n}-\frac{a_1^2}{\sum_{i=1}^{5}a_i^2}=\frac{1}{5}-\frac{(2\times 2.2)^2}{48.4}=-0.2。$$

4.[答案]D

[解析]$\eta_{11}=0.6$,$\eta_{14}=0$,绘制1号主梁的横向分布影响线,并确定荷载沿横向最不利的布置位置,求出相应于荷载位置的影响线竖标值后,得到1号梁的横向分布系数为:

$$m_c=\frac{1}{2}\sum\eta_{qi}=\frac{1}{2}(\eta_{q1}+\eta_{q2}+\eta_{q3}+\eta_{q4})$$

$$=\frac{1}{2}\times\frac{0.6}{6.6}(6.2+4.4+3.1+1.3)=0.682$$

5.[答案]D

[解析]在内力计算时,对于横向分布系数的取值做如下考虑:计算弯矩时,均采用全跨统一的横向分布系数 m。

$$M_q=(1+\mu)\cdot\xi\cdot m_{cq}\cdot(q_k\Omega+p_k y)$$

$$=1.276\times 1\times 0.635\times\left(10.5\times\frac{1}{8}\times 29.12^2+318.24\times\frac{1}{4}\times 29.12\right)$$

$$=2779\text{kN/m}$$

6.[答案]A

[解析]在内力计算时,对于横向分布系数的取值做如下考虑:求支点截面剪力,由于主要荷载集中在支点附近而应考虑支撑条件的影响,考虑横向分布系数沿桥跨的变化(即从支点到第一根内横隔梁之间)。

$$V_P=(1+\mu)\cdot\xi\cdot\left[m_{cq}q_k\Omega+m_{0q}P_k y_l+\frac{1}{2}q_k(m_{0q}-m_{cq})\cdot a\cdot y_c\right]$$

$$=1.276\times 1\times\left[0.635\times 10.5\times\frac{1}{2}\times 29.12\times 1+0.409\times 1.2\times 318.24\times 1+\frac{1}{2}\times 29.12\right.$$

$$\left.(0.409-0.635)\times 4.96\times 0.943\right]$$

$$=316.09\text{kN}$$

7.［答案］B

［解析］可采用偏心压力法进行计算：

$$\sum_{i=1}^{5} I_i = I_1 + I_2 + I_3 + I_4 + I_5 = 8I$$

$$a_3 = 0$$

$$R_{13} = \frac{I_1}{\sum_{i=1}^{5} I_i} + \frac{a_3 a_1 I_1}{\sum_{i=1}^{5} a_i^2} = 0.25$$

8.［答案］B

［解析］可采用偏心压力法进行计算：

$$\sum_{i=1}^{7} I_i = 7I, R_1 = \frac{I}{\sum_{i=1}^{7} I_i} = \frac{I}{7I} = 0.143$$

第四节　桥梁支座与墩台

本节考纲

掌握桥梁支座及墩台类型。

复习要点

支座的分类、墩台的分类。

典型习题

一、单项选择题

1. 活动支座只传递哪种力？（　　）

(A) 弯矩　　(B) 扭矩

(C) 竖向力　　(D) 轴力

2. 对于坡桥，宜布置固定支座的墩台高程应符合下列哪个选项？（　　）

(A) 相对较高　　(B) 相对较低

(C) 相对平均　　(D) 随便

3. 下列哪种支座是按容许变形的可能性划分的？（　　）

(A) 固定支座　　(B) 简易支座

(C)钢板支座　　(D)橡胶支座

4. 具有承载能力大、水平位移量大、转动灵活等特点,适用于支座承载力为1000kN以上的大跨径桥梁的支座类型是下列哪个选项? (　　)

(A)板式橡胶支座　　(B)简易垫层支座

(C)钢支座　　(D)盆式橡胶支座

5. 板式橡胶支座的平面尺寸,决定于下列哪个选项? (　　)

(A)橡胶板的抗压强度　　(B)加劲钢板的抗压强度

(C)墩台帽的尺寸　　(D)上部结构的跨径

6. 重力式墩台平衡外力保持稳定是依靠结构物的哪个特征? (　　)

(A)材料强度　　(B)自身重量

(C)整体刚度　　(D)基础

7. 墩、台刚度较小,受力后允许在一定的范围内发生弹性变形,以钢筋混凝土和少量配筋的混凝土为主。此类墩台是下列哪个选项? (　　)

(A)重力式墩台　　(B)刚性墩台

(C)轻型墩台　　(D)柔性墩台

8. 符合重力式墩台主要特点的是下列哪个选项? (　　)

(A)自重较大　　(B)抗撞击能力差

(C)阻水面积小　　(D)对地基承载力的要求低

9. 符合轻型墩台主要特点的是下列哪个选项? (　　)

(A)以自身重力平衡外力保持稳定　　(B)抗撞击能力强

(C)自重大　　(D)刚度较小

10. 下列不属于梁桥轻型桥墩的是下列哪个选项? (　　)

(A)钢筋混凝土薄壁桥墩　　(B)轻型实体桥墩

(C)刚性墩　　(D)柱式桥墩

11. 在结构功能方面,桥台与桥墩有何不同? (　　)

(A)传递荷载　　(B)抵御路堤的土压力

(C)调节水流　　(D)支承上部构造

二、多项选择题

1. 固定支座的作用有哪些? (　　)

(A)传递弯矩　　(B)传递竖向力

(C)将主梁固定在墩、台上　　(D)传递水平力

2. 关于桥梁支座的布置方式,下列说法正确的有哪些?　(　　)

(A)简支梁一端设固定支座,一端设活动支座

(B)连续梁桥宜将固定(铰)支座设置在靠中间的支点处

(C)连续梁桥每联可设多个固定支座

(D)宽桥应设置沿纵、横向均能移动的全方位活动(铰)支座

3. 梁式桥的支座按所用材料及结构形式可分为哪些支座形式?　(　　)

(A)简易支座　　(B)固定支座

(C)钢筋混凝土支座　　(D)橡胶支座

4. 桥梁支座按其变位的可能性可分为哪些支座形式?　(　　)

(A)简易支座　　(B)钢支座

(C)活动支座　　(D)固定支座

5. 梁桥轻型桥台包括哪些桥台?　(　　)

(A)埋置式桥台　　(B)钢筋混凝土薄壁桥台

(C)设有支撑梁的轻型桥台　　(D)实体式桥台

6. 桥台的主要作用有哪些?　(　　)

(A)支承桥跨结构　　(B)衔接桥头引道路堤

(C)挡土护岸　　(D)抵御路堤的土压力

7. 正交直线桥梁的支座一般仅需计算纵向水平力,其纵向水平力包括哪些力?　(　　)

(A)风力　　(B)离心力

(C)汽车制动力　　(D)摩擦力

参考答案及解析

一、单项选择题

1. **[答案]**C

[解析]梁式桥的支座分成固定(铰)支座和活动(铰)支座两种。活动(铰)支座仅传递竖向力,同时保证主梁在支承处既能自由转动,又能水平移动。

2. **[答案]**B

[解析]对于坡桥,宜将固定(铰)支座设置在高程较低的墩台上。

3.［答案］A

［解析］支座按其容许变形的可能性,可分为固定(铰)支座和活动(铰)支座两种。

4.［答案］D

［解析］盆式橡胶支座是钢构件与橡胶组合而成的新型桥梁支座,具有承载能力大、水平位移量大、转动灵活等特点,适用于支座承载力为1000kN以上的大跨径桥梁。

5.［答案］A

［解析］板式橡胶支座的平面尺寸 $a \times b$ 矩形或直径 D(圆形)由橡胶板的抗压强度和梁部或墩台(垫石)顶部混凝土的局部承压强度来确定。

6.［答案］B

［解析］重力式桥墩的主要特点是靠自身的重量来平衡外力而保持其稳定,因此,墩、台身比较厚实,可采用天然石材或混凝土砌(浇)筑,冰、漂浮物较多的河流上可采用。

7.［答案］C

［解析］轻型墩、台刚度较小,受力后允许在一定的范围内发生弹性变形,以钢筋混凝土和少量配筋的混凝土为主。

8.［答案］A

［解析］重力式墩台的主要特点是靠自身的重量来平衡外力而保持其稳定,因此,墩、台身比较厚实,适用于地基良好的大、中型桥梁,或流冰、漂浮物较多的河流上。其主要缺点是圬工体积大,因而其自重和阻水面积也较大,对地基要求更高。

9.［答案］D

［解析］轻型墩、台刚度较小,受力后允许在一定的范围内发生弹性变形,以钢筋混凝土和少量配筋的混凝土为主。

10.［答案］C

［解析］梁桥轻型桥墩有钢筋混凝土薄壁桥墩、轻型实体桥墩、柱式桥墩等。

11.［答案］B

［解析］桥台设置在桥跨结构两端,除用于支承桥跨结构外,桥台还与路堤相衔接,以抵御路堤土压力,防止路堤填土的滑坡和坍塌。

二、多项选择题

1.［答案］BCD

［解析］固定(铰)支座既要将主梁固定在墩台上并传递竖向力和水平力,又要保证主梁

发生挠曲时在支承处能自由转动。

2.［答案］ABD

［解析］简支梁一端设固定支座，一端设活动支座；对于坡桥，宜将固定（铰）支座设置在高程较低的墩台上；对于连续梁桥，为使全梁的纵向变形分散在梁的两端，宜将固定（铰）支座设置在靠中间的支点处，且每联只设一个固定支座；对于特别宽的梁桥，应设置沿纵向和横向均能移动的全方位活动（铰）支座。

3.［答案］ACD

［解析］梁式桥的支座按所用材料及结构形式，可分为简易垫层支座、钢筋混凝土支座、橡胶支座、钢支座等。

4.［答案］CD

［解析］桥梁支座按其变位的可能性，可分为固定（铰）制作和活动（铰）支座两种。

5.［答案］ABC

［解析］轻型桥台一般用于梁桥。梁桥轻型桥台包括埋置式桥台、设有支撑梁的轻型桥台、钢筋混凝土薄壁桥台等。常用的为埋置式桥台。

6.［答案］ABCD

［解析］桥台除了支撑桥跨结构外，它又是衔接桥头引道路堤的构筑物；既要能挡土护岸，又要能承受背填土及台后车辆作用产生的附加土侧压力。

7.［答案］ACD

［解析］正交直线桥梁的支座一般仅需计算纵向水平力。其纵向水平力包括汽车制动力、风力、摩擦力或由温度变化引起的水平力，以及其他原因（如桥梁纵坡）产生的水平力。

第五节 涵 洞

本节考纲

1. 掌握涵洞的布置原则；涵洞的结构设计。
2. 熟悉涵洞的类型、构造与选型。

复习要点

涵洞的布置原则，涵洞的结构设计，涵洞的类型、构造与选型。

典型习题

一、单项选择题

1. 以下按填土高度分类的涵洞类型是哪个选项？（　　）

(A)明涵　(B)箱涵　(C)管涵　(D)盖板涵

2. 当涵洞进口净高(或内径)$h > 3$m 时，矩形涵内顶点至洞内设计洪水频率标准水位的净高应符合什么要求？（　　）

(A)≥2.5m　(B)≥0.35m　(C)≥0.50m　(D)≥0.75m

3. 明涵适用于低填方和挖方路段，其涵洞顶填土应小于下列哪个厚度？（　　）

(A)0.75m　(B)0.50m　(C)0.35m　(D)0.25m

4. 当涵洞沿纵轴线方向和路线轴线方向不互相垂直时，称为涵洞与路线斜交，常用斜交角度为下列哪个选项？（　　）

(A)5°　(B)25°　(C)45°　(D)70°

5. 石盖板涵常用的跨径 L_c 为多少？（　　）

(A)0.75m　(B)1.5m　(C)2.0m　(D)2.5m

6. 进、出洞口都被水流淹没，洞身涵长范围内全断面过水且洞内顶部承受水头压力的涵洞是下列哪个选项？（　　）

(A)无压力式涵洞　(B)倒虹吸涵洞

(C)压力式涵洞　(D)半压力式涵洞

7. 拱涵的拱圈宜按无铰拱计算，其矢跨比不宜小于下列哪个数值？（　　）

(A)1/3　(B)1/4　(C)1/5　(D)1/6

二、多项选择题

1. 涵洞设计应参考《公路涵洞设计细则》(JTG/T D65-04—2007)的相关规定，并应符合的原则有哪些？（　　）

(A)安全　(B)经济

(C)有利于环保　(D)适用

2. 涵洞按建筑材料分类，可分为哪些涵洞？（　　）

(A)圬工涵　(B)钢筋混凝土涵

(C)钢波纹涵　(D)钢管混凝土涵

3. 涵洞按洞身构造形式分类,可分为哪些涵洞? ( )

(A)管涵 (B)箱涵

(C)明涵 (D)盖板涵

4. 涵洞按水压力性质分类,可分为哪些涵洞? ( )

(A)无压力式涵 (B)倒虹吸管涵

(C)压力式涵 (D)半压力式涵

5. 拱涵洞身主要是由拱圈和涵台(包括涵台基础)两部分组成,其横截面有哪些形式? ( )

(A)半圆拱 (B)卵形拱

(C)圆弧拱 (D)抛物线拱

6. 水文计算的主要任务是确定流量,主要方法有哪些? ( )

(A)暴雨推理法 (B)直接类比法

(C)形态调查法 (D)径流形成法

7. 涵洞结构计算考虑的作用包括哪些? ( )

(A)车辆荷载 (B)流水压力

(C)土重及土侧压力 (D)结构自重

参考答案及解析

一、单项选择题

1.[答案]A

[解析]涵洞按填土高度可分为明涵和暗涵。

2.[答案]C

[解析]根据《公路桥涵设计通用规范》(JTG D60—2015)第3.4.4条,无压力式涵洞内定点至洞内设计洪水频率标准水位的净高应符合表中规定。

3.[答案]B

[解析]明涵适用于低填方和挖方路段,其洞顶填土厚度小于0.5m。

4.[答案]C

[解析]当涵洞沿纵轴线方向和路线轴线方向不相互垂直时,称为涵洞与路线斜交,常

用的夹角有75°、60°、45°。

5. [答案]A

[解析]石盖板涵通常用的跨径 L_0 为75cm、100cm、125cm、盖板厚度 d 随涵顶填土高度与跨径变化,一般在15~40cm之间。

6. [答案]C

[解析]《公路涵洞设计细则》(JTG/T D65-04—2007)第2.1.6条规定:压力式涵洞指进、出洞口都被水流淹没,洞身涵长范围内全断面过水且洞内顶部承受水压力的涵洞。

7. [答案]B

[解析]《公路涵洞设计细则》(JTG/T D65-04—2007)第9.3.5条规定:拱涵的拱圈宜按无铰拱计算,其矢跨比不宜小于1/4。

二、多项选择题

1. [答案]ABCD

[解析]涵洞设计应符合"安全、使用、经济、耐久、有利于环保"原则,并参考《公路涵洞设计细则》(JTG/T D65-04—2007)的相关规定。

2. [答案]ABC

[解析]涵洞按建筑材料分类可分为圬工涵、钢筋混凝土涵、钢波纹管涵和其他材料涵等。

3. [答案]ABD

[解析]涵洞按洞身构造形式分类可分为管涵、盖板涵、箱涵和拱涵。

4. [答案]ABCD

[解析]涵洞按水力性质可分为无压力式涵、半压力式涵、压力式涵、倒虹吸管涵。

5. [答案]ABC

[解析]涵洞洞身主要由拱圈和涵台组成。其横截面形式有半圆拱、圆弧拱、卵形拱。

6. [答案]ABCD

[解析]水文计算的主要任务是确定流量,主要方法有暴雨推理法、径流形成法、形态调查法及直接类比法。

7. [答案]ACD

[解析]涵洞结构计算考虑的作用包括:车辆荷载、土重及土侧压力、车辆荷载引起的土压力、温度及结构自重等。

第六节 桥涵水文

本节考纲

1. 掌握气象站、水文站的观测资料搜集和历史洪水痕迹调查。
2. 熟悉水位、流速、流量、设计洪水频率及设计水位、通航水位、设计流量计算。
3. 了解河流的特征,河段分类。

复习要点

河流的分段、河流的基本特征、山区河流与平原河流的特点。流域及流域特征、流域面积的确定方法,径流形成过程及主要影响因素、河川水文情势、径流的度量方法、水位与流量的观测方法、实测水文资料的收集、历史洪水调查方法、水位—流量关系曲线、河川水文现象的特征与分析方法、桥涵与路基的设计洪水频率、水文资料的“三性”审查、统计参数等。

典型习题

一、单项选择题

1. 河流长度是指从河源到河口沿______所测量的距离。 ( )
(A)水面线 (B)中泓线 (C)河底线 (D)河岸线

2. 河流的横断面是指下列哪个选项? ( )
(A)与水流方向垂直的断面 (B)与水流方向平行的断面
(C)与河底相垂直的断面 (D)与河岸相垂直的断面

3. 地面分水线与地下分水线相重合的流域是下列哪个选项? ( )
(A)单一流域 (B)平衡流域
(C)闭合流域 (D)理想流域

4. 对于给定的河流,其流量的大小取决于下列哪个因素? ( )
(A)流域面积 (B)降雨量
(C)河流长度 (D)河流比降

5. 年最大流量是指一年中的______。 ( )
(A)最大日平均流量 (B)最大一小时流量
(C)最大一分钟流量 (D)最大瞬时流量

6. 某时段的径流深与降雨量之比是下列哪个选项？ ( )

(A)径流模数 (B)径流效率 (C)径流系数 (D)汇流系数

7. 洪水调查的目的是为了提高水文资料的哪个特性？ ( )

(A)可靠性 (B)一致性 (C)代表性 (D)独立性

8. 河流水位是指下列哪个选项？ ( )

(A)水面在河底以上的高度 (B)水面在某基准面以上的高度

(C)水面至河床最低点的距离 (D)水尺所观测到的读数

9. 洪峰流量是指一次洪水过程中的______。 ( )

(A)最大瞬时流量 (B)最高水位所对应的流量

(C)平均流量 (D)水面波动最大时所对应的流量

10. 高速公路上的特大桥的设计洪水标准是下列哪个选项？ ( )

(A)100 年一遇 (B)200 年一遇 (C)300 年一遇 (D)500 年一遇

11. 判断两变量是否存在良好直线关系的指标是下列哪个选项？ ( )

(A)回归系数 (B)相关系数 (C)误差系数 (D)分布系数

12. 利用水文统计法推求设计流量时，实测的流量资料年数应不少于多少年？ ( )

(A)10 年 (B)15 年 (C)20 年 (D)30 年

13. 采用面积比拟法将水文站的流量转换为桥位断面的流量时，两流域的汇水面积之差应小于水文站汇水面积的多少？ ( )

(A)5% (B)10% (C)15% (D)20%

14. 在我国，水文随机变量的分布函数大多采用哪种分布形式？ ( )

(A)正态分布 (B)指数分布

(C)对数分布 (D)皮尔逊Ⅲ型分布

15. 50 年一遇的洪水，对应的经验频率是多少？ ( )

(A)2% (B)5% (C)10% (D)20%

16. 在我国，确定年最大流量统计参数的是下列哪种方法？ ( )

(A)矩公式法 (B)试算法

(C)适线法 (D)经验公式法

17. 100 年一遇的洪水连续两年出现的概率为多少？ ( )

(A)0 (B)1%

(C)0.1% (D)0.01%

18. 若两变量存在正相关关系，则它们的相关系数 R 取值范围为下列哪个选项？ ( )

(A)$R < -1$ (B)$R > 0$

(C)$0 < R < 1$ (D)$R > 1$

19. 若两变量的相关系数接近于零，则它们之间的关系为下列哪个选项？ ( )

(A)不存在函数关系 (B)不存在相关关系

(C)不存在直线相关关系 (D)不存在曲线相关关系

20. 利用地区经验公式推求设计流量时，其适用的条件是下列哪个选项？ ( )

(A)流域具有长期观测资料 (B)流域具有短期观测资料

(C)流域无观测资料 (D)工程下游无防洪要求

21. 利用推理公式推求设计流量时，其适用的流域条件一般是下列哪个选项？ ( )

(A)小流域 (B)闭合流域

(C)羽状流域 (D)支流流域

22. 汇流时间是指下列哪个选项？ ( )

(A)水流沿主河道运动所需的时间

(B)流域内最远处水质点到达出口断面所需的时间

(C)水流沿坡面运动所需的时间

(D)流域内各处水质点到达出口断面的平均时间

23. 变差系数 C_v 的取值与流域的一般关系是下列哪个选项？ ( )

(A)大流域的 C_v 值比小流域的大些 (B)大流域的 C_v 值比小流域的小些

(C)小流域的 C_v 值有可能小于零 (D)C_v 的大小与流域面积无关

24. 抽样误差与资料系列的一般关系是下列哪个选项？ ( )

(A)资料系列越长抽样误差越大 (B)资料系列越短抽样误差越小

(C)资料系列越长抽样误差越小 (D)抽样误差与资料系列的长短无关

25. 24h 的降雨量达到______称为特大暴雨。 ( )

(A)100mm (B)100 ~ 200mm (C) > 200mm (D) > 300mm

26. 进行洪水调查时，同一次洪水应调查到______以上较可靠的洪痕点。 ( )

(A)1 个　　(B)2 个　　(C)3 个　　(D)4 个

27. 对于大桥或特大桥,桥位河段的水文断面一般应测绘______,并且应布置在比较规则的顺直河段上。（　　）

(A)1 个　　(B)2 个　　(C)3 个　　(D)4 个

28. 利用调查的历史洪水资料推算设计流量时,历史洪水的次数不宜少于多少次?（　　）

(A)1 次　　(B)2 次　　(C)3 次　　(D)4 次

二、多项选择题

1. 河流的基本特征包括哪些?（　　）

(A)河流长度　　(B)河流断面

(C)河流比降　　(D)河网密度

2. 流域的几何特征由哪些内容构成?（　　）

(A)地形地貌　　(B)流域面积

(C)流域形状　　(D)地理位置

3. 确定流域面积的基本方法有哪些?（　　）

(A)现场丈量法　　(B)近似多边形法

(C)数方格法　　(D)求积仪法

4. 地面径流的形成过程可分为哪些阶段?（　　）

(A)降雨过程　　(B)流域蓄渗过程

(C)坡面漫流过程　　(D)河网汇流过程

5. 影响径流的主要因素包括哪些?（　　）

(A)气候因素　　(B)下垫面因素

(C)人类活动　　(D)天体运动

6. 常用的径流度量单位有哪些?（　　）

(A)年平均流量　　(B)径流总量

(C)径流深度　　(D)径流系数

7. 水文资料的来源主要有哪些?（　　）

(A)水资源公报　　(B)水文站观测资料

(C)洪水调查资料　　(D)文献考证资料

8. 影响水位流量关系曲线的主要因素有哪些？　（　　）

(A)河床冲淤变化　(B)回水顶托影响
(C)洪水涨落影响　(D)人类活动影响

9. 河流中各种水文要素的一般变化规律称为河川水文现象，归纳起来主要有哪些特性？　（　　）

(A)可靠性　(B)周期性
(C)地区性　(D)随机性

10. 目前，河川水文现象的分析研究方法主要有哪些？　（　　）

(A)成因分析法　(B)水文统计法
(C)地区归纳法　(D)模型试验法

11. 对于用来进行水文分析计算的洪水资料，必须对其______进行审查。　（　　）

(A)可靠性　(B)独立性　(C)一致性　(D)代表性

12. 直线相关的分析方法主要有哪些？　（　　）

(A)数值分析法　(B)图解法
(C)解析法　(D)统计试验法

13. 水文计算中常用的统计参数有哪些？　（　　）

(A)均方差　(B)平均值
(C)变差系数　(D)偏态系数

14. 插补展延流量资料的常用方法有哪些？　（　　）

(A)相关分析法　(B)面积比拟法
(C)水位流量关系曲线法　(D)等值线图法

15. 缺乏观测资料时推算设计流量可采用的方法有哪些？　（　　）

(A)水文统计法　(B)洪水调查法
(C)经验公式法　(D)等值线图法

16. 设计洪水过程线的要素有哪些？　（　　）

(A)洪峰水位　(B)洪峰流量
(C)洪水历时　(D)时段洪量

17. 下列哪些选项属于流域的自然地理特征？　（　　）

(A)气候条件　(B)植被覆盖

(C)流域面积　　　　(D)流域形状

18. 进行河段比降测绘时应标出______、水文断面及桥位断面位置。（　　）

(A)河床高程　　　　(B)河床比降线

(C)测时水面比降线　　　　(D)历次洪水比降线

三、案例题

1. 已知某流域的集水面积为 $2610km^2$，年平均流量为 $56.8m^3/s$，年降雨量 1395mm，则该流域的年径流系数最接近下列哪一项？（　　）

(A)0.49　　(B)0.55　　(C)0.59　　(D)0.62

2. 已知随机变量 X 的一组观测数据为：32，45，77，28，59，则该随机变量的变差系数最接近下列哪一项？（　　）

(A)0.38　　(B)0.42　　(C)0.48　　(D)0.52

3. 某水文站具有 1970—2008 年的年最大流量资料，其中最大的两次洪水流量为 $8550m^3/s$，$4160m^3/s$，又经洪水调查后得知 $8550m^3/s$ 是 1810 年以来排在第 2 位的特大洪水，而 $4150m^3/s$ 不是特大洪水。则这两次洪水的重现期 T_1，T_2 分别为下列哪一选项？（　　）

(A) $T_1=100$ 年，$T_2=30$ 年　　(B) $T_1=200$ 年，$T_2=40$ 年

(C) $T_1=100$ 年，$T_2=35$ 年　　(D) $T_1=200$ 年，$T_2=38$ 年

4. 按成因相同的年最大值法选样，得到某站 1984—2007 年实测年最大流量的总和 $\sum Q_i=5340m^3/s$，其中有一特大流量 $Q=1200m^3/s$。通过调查考证得知 1908 年以来在实测系列外还有两年为特大洪水年，其年最大流量分别 $1300m^3/s$，$1100m^3/s$。试按矩法公式计算该站年最大流量的均值 $\overline{Q}$ 最接近下列哪一项？（　　）

(A) $180m^3/s$　　(B) $190m^3/s$　　(C) $201m^3/s$　　(D) $211m^3/s$

5. 已知某桥位年最大流量的统计参数为 $Q=1000m^3/s$，$C_v=0.40$，$C_s=1.20$，则该桥位 200 年一遇的设计流量 Q_v 最接近下列哪一项？（　　）

(A) $2060m^3/s$　　(B) $2260m^3/s$　　(C) $2460m^3/s$　　(D) $2660m^3/s$

参考答案及解析

一、单项选择题

1. [答案]B

[解析]沿水流方向河流横断面最大流速点的连线称为中泓线，从河源到河口中泓线的长度为河流长度。

2. [答案]A

[解析]与水流方向垂直的断面即为河流横断面,亦称过水断面。

3. [答案]C

[解析]流域的边界以地面分水线为准,当地下分水线的边界与地面分水线重合时即为闭合流域,反之称为非闭合流域。

4. [答案]B

[解析]我国绝大多数河流的补给靠降雨,通常降雨量越大河流的流量就越大。

5. [答案]D

[解析]全年各次洪水中最大的洪峰流量即为年最大流量,洪峰出现的时间通常很短,在某时刻达到最大,是一种瞬时状态。

6. [答案]C

[解析]对于给定的流域,通常以年为统计时段,年径流深与年降雨量之比即为年径流系数。

7. [答案]C

[解析]一般来说,水文资料的系列越长其代表性就越好,而洪水调查是延长水文系列的有效手段之一。

8. [答案]B

[解析]某时刻过水断面的水面相对于某基准面的高度即为水位,且随着时间而不断变化。

9. [答案]A

[解析]一次洪水过程中流量随着时间在不断变化,某瞬时最大的流量即为洪峰流量。

10. [答案]C

[解析]《公路工程水文勘测设计规范》(JTG C30—2015)第1.0.8条对各级公路上的各类桥涵的设计洪水标准都有明确的规定,桥涵设计应严格执行。

11. [答案]B

[解析]两变量直线相关的密切程度用相关系数表示,其取值越趋近于1,两变量的相关性就越好。

12. [答案]D

[解析]为保证参与水文统计的资料有一定的代表性,《公路工程水文勘测设计规范》(JTG C30—2015)第6.2.1条要求实测资料的长度一般不能少于30年,且应有历史洪水调查和考证成果。

13. [答案]D

[解析]采用面积比拟法来对不同断面的流量进行换算时,《公路工程水文勘测设计规范》(JTG C30—2015)第6.2.2条要求两流域间的面积差应小于水文站汇水面积的20%,且不大于1000km,否则按无资料流域考虑。

14. [答案]D

[解析]多年的实践经验表明,皮尔逊Ⅲ型分布对我国绝大部分地区的洪水频率分布拟合良好,《公路工程水文勘测设计规范》(JTG C30—2015)第6.2.4条规定采用皮尔逊Ⅲ型分布作为年最大流量的理论频率曲线。

15. [答案]A

[解析]对于设计洪水而言,频率与重现期是互为倒数的关系,50年一遇的洪水其频率为1/50,即2%。

16. [答案]C

[解析]水文统计参数的估计方法较多,各有优缺点,而适线法是目前为止最为成熟的方法,《公路工程水文勘测设计规范》(JTG C30—2015)第6.2.5条要求优先采用该方法。

17. [答案]D

[解析]100年一遇的洪水是随机事件,每年发生的可能性为1%,且是相互独立的,因此连续两年出现的可能性为0.01%,可能性非常小,但不是不可能。

18. [答案]C

[解析]根据相关系数的定义,其取值范围为(-1,1),当相关系数取值位于(0,1)之间时,两变量的相关关系称为正相关。

19. [答案]C

[解析]相关系数是判断两变量直线相关程度的量化指标,其取值很小或趋近于零时,两变量不存在直线相关,却有可能为曲线相关。

20. [答案]C

[解析]设计流量的推算要优先采用实测资料利用水文统计法进行,对无资料地区,《公路工程水文勘测设计规范》(JTG C30—2015)第6.4.1条规定可采用地区经验公式求算设

计流量,求算的设计流量应有历史洪水流量的验证。

21.[答案]A

[解析]地区经验公式一般适用无资料的大中流域,用于流域面积很小的小流域时效果比较差,《公路工程水文勘测设计规范》(JTG C30—2015)第6.4.2条规定,汇水面积小于100km的河流,可按推理公式计算设计流量。小流域采用推理公式推求设计流量效果较好。

22.[答案]B

[解析]流域出口断面洪峰的形成与汇流时间密切相关,只有当流域内各处所有的水质点都到达出口断面时流量才会达到最大,必然要求流域最远处的水质点也到达了出口断面,因此将流域最远处的水质点到达出口断面所需的时间定义为汇流时间。

23.[答案]B

[解析]变差系数反映的是随机变量取值的离散程度,一般来说大流域对降雨有着较强的调节能力,使得各年间产生的洪水差别不大,而小流域正好相反,故大流域的变差系数要小些,小流域的变差系数要大些。

24.[答案]C

[解析]用样本的参数作为总体的参数所产生的误差称为抽样误差,样本对总体的代表性越好则其抽样误差越小,这就要求样本的容量即系列的长度越大越好。

25.[答案]C

[解析]特大暴雨是降水强度的最高等级,我国规定24h内的降水在200mm以上的均归类为特大暴雨。

26.[答案]C

[解析]洪痕点太少的,定出的水面线不可靠;洪痕点要求过多的,执行起来有难度,调查工作可能难以进行。

27.[答案]B

[解析]水文断面是为求算水位、流量、流速等水文特征值而布设,这些水文特征值一般采用均匀流的理论计算,故要求布设在比较规则的顺直河段上。一般要求在桥位上、下游各测绘一个水文断面,是为了相互验证计算值,对于水面不宽的中桥,可只测绘一个水文断面。

28.[答案]B

[解析]《公路工程水文勘测设计规范》(JTG C30—2015)第6.3.3条规定,“利用历史洪水流量推算设计流量,历史洪水流量不宜少于两次,C_v、C_s 值应符合地区分布规律,如出入

较大,应分析原因,适当调整。"依据的历史洪水次数多,确定平均流量这个统计参数时偶然性就小,有利于提高设计流量的可靠性。

二、多项选择题

1. [**答案**]ABC

[**解析**]河流的基本特征是针对某一条河流而言的,而河网密度涉及多条河流,显然不能作为河流特征。

2. [**答案**]BC

[**解析**]流域的几何特征是指流域形状与流域面积。

3. [**答案**]CD

[**解析**]数方格法是计算流域面积的传统经验方法,求积仪法是用较为现代的仪器设备量算流域面积的一种方法。

4. [**答案**]ABCD

[**解析**]降雨、流域蓄渗、坡面漫流、河网汇流是径流形成的4个主要过程。

5. [**答案**]ABC

[**解析**]气候条件、下垫面条件、人类活动是影响径流的三大因素。气候条件包括降雨和蒸发,下垫面条件包括植被、土壤、地形地貌等流域自然地理特征,人类活动主要是大型工程的修建对下垫面条件的改变。

6. [**答案**]ABCD

[**解析**]年平均流量、径流总量、径流深度、径流系数是河川径流大小的4个主要度量单位。

7. [**答案**]BCD

[**解析**]为了提高水文资料的代表性,应尽可能地多收集水文资料,主要途径有水文站观测资料、洪水调查资料和文献考证资料。

8. [**答案**]ABC

[**解析**]河床冲淤、回水顶托、洪水涨落都会造成水面比降与流速的变化,从而出现同一水位下对应着不同的流量。

9. [**答案**]BCD

[**解析**]河川水文要素具有很强的时空变化规律,主要体现在以年为周期的周期性变化、不同地区具有不同特点的地区性、发生的时间和取值具有很强的随机性。

10.［答案］ABC

［解析］根据资料条件及研究目的的不同，水文学的研究方法有成因分析法、水文统计法和地区归纳法。

11.［答案］ACD

［解析］《公路工程水文勘测设计规范》(JTG C30—2015)第6.1.2条规定，用于分析与计算的洪水资料，应审查其可靠性、一致性和系列代表性。对于年最大流量系列，其独立性通常是没有问题的，一般不用审查。

12.［答案］BC

［解析］图解法和解析法是相关分析的两种方法，图解法直观简便但有一定的人为任意性，解析法根据误差最小准则定相关线，客观性好，还可编程运算，其性能优于图解法。

13.［答案］BCD

［解析］平均值、变差系数、偏态系数是反映水文随机变量不同统计特性的三个最重要、最常用的统计参数，均方差与变差系数都反映随机变量取值的离散程度，属同一性质的统计参数，变差系数反映了相对离散程度，更准确、常用。

14.［答案］AC

［解析］与相邻流域的流量系列建立相关关系或根据本站的水位流量关系曲线法延长流量资料是最常用的两种方法，面积比拟法常用于相邻流域的流量换算，等值线图法通常用于统计参数的查算。

15.［答案］BCD

［解析］洪水调查法、经验公式法和等值线图法是无资料地区推算设计流量时常用的三种方法，而水文统计法只能适用于有长期实测资料的地区。

16.［答案］BCD

［解析］洪水过程线指的是流量的变化过程，它由洪峰流量、洪水历时、时段洪量三个要素所控制。

17.［答案］AB

［解析］流域面积、流域形状属于流域的几何特征而非自然地理特征。

18.［答案］BCD

［解析］《公路工程水文勘测设计规范》(JTG C30—2015)第5.3.2条规定，河段比降测绘范围为水文断面下游1倍河宽，水文断面上游2倍河宽，包括桥位及上、下游水文断面位置在内的总长度，以便利用河段比降图推求桥位的设计水位。另一方面，上、下游的测绘水位

差亦不能过小,否则难以点绘出比降图。

三、案例题

1.[答案]A

[解析]径流总量:W=年平均流量×年时段长度

$$=56.8\times365\times24\times3600$$

$$=17.9\times10^{8}\text{m}^{3}$$

径流深:$Y=\dfrac{\text{径流总量}}{\text{流域面积}}=\dfrac{W}{F}=\dfrac{17.9\times10^{8}}{2610\times10^{6}}=0.685\text{m}=685\text{mm}$

则,径流系数:$\alpha=\dfrac{\text{径流深}}{\text{降雨量}}=\dfrac{Y}{X}=\dfrac{685}{1395}=0.49$

2.[答案]B

[解析]均值:$\bar{x}=\dfrac{1}{n}\sum x_i=48.2$

均方差:$\sigma=\sqrt{\dfrac{\sum(x-x_i)^2}{n-1}}=20.2$

则,变差系数:$C_v=\dfrac{\sigma}{x}=0.42$

3.[答案]A

[解析]资料系列为不连续系列。调查考证期 $N=2008-1810+1=199$ 年,实测期 $n=2008-1970+1=39$ 年,特大洪水的总个数 $a=2$ 年,实测期内特大洪水个数 $l=1$ 年。

根据《公路工程水文勘测设计规范》(JTG C30—2015)公式(6.2.3-2)及公式(6.2.3-3)可得:

8550m³/s 的洪水频率 $P_1=\dfrac{2}{199+1}=1\%$,其重现期 $T_1=\dfrac{1}{P_1}=100$ 年。

4160m³/s 的洪水频率 $P_2=\dfrac{2}{199+1}+\left(1-\dfrac{2}{199+1}\right)\times\dfrac{2-1}{39-1+1}=3.5\%$,其重现期 $T_2=\dfrac{1}{P_2}=30$ 年。

4.[答案]D

[解析]调查考证期 $N=2007-1908+1=100$ 年,实测期 $n=2007-1984+1=24$ 年,特大洪水个数 $a=3$ 年,实测期内特大洪水个数 $l=1$ 年。

实测期一般洪水的均值:$\bar{Q}_{n-1}=\dfrac{5340-1200}{24-1}=180\text{m}^3/\text{s}$

则该站年最大流量的均值:$\bar{Q}=\dfrac{1300+1200+1100+97\times180}{100}=211\text{m}^3/\text{s}$

5.［答案］B

［解析］重现期 $T=100$ 年，则设计频率 $P=\frac{1}{T}=1\%$

由 $C_v=0.40$，$C_s=1.20=3C_v$

查《公路桥位勘测设计规范》(JTJ 062—1991)附录十三“皮尔逊Ⅲ型曲线的模比系数 K_p 值表”，得到 $K_p=2.26$。

则：$Q_p=K_p\overline{Q}=2.26\times1000=2260\text{m}^3/\text{s}$

注：“皮尔逊Ⅲ型曲线的模比系数 K_p 值表”仅列示在《公路桥位勘测设计规范》(JTJ 062—1991)中，《公路工程水文勘测设计规范》(JTG C30—2015)未列入，请读者注意。

第七节　桥位选择与布置

本节考纲

1. 熟悉桥位选择原则。
2. 了解综合考虑水文、地质、气象、水利、通航、环境等影响因素，合理选择桥位。

复习要点

桥涵布置的一般规定，桥位对水文、地形、地质、通航方面的要求，各类河段桥位选择的要求和特点，特殊地区桥位选择的要求和特点。

典 型 习 题

一、单项选择题

1. 确定桥位时，桥轴线宜与中、高洪水位的流向______，斜交时应在孔径及墩台基础设计时考虑其影响。（　　）

(A)平行　(B)正交　(C)斜交　(D)平行或斜交

2. 一般公路上的特大桥、大中桥桥位，原则上应服从______，桥、路综合考虑。（　　）

(A)通航要求　(B)线路走向　(C)防洪要求　(D)环境保护

3. 桥位一般应选在航道比较稳定、顺直且具有足够______的河段上。（　　）

(A)通航要求　(B)通行流量　(C)通航水深　(D)通航水位

4. 桥位应选在河道顺直、稳定、______的河段上。 （ ）

（A）较窄 （B）较宽 （C）较深 （D）较浅

5. 平原宽滩河段，桥位宜选在河滩地势较高，河槽居中、稳定、顺直和______较小的河段上。 （ ）

（A）河槽流量 （B）河滩流量 （C）河槽流量比 （D）断面平均水深

6. 在水深流急的山区峡谷河段，桥位宜选在______，否则宜选在水深较浅、流速较缓的山区开阔河段上。 （ ）

（A）多孔跨越处 （B）单孔跨越处 （C）拱桥跨越处 （D）梁桥跨越处

7. 在平原顺直微弯河段上，桥位宜选在河槽与河床方向一致，______较大处，桥轴线宜与河岸线正交。 （ ）

（A）河槽流速 （B）河滩流速 （C）河槽流量 （D）河滩流量

8. 倒灌河段，桥位跨越倒灌河段的______时，桥位宜选在受大河倒灌影响范围之外或受大河倒灌影响较小处跨越。 （ ）

（A）干流 （B）支流 （C）上游 （D）下游

二、多项选择题

1. 桥位应选在河道______的河段上。 （ ）

（A）顺直 （B）稳定 （C）较窄 （D）水深较浅

2. 山区开阔河段，桥位应选在何处？ （ ）

（A）流速较快处 （B）河槽稳定处 （C）水深较浅处 （D）流速较缓处

3. 在水库蓄水影响区内，桥位应选在什么样的地段？ （ ）

（A）流速较小 （B）库面较窄 （C）岸坡稳定 （D）泥沙沉积较少

4. 在潮汐河段建桥时，桥位选择的要求有哪些？ （ ）

（A）不应选在涌潮区段 （B）应避开滩岸和凹岸多变地段

（C）应离开既有挡潮闸一定距离 （D）应避开受海浪影响大的地段

5. 在通航河流上建桥时应满足的要求有哪些？ （ ）

（A）应选在顺直且具有足够通航水深的河段上

（B）应离开水工设施、港口作业区和船舶锚地

（C）桥轴线的法线与主流交角不宜大于5°

（D）应选在水面宽阔的河段上

参考答案及解析

一、单项选择题

1.［答案］B

［解析］《公路工程水文勘测设计规范》(JTG C30—2015)第4.1.3条规定："桥轴线水位的流向正交,斜交时应在孔径及墩台基础设计时考虑其影响。"要求桥轴线与水流流向正交的目的是提高泄洪能力、减轻基础冲刷和改善通航条件。

2.［答案］B

［解析］《公路工程水文勘测设计规范》(JTG C30—2015)第4.1.1条规定："除控制性桥桩外,桥位选择原则上应服从线路、走向。在适当的范围内,可根据河段的水文、地形、地质、地物等特征,路、桥综合考虑,比选确定。"公路路线走向,通常是根据国家和地方拟定的某些控制点来定线,桥位选择原则上应服从线路走向,具体到每个桥位,可适当范围内加以比选,择优确定。

3.［答案］C

［解析］《公路工程水文勘测设计规范》(JTG C30—2015)第4.1.4条规定："桥位应选在航道稳定、顺直且具有足够通航水深的河段上,航线不稳定时,应考虑河道变迁的影响。"

4.［答案］A

［解析］《公路工程水文勘测设计规范》(JTG C30—2015)第4.1.3条规定："桥位应选在河道顺直、稳定、较窄的河段上。应考虑河道的自然演变以及建桥后对天然河道的影响。"选在较窄的河段上建桥,有利于节约桥长,降低造价。

5.［答案］C

［解析］《公路工程水文勘测设计规范》(JTG C30—2015)第4.2.8条规定："平原宽滩河段,桥位宜选在河滩地势较高,河槽居中、稳定、顺直和滩槽流量比较小的河段上。"滩槽流量比可定量地描述宽滩河段流量的构成情况,该比值越小,说明河槽流量占比越大,河滩对泄洪的作用就越小,建桥时就可更多地压缩河滩,从而减小桥孔长度。

6.［答案］B

［解析］《公路工程水文勘测设计规范》(JTG C30—2015)第4.2.1条规定："在水深、流急的山区峡谷河段,桥位宜选在可以一孔跨越处。"山区峡谷河段流速大,常伴有滚石运动,应避免在河床中设桥墩,以利于桥梁安全。

7.［答案］C

［解析］《公路工程水文勘测设计规范》(JTG C30—2015)第4.2.5条规定："平原顺直、

微弯河段上,桥位宜选在河槽与河床走向一致、槽流量较大处,桥轴线宜与河岸线正交。”

8. [答案]B

[解析]受大河洪水倒灌影响,当支流发生洪水而大河洪水有急剧下降时桥前产生积水体积将使泄流加大,对桥高和冲刷均产生不利影响,所以应尽量避开大河倒灌的影响。

二、多项选择题

1. [答案]ABC

[解析]《公路工程水文勘测设计规范》(JTG C30—2015)第4.1.3条规定:“桥位应选在河道顺直、稳定、较窄的河段上。应考虑河道的自然演变以及建桥后对天然河道的影响。”在顺直河段上,河床较稳定,河床演变对桥位的影响小。

2. [答案]BCD

[解析]《公路工程水文勘测设计规范》(JTG C30—2015)第4.2.2条规定:“山区开阔河段,桥位应选在河槽稳定、水深较浅、流速较缓处。”这样的桥位可降低冲刷对墩台基础的威胁。

3. [答案]BCD

[解析]《公路工程水文勘测设计规范》(JTG C30—2015)第4.3.1条规定:“在水库蓄水影响区内时,桥位宜选在库面较窄、岸坡稳定、泥沙沉积较少的地段。在冰封地区,不应选在回水末端、容易形成冰坝的地段。”

4. [答案]ABC

[解析]《公路工程水文勘测设计规范》(JTG C30—2015)第4.2.11条规定:“潮汐河段,桥位不宜选在涌潮区段,应避开凹岸和滩岸多变地段,不宜紧邻挡潮闸。”

5. [答案]ABC

[解析]《公路工程水文勘测设计规范》(JTG C30—2015)第4.1.4条规定:“通航水域的桥位选择应符合下列规定:①桥位应选在航道稳定、顺直且具有足够通航水深的河段上,航道不稳定时,应考虑河道变迁的影响。②桥轴法线与通航主流的夹角不宜大于5°,大于5°应增大通航孔的跨径。③桥位应避开既有水工设施、港口作业区和船舶锚地。”

第八节 大中桥桥孔设计

本节考纲

1. 熟悉按设计洪水频率和桥位河段的特征,进行桥长设计与孔跨布置。

2. 了解结合桥位河段地形、地质、河段类型、桥梁上部结构、墩台基础形式、桥梁冲刷深度、调治构造物布置等综合经济比选确定桥位。

复习要点

桥孔设计的影响因素,各类河段上桥孔布设的要求,桥孔长度、桥面高程的计算方法。

典 型 习 题

一、单项选择题

1. 桥孔设计时,首先应满足下列哪个要求? ( )
(A)保证通航安全 (B)保证设计洪水安全通过
(C)保证桥下河床不发生淤积 (D)保证流冰、流木的安全通过

2. 在平原顺直河段建桥时,桥孔对河槽、河滩有什么影响? ( )
(A)河槽、河滩均不得压缩 (B)河槽、河滩均可压缩
(C)河槽可压缩、河滩不得压缩 (D)河滩可压缩、河槽不宜压缩

3. 设计水位时,两桥台前缘之间的水面宽度是下列哪个选项? ( )
(A)桥梁长度 (B)桥孔长度
(C)桥孔净长 (D)断面宽度

4. 在开阔、顺直微弯、分汊、弯曲河段、滩、槽可分的不稳定河段上建桥时,影响桥孔长度最重要的因素是下列哪个选项? ( )
(A)设计流量 (B)设计水位
(C)河槽宽度 (D)水面宽度

5. 位于非通航河段的桥梁,影响桥面高程的决定性因素是下列哪个选项? ( )
(A)桥前壅水 (B)设计洪水位
(C)河床淤积 (D)安全净空高度

二、多项选择题

1. 影响通航河段桥面设计高程的主要因素有哪些? ( )
(A)设计洪水位 (B)设计最高通航水位
(C)通航净空高度 (D)桥面铺装高度

2. 下列各类河段中,属于次稳定型的有哪些? ( )
(A)顺直微弯河段 (B)分汊河段
(C)弯曲河段 (D)宽滩河段

3. 桥孔设计应考虑的因素有哪些？（　　）

(A)设计洪水及泥沙　　(B)通航要求

(C)流冰、流木　　(D)河床冲刷

4. 进行非通航河段的桥孔设计时，应考虑哪些因素引起的桥下水位升高？（　　）

(A)桥前壅水　　(B)波浪高度

(C)河床淤积　　(D)河湾超高

5. 根据桥位河段的所属类型，计算桥孔最小净长时可采用以下哪几项有关的公式？（　　）

(A)河槽宽度公式　　(B)单宽流量公式

(C)基本河宽公式　　(D)河滩宽度公式

三、案例题

1. 某桥跨越次稳定性河段，设计流量 $Q_p = 8470m^3/s$，河槽流量 $Q_c = 8060m^3/s$，河槽宽度 $B_c = 300m$，按河槽宽度公式计算该桥的最小桥孔净长 L_j 为多少？（　　）

(A)258.2m　　(B)297.6m　　(C)305.9m　　(D)311.7m

2. 某桥位断面的设计洪水位为 68.45m，设计最高通航水位为 65.20m，通航净空高度为 8m，波浪高度为 0.36m，桥前壅水 0.28m，为简支梁桥，桥跨的结构高度为 1.72m，安全净空 0.5m，其他影响因素忽略不计，则该桥的桥面设计高程为多少？（　　）

(A)71.12m　　(B)72.35m　　(C)74.92m　　(D)76.28m

3. 某大桥跨越一宽滩河段，桥位断面设计流量 $Q_p = 12800m^3/s$，断面全宽 $B = 518m$，河槽宽度 $B_c = 315m$，河槽流量 $Q_c = 9600m^3/s$。按单宽流量公式计算该桥的最小桥孔净长 L_j 为多少？（　　）

(A)316m　　(B)301m　　(C)295m　　(D)286m

参考答案及解析

一、单项选择题

1. **[答案]** B

[解析]《公路工程水文勘测设计规范》(JTG C30—2015)第 7.1.1 条规定："桥孔设计必须保证设计洪水以内的各级洪水和泥沙安全通过，并满足通航、流冰及其他漂浮物通过的要求。"无论桥位河段是否具有通航要求，保证设计洪水不对桥梁产生破坏是桥孔设计时必须首先满足的要求，也是最重要的一个原则，相对其他影响因素而言，洪水对桥梁安全的威胁是最

大的。

2. [答案]D

[解析]《公路工程水文勘测设计规范》(JTG C30—2015)第7.3.1条规定:“桥孔布设应与天然河流断面流量分配相适应,在稳定性河段上,左右河滩桥孔长度之比应与左右河滩流量之比相当;在次稳定和不稳定河段上,桥孔布设必须考虑河床变形和流量分配变化趋势的影响。桥孔不宜压缩河槽,可适当压缩河滩。”

3. [答案]B

[解析]桥孔长度的实质是通过设计流量时桥下断面所需的最小水面宽度。桥孔布置完成后桥下实有的水面宽度只能大十或等于桥孔长度而不得小于桥孔长度。

4. [答案]C

[解析]《公路工程水文勘测设计规范》(JTG C30—2015)第7.2.1条规定了开阔、顺直微弯、分汊、弯曲河段、滩、槽可分的不稳定河段上桥孔最小净长度的计算公式(7.2.1-1),其中河槽宽度的影响是成正比的线性关系,作用最直接而重要。

5. [答案]B

[解析]根据《公路工程水文勘测设计规范》(JTG C30—2015)第7.4.1条规定,不通航河流桥面设计高程按公式(7.4.1-1)计算。在该计算公式中,设计洪水位的作用最为显著,桥面高程必须高于而不得等于或低于设计洪水位。

二、多项选择题

1. [答案]BC

[解析]根据《公路工程水文勘测设计规范》(JTG C30—2015)第7.4.2条规定,通航河流桥面设计高程按公式(7.4.2)计算,在该计算公式中,设计最高通航水位和通航净空高度的作用最为显著,桥面高程必须高于而不得等于或低于该两者之和。一般来说,满足通航水位和通航净空要求的桥面高程要高于满足通过设计洪水所需的桥面高程,即桥面高程如能满足通航要求,通常也能满足行洪要求,反之则不然。

2. [答案]BCD

[解析]根据《公路工程水文勘测设计规范》(JTG C30—2015)附录A河段分类表,次稳定河段包括平原区河流中的分汊河段、弯曲河段和宽滩河段。

3. [答案]ABC

[解析]桥孔设计包含桥孔长度与桥面高程两方面,设计洪水及泥沙、通航要求、流冰、流木都对桥孔长度和桥面高程有影响。而河床冲刷影响的是基础埋深,对桥孔长度和桥面高程没影响。

4.［答案］ABCD

［解析］根据《公路工程水文勘测设计规范》(JTG C30—2015)第7.4.1条规定，不通航河流桥面设计高程按公式(7.4.1-1)计算，在该计算公式中，除了设计洪水位以外，还应考虑壅水、浪高、河湾超高、床面淤积、漂浮物高度等因素引起的水面超高。

5.［答案］ABC

［解析］《公路工程水文勘测设计规范》(JTG C30—2015)针对不同的河段类型规定了三个桥孔最小净长的计算公式，其中，式(7.2.1-1)习惯上称为河槽宽度公式，式(7.2.1-2)习惯上称为单宽流量公式，式(7.2.1-4)习惯上称为基本河宽公式。

三、案例题

1.［答案］B

［解析］根据《公路工程水文勘测设计规范》(JTG C30—2015)河槽宽度公式(7.2.1-1)：$L_j = K\left(\frac{Q_P}{Q_c}\right)^n B_c$，查该规范表7.2.1，可知次稳定河段的$K=0.95$，$n=0.87$。因此，桥孔净长 $L_j = 0.95 \times \left(\frac{8470}{8060}\right)^{0.87} \times 300 = 297.6\text{m}$。

2.［答案］C

［解析］查《公路工程水文勘测设计规范》(JTG C30—2015)，按行洪条件考虑的桥面高程计算公式(7.4.1-1)：

$$
\begin{aligned}
H_{\min} &= H_s + \sum\Delta h + \Delta h_j + \Delta h_D \\
&= 68.45 + 0.36 \times 0.86 + 0.28 \times 0.5 + 0.5 + 1.72 \\
&= 71.12\text{m}
\end{aligned}
$$

按通航条件考虑的桥面高程计算公式(7.4.2)：

$$
\begin{aligned}
H_{\min} &= H_{tn} + H_M + \Delta h_D \\
&= 65.20 + 8 + 1.72 \\
&= 74.92\text{m}
\end{aligned}
$$

两种情况必须同时满足，则应取大值，即桥面高程为74.92m。

3.［答案］A

［解析］查《公路工程水文勘测设计规范》(JTG C30—2015)单宽流量公式(7.2.1-2)：

$$L_j = \frac{Q_P}{\beta q_c}$$

$$\beta = 1.19\left(\frac{Q_c}{Q_t}\right)^{0.10}$$

由给定条件可知，河滩流量 $Q_t = Q_P - Q_c = 12800 - 9600 = 3200\text{m}^3/\text{s}$

河槽平均单宽流量 $q_c = \frac{9600}{315} = 30.5\text{m}^3/(\text{s}\cdot\text{m})$

则 $\beta = 1.19 \times \left(\frac{9600}{3200}\right)^{0.10} = 1.33$

$$L_j = \frac{12800}{1.33 \times 30.5} = 316\text{m}$$

第九节　墩台冲刷计算及基础埋深

掌握天然冲刷、一般冲刷、局部冲刷的计算方法；确定墩台基底最小埋置深度。

桥下冲刷的分类，一般冲刷的影响因素、计算方法，局部冲刷的影响因素、计算方法，墩台基底最小埋置深度的确定方法。

典 型 习 题

一、单项选择题

1. 按64-1修正式计算桥下一般冲刷时适用的条件是哪个选项？（　　）

(A)黏性土河槽　(B)黏性土河滩

(C)非黏性土河滩　(D)非黏性土河槽

2. 下列哪个选项是桥下一般冲刷产生的根本原因？（　　）

(A)桥墩的阻水作用　(B)桥孔对水流的压缩作用

(C)桥前的壅水作用　(D)河流的自然演变作用

3. 影响桥梁墩台局部冲刷深度的关键因素是下列哪个选项？（　　）

(A)泥沙粒径　(B)墩台形状

(C)桥下水深　(D)水流速度

4. 当水流速度从小到大逐步增加时，桥下一般冲刷与局部冲刷的关系是下列哪个选项？

（　　）

(A)先发生一般冲刷后发生局部冲刷　(B)先发生局部冲刷后发生一般冲刷

(C)一般冲刷和局部冲刷同时发生　(D)何种冲刷先发生是随机的

5. 计算桥墩局部冲刷的65-2公式适用的条件为下列哪个选项？（　　）

(A)黏性土河槽　(B)黏性土河滩

(C)非黏性土河床　　(D)非黏性上河滩

二、多项选择题

1. 以下哪些是桥下河床因建桥而引起的冲刷?　　(　　)

(A)自然演变冲刷　　(B)一般冲刷

(C)局部冲刷　　(D)动床冲刷

2. 非黏性土河床桥墩局部冲刷的计算公式有哪些?　　(　　)

(A)64-1 修正式　　(B)64-2 简化式

(C)65-1 修正式　　(D)65-2 公式

3. 非黏性上河槽桥下般冲刷的计算公式有哪些?　　(　　)

(A)64-1 公式　　(B)64-2 公式

(C)64-1 修正式　　(D)64-2 简化式

三、案例题

1. 某桥位河段汛期含沙量 $\rho = 5.2\text{kg/m}^3$,河床泥沙平均粒径 $d = 2\text{mm}$,桥梁下部结构为钢筋混凝土双柱式桥墩,钻孔灌注桩基础,桩径为 1.2m,混凝土 U 形桥台,天然地基浅基础,按 64-1 修正式计算出一般冲刷深度 $h_p = 15.2\text{m}$,试按 65-2 公式计算出桥墩局部冲刷深度 h_b 为多少?　　(　　)

(A)1.85m　　(B)2.31m

(C)2.66m　　(D)2.95m

2. 某桥位的设计洪水位为 122.65m,一般冲刷深度为 15.30m,局部冲刷深度为 2.80m,基础安全埋深 3m,其他因素不计,则该桥的桥墩基础底部高程应为多少?　　(　　)

(A)104.55m　　(B)21.1m

(C)101.55m　　(D)125.65m

参考答案及解析

一、单项选择题

1. **[答案]**D

[解析]《公路工程水文勘测设计规范》(JTG C30—2015)对不同类型的河床墩台冲刷均给出了相应的计算公式,在实际应用中不得混淆。

2. **[答案]**B

[解析]建桥后桥墩、桥台要挤占一部分过水断面,与天然断面相比过水面积受到压缩

而减小,在通过同样的设计流量时断面流速必然增大,从而使得水流的挟沙能力增大,使得桥下河床产生普遍冲刷,此即一般冲刷。

3.[答案]D

[解析]桥墩阻挡水流,水流在桥墩两侧绕流,形成十分复杂的、以绕流漩涡体系为主的绕流结构,引起桥墩周围急剧的泥沙运动,形成桥墩周围局部冲刷坑。因此没有水流运动就没有泥沙运动,水流速度是桥梁墩台局部冲刷的关键因素。

4.[答案]B

[解析]桥下水流开始运动后,因绕流作用的影响,桥墩附近的流速要大于其他河床面,故冲刷先从桥墩附近开始,即先产生局部冲刷,随着流速的不断增大,冲刷的范围将逐渐扩展到全断面,进而形成普通冲刷,即为一般冲刷。

5.[答案]C

[解析]《公路工程水文勘测设计规范》(JTG C30—2015),对非黏性土河床桥墩局部冲刷推荐了两个计算公式,65-2 公式是其中之一,并未区分河槽河滩采用不同的计算公式,只要是非黏性土河床,河槽河滩均适用。

二、多项选择题

1.[答案]BC

[解析]一般冲刷是指建桥后由于桥孔压缩了过水断面,使得流速增加而导致桥下河床发生普遍冲刷;局部冲刷是指由于桥梁墩台的局部阻水作用,导致绕流现象引起的在墩台周围发生的冲刷,这两种冲刷都是因建桥而引起的。自然冲刷和动床冲刷无论建桥与否在河流中都是存在的。

2.[答案]CD

[解析]《公路工程水文勘测设计规范》(JTG C30—2015),对非黏性土河床桥墩局部冲刷推荐了两个计算公式,即 65-2 公式与 65-1 修正式。

3.[答案]CD

[解析]《公路工程水文勘测设计规范》(JTG C30—2015),对非黏性土河槽一般冲刷推荐了两个计算公式,即 64-2 公式与 64-1 修正式。

三、案例题

1.[答案]B

[解析]根据《公路工程水文勘测设计规范》(JTG C30—2015)第 8.3.3 条,墩前行近流速 $v = E\,\overline{d}^{\frac{1}{6}}h_{\mathrm{p}}^{\frac{2}{3}}$。查《公路工程水文勘测设计规范》(JTG C30—2015)表 8.3.1-2 得汛期含沙量系数 $E = 0.66$。

则 $v = E\bar{d}^{\frac{1}{6}}h_p^{\frac{2}{3}} = 0.66 \times 2^{\frac{1}{6}} \times 15.2^{\frac{2}{3}} = 4.55\text{m/s}$

又根据《公路工程水文勘测设计规范》(JTG C30—2015)第 8.4.1 条,得河床泥沙起动速度:$v_0 = 0.28(\bar{d}+0.7)^{0.5}$

墩前泥沙始冲流速:$v_0' = 0.12(\bar{d}+0.5)^{0.55}$

则 $v_0 = 0.28(\bar{d}+0.7)^{0.5} = 0.28 \times 2.7^{0.5} = 0.46\text{m/s}$

$v_0' = 0.12(\bar{d}+0.5)^{0.55} = 0.12 \times 2.5^{0.55} = 0.20\text{m/s}$

因 $v > v_0'$,根据《公路工程水文勘测设计规范》(JTG C30—2015)第 8.4.1 条,采用公式(8.4.1-2)计算局部冲刷深度,即

$$h_b = K_\xi K_{\eta 2} B_1^{0.6} h_p^{0.15} \left(\frac{v - v_0'}{v_0}\right)^{n_2}$$

$$K_{\eta 2} = \frac{0.0023}{\bar{d}^{2.2}} + 0.375\bar{d}^{0.24}$$

$$n_2 = \left(\frac{v_0}{v}\right)^{0.23+0.19\lg\bar{d}}$$

则 $K_{\eta 2} = \dfrac{0.0023}{\bar{d}^{2.2}} + 0.375\bar{d}^{0.24} = \dfrac{0.0023}{2^{2.2}} + 0.375 \times 2^{0.24} = 0.44$

$$n_2 = \left(\frac{v_0}{v}\right)^{0.23+0.19\lg\bar{d}} = \left(\frac{0.46}{4.55}\right)^{0.23+0.19\lg 2} = 0.10^{0.29} = 0.51$$

又查规范附录 C 得 $K_\xi = 1.0$,$B_1 = 1.2\text{m}$,则

$$h_b = K_\xi K_{\eta 2} B_1^{0.6} h_p^{0.15} \left(\frac{v - v_0'}{v_0}\right)^{n_2} = 1.0 \times 0.44 \times 1.2^{0.6} \times 15.2^{0.15} \times \left(\frac{4.55-0.20}{0.46}\right)^{0.51} = 2.31\text{m}$$

2. [**答案**]C

[**解析**]最低冲刷线水深 h = 一般冲刷深度 + 局部冲刷深度

= 15.3 + 2.8 = 16.1m

最低冲刷线高程 H_1 = 设计水位 − 最低冲刷线水深

= 122.65 − 16.1 = 104.55m

桥墩基础底部高程 H_2 = 最低冲刷线高程 − 安全埋深

= 104.55 − 3 = 101.55m

第五章　隧 道 工 程

第一节　概　　述

本节考纲

1. 熟悉公路隧道在道路建设中的作用和分类。

2. 了解盾构、顶管、沉管、明挖隧道的特点和用途；隧道勘测设计阶段的划分、工作内容及要求。

复习要点

公路隧道在道路建设中具有改善道路线形、缩短运营里程、避免不良地质灾害等作用。公路隧道按长度可分为四类；按修建隧道的施工方法可分为：钻爆法施工隧道、机械法开挖隧道、明挖隧道、顶管隧道、沉管隧道、盾构隧道。隧道的设计通常要经过可行性研究、初步设计、施工图设计三个阶段，隧道勘测与上述三个设计阶段对应的是可行性研究勘察(踏勘)、初步勘察(初勘)与详细勘察(详勘)三个阶段，其工作内容及要求各有不同。

典 型 习 题

一、单项选择题

1. 某隧道单洞长8000m，按规范分类应为以下哪一种？　(　　)

(A)短隧道　(B)长隧道　(C)中隧道　(D)特长隧道

2. 沉管法是修建______常用的施工方法，所以用该方法施工的隧道称为“沉管隧道”。　(　　)

(A)山岭隧道　(B)水底隧道　(C)大断面隧道　(D)小断面隧道

3. 沉管隧道的视比重______，对地层承载力的要求______。　(　　)

(A)小，高　(B)大，高　(C)小，不高　(D)大，不高

4. 盾构法是使用______在围岩中推进，一边防止土砂的崩坍，一边在其内部进行开挖、衬

砌作业修造隧道的一种方法。 (　　)

(A)旋挖钻　(B)冲击钻　(C)挖机　(D)盾构机

5. 沉管法与其他水下隧道施工法相比,因能够设置在不妨碍通航的深度下,故沉管隧道长度______。 (　　)

(A)应该短些　(B)应该长些

(C)与其他方法隧道一样长　(D)比盾构隧道长些

6. 明挖法施工一般用在山区隧道的洞口地段和______地段。因这些地段若用暗挖施工,其地层不能形成稳定的自然拱。 (　　)

(A)洞身覆盖过厚　(B)洞身覆盖过薄　(C)Ⅱ级围岩　(D)Ⅲ级围岩

7. 隧道踏勘阶段的目标是以下哪个选项? (　　)

(A)获取路线所需地形、地质、环境资料,为方案比选及下阶段调查提供基础资料

(B)为线路走向比选提供区域地形、地质、环境等基本资料

(C)获取技术、施工计划、预算等所需的地质、环境等资料

(D)预报和确认施工中出现的工程地质、水文地质等问题

8. 设计中确定隧道所处地区的地震动峰值加速度系数,除按《中国地震动参数区划图》(GB 18306)规定以外,还可经以下哪个部门进行鉴定? (　　)

(A)国土都门　(B)交通部门　(C)地震部门　(D)环保部门

9. 隧道工程测量资料图纸内容和精度应符合以下哪个规范的要求? (　　)

(A)《公路工程地质勘察规范》(JTG C20—2011)

(B)《公路隧道设计规范》(JTG 3370.1—2018)

(C)《公路勘测规范》(JTG C10—2007)

(D)《公路工程地质勘察规范》(JTG C20—2011)和《公路勘测规范》(JTG C10—2007)

10. 明挖法多用在埋深小于40m的场合。随着埋深的增加,明挖法的投资、工期都将如何变化? (　　)

(A)减小　(B)增大　(C)不变　(D)不定

二、多项选择题

1. 隧道的设计通常要经过以下哪几个阶段? (　　)

(A)可行性研究　(B)初步设计　(C)详细设计　(D)施工图设计

2. 公路隧道勘察阶段一般分为踏勘、初勘与详勘三个阶段,其中,初勘的工作内容和要求包含下列哪些选项? (　　)

(A)在初步选定的路线内进行勘察

(B)对可能作为隧道线位的区间进行初勘,重点勘察不良地质地段

(C)提供编制初步设计所需全部工程地质资料

(D)为线位布设和编制施工图设计提供完整的工程地质资料

3. 公路隧道勘察阶段一般分为踏勘、初勘与详勘三个阶段,其中,详勘的工作内容和要求包含下列哪些选项? (　　)

(A)进一步查明沿线的工程地质条件

(B)进一步查明重点工程与不良地质区段的工程地质特征

(C)提供编制初步设计所需全部工程地质资料

(D)为线位布设和编制施工图设计提供完整的工程地质资料

4. 公路隧道勘察阶段一般分为踏勘、初勘与详勘三个阶段,其中,踏勘的工作内容包含下列哪些选项? (　　)

(A)收集、分析既有资料　(B)进行钻探,物探和测试等

(C)沿路线进行地面踏勘　(D)进行超前地质预报

5. 按隧道施工方法分,隧道一般可分为以下哪几种? (　　)

(A)明挖隧道　(B)沉管隧道

(C)水下隧道　(D)盾构隧道

6. 对于盾构隧道而言,下列说法正确的是哪些选项? (　　)

(A)工人不会暴露在围岩下工作

(B)机器噪声对附近居民干扰大

(C)盾构机适宜小半径的曲线段隧道施工

(D)对拼装衬砌整体结构防水技术要求高

7. 在公路交通中隧道具有以下哪些作用? (　　)

(A)克服高程　(B)缩短运营里程

(C)改善道路线形　(D)避免不良地质灾害

8. 地形、地质调查时,对沿河傍山地段的隧道,应调查分析以下哪些内容? (　　)

(A)斜坡地质结构特征及其稳定性　(B)水流冲刷对山体和洞身稳定的影响

(C)不同越岭高程的地质条件　(D)壅水的最高水位高程

9. 在整个施工图设计文件中应有隧道设计说明书,对以下哪些内容做概括说明,中小隧道的设计内容可酌减? (　　)

(A)隧道概况　(B)设计意图及原则

(C)施工方法 (D)注意事项

10. 隧道调查的资料应齐全、准确,满足设计要求,隧道调查包括以下哪几个方面? ( )

(A)资料搜集 (B)地形地质调查
(C)气象调查 (D)工程环境调查

参考答案及解析

一、单项选择题

1. [**答案**]C

[**解析**]熟悉隧道的分类,特别是熟悉《公路隧道设计规范》(JTG 3370.1—2018)第1.0.4条中的公路隧道长度分类表。

2. [**答案**]B

[**解析**]沉管法是修建水底隧道常用的施工方法。其他选项都是干扰项,故选B。

3. [**答案**]C

[**解析**]因有浮力作用在沉管隧道上,所以视比重小,对地层承载力的要求不高。故选C。其他选项至少有一项不对。

4. [**答案**]D

[**解析**]盾构法是使用所谓的"盾构"机械,在围岩中推进,一边防止土砂的崩坍,一边在其内部进行开挖、衬砌作业修造隧道的方法。所谓的"盾构"机械即为盾构机,故选D,其他选项都是干扰项。

5. [**答案**]A

[**解析**]沉管隧道与其他水下隧道施工法相比,因能够设置在不妨碍通航的深度下。而其他施工法的隧道一般都设置在河(海)床下的岩石中,都比沉管隧道的埋置深度大,故沉管隧道全长可以缩短。

6. [**答案**]B

[**解析**]山区隧道工程的洞口地段和洞身覆盖过薄地段,暗挖施工地层不能形成稳定的自然拱,一般用明挖法施工。

7. [**答案**]B

[**解析**]山区隧道工程的洞口地段和洞身覆盖过薄地段,暗挖施工地层不能形成稳定的

自然拱，一般用明挖法施工。

该题的答案在《公路隧道设计规范》(JTG 3370.1—2018)第3.3.1条中。选项A是初勘的目标，选项C是详勘的目标，选项D是施工中的目标。

8.［答案］C

［解析］该题的答案在《公路隧道设计规范》(JTG 3370.1—2018)第3.3.2条第6款中。地震问题由地震部门来鉴定。

9.［答案］D

［解析］《公路隧道设计规范》(JTG 3370.1—2018)第3.3.2条规定：隧道工程测绘资料图纸内容和精度，应符合现行《公路工程地质勘察规范》(JTG C20)和《公路勘测规范》(JTG C10)的要求。故选D。

10.［答案］B

［解析］随着埋深的增加，明挖法的投资、工期都将增大，因此，采用明挖法时要进行充分的比较。

二、多项选择题

1.［答案］ABD

［解析］隧道的设计通常要经过可行性研究、初步设计、施工图设计三个阶段。所以要排除选项C。

2.［答案］ABC

［解析］初勘是在批准的工程可行性研究报告推荐建设方案的基础上，在初步选定的路线内进行勘察，其任务是满足初步设计对资料的要求。根据工程地质条件，优选路线方案，在路线基本走向范围内，对可能作为隧道线位的区间进行初勘，重点勘察不良地质地段，以明确隧道能否通过或如何通过，提供编制初步设计所需全部工程地质资料。所以正确答案为选项A、B、C。而"为线位布设和编制施工图设计提供完整的工程地质资料"是详细工程地质勘察的内容，所以不能选D。

3.［答案］ABD

［解析］详勘的任务是在初勘的基础上，进行补充校对，进一步查明沿线的工程地质条件，以及重点工程与不良地质区段的工程地质特征，为确定隧道位置的施工图设计提供详细的工程地质资料，以满足施工图设计的要求。很明显选项C"提供编制初步设计所需全部工程地质资料"是错的。

4.［答案］AC

［解析］踏勘即可行性研究勘察。主要侧重于收集与研究已有文献资料；在工程可行性

研究中，需在分析已有资料的基础上，通过踏勘，对各个可能方案做实地调查，并对不良地质地段等重要工点进行必要的勘探，大致查明地质情况。所以只有选项A、C符合要求。

5.［答案］ABD

［解析］此题主要考查有别于钻爆法的各种新的隧道修建技术，用盾构法修建的隧道称为盾构隧道，用沉管法修建的隧道称为沉管隧道，用明挖法修建的隧道称为明挖隧道。选项C显然不属于隧道修建技术范畴。

6.［答案］AD

［解析］盾构法施工的优点是：在盾构设备的掩护下进行地下开挖与衬砌支护作业，能保证施工安全，施工时振动和噪声小，对施工区域环境及附近居民干扰小。缺点是：曲率半径较小的曲线段施工比较困难，且在饱和含水层中，对拼装衬砌整体结构防水技术要求高。所以只有选项A、D正确。

7.［答案］ABCD

［解析］在公路交通建设中采用隧道方案具有克服高程、改善道路线形、缩短运营里程、避免不良地质灾害等作用。

8.［答案］AB

［解析］在《公路隧道设计规范》（JTG 3370.1—2018）第3.3.4条中有答案。选项C是越岭隧道应该做的工作，选项D是濒临水库地区隧道应做的工作。

9.［答案］ABCD

［解析］在整个施工图设计文件中应有隧道设计说明书，对隧道概况、设计意图及原则、施工方法及注意事项等做概括说明，中小隧道的设计内容可酌减。

10.［答案］ABCD

［解析］见《公路隧道设计规范》（JTG 3370.1—2018）第3.2～3.5节的小标题。

第二节　山岭隧道

本节考纲

1. 掌握隧道选址的原则和要求；隧道平面设计、纵断面设计、横断面设计的基本要求和方法；隧道洞口位置的选择原则；喷锚支护的基本原理和基本原则、喷锚支护类型的选择。

2. 熟悉隧道洞门各部位结构要求；隧道衬砌结构构造要求；隧道防排水设计的原则和洞内、外防排水系统的布置要求；特殊地质地段的辅助工程措施设计原则。

3. 了解隧道洞门结构计算原则和计算方法；各种隧道洞门的类型及适用条件。

4. 了解隧道围岩、围岩分级；作用在隧道上的各种荷载和围岩压力确定方法；隧道结构设计的方法和各类计算模型的特点及适用条件；现场监控量测的意义、监控量测设计的内容和方法。

5. 了解隧道运营通风、照明的主要要求和标准。

复习要点

考试大纲中，隧道工程部分只涉及山岭公路隧道。掌握隧道选址的原则和要求；隧道平面、纵断面和横断面设计的基本要求和方法；隧道洞口位置的选择和洞门各部位的结构要求；隧道衬砌结构构造要求；喷锚支护的基本原理、原则及喷锚支护类型的选择。理解新奥法的基本原理，注意围岩分级的基本方法和衬砌结构构造要求，以及在案例题中的一些综合知识运用。了解和洞口位置选择以及特殊地质地段的辅助工程措施设计。了解隧道运营通风、照明的主要要求和标准。

典型习题

一、单项选择题

1. 当洞门山体有滚落碎石块的可能时，一般采用以下哪种方式，可以减少对仰坡、边坡的扰动，确保落石不滚到行车道上？（　　）

(A)砌挡土墙　(B)架防护网　(C)接长明洞　(D)刷坡清方

2. 隧道通常是由以下哪个选项组成？（　　）

(A)洞身构造和洞门　(B)洞身构造和洞门以及附属设施

(C)墙身和拱圈　(D)墙身、拱圈和仰拱

3. 洞门墙基础必须置于稳固地基上，应视地形及地质条件，埋置足够的深度，保证洞门的稳定。基底埋入土质地基的深度不应小于______，嵌入岩石地基的深度不应小于0.2m。（　　）

(A)0.5m　(B)0.7m　(C)1.0m　(D)0.9m

4. 从地表面向下开挖，在预定位置修筑结构物，然后在外部回填土石来掩盖和防护衬砌的施工方法属于以下哪种方法？（　　）

(A)浅埋暗挖法　(B)明挖法　(C)顶管法　(D)盾构法

5. 根据不同的地质条件，《公路隧道设计规范》(JTG 3370.1—2018)将围岩分为几个级别？（　　）

(A)4 种级别　(B)6 种级别　(C)5 种级别　(D)3 种级别

6. 隧道围岩为坚硬岩,岩体完整,具整体状或巨厚层状结构,其围岩基本质量指标为560,则该围岩属于哪个等级? ( )

(A) Ⅰ级　　(B) Ⅵ级　　(C) Ⅴ级　　(D) Ⅲ级

7. 关于隧道长度,下列哪个说法正确? ( )

(A)进、出口的明、暗洞交界处之间的距离

(B)进、出口洞门端墙墙面之间的距离

(C)进、出口洞门端墙墙面与路面的交线同路线中线交点间的距离

(D)进、出口洞门端墙顶部之间的距离

8. 洞口位置选择应遵循______原则,避免在洞口形成高边坡和高仰坡。 ( )

(A)早进早出　　(B)早进晚出　　(C)晚进晚出　　(D)晚进早出

9. 濒临水库地区的隧道,其哪一个部分的设计高程应高出水库计算洪水位(含浪高和壅水高)0.5m以上? ( )

(A)洞口路面　　(B)仰拱　　(C)洞口路肩　　(D)边沟

10. 洞口的线路走向应尽量与该处地形等高线正交,避免产生以下哪种危害? ( )

(A)泥石流　　(B)偏压　　(C)岩堆　　(D)危岩落石

11. 隧道的平面线形应尽量采用______,避免采用______。 ( )

(A)曲线,直线　　(B)小半径曲线,大半径曲线

(C)直线,曲线　　(D)设超高的曲线,直线

12. 当隧道的平面线形设为曲线时,不宜采用______平曲线,并不应采用______平曲线。

( )

(A)设超高的,设加宽的　　(B)设加宽的,大半径

(C)设超高的,大半径　　(D)大半径,小半径

13. 分离式独立双洞隧道的最小净距,按对两洞结构______原则,结合隧道平面线形、围岩地质条件、断面形状和尺寸、施工方法等因素确定。 ( )

(A)早进晚出　　(B)彼此不产生有害影响

(C)不需爆破　　(D)不变形

14. 隧道纵坡不应______0.3%,也不宜______3%。 ( )

(A)小于,大于　　(B)大于,小于　　(C)大于,等于　　(D)等于,小于

15. 短于______的隧道纵坡可与该公路隧道外路线的指标相同。 ( )

(A)100m　(B)300m　(C)400m　(D)500m

16. 受地形等条件限制时,高速公路、一级公路的中、短隧道纵坡坡率可适当加大,但不宜大于多少? (　)

(A)4.5%　(B)4.0%　(C)5.0%　(D)5.5%

17. ______是为保证隧道内各种交通的正常运行与安全,而规定在一定宽度和高度范围内不得有任何部件侵入的空间限界。 (　)

(A)内轮廓线　(B)外轮廓线

(C)隧道净空　(D)隧道建筑限界

18. 隧道横断面设计中,当路面采用单面坡时,建筑限界底边线______;当采用双面坡时,建筑限界底边线______。 (　)

(A)与路面重合;应水平置于路面最高处

(B)应水平置于路面最高处;与路面重合

(C)与路面重合;应水平置于路面最低处

(D)应水平置于路面最低处;应水平置于路面最高处

19. 一般来说,对于Ⅰ~Ⅲ级围岩,隧道内轮廓宜选用______的边墙和曲率较大的顶拱。对Ⅳ~Ⅵ级软弱破碎围岩来说,隧道内轮廓宜选用______的边墙。 (　)

(A)曲率较大,曲率较大　(B)曲率较大,曲率较小

(C)曲率较小,曲率较小　(D)曲率较小,曲率较大

20. 一般来说,衬砌断面宜采用______断面。 (　)

(A)曲边墙拱形　(B)直墙拱形

(C)矩形　(D)抗偏压形

21. 隧道______应加强衬砌。加强衬砌段的长度应根据地形、地质和环境条件确定。 (　)

(A)Ⅰ级围岩段　(B)中间段

(C)Ⅱ级围岩段　(D)洞口段

22. 衬砌设计时,______围岩地段的衬砌应向______围岩地段延伸5~10m。

(A)较差,较好　(B)较好,较差

(C)Ⅰ级,Ⅱ级　(D)Ⅱ级,Ⅲ级

23. 偏压衬砌段应向一般衬砌段延伸,延伸长度应根据偏压情况确定,一般不小于多少? (　)

(A)8m　　(B)5m　　(C)10m　　(D)6m

24. 在确定开挖断面时,除应满足隧道净空和结构尺寸外,还应考虑初期支护并预留适当的变形量。预留变形量的大小可根据______、断面大小、埋置深度、施工方法和支护情况等,采用工程类比法预测。　　(　　)

(A)二次衬砌　　(B)初期支护　　(C)锚杆长度　　(D)围岩级别

25. 洞门墙基础必须置于______上,应视地形及地质条件,埋置足够的深度,保证洞门的稳定。　　(　　)

(A)松软地基　　(B)Ⅵ级围岩　　(C)稳固地基　　(D)Ⅴ级围岩

26. 初期支护及二次衬砌的支护参数可参照《公路隧道设计规范》(JTG 3370.1—2018)表 8.4.2-1、表 8.4.2-2 选用,并应根据______进行必要的调整。　　(　　)

(A)围岩形变压力对支护参数

(B)现场围岩监控量测信息对支护参数

(C)地下水量对支护参数

(D)围岩松动压力对支护参数

27. 最冷月份平均气温低于 -15°C 地区的隧道设计时,除考虑永久荷载以外,还需考虑______。　　(　　)

(A)地震力　　(B)冻胀力　　(C)冲击压力　　(D)水压力

28. 隧道防排水应遵循"______,因地制宜,综合治理"的原则。　　(　　)

(A)以排为主　　(B)以堵为主

(C)以防为主　　(D)防、排、截、堵结合

29. 当隧道位于常水位以下,又不宜排泄时,隧道衬砌应采用______。　　(　　)

(A)钢筋混凝土衬砌　　(B)抗侵蚀混凝土衬砌

(C)抗水压衬砌　　(D)喷射混凝土

30. 下面关于隧道纵向排水坡与隧道纵坡的关系,说法合理的是哪个选项?　　(　　)

(A)隧道纵向排水坡与隧道纵坡相反

(B)隧道纵向排水坡与隧道纵坡一致

(C)隧道纵向排水坡坡度大于隧道纵坡坡度

(D)隧道纵向排水坡坡度小于隧道纵坡坡度

31. 中心水沟(管)纵向应按间距 50m 设______,并根据需要设检查井。　　(　　)

(A)沉沙池　　(B)滤水篦　　(C)盲沟　　(D)明沟

32. 寒冷和严寒地区有地下水的隧道，最冷月份平均气温低于 -10℃时，应采用______；最冷月份平均气温低于 -25℃时，应在隧道下设______。（　　）

(A)深埋中心水沟；防寒泄水隧洞　　(B)路面边沟；深埋中心水沟

(C)泄水洞；深埋中心水沟　　(D)防寒泄水隧洞；深埋中心水沟

33. 隧底应设______，以连接中心水沟(管)与衬砌墙背排水盲管。（　　）

(A)环向盲管　　(B)竖向盲管

(C)横向导水管　　(D)纵向盲管

二、多项选择题

1. 洞身衬砌承受的荷载一般有哪些？（　　）

(A)围岩压力　　(B)水压力

(C)车辆载重　　(D)衬砌自重

2. 洞门承受的荷载有哪些？（　　）

(A)边、仰坡的土压力　　(B)围岩压力

(C)车辆荷载　　(D)滚石、落石的撞击荷载

3. 端墙式洞门的适用条件有哪些？（　　）

(A)地质条件较差　　(B)边、仰坡不高

(C)地形开阔　　(D)石质基本稳定

4. 隧道照明、通风等设施的功能有哪些？（　　）

(A)保障车辆安全运行　　(B)交通管理

(C)车辆维护　　(D)改善洞内工作环境

5. 隧道建筑限界净空尺寸主要指哪几项？（　　）

(A)限界净宽　　(B)行车宽

(C)人行道宽　　(D)限界净高

6. 洞口不宜设在______、泥石流等不良地质地段及排水困难的沟谷低洼处或不稳定的悬崖陡壁下。（　　）

(A)滑坡　　(B)崩塌

(C)岩堆　　(D)危岩落石

7. 当地形条件限制等特殊地段隧道净距不能满足分离式独立双洞隧道的要求时，在经充分技术论证和比较，并制订可靠技术保障措施的基础上，也可采取哪些隧道形式？（　　）

(A)盾构隧道　　(B)明挖隧道

(C)小净距隧道　　(D)连拱隧道

8. 隧道内纵坡的变换不宜过大、过频,以保证______。　　(　　)

(A)行车安全视距　　(B)排水要求

(C)舒适性　　(D)隧道结构安全

9. 隧道内轮廓设计除应符合隧道建筑限界的规定外,还应满足洞内路面、排水设施、装饰的需要,并为______、营运管理等设施提供安装控件。　　(　　)

(A)通风　　(B)照明

(C)消防　　(D)监控

10. 洞门墙应根据实际需要设置______;洞门墙的厚度可按计算或结合其他工程类比确定。　　(　　)

(A)伸缩缝　　(B)沉降缝

(C)泄水孔　　(D)注浆孔

11. 隧道围岩较差地段应设置仰拱。路面与仰拱之间可采用______填充。　　(　　)

(A)混凝土　　(B)就地取土

(C)片石混凝土　　(D)机制砂

12. 复合式衬砌由______组合而成。　　(　　)

(A)初期支护　　(B)防水层

(C)曲墙拱形衬砌　　(D)二次衬砌

13. 初期支护宜采用喷锚支护,即由______等支护形式单独或组合使用。　　(　　)

(A)防水层　　(B)喷射混凝土

(C)锚杆　　(D)钢筋网和钢架

14. 隧道洞内一般的防水措施有哪些?　　(　　)

(A)在初支与二衬之间设置防水板

(B)对二次衬砌的施工缝、沉降缝、伸缩缝采用止水带、止水条等措施

(C)隧道二次衬砌应满足抗渗要求

(D)设置路边排水沟

15. 按《公路隧道设计规范》(JTG 3370.1—2018)要求,路面两侧的纵向排水沟主要引排______。　　(　　)

(A)营运清洗水　　(B)地下水

(C)其他废水　　(D)消防水

16. 当地下水发育，含水层明显，又有长期充分补给来源时，可采用哪些截水、排水设施？（　　）

(A)路面边沟　(B)辅助坑道　(C)泄水洞　(D)仰坡截水沟

17. 地下结构设计方法可以归纳为以下哪些设计模型？（　　）

(A)以工程类比为主的经验设计法　(B)以量测和试验为主的实用设计方法

(C)荷载—结构模型　(D)连续介质模型

18. 新奥法的支护手段与传统支护方式不同的是哪几项？（　　）

(A)采用喷锚支护主动加固围岩

(B)采用喷锚支护改善围岩的应力状态

(C)不允许围岩变形

(D)允许围岩"卸压"变形的同时限制围岩产生有害变形

19. 新奥法施工中，对围岩和支护进行观察、量测的目的是根据监控量测结果______。（　　）

(A)及时修改初期支护参数或施工方法　(B)合理安排施工程序

(C)实现动态设计　(D)保证隧道开挖轮廓圆顺

20. 按视觉适应规律、洞外与中间段亮度差以及亮度递减速率，沿行车方向将隧道分为哪几段？（　　）

(A)入口段　(B)中间段　(C)过渡段　(D)出口段

21. 对隧道内灯具的布置要求，下列说法正确的有哪几项？（　　）

(A)灯具不得侵入隧道建筑限界

(B)隧道两侧墙面2m高范围内，宜铺设反射率不小于0.7的墙面材料

(C)灯具布置应满足闪烁频率低于2.5Hz或高于15Hz的要求

(D)中间段灯具的平面布置形式可采用单光带布置、两侧交错布置或两侧对称布置

22. 隧道通风主要应对哪些气体进行稀释？（　　）

(A)一氧化碳　(B)烟雾　(C)异味　(D)二氧化碳

23. 岩体基本质量指标 BQ 与下列哪些因素有关？（　　）

(A)岩石单轴饱和抗压强度　(B)地下水影响修正系数

(C)岩体完整性指数　(D)主要软弱结构面产状影响修正系数

24. 围岩基本质量指标修正值[BQ]与下列哪些因素有关？（　　）

(A)岩体基本质量指标 BQ

(B)地下水影响修正系数
(C)初始应力状态修正系数
(D)主要软弱结构面产状影响修正系数

25. 关于浅埋隧道和深埋隧道围岩压力计算的说法，下列说法正确的有哪几项？ ( )
(A) Ⅰ～Ⅳ级围岩深埋隧道的围岩压力可按释放荷载计算
(B)浅埋隧道和深埋隧道围岩压力计算方法不一样
(C)Ⅳ～Ⅵ级围岩中深埋隧道的围岩压力通常表现为松散荷载
(D)浅埋隧道的围岩压力比深埋隧道围岩压力大一些

26. 隧道洞门的主要作用有哪些？ ( )
(A)使车辆不受滚石、落石的威胁 (B)标志和美化作用
(C)汇集和引排地表水 (D)保持仰坡和边坡稳定

27. 公路隧道围岩分级依据的因素主要是哪几项？ ( )
(A)岩石的坚硬程度 (B)地下水的影响
(C)岩体完整程度 (D)初始应力状态

三、案例题

1. 某分离式双洞高速公路隧道，长600m，绝大部分为Ⅳ级围岩，隧道开挖断面的宽度为12.5m，按对两洞结构彼此不产生有害影响的原则，请问两洞的最小净距应为下列哪个选项？ ( )

(A)25.0m (B)31.3m
(C)12.5m (D)18.8m

2. 某二级公路两车道单洞隧道长800m，隧道里程桩号是K10+000～K10+800，其中，K10+000～K10+200为Ⅳ级围岩，K10+200～K10+700为Ⅲ级围岩，K10+700～K10+800为Ⅳ级围岩。隧道按复合式衬砌设计，初期支护和二次衬砌厚度等支护参数符合《公路隧道设计规范》(JTG 3370.1—2018)的要求，并在K10+000～K10+010和K10+790～K10+800设置了Ⅳ级围岩加强段衬砌。则剩余地段正确的衬砌布置桩号为下列哪个选项？ ( )
(A)K10+010～K10+210和K10+690～K10+790为Ⅳ级围岩衬砌；K10+210～K10+690为Ⅲ级围岩衬砌
(B)K10+010～K10+200和K10+700～K10+790为Ⅳ级围岩衬砌；K10+200～K10+700为Ⅲ级围岩衬砌
(C)K10+010～K10+200和K10+200～K10+710为Ⅳ级围岩衬砌；K10+200～K10+700为Ⅲ级围岩衬砌
(D)K10+010～K10+190和K10+710～K10+790为Ⅳ级围岩衬砌；K10+190～K10+710为Ⅲ级围岩衬砌

3. 二级公路两车道单洞隧道，长600m，洞口段为Ⅴ级围岩、洞身段为Ⅳ级围岩。Ⅳ级围岩地段边墙衬砌厚度（含初期支护、防水层、二次衬砌）为50cm，隧道内轮廓净宽10m。则合理的隧道Ⅳ级围岩开挖断面的宽度为下列哪一项？（　）

（A）11.00m　（B）11.1m　（C）11.2m　（D）11.3m

4. 二级公路两车道深埋隧道，埋深200m，隧道开挖宽度11m，宽度影响系数为1.6，Ⅴ级围岩的重度19kN/m^3。则正确的围岩垂直均布压力为下列哪一项？（　）

（A）200kN/m^2　（B）203kN/m^2　（C）219kN/m^2　（D）246kN/m^2

5. 两车道公路隧道采用复合式衬砌，埋深150m，据勘察报告：围岩重度22kN/m^3，围岩基本质量指标BQ为290，有淋雨状出水，单位出水量为8L/min，结构面走向与洞轴线夹角为65°，结构面倾角为80°，围岩初始应力不高。则在施筑初期支护时，拱部和边墙喷射混凝土厚度范围宜选用下列哪个选项？（　）

（A）5～8cm　（B）8～12cm　（C）12～20cm　（D）18～28cm

6. 某设计时速80km/h公路的建筑限界宽11m，其中某隧道的建筑限界宽10m。按《公路隧道设计规范》（JTG 3370.1—2018），隧道两端连接线的路基宽度仍按公路标准设计，其建筑限界宽度应有多长的过渡段与隧道洞口衔接，以保持隧道洞口内外横断面顺适过渡？（　）

（A）50m　（B）60m　（C）65m　（D）67m

7. 隧道围岩分级中，岩体完整程度的定量指标用岩体完整性系数K_v表达。某隧道有代表性地段的岩体弹性纵波速度为2600m/s，在同一地段岩体取样测定岩石的纵波速度为3000m/s。则该地段的岩体完整性系数K_v为下列哪一项？（　）

（A）0.70　（B）0.75　（C）0.80　（D）0.87

8. 已知混凝土衬砌材料的极限抗压强度$R_a = 10.5$MPa，极限抗拉强度$R_L = 1.3$MPa，衬砌截面厚度$h = 40$cm，截面宽度为单位宽度，即$b = 1$m，隧道衬砌纵向弯曲系数$\phi = 1$，轴向偏心影响系数$\alpha = 0.928$。轴向偏心距$e_o = 0.019$。混凝土抗压极限强度安全系数$K_a = 2.0$，抗拉极限强度安全系数$K_L = 2.4$。按《公路隧道设计规范》（JTG 3370.1—2018）计算该截面强度，则衬砌危险截面轴向力的最高限制值是下列哪一项？（　）

（A）1949kN　（B）2000kN　（C）2149kN　（D）2300kN

参考答案及解析

一、单项选择题

1. [答案]C

[解析]当洞门处有坍方、落石、泥石流等时，应采取清刷、延伸洞口、设置明洞或支挡构

造物等措施。本题目中主要是防滚落石,并且减少对仰坡、边坡的扰动,所以加长明洞是最优选择。

2.[答案]B

[解析]公路隧道是指专门用于公路运输的地下结构工程,它不仅由洞身和洞门组成,还应包括隧道运营时所需的通风、照明、控制等附属设施。

3.[答案]C

[解析]《公路隧道设计规范》(JTG 3370.1—2018)第7.3.3条第2款规定:洞门端墙基础应置于稳固地基上,并埋入地面下一定深度。嵌入岩石地基的深度不应小于0.2m;埋入土质地基的深度不应小于1.0m。基底埋置深度应大于靠墙设置的各种沟、槽底的埋置深度。地基为冻胀土层时,基底高程应在最大冻结深度以下不小于0.25m。

4.[答案]B

[解析]公路隧道的按修建方法分,可分为明挖隧道、顶管隧道、沉管隧道、盾构隧道等。题目中给出的条件就是明挖法施工修筑的隧道,故选B。

5.[答案]B

[解析]此题考查隧道围岩、围岩分级的概念,应熟悉《公路隧道设计规范》(JTG 3370.1—2018)中围岩分级。

6.[答案]A

[解析]见《公路隧道设计规范》(JTG 3370.1—2018)第3.6.4条围岩分级中的围岩基本质量指 BQ(或围岩基本质量指标修正值[BQ])的数值范围。

7.[答案]C

[解析]见《公路隧道设计规范》(JTG 3370.1—2018)中隧道长度的定义,即两端洞门墙墙面与路面的交线同路线中线交点间的距离。

8.[答案]B

[解析]洞口位置应根据地形、地质、水文等条件着重考虑边坡及仰坡的稳定,宁可让隧道稍长些,这样可避免开挖高边坡路堑,也有利于保护自然环境。所以,隧道工作者在实践中提出确定隧道位置宜早进洞、晚出洞,也称"早进晚出"。

9.[答案]C

[解析]"濒临水库、沿河、沿溪的隧道,其洞口路肩设计高程应高出计算洪水位(含浪高和壅水高)不小于0.5m。"这是《公路隧道设计规范》(JTG 3370.1—2018)第4.2.5条的隧道位置选择要求之一,以免洪水涌入隧道。

10.[答案]B

[解析]洞口的线路走向应尽量和该处地形等高线正交,这样可不造成一侧开挖面畸高,注意避免另侧岩壁过薄致产生偏压危害。

11.[答案]C

[解析]隧道作为公路路线的组成部分,其平面线形设计应满足《公路隧道设计规范》(JTG 3370.1—2018)的要求。由于隧道的维护和运营及救灾条件与洞外道路相比要求更高,难度也更大,因此,隧道在平面设计时应提高线形设计标准,一般来说隧道的平面线形应尽量采用直线,避免采用曲线。

12.[答案]A

[解析]见《公路隧道设计规范》(JTG 3370.1—2018)第4.3.1条的规定。该条还有隧道不设超高的圆曲线最小半径应符合的规定。当由于特殊条件限制隧道平面线形设计为需设超高的圆曲线时,其超高值不宜大于4.0%,技术指标应符合现行《公路路线设计规范》(JTG D20)的有关规定。

13.[答案]B

[解析]见《公路隧道设计规范》(JTG 3370.1—2018)第4.3.3条。

14.[答案]A

[解析]见《公路隧道设计规范》(JTG 3370.1—2018)第4.3.5条。隧道内纵面线形应考虑行车安全性、营运通风规模、施工作业效率和排水要求,隧道纵坡不应小于0.3%,一般情况不应大于3%。

15.[答案]A

[解析]见《公路隧道设计规范》(JTG 3370.1—2018)第4.3.5条。短于100m的隧道纵坡可与该公路隧道外路线的指标相同,主要是基于考虑行车安全性。

16.[答案]B

[解析]受地形等条件限制时,隧道纵坡坡率可适当加大,但不宜大于4%,主要是纵坡加大后,汽车的一氧化碳和烟雾排放量增大,要保证驾驶员的视距,则需加大通风,造成隧道运营成本增加,所以,《公路隧道设计规范》(JTG 3370.1—2018)第4.3.5条提出不宜大于4%的纵坡。

17.[答案]D

[解析]此题考查隧道建筑限界的定义。

18.[答案]A

[解析]见《公路隧道设计规范》(JTG 3370.1—2018)第4.4.1条。这样做能够体现建

筑界限的合理性和行车安全。

19.［答案］D

［解析］内轮廓设计通常根据隧道限界，先将内轮廓拟定为三心圆形式，再综合考虑设备、通风、受力条件等因素，调整 R_1、R_2、a、B 等相关尺寸进行优化。例如，当围岩坚硬完整且水平侧向压力较小时，可通过适当增大 R_2 以减小左右边墙的曲率。反之当围岩较破碎且水平侧向压力较大时，可适当减小 R_2 以增大左右边墙的曲率。

20.［答案］A

［解析］一般说来，曲边墙拱形断面的受力条件较好，《公路隧道设计规范》(JTG 3370.1—2018)第 8.1.4 条第 1 款也推荐：衬砌断面宜采用曲边墙拱形断面。

21.［答案］D

［解析］一般来讲，隧道洞口段埋深浅、地质条件较差，《公路隧道设计规范》(JTG 3370.1—2018)第 8.1.4 条第 3 款规定：隧道洞口段应设加强衬砌。

22.［答案］A

［解析］较差围岩地段的衬砌厚些、强度高些，并且围岩较差和较好地段的分界线不是十分清晰。因此，《公路隧道设计规范》(JTG 3370.1—2018)第 8.1.4 条规定：围岩较差地段的衬砌应向围岩较好地段延伸 5～10m。

23.［答案］C

［解析］见《公路隧道设计规范》(JTG 3370.1—2018)第 8.1.4 条第 3 款。偏压段的衬砌厚些、强度高些，所以要向一般衬砌段延伸至少 10m。

24.［答案］D

［解析］见《公路隧道设计规范》(JTG 3370.1—2018)第 8.4.1 条。

25.［答案］C

［解析］《公路隧道设计规范》(JTG 3370.1—2018)第 7.3.3 条。

26.［答案］B

［解析］见《公路隧道设计规范》(JTG 3370.1—2018)第 8.4 节对复合式衬砌的要求，根据现场围岩监控量测信息对支护参数进行必要的调整，也体现了新奥法的指导思想。

27.［答案］B

［解析］《公路隧道设计规范》(JTG 3370.1—2018)第 6.3.4 条规定，最冷月份平均气温低于 -15℃地区的隧道应考虑冻胀力，冻胀力可根据当地的自然条件、围岩冬季含水率、冻

结深度及排水条件等确定。

28.[答案]D

[解析]实践证明,采用防、排、截、堵相结合的原则比采用单一手段要有效。

29.[答案]C

[解析]见《公路隧道设计规范》(JTG 3370.1—2018)第10.2节内容。

30.[答案]B

[解析]《公路隧道设计规范》(JTG 3370.1—2018)第10.3.2条规定,隧道纵向排水坡宜与隧道纵坡一致。

31.[答案]A

[解析]见《公路隧道设计规范》(JTG 3370.1—2018)第10.3.4条。

32.[答案]A

[解析]见《公路隧道设计规范》(JTG 3370.1—2018)第10.3.4条。

33.[答案]C

[解析]见《公路隧道设计规范》(JTG 3370.1—2018)第10.3.4条。

二、多项选择题

1.[答案]ABCD

[解析]作用在隧道上的荷载主要指洞身衬砌承受的荷载,4个选项全对。

2.[答案]AD

[解析]边、仰坡的土压力是作用在端墙、翼墙式洞门上的。滚石、落石的撞击荷载属于偶然荷载,有时作用在洞门上,拦截仰坡上方的小量剥落、掉块也是洞门的功能之一。围岩压力一般对应洞身衬砌承受的荷载。车辆荷载显然不作用在洞门上

3.[答案]BCD

[解析]关于端墙式洞门的适用条件,地质条件较差没有包括在内。

4.[答案]AD

[解析]隧道运营通风、照明设施的主要功能是对有害气体和烟雾进行稀释,保证隧洞内卫生条件;保证路面亮度和路面亮度的均匀度,满足驾驶员的视觉要求,保证隧洞内行车安全;提高隧道内行车的舒适性。只有选项AD与之相关。

5. [答案]AD

[解析]隧道建筑限界的定义为:“为保证隧道内各种交通的正常运行与安全,而规定在一定宽度和高度范围内不得有任何部件侵入的空间限界。”可见限界净宽和限界净高是正确答案。限界净宽中包含了行车宽和人行道宽。

6. [答案]ABCD

[解析]确定隧道洞门位置时应考虑的原则之一是:要避开不良地质地段,如滑坡、崩塌、岩堆、危岩落石、泥石流等处。

7. [答案]CD

[解析]《公路隧道设计规范》(JTG 3370.1—2018)第4.3.2条规定:“高速公路、一级公路隧道应设计为上、下行分向行驶的双洞隧道,双洞隧道宜按分离式隧道布置。”在桥隧相连、隧道相连、地形条件限制等特殊地段隧道净距不能满足要求时,可采取小净距隧道或连拱隧道形式,但应做出充分技术论证和比较研究,并制订可靠的技术保障措施,确保工程质量。故选CD。选项AB是干扰项,因盾构隧道和明挖隧道是指不同修建技术修建的隧道名称。而小净距隧道、连拱隧道是指隧道平面设计中的隧道形式。

8. [答案]AC

[解析]隧道内纵坡的变换不宜过大、过频,以保证行车安全视距和舒适性。故选AC。

9. [答案]ABCD

[解析]《公路隧道设计规范》(JTG 3370.1—2018)第4.4.3条规定:隧道内轮廓设计除应符合隧道建筑限界的规定外,还应满足洞内路面、排水设施、装饰的需要,并为通风、照明、消防、监控、营运管理等设施提供安装空间的需要,所以全选。

10. [答案]ABC

[解析]《公路隧道设计规范》(JTG 3370.1—2018)第7.3.3条第3款规定:“洞门墙应根据需要设置伸缩缝、沉降缝和泄水孔。”故选ABC。注浆孔是工艺要求,不属于洞门结构要求,故不选。

11. [答案]AC

[解析]《公路隧道设计规范》(JTG 3370.1—2018)第8.1.4条规定:“围岩较差、侧压力较大、地下水丰富的地段可设仰拱……,路面与仰拱之间可采用混凝土或片石混凝土填充。”故选AC。

12. [答案]ABD

[解析]这是复合式衬砌的概念。复合式衬砌是由初期支护、二次衬砌及中间夹防水层组合而成的衬砌形式。故选ABD。

13.［答案］BCD

［解析］这是概念题。《公路隧道设计规范》(JTG 3370.1—2018)第8.4.1条中有定义："初期支护应按永久支护结构设计，宜采用喷射混凝土、锚杆、钢筋网和钢架等支护单独或组合使用，并应复核本规范第8.2节的规定。"故选BCD。

14.［答案］ABC

［解析］注意题目要求是"洞内的防水措施"，所以不能选D，因为选项D是排水措施。故选ABC。

15.［答案］ACD

［解析］按《公路隧道设计规范》(JTG3370.1—2018)要求，隧道洞内宜按地下水和营运清洗污水、消防污水分离排放的原则设置纵向排水系统。路面两侧的纵向排水沟主要引排营运清洗水、消防废水和其他废水。路面结构下宜设纵向中心水沟(管)，集中引排地下水。故选ACD。

16.［答案］BC

［解析］当地下水发育，含水层明显，又有长期充分补给来源时，光靠二次衬砌外的纵环向盲管(沟)组成的排水系统满足不了排水要求，《公路隧道设计规范》(JTG 3370.1—2018)第10.3.6条规定："当地下水发育，含水层明显，又有长期充分补给来源、堵水效果不明显、地下水对隧道存在安全隐患时，可利用辅助坑道、平行导坑排水或设置泄水洞等截、排水设施。"故选BC。

17.［答案］ABCD

［解析］目前采用的地下结构设计方法可以归纳为以下四种设计模型：①以参照过去隧道工程实践经验进行工程类比为主的经验设计法；②以现场量测和试验室试验为主的实用设计方法，例如以洞周位移量测值为基础的收敛—约束法；③作用—反作用模型，即荷载结构模型，例如弹性地基圆环计算和弹性地基框架计算等计算法；④连续介质模型，包括解析法和数值法，其中数值计算法目前主要是有限单元法。故选ABCD。

18.［答案］ABD

［解析］喷射混凝土和锚杆是新奥法的主要支护手段，此外还可辅以金属网和轻型钢拱架。与传统支护方式不同的是，采用喷锚支护可以主动加固围岩、改善围岩的应力状态；特别是在允许少量围岩变形"卸压"的同时限制围岩产生有害变形，以充分发挥围岩的自承作用，使围岩成为支护体系的组成部分。所以"不允许围岩变形"是错的，故选ABD。

19.［答案］ABC

［解析］新奥法施工中必须对围岩和支护进行观察、量测，根据监控量测结果及时修改初期支护参数或施工方法，合理安排施工程序(如围岩和初支变形基本稳定后，及时施做二次

衬砌)，实现动态化设计。而选项D"保证隧道开挖轮廓圆顺"是新奥法施工中的减少对围岩的扰动的措施之一，不是监控量测的目的。

20. [**答案**]ABCD

[**解析**]由于照明成本昂贵，一种成本低、安全又有保证的方法就是将隧道划分为若干照明区段。按视觉适应规律、洞外与中间段亮度差以及亮度递减速率，沿行车方向将隧道分为入口段、若干过渡段、中间段以及出口段。所以全选。

21. [**答案**]ABCD

[**解析**]选项A是对于建筑限界定义的理解，是正确的。选项BCD是《公路隧道照明设计细则》(JTG/T D70/2-01—2014)第6.2.1条，第9.3.6条和第9.3.3条规定内容。所以全选。

22. [**答案**]ABC

[**解析**]根据《公路隧道通风设计细则》(JTG/T D70/2-02—2014)第5.1节的内容和条文说明，选ABC。

23. [**答案**]AC

[**解析**]《公路隧道设计规范》(JTG 3370.1—2018)第3.6.1条建议，隧道围岩分级的综合评价方法宜采用两步分级，用岩体基本质量指标*BQ*进行初步分级，而岩体基本质量指标*BQ*与岩石单轴饱和抗压强度和岩体完整性指数有关。故选AC。

24. [**答案**]ABCD

[**解析**]《公路隧道设计规范》(JTG 3370.1—2018)第3.6.1条建议，隧道围岩分级的综合评价方法第二步应按修正岩体基本质量指标值*BQ*对岩体进行详细定级。即在岩体基本质量指标*BQ*基础上，再考虑地下水、主要软弱结构面产状，构造应力等综合因素的影响。所以全选。

25. [**答案**]ABC

[**解析**]一般来讲，Ⅰ~Ⅳ级围岩深埋隧道，围岩压力主要为形变压力，可按释放荷载计算；Ⅳ~Ⅵ级围岩通常比较松散，稳定性较差，Ⅳ~Ⅵ级围岩中深埋隧道的围岩压力表现为松散荷载，规范中有相应的计算方法；并且浅埋与深埋隧道的围岩压力计算方法不一样。故选项ABC是对的。这些内容《公路隧道设计规范》(JTG 3370.1—2018)都有规定。至于选项D，由于一般隧道埋深越大，垂直压力会越大，所以"浅埋隧道围岩压力比深埋隧道围岩压力大一些"这一说法不对。

26. [**答案**]ABCD

[**解析**]洞门的作用在于支挡洞口正面仰坡和路堑边坡，拦截仰坡上方的小量剥落、掉

块,保持边坡、仰坡的稳定,并将坡面汇水引离隧道,保证洞口路线的安全。洞门还是隧道唯一的外露部分,对它进行适当的建筑艺术处理,可起到美化环境的作用。所以全选。

27. [答案]ABCD

[解析]根据《公路隧道设计规范》(JTG 3370.1—2018)第3.6.3条围岩基本质量指标修正值[BQ]的影响因素去考虑。所以全选。

三、案例题

1. [答案]B

[解析]按照《公路隧道设计细则》(JTG/T D70—2010)第3.0.3条,分离式双洞隧道可根据共围岩代表级别按表3.0.3米确定两洞最小净距。Ⅳ级围岩取2.5倍开挖宽度,即12.5×2.5=31.3m。

2. [答案]A

[解析]按照《公路隧道设计规范》(JTG 3370.1—2018)第8.1.4条规定,较差围岩地段衬砌应向较好围岩地段延伸5~10m。本题取延伸10m。

3. [答案]B

[解析]按照《公路隧道设计规范》(JTG 3370.1—2018)第8.4.1条第3款"在确定开挖断面时,除应满足隧道净空和结构尺寸外,尚应考虑围岩及初期支护的变形,预留适当的变形量。预留变形量大小应根据围岩级别、断面大小、埋置深度、施工方法和支护情况等,通过计算分析确定或采用工程类比法预测,预测值可参照表8.4.1的规定选用。预留变形量还应根据现场监控量测结果进行调整。"Ⅳ级围岩两车道隧道的一侧预留变形量取5cm,两侧则为10cm,加上内轮廓净宽10m和两侧衬砌厚度1m,可算出开挖宽度为10+1+0.1=11.1m。

4. [答案]C

[解析]Ⅴ级围岩深埋隧道的围岩压力为松散荷载,垂直均布压力按《公路隧道设计规范》(JTG 3370.1—2018)式(6.2.2-1)和式(6.2.2-2)计算:

$$q=\gamma h$$

$$h=0.45\times 2^{S-1}\omega$$

式中:q——垂直均布压力(kN/m^2);

γ——围岩重度(kN/m^3),本题$\gamma=19kN/m^3$;

S——围岩级别,本题$S=5$;

ω——宽度影响系数,$\omega=1+i(B-5)$,本题直接给出了$\omega=1.6$;

B——隧道开挖宽度(m),本题$B=11m$。

将已知数代入公式,得$h=11.52$,再求得$q=19\times 1.52=218.88kN/m^2$,取整为$219kN/m^2$。

5.［答案］D

［解析］复合衬砌的喷射混凝土厚度与围岩级别有关，所以要先确定围岩级别。根据《公路隧道设计规范》(JTG 3370.1—2018)第3.6.3条，对围岩进行详细定级时，应在岩体基本质量分级基础上考虑地下水、主要软弱结构面产状、构造应力因素的影响，修正岩体基本质量指标值 BQ，求得围岩基本质量指标修正值［BQ］。查规范表3.6.4确定围岩级别后，再查附录P对应隧道支护参数表可得初期支护时拱部和边墙喷射混凝土厚度。而围岩基本质量指标修正值［BQ］可按下式计算：

$$[BQ] = BQ - 100(K_1 + K_2 + K_3)$$

式中：［BQ］——围岩基本质量指标修整值；

BQ——围岩基本质量指标，本题 $BQ=290$；

K_1——地下水影响修正系数；

K_2——主要软弱结构面产状影响修正系数；

K_3——初始应力状态修正系数。

上述系数分别查《公路隧道设计规范》(JTG 3370.1—2018)附录中的表A.0.3-1、表A.0.3-2、表A.0.3-3。分别得 $K_1=0.4\sim0.6$，$K_2=0\sim0.2$，$K_3=0$(无高初始应力状态)。代入公式得［BQ］$=210\sim250$。查表3.6.4，当［BQ］$=210\sim250$ 时，为Ⅴ级围岩。再查表P.0.1，可得初期支护时拱部和边墙喷射混凝土厚度为18～28cm。

6.［答案］D

［解析］根据《公路隧道设计规范》(JTG 3370.1—2018)第4.3.6条“隧道洞外连接线线形应与隧道线形相协调，隧道洞口内外侧各3s设计速度行程长度范围的平、纵线形应一致。特殊困难地段，经技术经济比较论证后，洞口内外平曲线可以采用缓和曲线，但应加强线形诱导设施。”按设计时速80km/h计算，每秒的行程为22.22m，3s的行程应为66.66m，取整为67m；另外依据《公路工程技术标准》(JTG B01—2014)第8.0.4条第3款“洞口外相接路段应设置距洞口不小于3s设计速度行程长度，且不小于50m的过渡段，保持横断面过渡的顺适。”即选答案D。

7.［答案］B

［解析］根据《公路隧道设计规范》(JTG 3370.1—2018)第3.6.2条及附录A.0.2，岩体完整程度的定量指标的计算方法：

$$K_v = \frac{v_{pm}}{v_{pr}}$$

式中：v_{pm}——岩体弹性纵波速度(km/s)，本题为2600m/s；

v_{pr}——岩石弹性纵波速度(km/s)，本题为3000m/s；

将已知数代入上式，求得 $K_v=(2.6/3)^2=0.75$。

8.［答案］A

［解析］根据《公路隧道设计规范》(JTG 3370.1—2018)第9.2.11条和第9.2.12条，当

$e_0 \leqslant 0.20h$ 时（本题 $e_0 = 0.019$，$0.2h = 0.08$，满足 $e_0 \leqslant 0.20h$ 的要求），抗压强度控制承载能力可按式(9.2.11)来计算：

$$K_a N \leqslant \varphi \alpha R_a bh$$

式中：K_a——安全系数，本题 $K_a = 2.0$；

R_a——混凝土或砌体的抗压极限强度，本题 $R = 10.5\text{MPa} = 10500\text{kN/m}^2$；

N——轴向力(kN)，本题待求；

b——截面宽度(m)，本题 $b = 1\text{m}$；

h——截面厚度(m)，本题 $h = 0.4\text{m}$；

φ——构件纵向弯曲系数，本题 $\varphi = 1$；

α——轴向力的偏心影响系数，本题 $\alpha = 0.928$。

将已知量代入公式，得 $N = 1949\text{kN}$。

第六章　交 叉 工 程

第一节　一 般 要 求

本节考纲

1. 掌握路线交叉的分类。
2. 熟悉路线交叉类型选择的主要依据。

复习要点

路线交叉的分类:公路与公路平面交叉、公路与公路立体交叉、公路与铁路交叉、公路与乡村道路交叉、公路与管线交叉及动物通道。

公路与公路设置立体交叉的条件;公路与铁路设置立体交叉的条件;公路与乡村道路设置通道或天桥的条件。注意设置条件时的用词,如"必须、应、宜、可"。

公路与公路平面交叉有哪些类型,如何选择?公路与公路立体交叉有哪些类型,如何选择?

典 型 习 题

一、单项选择题

1. 下列哪个选项不属于公路路线交叉设计?（　　）

(A)公路与铁路交叉　　(B)公路与乡村道路交叉

(C)动物通道　　(D)公路与航道交叉

2. 公路在可能阻碍野生动物正常迁徙时,应考虑设置哪种设施?（　　）

(A)桥梁　　(B)动物通道

(C)便道　　(D)牧道

3. 下列哪个选项不符合公路与公路交叉时设置立体交叉的规定?（　　）

(A)一级公路同交通量大的其他公路交叉应采用立体交叉

(B)二级公路之间的交叉,直行交通量大时应采用立体交叉

（C）高速公路与各级公路相交必须采用立体交叉

（D）三级公路与四级公路交叉，有条件的地点宜采用立体交叉

4. 下图平面交叉所采用的渠化设计属于哪种渠化方式？（　　）

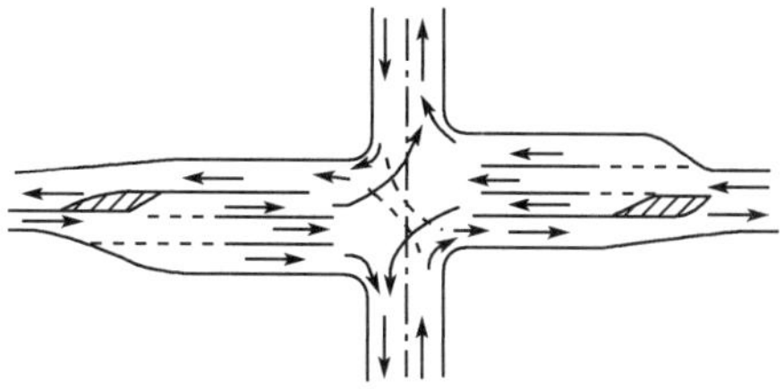

（A）加宽路口　　（B）设置导流岛

（C）设置转弯车道　　（D）加宽路口与设置转弯车道

5. 公路平面交叉的选址和选型必须综合考虑各种因素，并应体现什么原则？（　　）

（A）美观高效　　（B）限额设计

（C）安全第一　　（D）节约用地

6. 关于互通式和分离式立体交叉的设置条件，下列哪个选项是正确的？（　　）

（A）高速公路同通往重要交通源的公路相交应设置互通式立体交叉

（B）二级公路上，当平面交叉口出现频繁的交通事故时应设置互通式立体交叉

（C）一级公路为减少平面交叉，应采用分离式立体交叉

（D）二级公路间的交叉，直行交通量大且不考虑交通转换时，可设分离式立体交叉

7. 确定公路互通式立体交叉的位置，首先要考虑的是哪个因素？（　　）

（A）主线和被交叉公路的条件，如主线技术指标

（B）路网分布与路网系统的主要节点

（C）地质和地形条件

（D）用地、规划、景观和环保等社会和环境因素

8. 下列哪个选项为一级公路设置分离式立体交叉的主要条件？（　　）

（A）交通条件　　（B）社会需求

（C）周边的交通流组织　　（D）主线技术指标

9. 下列哪种类型的互通式立交属于完全立体交叉式互通立交？（　　）

（A）环形　　（B）菱形

（C）部分苜蓿叶形　　（D）三岔单喇叭形

10. 五岔交叉的完全互通式立体交叉应有多少条交通流线？ ( )

(A)25 (B)24 (C)20 (D)18

11. 下列哪个条件下的互通式立体交叉属于枢纽互通式立体交叉？ ( )

(A)高速公路之间 (B)高速公路与一级公路之间

(C)一级公路与一级公路之间 (D)高速公路与地方道路之间

12. 关于互通式立体交叉的选型，下列哪个说法是正确的？ ( )

(A)枢纽互通式立体交叉宜采用完全立体交叉型

(B)一般互通式立体交叉应采用平面交叉型

(C)三岔交叉立体交叉宜采用一般互通式立体交叉

(D)有条件时，被交叉公路宜采用下穿方式

13. 铁路旅客列车设计行车速度为多少时，其与公路相交叉必须设置立体交叉？ ( )

(A)80km/h (B)100km/h (C)120km/h (D)140km/h

14. 公路与乡村道路交叉时，下列正确的是哪个选项？ ( )

(A)高速公路与乡村道路交叉时，根据乡村道路的交通量大小，可设置互通式立体交叉

(B)一级公路与乡村道路相交叉应设置通道或天桥

(C)二级公路位于人口稠密的村落时，宜设置通道或天桥

(D)四级公路与乡村道路相交宜设置平面交叉

二、多项选择题

1. 下列哪些选项属于公路路线交叉设计？ ( )

(A)公路与灌溉渠交叉 (B)公路与油气管道交叉

(C)公路与农业机耕道交叉 (D)乡村道路与乡村道路交叉

2. 公路与公路交叉时，符合立体交叉设置规定的是哪些选项？ ( )

(A)在荒漠地区交通量较小的前提下，高速公路主线上可设置平面交叉

(B)具有干线功能的一级公路相互交叉必须采用立体交叉

(C)高速公路与四级公路相交必须采用立体交叉

(D)二级与三级公路交叉，直行交通量大时，宜采用立体交叉

3. 关于平面交叉口的分类，下列哪些选项是按其几何形状进行分类的？ ( )

(A)十字形交叉口 (B)三路交叉口

(C)环形交叉口 (D)错位交叉口

4. 环形交叉口在哪些条件下不适用？ ( )

(A)位于斜坡大于3%的地形　　(B)交通量大的干线道路
(C)某一转弯交通量大的交叉口　　(D)多路交叉

5. 道路平面交叉时,如果交叉角度较小,会导致哪些不利的情形? (　　)
(A)交叉口需要的面积较大　　(B)视线受到限制
(C)冲突点增加　　(D)行驶不安全

6. 公路平面交叉的渠化设计包括哪些方式? (　　)
(A)设置安全岛　　(B)加宽路口
(C)设置转弯车道　　(D)加铺转角

7. 公路平面交叉设计在选择交叉形式时,下列哪些设计原则是正确的? (　　)
(A)扩大冲突区　　(B)集中冲突区
(C)分散冲突区　　(D)分隔冲突区

8. 高速公路设置互通式立体交叉的条件主要包括哪些因素? (　　)
(A)交通条件　　(B)互通式立体交叉的间距
(C)社会需求　　(D)沿线交通流的组织

9. 高速公路设置互通式立体交叉的主要条件需要考虑其影响区内有适量的交通发生源,交通发生源的大小可以间接用影响区域内的哪些指标衡量? (　　)
(A)人口数　　(B)国内生产总值　　(C)客运量　　(D)货运量

10. 互通式立体交叉按交通流线的交叉方式,可分为哪几种类型? (　　)
(A)完全互通式　　(B)完全立体交叉式
(C)不完全互通式　　(D)平面交叉式

11. 关于互通式立体交叉类型的选择,下列哪些说法是正确的? (　　)
(A)设置匝道收费站的互通式立体交叉可按一般互通式立体交叉设计
(B)一级公路与一级公路交叉宜采用枢纽互通式立体交叉
(C)高速公路与四车道一级公路交叉宜采用枢纽互通式立体交叉
(D)高速公路与二级公路交叉宜采用一般互通式立体交叉

12. 当公路与铁路交叉时,下列关于设置立体交叉的说法哪些是正确的? (　　)
(A)一级公路与铁路交叉必须设置立体交叉
(B)城际铁路与四级公路交叉必须立体交叉
(C)近期年客货运量为15Mt的铁路与三级公路交叉应设置立体交叉
(D)二级公路与Ⅲ级铁路交叉应设置立体交叉

参考答案及解析

一、单项选择题

1. [答案]D

[解析]《公路工程技术标准》(JTG B01—2014)第9部分将路线交叉分为公路与公路平面交叉、公路与公路立体交叉、公路与铁路交叉、公路与乡村道路交叉、公路与管线等交叉、动物通道。公路一般以桥梁上跨或隧道下穿通航水域，不属于路线交叉，故本题选D。

2. [答案]B

[解析]牧道、便道是在穿越草原区域的封闭公路路段，考虑沿线群众生产、放牧等需要而设置，并非所有的桥梁都可以作为动物通道，故本题选B。

3. [答案]B

[解析]根据《公路路线设计规范》(JTG D20—2017)第11.1节规定，二级、三级、四级公路间的交叉，直行交通量大时或有条件的地点宜采用立体交叉。

4. [答案]D

[解析]根据《公路路线设计规范》(JTG D20—2017)第10.1.6条条文说明中的图示。

5. [答案]C

[解析]根据《公路工程技术标准》(JTG B01—2014)第9.1.1条条文说明中规定，平面交叉的选址和选型必须综合考虑各种相关因素，同时应体现安全第一的原则。

6. [答案]D

[解析]根据《公路路线设计规范》(JTG D20—2017)第11.1.2条、11.1.3条规定，高速公路同通往重要交通源的公路相交而使该公路成为其支线时应设置互通式立体交叉；一级公路上，当平面交叉口的通行能力不能满足需要或出现频繁的交通事故时应设置互通式立体交叉；承担干线功能的一级公路，除因交通转换需要而设互通式立体交叉外，为减少平面交叉，且相交的公路又不能截断时，应采用分离式立体交叉。

7. [答案]B

[解析]根据《公路工程技术标准》(JTG B01—2014)第9.2.2条条文说明规定。

8. [答案]A

[解析]根据《公路工程技术标准》(JTG B01—2014)第9.2.3条条文说明规定，一级公路设置分离式立体的条件主要是交通条件，即主要取决于平面交叉是否能处理来自各向的交

通量。当一级公路作为干线公路时,应优先保证主线直行交通的通行,如设置了分离式立体交叉,该交叉处的交通转换需求应该是可以忽略的,否则应通过其他措施将转弯交通引至其他平面交叉或互通式立体交叉。

9.［答案］D

［解析］完全立体交叉式即所有交通流线之间的交叉均为立体交叉;平面交叉式则在部分交通流线之间存在平面交叉。前三种类型的互通式立体交叉均存在部分交通流线的平面交叉。

10.［答案］C

［解析］交通流线数目 $N = n(n-1)$,其中 n 为交叉岔数。所以,交通流线数目应为 $5 \times (5-1) = 20$ 条。注意交通流线数目不能包括调头的交通流线。

11.［答案］A

［解析］枢纽互通式立体交叉是指高速公路间、高速公路与具有干线功能的一级公路间,或具有干线功能的一级公路之间提供连续、快速的交通转换功能的互通式立体交叉;一般互通式立体交叉是指为地方交通提供接入和转换功能的互通式立体交叉。

12.［答案］A

［解析］根据《公路立体交叉设计细则》(JTG/T D21—2014)第3.3.3条。另外,有条件时,被交叉公路宜采用上跨方式,有利于流出、流入车辆的变速、信息识别和运行安全。

13.［解析］D

［解析］高速铁路、城际铁路和路段旅客列车设计行车速度为140km/h及以上的铁路与公路相交叉时,必须设置立体交叉。

14.［答案］D

［解析］根据《公路路线设计规范》(JTG D20—2017)第12.4.2条规定,高速公路与乡村道路交叉必须采用分离式立体交叉;一级公路与乡村道路交叉宜设置通道或天桥;二级公路位于人口稠密的村落时,宜设置人行通道或人行天桥。

二、多项选择题

1.［答案］BC

［解析］公路与灌溉渠交叉属于桥涵设计,故不选A;乡村道路是指位于乡村、农场范围内供各种农业机械及耕作人员等通行的道路,公路与乡村道路交叉是指等级公路与乡村道路交叉,故不选D。

2.［答案］CD

［解析］高速公路与各级公路相交必须采用立体交叉;一级公路具有两种功能(干线和集

散),都允许设置平面交叉;二级、三级、四级公路间的交叉,直行交通量大时宜采用立体交叉。

3.[答案]ACD

[解析]根据《城市道路交叉口设计规程》(CJJ 152—2010)第4.1.1条规定,平面交叉口按几何形状可分为十字形、T形、Y形、X形、多叉形、错位及环形交叉口。三路交叉是按相交道路的条数进行分类的。

4.[答案]ABC

[解析]根据《城市道路交叉口设计规程》(CJJ 152—2010)第4.6.1条规定,环形交叉口适用多路交汇或转弯交通量较均衡的交叉口,相邻道路中心线间夹角宜大致相等。常规环形交叉口不宜用于城市干道交叉口。坡向交叉口的道路,纵坡度大于或等于3%时,不宜采用环形平面交叉。

5.[答案]ABD

[解析]根据《城市道路工程设计规范》(CJJ 37—2012)第7.2.3条条文说明规定,道路交叉角度较小时,交叉口需要的面积较大,并使视线受到限制,行驶不安全且不方便。角度交叉不会改变平面交叉口的冲突点个数,冲突点个数跟交叉道路的条数、是否信号控制等因素有关。

6.[答案]BCD

[解析]根据《公路路线设计规范》(JTG D20—2017)第10.1.6条规定,渠化设计应根据交叉形式、交通管理方式以及转向交通量、设计速度等因素,采用加铺转角、加宽路口、设置转弯车道和交通岛等方式。

7.[答案]CD

[解析]根据《公路路线设计规范》(JTG D20—2017)第10.1.2条条文说明规定,平面交叉的设计原则中强调了在交叉中应减少冲突点,缩小冲突区,并分散和分隔冲突区而实行渠化处理的规定。

8.[答案]AC

[解析]根据《公路工程技术标准》(JTG B01—2014)第9.2.2条条文说明规定,高速公路设置互通式立体交叉的条件主要是交通条件和社会需求。当然,最终的设置还要考虑沿线交通流的组织和互通式立体交叉的合理间距等。

9.[答案]ABCD

[解析]根据《公路工程技术标准》(JTG B01—2014)第9.2.2条条文说明规定,交通发生源的大小可以间接用影响区域内人口数、GDP(国内生产总值)和客货运量等来衡量,其中人口数是一个最主要的指标。

10.［答案］BD

［解析］根据《公路立体交叉设计细则》(JTG/T D21—2014)第3.2.2条规定,完全互通式和不完全互通式是按方向连通程度进行划分的。另外,按功能不同还可以划分为枢纽互通式立体交叉和一般互通式立体交叉;按交叉岔数可分为三岔交叉、四岔交叉和多岔交叉互通式立体交叉;按形状可分为喇叭形、苜蓿叶形、菱形、环形、涡轮形、T形和叶形互通式立体交叉等。

11.［答案］AD

［解析］根据《公路立体交叉设计细则》(JTG/T D21—2014)第3.3.3条,注意条文中干线功能一级公路的规定。

12.［答案］ABD

［解析］根据《公路路线设计规范》(JTG D20—2017)第12.2.2~12.2.4条规定,铁路分为高速铁路、城际铁路、客货共线铁路和重载铁路,其中客货共线铁路又分为Ⅰ、Ⅱ、Ⅲ、Ⅳ级。Ⅰ级铁路是指铁路网中起骨干作用的铁路,或近期年客货运量大于或等于20Mt者。

第二节 服务水平与通行能力

本节考纲

1. 熟悉年平均日交通量和设计小时交通量的应用及换算方法。
2. 熟悉基本路段、匝道的设计通行能力。

复习要点

公路立体交叉设计采用哪种交通量为依据?

年平均日交通量如何换算成设计小时交通量?

互通立体式交叉中交叉公路及匝道基本路段的设计通行能力的规定及应用。

典型习题

一、单项选择题

1. 在工程可行性研究阶段,公路立体交叉方案设计可采用哪种交通量?（ ）

(A)年平均日交通量　(B)设计小时交通量

(C)高峰小时交通量　(D)最大服务交通量

2. 在设计阶段,公路立体交叉设计应采用哪种交通量? ( )

(A)年平均日交通量 (B)设计小时交通量

(C)第30位小时交通量 (D)最大服务交通量

3. 已知重庆某城间高速公路互通式立体交叉中B单向匝道预测年度的年平均日交通量为10000辆/天,方向不均匀系数取50%,该匝道单向设计小时交通量最接近下列哪个选项? ( )

(A)450辆/小时 (B)650辆/小时

(C)900辆/小时 (D)1300辆/小时

4. 在进行山东地区某近郊一级公路改扩建设计时,结合当地交通量观测结果确定其设计小时交通量系数为12%,上行、下行方向的交通量之比为4:6,预测年度的年平均日交通量为20000辆/天,该公路的单向设计小时交通量为哪个选项? ( )

(A)800辆/小时 (B)960辆/小时

(C)1200辆/小时 (D)1440辆/小时

5. 某互通式立体交叉为高速公路与一级公路(承担集散功能)相交,则立交范围内高速公路与一级公路两交叉公路的设计服务水平分别取哪个等级最为合理? ( )

(A)三级,三级 (B)三级,四级

(C)四级,三级 (D)四级,四级

6. 互通式立体交叉设置收费站时,其匝道通行能力应根据哪个因素确定? ( )

(A)匝道线形与车道数 (B)该收费站的通行能力

(C)匝道至收费站的距离 (D)该收费站的服务窗口数

7. 环形匝道采用单车道时,其设计通行能力为多少? ( )

(A)800pcu/h (B)1000pcu/h

(C)800~1000pcu/h (D)800~1200pcu/h

二、多项选择题

1. 公路立体交叉方案设计时所采用的年平均日交通量有哪些? ( )

(A)主线交通量预测年限所预测的交通量

(B)相交道路交通量预测年限所预测的交通量

(C)立体交叉建成通车后第20年的预测交通量

(D)立体交叉建成通车后第15年的预测交通量

2. 公路在进行通行能力分析时,以“pcu”即当量小客车数量为衡量单位的有哪些选项? ( )

(A)基准通行能力　　(B)最大服务交通量
(C)设计通行能力　　(D)设计小时交通量

3. 关于高速公路路段的设计通行能力,下列错误的是哪些选项?（　　）
(A)路侧干扰系数对其设计通行能力有影响
(B)交通组成中,大型车越多设计通行能力越大
(C)设计通行能力与车道宽度有关
(D)设计服务水平越高,设计通行能力越大

4. 关于匝道基本路段设计通行能力,下列正确的是哪些选项?（　　）
(A)相同的设计速度下,双车道匝道的设计通行能力是单车道匝道的 2 倍
(B)匝道的设计服务水平可比主线低一级,但不应低于四级
(C)匝道三级服务水平比四级服务水平下的设计通行能力大
(D)设计速度越高,相同设计服务水平下,其设计通行能力越大

5. 新建公路设计小时交通量系数可通过哪些方法确定?（　　）
(A)参照公路功能、交通量、地区气候、地形等条件相似的公路观测数据确定
(B)结合既有公路的观测数据确定
(C)缺乏观测数据地区可参照《公路工程路线设计规范》中的提供的数值
(D)设计小时交通量系数等于选定时位的小时交通量与选定某一特定天的交通量之比

三、案例题

1. 重庆市主城郊区某高速公路互通式立体交叉中 A 右转匝道预测年度的年平均日交通量为 12000 辆/天,A 匝道设计速度为 60km/h,匝道长度为 500m,下列匝道横断面类型中最合理的是哪个选项?（　　）
(A)单向单车道匝道
(B)无紧急停车带的单向双车道匝道
(C)有紧急停车带的单向双车道匝道
(D)对向分隔式双车道匝道

2. 已知某设计速度为 100km/h 的双向 4 车道高速公路预测期末年的交通组成预测结果见下表。驾驶人总体特征修正系数取 0.96,该高速公路路段在二级服务水平下的设计通行能力最接近下列哪个选项?（　　）

车辆类型	车辆占比	车辆类型	车辆占比
小客车	80%	大型车	7%
中型车	10%	汽车列车	3%

(A)745veh/(h·ln) (B)885veh/(h·ln)
(C)1150veh/(h·ln) (D)1220veh/(h·ln)

参考答案及解析

一、单项选择题

1. [答案]A

[解析]根据《公路立体交叉设计细则》(JTG/T D21—2014)第4.4.1条规定,在工程可行性研究阶段,公路立体交叉方案设计可采用年平均日交通量。

2. [答案]B

[解析]根据《公路立体交叉设计细则》(JTG/T D21—2014)第4.5.2条规定,设计小时交通量不一定采用第30位小时交通量,故选择B。

3. [答案]D

[解析]该匝道为单向匝道,所以设计小时交通量 $DDHV = AADT \times K = 10000 \times K$,查《公路路线设计规范》(JTG D20—2017)表3.3.4,可知 $K = 13\%$,$DDHV = 1300$ 辆/小时。

4. [答案]D

[解析]该一级公路的单向设计小时交通量 $DDHV = AADT \times D \times K = 20000 \times 0.6 \times 0.12 = 1440$ 辆/小时。

5. [答案]B

[解析]立体交叉范围内,交叉公路设计服务水平应按相应公路功能及等级选取;一级公路用作集散公路时,设计服务水平可降低一级。

6. [答案]B

[解析]根据《公路路线设计规范》(JTG D20—2017)第3.5.2条规定,互通式立体交叉设置收费站时,其匝道通行能力应根据该收费站的通行能力确定;不设收费站时,应根据匝道与被交公路连接处的平面交叉的通行能力确定。

7. [答案]C

[解析]根据《公路路线设计规范》(JTG D20—2017)第11.3.2条规定,环形匝道采用单车道时,其设计通行能力为800~1000pcu/h。匝道设计速度为30km/h、35km/h、40km/h时,单车道匝道设计通行能力分别为800pcu/h、900pcu/h、1000pcu/h。

二、多项选择题

1.［答案］AC

［解析］根据《公路立体交叉设计细则》（JTG/T D21—2014）第 4.4.1 条规定，立体交叉建成通车后第 20 年的预测交通量不一定是主线交通量预测年限所预测的交通量。

2.［解析］AB

［解析］根据《公路路线设计规范》（JTG D20—2017）第 3 章公路通行能力相关内容，设计通行能力、设计小时交通量的单位为 veh/（h · ln）或 veh/h、veh/h。

3.［答案］ABCD

［解析］根据《公路路线设计规范》（JTG D20—2017）第 3.4.2 条规定，高速公路为全封闭公路，不计路侧干扰，路侧干扰系数取 1.0；大型车比例越大，交通组成修正系数越小，则设计通行能力就越小；高速公路设计通行能力计算公式中不涉及车行道宽度，二级、三级公路计算通行能力时需考虑车道宽度、路肩宽度的修正；设计服务水平越高，其最大服务交通量就越小，导致设计通行能力越小。

4.［答案］BD

［解析］根据《公路立体交叉设计细则》（JTG/T D21—2014）第 4.5.4 条。

5.［答案］AC

［解析］改扩建公路的设计小时交通量系数宜结合既有公路的观测数据综合确定，故 B 选项错误；计小时交通量系数等于选定时位的小时交通量与年平均日交通量的比值，故 D 选项错误。

三、案例题

1.［答案］B

［解析］该匝道为右转匝道，设计小时交通量 $DDHV = AADT \times K = 12000 \times K$，查《公路路线设计规范》（JTG D20—2017）表 3.3.4，可知 $K = 9\%$，$DDHV = 1080$ 辆/小时。

查《公路立体交叉设计细则》（JTG/T D21—2014）表 7.3.1，匝道设计小时交通量为 1080 辆/小时，匝道设计速度 60km/h，匝道长度大于 350m，所以匝道横断面类型应选择Ⅱ型，即无紧急停车带的单向双车道匝道。

2.［答案］A

［解析］根据《公路路线设计规范》（JTG D20—2017）第 3.4.2 条规定：

$$C_d = MSF_i \cdot f_{HV} \cdot f_p \cdot f_f$$

查规范表 3.4.1-2，可知：$MSF = 1150$，$f_p = 0.96$，$f_f = 1.0$，$f_{HV} = \dfrac{1}{1 + \sum p_i(E_i - 1)}$

又根据交通组成预测结果,得到小客车的折算系数为1.0,中型车的折算系数为2.5,大型车的折算系数为4.0,汽车列车的折算系数为5.0,结合各类车型所占比例经计算得到f_{HV} = 0.676。

该高速公路路段在二级服务水平下的设计通行能力 $C_d = 1150 \times 0.676 \times 0.96 \times 1 = 746$veh/(h·ln)。

第三节 平面交叉

本节考纲

1. 掌握公路平面交叉的交通管理方式及选择要点(城市道路:平面交叉交通组织方式及交叉分类)。

2. 熟悉公路平面交叉渠化设计要点(城市道路:进、出口车道设计要点)。

复习要点

公路平面交叉按交通管理方式划分为的类型,以及不同类型平面交叉的选择依据。

城市道路平面交叉按交通组织方式划分为哪几类,如何选择?

公路渠化设计方式包括加铺转角、加宽路口、设置转弯车道和交通岛等方式。不同渠化设计方式的设计要点,包括转弯设计、附加车道设计、交通岛设置及选型等内容。

城市道路平面交叉口进、出口道的车道数,车道宽度,展宽渐变段和展宽段长度等方面的规定,以及左转、右转专用车道的设置方法。

典型习题

一、单项选择题

1. 公路平面交叉设计所采用的交通量应为下列哪个选项? (　　)

(A)年平均日交通量

(B)设计小时交通量

(C)高峰小时交通量

(D)最大服务交通量

2. 公路平面交叉设计中首先应根据相交公路的功能、地位和交通特性来确定以下哪个选项? (　　)

(A)交叉类型　　(B)几何设计

(C)用地范围　　(D)交通管理方式

3. 两条公路平面相交，主要公路双向交通量 580 辆/h，次要公路单向交通量 160 辆/h，有较多数量的行人和非机动车穿越而经常引发交通事故，此平面交叉应采用哪种交通管理方式？（　）

(A)主路优先交叉　(B)无优先交叉

(C)信号交叉　(D)无信号交叉

4. 下列公路平面交叉中，应采用信号交叉交通管理方式的是哪个选项？（　）

(A)环形交叉口的出口因交通量大而出现交通延误时

(B)位于城镇路段的平面交叉

(C)交通量较大的 T 形交叉

(D)平面交叉口出现交通事故时

5. 下列公路平面交叉中，应采用无优先交叉交通管理方式的是哪个选项？（　）

(A)四级公路与四级公路交叉　(B)一级公路与四级公路交叉

(C)一级公路与一级公路交叉　(D)环形交叉口

6. 选择城市道路平面交叉类型的主要依据是下列哪个选项？（　）

(A)设计速度　(B)设计交通量

(C)相交道路的等级　(D)通行能力

7. 城市道路平面交叉中的平 A_1 类是指哪种交叉口？（　）

(A)交通信号控制，进口道展宽交叉口

(B)交通信号控制，进口道不展宽交叉口

(C)支路只准右转通行的交叉口

(D)环形交叉口

8. 城市道路主干路与次干路平面交叉时宜采用哪种类型的交叉口？（　）

(A)平 A_1 类　(B)平 A_2 类

(C)平 A 类　(D)平 B 类

9. 公路平面交叉口引道视距的量取标准是下列哪个选项？（　）

(A)视高 1.2m，物高 0.1m　(B)视高 1.2m，物高 0

(C)视高 2.0m，物高 0.1m　(D)视高 2.0m，物高 0

10. 渠化平面交叉的右转弯车道，其内侧路面边缘应采用哪种曲线？（　）

(A)三心圆复曲线　(B)双心圆复曲线

(C)单圆曲线　(D)卵形曲线

11. 非渠化平面交叉中,交通量较小时,转弯路面边缘可采用的圆曲线半径为下列哪个选项? ( )

(A)12m (B)12.5m

(C)15m (D)20m

12. 关于公路平面交叉中右转弯附加车道设计,下列哪个选项是正确的? ( )

(A)主要公路设计速度为 80km/h 时,次要公路上应增设加速汇流车道

(B)一级公路与一级公路相交时,应设置经渠化分隔的右转弯车道

(C)二级公路与三级公路相交时,应设置右转弯车道

(D)右转弯车流中大型车比例较高时,应设置右转弯车道

13. 关于公路平面交叉中左转弯附加车道设计的规定,下列哪个选项是正确的? ( )

(A)一级公路均应设置左转弯车道

(B)与高速公路互通式立体交叉连接线相交的平面交叉

(C)二级公路且非机动车较多的平面交叉

(D)二级公路左转弯交通会引起交通拥阻或交通事故的平面交叉

14. 当直行车道的通行能力有富余,或条件受限制而难以设置应有长度的加速车道时,可采用较短的渐变式加速车道,此时入口处需要采用哪种交通管理方式? ( )

(A)停车让行 (B)减速让行

(C)信号控制 (D)无优先控制

15. 某设计速度 80km/h 的一级公路与设计速度为 60km/h 的二级公路平面交叉,两条公路上直行交通量均较大,设置了经渠化分隔的右转弯车道。交叉口设计时,一级公路进入二级公路的右转弯变速车道应采用哪种形式的变速车道? ( )

(A)渐变式变速车道 (B)附渐变段的等宽车道

(C)缓和曲线 (D)三心圆

16. 按照 15 题给出的已知条件,并给定右转弯设计速度为 40km/h,右转弯加速车道采用附渐变段的等宽车道,此时右转弯减速和加速变速车道长度的采用值最合理的是哪个选项? ( )

(A)75m,75m (B)75m,90m

(C)82m,65m (D)82m,90m

17. 公路平面交叉设计中,变速车道为非等宽渐变式时,其长度计算所依据的减速时或加速时的侧移率分别是多少? ( )

(A)1.0m/s,0.6m/s (B)2.5m/s,1.0m/s

(C)0.6m/s,1.0m/s (D)3.0m/s,1.5m/s

18. 公路渠化平面交叉，若专辟右转车道，应设置哪种交通岛？（　　）

(A)导流岛　(B)分隔岛　(C)中心岛　(D)安全岛

19. T形交叉渠化时，次要公路引道上的两左转弯行迹间应设置哪种交通岛？（　　）

(A)导流岛　(B)分隔岛　(C)中心岛　(D)安全岛

20. 城市道路平面交叉左转专用车道数确定的依据是哪种交通量？（　　）

(A)高峰小时内信号周期到达左转车辆数

(B)高峰小时内信号周期平均到达左转车辆数

(C)高峰15min内每信号周期到达左转车辆数

(D)高峰15min内每信号周期平均到达左转车辆数

21. 城市道路平面交叉口进口道展宽渐变段长度是按车辆哪种速度行驶3s横移一条车道时进行计算确定的？（　　）

(A)路段设计车速　(B)路段设计车速的80%

(C)路段设计车速的70%　(D)右转设计车速

22. 城市道路平面交叉口出口道每条车道宽度宜为哪个选项？（　　）

(A)2.8m　(B)3.0m　(C)3.25m　(D)3.5m

二、多项选择题

1. 公路平面交叉按交通管理方式的不同可以划分为哪几类？（　　）

(A)主路优先交叉　(B)无优先交叉

(C)信号交叉　(D)无信号交叉

2. 关于公路平面交叉的设置，下列哪些说法是正确的？（　　）

(A)公路功能和技术分级差异大的公路交叉时，应限制设置平面交叉

(B)一条公路应尽可能多设平面交叉，以便于其他道路的接入

(C)一条公路应尽可能少设平面交叉，以保证路段的通行效率

(D)承担干线功能的一级公路，应严格限制平面交叉的设置

3. 下列公路平面交叉中，应采用信号交叉交通管理方式的是哪些选项？（　　）

(A)一级公路与一级公路相交

(B)主要公路双向交通量为1100辆/h，次要公路双向交通量为260辆/h，次要公路车辆进入主要公路时需等待较长时间

(C)位于桥梁两侧的平面交叉

(D)环形交叉口

4. 下列哪些选项属于城市道路平面交叉中的平 B 类交叉口？（　　）

(A)支路只准右转通行的交叉口

(B)减速让行或停车让行标志管制交叉口

(C)全无管制交叉口

(D)环形交叉口

5. 城市道路次干路与支路平面交叉时可选用哪些类型的交叉口？（　　）

(A)平 A_1类　(B)平 A_2类　(C)平 B_1类　(D)平 B_2类

6. 关于城市道路平面交叉口选型，下列哪些说法是正确的？（　　）

(A)次干路与支路平面交叉可选用环形交叉口

(B)主干路与主干路平面交叉时进口道可以不展宽

(C)主干路与支路平面交叉宜选用支路只准右转的交叉口

(D)次干路与支路平面交叉宜选用减速让行或停车让行标志管制交叉口

7. 公路平面交叉进行转弯设计时，下列哪些说法是正确的？（　　）

(A)转弯设计采用载重汽车的行迹进行设计控制，必要时应根据铰接列车等设计车辆的行迹对路面加宽、转向净空进行验算

(B)视左转弯内缘曲线的最小半径不应小于 12.5m

(C)对于渠化平面交叉，当按铰接列车设计时，路面边缘可采用符合转弯行迹的双圆弧复曲线

(D)左转弯内侧路面边缘以一单圆曲线来控制导流岛端的边缘线

8. 公路平面交叉中渠化的右转弯附加车道由哪几部分组成？（　　）

(A)渐变段　(B)右转弯专用车道

(C)等候段　(D)变速车道

9. 公路平面交叉中的左转弯车道由哪几部分组成？（　　）

(A)渐变段　(B)左转弯专用车道

(C)等候段　(D)减速段

10. 交通岛按结构类型可分为哪几种形式？（　　）

(A)导流岛　(B)实体岛

(C)隐形岛　(D)浅碟岛

11. 关于交通岛类型的选用，下列说法正确的是哪些选项？（　　）

(A)岛中需设置标志时，应采用实体岛　(B)双车道公路应采用实体岛

(C)岛的面积较小时，宜采用隐形岛　(D)岛的面积较大时，宜采用浅碟岛

12. 公路平面交叉时，哪些情况下应设置导流岛？（ ）

(A)需专辟右转弯车道时

(B)左转车道与对向直行车道间

(C)信号交叉中，左转弯为两条车道时，左转车道与同向直行车道间

(D)对向行车道间需提供行人穿越的避险场所或需设置标志、信号立柱时

13. 城市道路平面交叉口的进口车道宽度设计时，下列正确的是哪些选项？（ ）

(A)一条进口车道的宽度宜为3.25m，困难时可取3.0m

(B)改建交叉口用地受限时，一条进口车道的最小宽度可取2.8m

(C)交通岛右侧右转专用车道应按设计速度及转弯半径大小设置车道加宽

(D)进口道车道宽度不能比路段车道宽度窄

14. 下列哪些情况下城市道路平面交叉口进口道宜设置两条左转专用车道？（ ）

(A)高峰15min内每信号周期左转车平均流量达2辆

(B)高峰15min内每信号周期左转车平均流量达10辆

(C)需要的左转专用车道长度达90m

(D)左转交通量特别大且进口道上游路段车道数为4条

15. 城市道路平面交叉口设置进口道左转专用车道时有哪些方法？（ ）

(A)展宽进口道，新增左转专用车道

(B)取消中央分隔带，新辟左转专用车道

(C)道路中线偏移，新增左转专用车道

(D)在原直行车道中分出左转专用车道

16. 城市道路平面交叉口设置进口道右转专用车道时有哪些方法？（ ）

(A)展宽进口道，新增右转专用车道

(B)压缩中央分隔带，新辟右转专用车道

(C)道路中线偏移，新增右转专用车道

(D)在原直行车道中分出右转专用车道

17. 城市道路平面交叉口进口道的长度由哪几个部分组成？（ ）

(A)展宽渐变段长度　　(B)展宽段

(C)等待段　　(D)减速段

18. 关于城市道路平面交叉口进口道展宽渐变段的最小长度，下列哪些说法是正确的？（ ）

(A)支路不宜小于20m　　(B)次干路不应小于25m

(C)主干路不应小于30~35m　　(D)快速路不应小于40~50m

19. 关于城市道路平面交叉口出口道车道数的规定,下列哪些说法是正确的? ( )
(A)出口道车道数应与上游各进口道同一信号相位流入的进口道车道数之和相匹配
(B)相邻进口道设有右转专用车道时,出口道应展宽一条右转专用出口车道
(C)出口道的车道数至少等于上游进口道的直行车道数
(D)出口道的车道数至少等于上游进口道的左转和右转车道数之和

三、案例题

某城市主干路道路平面交叉口在东向西进口道设置一条右转专用车道,已知路段设计速度为 60km/h,高峰 15min 内每信号周期右转车的排队车辆数为 8 辆,直行排队车辆数为 5 辆,则进口道右转专用道的计算长度最接近于下列哪个选项? ( )

(A)100m (B)107m
(C)110m (D)115m

参考答案及解析

一、单项选择题

1. [答案]B
[解析]根据《公路路线设计规范》(JTG D20—2017)第 10.1.2 条规定,平面交叉设计应以预测的交通量为基本依据,设计所采用的交通量应为设计小时交通量。

2. [答案]D
[解析]根据《公路路线设计规范》(JTG D20—2017)第 10.1.2 条条文说明规定,交通管理方式决定了交叉的几何构造。即交叉设计中首先应根据相交公路的功能、地位和交通特性来确定其交通管理方式,继而确定相应的交叉类型和几何细节设计。

3. [答案]C
[解析]根据《公路路线设计规范》(JTG D20—2017)第 10.1.3 条规定,虽然交通量达不到相应的要求,但是行人和非机动车较多,而且频发事故,所以应采用信号控制。

4. [答案]B
[解析]根据《公路路线设计规范》(JTG D20—2017)第 10.1.3 条。A 选项应为环形交叉口的入口因交通量大而出现过多交通延误时;C 选项交通量较大的 T 形交叉应采用主路优先交叉;D 选项平面交叉口出现交通事故时,要区分交通事故的原因、数量等因素,不一定都需要采用信号交叉。

5. [答案]A
[解析]根据《公路路线设计规范》(JTG D20—2017)第 10.1.3 条规定,环形交叉口根据

不同的交通条件可采用无优先交叉、信号控制或“入口让路”规则管理。

6.［答案］C

［解析］根据《城市道路工程设计规范》(CJJ 37—2012)第7.2.2条。

7.［答案］A

［解析］根据《城市道路工程设计规范》(CJJ 37—2012)第7.2.1条规定，城市道路平面交叉口按交通组织方式分为三大类（平A类、平B类、平C类）、五小类（平A_1类、平A_2类、平B_1类、平B_2类、平B_3类）。

8.［答案］A

［解析］根据《城市道路工程设计规范》(CJJ 37—2012)第7.2.2条。

9.［答案］B

［解析］根据《公路路线设计规范》(JTG D20—2017)第10.3.1条规定，物高为0，是使驾驶者能够看到路面上的停车标线，以便做出正确操作。

10.［答案］A

［解析］根据《公路路线设计规范》(JTG D20—2017)第10.4.3条规定，对于路面内缘的曲线模式，三心复曲线的拟合性较好。

11.［答案］C

［解析］根据《公路路线设计规范》(JTG D20—2017)第10.4.3条条文说明规定，非渠化平面交叉中，交通量较小或很小，转弯时允许“侵占”别的行迹，因而对路幅内缘的拟合不做要求或不做严格要求。非渠化平面交叉的转弯路面边缘可采用半径15m圆曲线。

12.［答案］B

［解析］根据《公路路线设计规范》(JTG D20—2017)第10.5.1条。A选项，主要公路上应增设加速汇流车道和减速分流车道，以减少对主线直行车辆的干扰；C选项，在一定的条件下才设置右转弯车道；D选项，一级公路、二级公路的平面交叉中，右转弯车流中大型车比例较大时，应设置右转弯车道。

13.［答案］D

［解析］根据《公路路线设计规范》(JTG D20—2017)第10.5.2条。

14.［答案］B

［解析］根据《公路路线设计规范》(JTG D20—2017)第10.5.3条条文说明。

15.［答案］B

［解析］根据《公路路线设计规范》(JTG D20—2017)第10.5.3条规定，公路的设计速度大于或等于80km/h，且直行交通量较大时，右转弯变速车道应采用附渐变段的等宽车道；其他情况宜采用渐变式变速车道。

16.［答案］C

［解析］减速、加速变速车道均采用附渐变段的等宽车道。

减速变速车道长度：渐变段长度50m + 减速车道长度32m = 82m；

加速变速车道长度：渐变段长度40m + 加速车道长度25m = 65m，注意此时为次要公路上的加速车道。

17.［答案］A

［解析］根据《公路路线设计规范》(JTG D20—2017)第10.5.3条。

18.［答案］A

［解析］公路渠化平面交叉，专辟右转车道时应设置导流岛。公路相关规范将交通岛分为导流岛(分隔同向车流)和分隔岛(分隔对向车流)两种。城市道路相关规范将交通岛分为导流岛和安全岛。

19.［答案］B

［解析］T形交叉渠化时，次要公路引道上的两左转弯行迹间应设置分隔岛。

20.［答案］D

［解析］根据《城市道路交叉口设计规程》(CJJ 152—2010)第4.2.10条规定，高峰小时内信号周期平均到达车辆数是确定进口道车道数等平面设计的依据。

21.［答案］C

［解析］根据《城市道路交叉口设计规程》(CJJ 152—2010)第4.2.13条。

22.［答案］D

［解析］根据《城市道路交叉口设计规程》(CJJ 152—2010)条4.2.15条规定，出口道每条车道宽度不应小于路段车道宽度，宜为3.5m；条件受限的改建交叉口，不宜小于3.25m。

二、多项选择题

1.［答案］ABC

［解析］根据《公路路线设计规范》(JTG D20—2017)第10.1.3条规定，平面交叉根据相交公路的功能、等级、交通量等可分别采用主路优先交叉、无优先交叉或信号交叉三种不同的交通管理方式。

2.［解析］AD

［解析］根据《公路路线设计规范》（JTG D20—2017）第10.1.1条及第10.1.1条条文说明。关于平面交叉口的设置数量及间距要求，在具体项目设计中，应正确把握项目功能定位及技术等级差异，恰当协调通行效率与沿线交通便利之间的平衡，并不是越多越好，也不是越少越好，所以B、C选项错误。

3.［答案］AB

［解析］根据《公路路线设计规范》（JTG D20—2017）第10.1.3条。

4.［答案］ABC

［解析］根据《城市道路工程设计规范》（CJJ 37—2012）第7.2.1条。

5.［答案］ACD

［解析］根据《城市道路工程设计规范》（CJJ 37—2012）第7.2.2条。

6.［答案］CD

［解析］根据《城市道路工程设计规范》（CJJ 37—2012）第7.2.2条。

7.［答案］AB

［解析］根据《公路路线设计规范》（JTG D20—2017）第10.4条。C选项应为非渠化交叉；D选项应为分隔岛端的边缘线。

8.［答案］BD

［解析］根据《公路路线设计规范》（JTG D20—2017）第10.5.1条条文说明规定，渠化的右转弯附加车道由分隔的右转弯专用车道及其两端的变速车道组成。注意右转弯附加车道和左转弯车道的组成是不同的。

9.［答案］ACD

［解析］根据《公路路线设计规范》（JTG D20—2017）第10.5.2条规定，左转弯等候段长度应不小于30m，当左转弯交通量很小时，可不考虑等候长度。

10.［答案］BCD

［解析］交通岛按结构类型分为实体岛、隐形岛和浅碟岛三种。

11.［答案］ACD

［解析］根据《公路路线设计规范》（JTG D20—2017）第10.5.5条规定，双车道公路宜采用隐形岛。

12. [**答案**]AC

[**解析**]根据《公路路线设计规范》(JTG D20—2017)第10.5.4条规定,需专辟右转弯车道时应设置导流岛;信号交叉中,左转弯为两条车道时,左转车道与同向直行车道间宜设置导流岛;左转车道与对向直行车道间应设置分隔岛;T形交叉渠化时,次要公路引道上的两左转弯行迹间应设置分隔岛;对向行车道间需提供行人穿越的避险场所或需设置标志、信号立柱时,应设置分隔岛。

13. [**答案**]ABC

[**解析**]根据《城市道路交叉口设计规程》(CJJ 152—2010)第4.2.9条规定,进口道车道宽度应比路段车道宽度窄,一是因为车速较路段车速明显降低,二是防止在进口道因车道过宽而发生抢道现象。

14. [**答案**]BC

[**解析**]根据《城市道路交叉口设计规程》(CJJ 152—2010)第4.2.10条。

15. [**答案**]ACD

[**解析**]根据《城市道路交叉口设计规程》(CJJ 152—2010)第4.2.11条规定,压缩较宽的中央分隔带,新辟左转车道。压缩后中央分隔带宽度对新建交叉口至少应为2m,改建交叉口至少应为1.5m,端部为半圆形。取消中央分隔带是错误的。

16. [**答案**]AD

[**解析**]根据《城市道路交叉口设计规程》(CJJ 152—2010)第4.2.12条。

17. [**答案**]AB

[**解析**]根据《城市道路交叉口设计规程》(CJJ 152—2010)第4.2.13条。

18. [**答案**]BC

[**解析**]根据《城市道路交叉口设计规程》(CJJ 152—2010)第4.2.13条规定。需注意“应”和“宜”的区别,支路不应小于20m,A选项错误;快速路不设置平面交叉口,D选项错误。

19. [**答案**]BC

[**解析**]根据《城市道路交叉口设计规程》(CJJ 152—2010)第4.2.14条规定。出口道车道数应与上游各进口道同一信号相位流入的最大进口道车道数相匹配,A选项错误;出口道的车道数至少等于上游进口道的直行车道数,D选项错误。

三、案例题

[**答案**]B

[**解析**]展宽右转专用道的长度包括渐变段长度 L_t 和展宽段长度 L_d。

渐变段长度按车辆以70%路段设计车速行驶3s横移一条车道时来计算确定，且不小于30～35m。$L_t = 60 \times 0.7 \times 3/3.6 = 35m$。

展宽段长度 L_d 应保证右转车不受相邻候驶车辆排队长度的影响，且满足信号周期内右转车的排队车辆数。$L_d = 9 \times 8 = 72m$。

所以，进口道右转专用道的计算长度为107m。

第四节　立 体 交 叉

本节考纲

1. 掌握公路立体交叉分类及各级公路选择立交的依据(城市道路：立体交叉分类及选型要点)。
2. 掌握公路互通式立体交叉间距规定(城市道路：快速路主线上相邻出入口间距)。
3. 掌握互通式立体交叉一致性设计和车道平衡设计原则等。
4. 熟悉公路(城市道路)互通式立体交叉常用形式及方案选择要点。
5. 了解公路(城市道路)互通式立体交叉连接部设计要点。

复习要点

各级公路节点选用立体交叉的规定；互通式立体交叉类型选择的一般规定。

城市道路立体交叉的类型及交通流行驶特征；城市道路立体交叉口选型的规定。

公路互通式立体交叉之间的平均间距、最大间距、最小净距的规定；互通式立体交叉与其他设施及隧道之间的距离要求。

城市道路快速路主线相邻出入口最小间距的规定。

互通式立体交叉一致性包括出口形式一致性、分流方向一致性；主线与匝道的分、汇流处应保持车道数的平衡，即分流前或汇流后的主线车道数≥分流后或汇流前的主线车道数＋匝道车道数－1。

互通式立体交叉形式选择的一般规定；匝道的形式及选择要点；一般互通式立体交叉的常用形式及选择要点；枢纽互通式立体交叉的常用形式及选择要点；特殊条件下的互通式立体交叉形式及方案选择。

变速车道的组成及加、减速车道的设计要点；分流、合流鼻端的设计要点。

典 型 习 题

一、单项选择题

1. 城市道路主干路与高速公路相交时，立体交叉推荐选用哪种类型？　(　　)

(A)立 A_1类　　(B)立 A_2类

(C)立 B 类　　　　(D)立 C 类

2. 关于城市道路不同类型立体交叉口交通特点的说法,下列哪个说法是正确的?（　　）
(A)立 A 类交通流行驶不存在交织
(B)立 B 类主要道路存在交织或平面交叉
(C)喇叭形立交可以为立 A 类或立 B 类
(D)立体交叉口类型分为枢纽立交和一般立交

3. 在城市道路立交中,下列不属于立 A_2 类立交主要形式的是哪个选项?（　　）
(A)全定向　　　　(B)半定向
(C)喇叭形　　　　(D)苜蓿叶形

4. 对城市道路立体交叉方案评价时,下列不属于评价分析模型准则层指标的是哪个选项?
（　　）
(A)技术评价　　　　(B)经济评价
(C)安全评价　　　　(D)环境评价

5. 大城市、重要工业园区附近的高速公路互通式立体交叉的平均间距宜为下列哪个选项?
（　　）
(A)4km　　　　(B)5 ~ 10km
(C)15 ~ 20km　　　　(D)15 ~ 25km

6. 高速公路相邻互通式立体交叉的最小间距不宜小于下列哪个选项?（　　）
(A)1km　　　　(B)2km
(C)3km　　　　(D)4km

7. 在草原地区高速公路相邻互通式立体交叉的最大间距不宜大于下列哪个选项?
（　　）
(A)20km　　　　(B)30km
(C)40km　　　　(D)50km

8. 当高速公路上相邻互通立交的最大间距超过规定时,应设置哪种设施?（　　）
(A)服务区　　　　(B)停车区
(C)中央分隔带开口掉头设施　　　　(D)U 形转弯设施

9. 条件受限制时,互通式立体交叉与服务区之间上一入口终点至下一个出口起点的距离不应小于下列哪个选项?（　　）
(A)600m　　　　(B)800m

(C)1000m　　(D)1200m

10. 隧道出口至前方互通式立体交叉出口起点的距离不应小于 1000m，小于 1000m 时应在隧道入口前或隧道内设置什么标志？（　）

(A)警告标志　　(B)预告标志

(C)诱导标志　　(D)减速标志

11. 主线设计速度 100km/h 的高速公路互通式立体交叉加速车道渐变段终点至前方隧道进口的距离不小于下列哪个选项？（　）

(A)60m　　(B)80m

(C)100m　　(D)120m

12. 城市道路快速路主线上相邻出入口的最小间距是以下列哪个要求确定的？（　）

(A)不产生紊流　　(B)紊流交通不重叠

(C)不产生拥堵　　(D)紊流交通不扩散

13. 城市道路快速路主线上相邻出入口最小间距要求最大的是哪种形式？（　）

(A)出—出　　(B)入—入

(C)出—入　　(D)入—出

14. 某城市快速路主线设计车速 80km/h，下列哪个选项为主线上的出口至前方相邻入口的最小间距？（　）

(A)160m　　(B)210m

(C)260m　　(D)460m

15. 关于高速公路互通立体交叉出口一致性的说法，下列哪个选项是正确的？（　）

(A)同一侧宜设置连续多个出口，以便分别行驶

(B)有条件时分流端部宜统一设置于交叉点之后

(C)有条件时分流端部宜统一设置于交叉点之前

(D)每个出口根据各自特点，采用独特的形式

16. 高速公路互通立体交叉中，当分流交通量主次分明时，次交通流应采用哪种分流方式？（　）

(A)宜统一于主交通流的右侧分流

(B)宜统一于主交通流的左侧分流

(C)有条件时可以采用左、右侧交替分流的方式

(D)有条件时可以在主线上采用连续分流的方式

17. 在互通立体交叉的分合流处，既要保持车道平衡，又要保持车道连续，如两者发生矛盾时，可在分流点前或合流点后在正线上增设哪类设施？（　　）

(A)减速车道　(B)加速车道　(C)集散车道　(D)辅助车道

18. 从立体交叉一致性设计原则考虑，下列设计中哪个是最合理的立交设计方案？（　　）

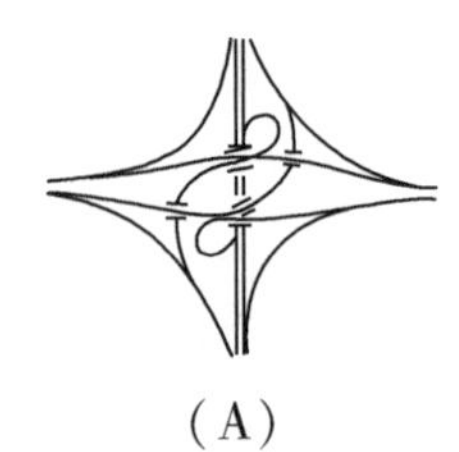
(A)

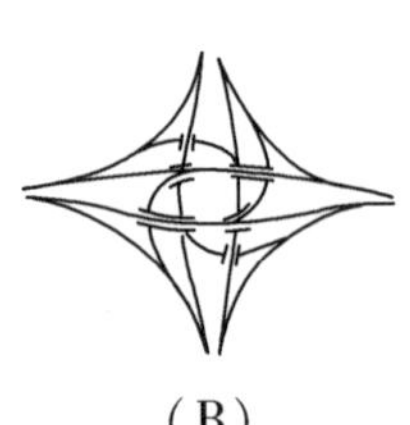
(B)

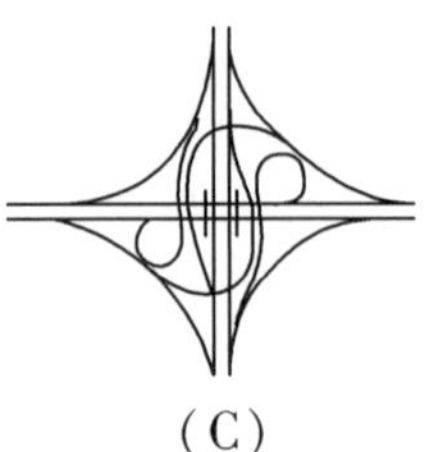
(C)

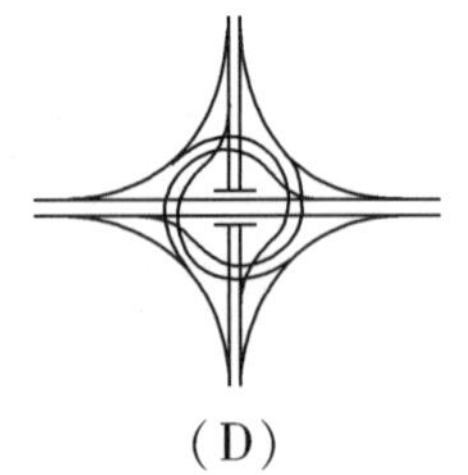
(D)

19. 根据高速公路互通式立体交叉基本车道数连续和车道数平衡的原则，图中 a、b、c、d、e 段的车道数满足要求的是哪个选项？（　　）

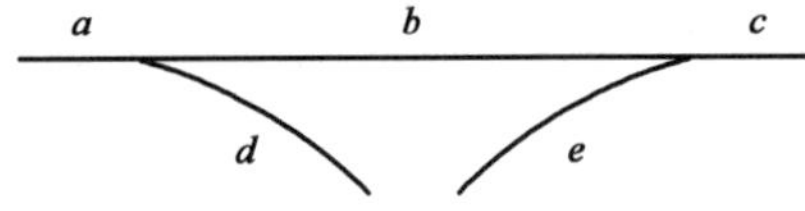

(A) $a=4, b=2, c=4, d=2, e=2$（a、c 段包含 1 个辅助车道）

(B) $a=3, b=3, c=3, d=2, e=1$（a、c 段为基本路段）

(C) $a=4, b=3, c=4, d=2, e=2$（a、c 段包含 1 个辅助车道）

(D) $a=4, b=3, c=4, d=1, e=1$（a、c 段为基本路段）

20. 当主次分明的两条多车道公路呈三岔交叉，且左转弯交通量在合流交通量中为主交通流时，左转弯出口匝道宜采用哪种形式？（　　）

(A)左出右进半直连式　(B)环形

(C)右出左进半直连式　(D)右出右进半直连式

21. 当主次分明的两条多车道公路呈三岔交叉，且左转弯交通量在分流交通量中为主交通流时，左转弯入口匝道宜采用哪种形式？（　　）

(A)左出右进半直连式　(B)环形

(C)右出左进半直连式　(D)右出右进半直连式

22. 关于公路互通式立体交叉匝道形式的说法，下列哪个选项是正确的？（　　）

(A)匝道通行能力与匝道形式无关

(B)当主次分明的两条多车道公路呈三岔交叉，且左转弯交通量在合流交通量中为次交通流时，左转弯出口匝道宜采用右出左进半直连式

(C)左转交通量较大时,四岔交叉左转弯匝道宜采用直连式
(D)单车道左转弯匝道可采用环形匝道

23. 下列各种分、合流连接方式中,符合一致性设计原则的是哪个? ( )

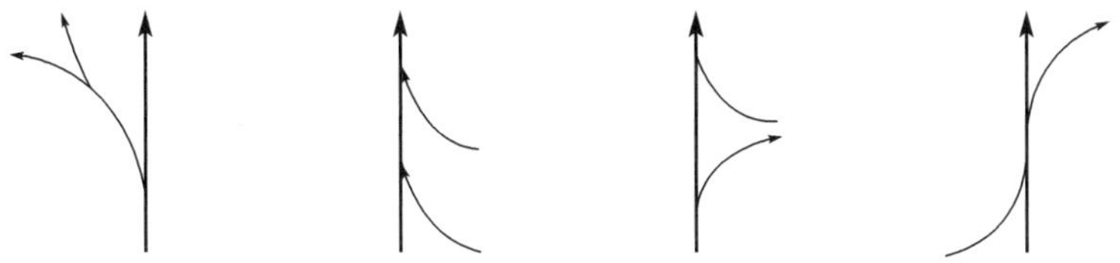

(A) (B) (C) (D)

24. 关于喇叭形互通式立体交叉的说法,下列哪个选项是正确的? ( )
(A)经环形右转匝道驶入主线为 A 型,安全性较好
(B)经环形右转匝道驶入主线为 A 型,安全性较差
(C)经环形左转匝道驶出主线为 B 型,安全性较好
(D)经环形左转匝道驶出主线为 B 型,安全性较差

25. 三岔交叉时,当左转弯交通量均小于单车道匝道设计通行能力时,宜选用哪种喇叭形? ( )
(A)A 型 (B)B 型
(C)A 型或 B 型 (D)AB 型

26. 可作为苜蓿叶形互通立交前期工程的立交形式是哪种类型? ( )
(A)单喇叭形 (B)叶形
(C)梨形 (D)双喇叭形

27. 当三岔交叉各左转弯交通量大小相当,且主线侧用地受限时,可采用哪种类型? ( )
(A)A 型单喇叭形 (B)B 型单喇叭形
(C)梨形 (D)叶形

28. 高速公路与三级公路十字交叉,下列哪种收费互通立体交叉形式最合理? ( )
(A)苜蓿叶形 (B)涡轮形
(C)喇叭形 + 平面交叉 (D)喇叭形 + T 形

29. 当标准菱形平面交叉不能满足设计通行能力时,可选用哪种类型的互通式立交? ( )
(A)单向通行的分裂菱形 (B)双向通行的分裂菱形

(C)单点式菱形　　　　(D)多点式菱形

30. 两条主次分明(东西向为主要公路)的高速公路呈三岔交叉时,经过交通量分析可知主要公路的左转弯交通量在合流交通量中为主交通流,次要公路的左转弯交通量在分流交通量种为次交通流,下列哪种立交形式是最合理的?　(　　)

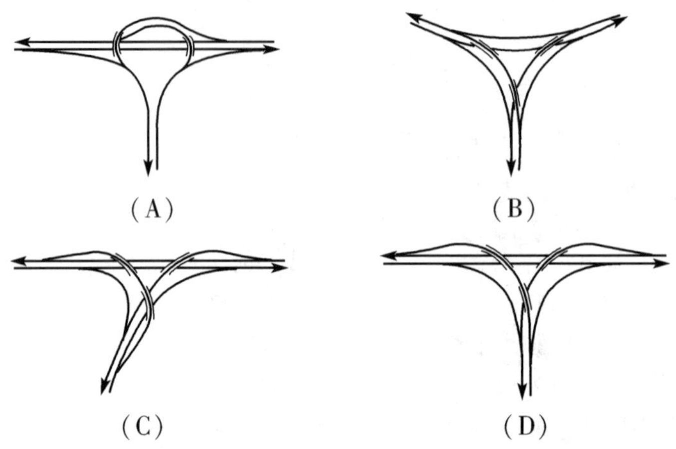

31. 当四岔交叉各转弯交通量均大于或等于1500pcu/h时,宜采用哪种类型的互通式立体交叉?　(　　)

(A)完全苜蓿叶形　　　　(B)变形苜蓿叶形

(C)直连式　　　　(D)涡轮形

32. 对于完全苜蓿叶形立体交叉,当交织交通量大于600pcu/h时,应设置哪种设施降低交织区对主线直行车辆的影响?　(　　)

(A)交织车道　　　　(B)集散车道

(C)定向匝道　　　　(D)辅助车道

33. 当受现场条件限制且交叉冲突交通量小于多少时,可采用匝道带平面交叉的互通式立体交叉?　(　　)

(A)500veh/h　　　　(B)500pcu/h

(C)500veh/(h · ln)　　　　(D)500pcu/d

34. 涡轮形互通立交的四条左转匝道均为哪种形式的匝道?　(　　)

(A)内转外半直连式　　　　(B)直连式

(C)外转弯半直连式　　　　(D)迂回形半直连式

35. 当主线平均坡度大于多少时,下坡路段的减速车道和上坡路段的加速车道应进行长度修正?　(　　)

(A)2%　　(B)3%　　(C)3.5%　　(D)4%

36. 当在曲线外侧设置平行式变速车道时,线形分岔点 CP 以外宜采用什么曲线?(　　)

(A)卵形回旋线　　(B)复合型回旋线

(C)S 形回旋线　　(D)完整的回旋线

37. 为给误行车辆提供返回的余地,行车道边缘应设置偏置加宽,偏置加宽应设置在哪个位置的两侧?(　　)

(A)合流鼻　　(B)分流鼻　　(C)合流点　　(D)分流点

38. 在减速车道分流鼻端,主线侧可按哪个值进行控制?(　　)

(A)偏置加宽值　　(B)内移距

(C)偏置值　　(D)偏移距

39. 在减速车道分流鼻端,匝道侧可按哪个值进行控制?(　　)

(A)偏置加宽值　　(B)内移距

(C)偏置值　　(D)偏移距

40. 在减速车道分流鼻端,主线一侧的偏置值是指哪个加宽值?(　　)

(A)外侧行车道边缘线以外包括硬路肩的路面加宽值

(B)外侧行车道路缘带边缘线以外包括硬路肩的路面加宽值

(C)右侧硬路肩以外的路面加宽值

(D)左侧硬路肩以外的路面加宽值

二、多项选择题

1. 各级公路选用立体交叉的规定,下列哪些选项是正确的?(　　)

(A)高速公路所有节点应采用立体交叉

(B)具有干线功能的一级公路与一级公路相交的节点应采用立体交叉

(C)具有集散功能的一级公路与一级公路相交的节点宜采用立体交叉

(D)二级公路与二级公路相交的个别节点根据情况可采用立体交叉

2. 下列不符合互通式立体交叉类型选择规定的是哪几项?(　　)

(A)设匝道收费站的互通式立体交叉可按枢纽互通式立体交叉设计

(B)一级公路之间相交叉的互通式立体交叉,宜采用枢纽互通式立体交叉

(C)不完全互通型立体交叉在满足使用功能方面往往存在较大风险

(D)枢纽互通式立体交叉宜采用完全立体交叉型

3. 城市道路立体交叉中,下列哪些类型的立体交叉口属于机非分行互通式立交?(　　)

(A)立 A_1 类　(B)立 A_2 类　(C)立 B 类　(D)立 C 类

4. 同时属于城市道路立 A 类和立 B 类立交可选形式的有哪些选项？（　）

(A)喇叭形　(B)菱形　(C)苜蓿叶形　(D)环形

5. 城市道路快速路与主干路立体交叉时，立体交叉口的可选形式有哪些？（　）

(A)立 A_1 类　(B)立 A_2 类　(C)立 B 类　(D)立 C 类

6. 城市道路立体交叉方案评价分析模型中社会评价指标包括哪些子准则层指标？（　）

(A)噪声污染　(B)施工方案工期难易

(C)影响交通程度　(D)与周围建筑单位居民影响程度

7. 某高速公路主线为双向四车道，设计速度 120km/h，其两相邻的 M 和 N 互通式立体交叉，下列哪些说法是正确的？（　）

(A)M、N 的最小净距不应小于 1000m

(B)净距是指 M、N 分别与被交公路的交点之间的里程之差

(C)M、N 的最小净距不应小于 800m

(D)净距是指 M 加速车道渐变段终点至 N 减速车道渐变段起点间的距离

8. 公路立体交叉设计时的一致性原则是指哪些要素应与驾驶人期望相一致，并应与车辆行驶动力特征相适应？（　）

(A)交叉形式　(B)几何构造　(C)信息分布　(D)车道布置

9. 关于基本车道数和车道数平衡的说法，下列哪些选项是正确的？（　）

(A)高速公路相邻的两路段间，一个方向行车道上的基本车道数的变化不得大于 1

(B)合流后的主线车道数应大于等于合流前的主线车道数加上匝道车道数

(C)分流后的主线车道数应大于等于分流前的主线车道数加上匝道车道数，再减 1

(D)保持基本车道数连续的路段，当互通式立体交叉的匝道车道数大于 1 时，出、入口应增设辅助车道

10. 根据匝道两端的连接方式，直连式包括哪几种形式？（　）

(A)右转弯时右出右进　(B)左转弯时右出右进

(C)右转弯时左出左进　(D)左转弯时左出左进

11. 根据匝道两端的连接方式，左转弯半直连式包括哪几种形式？（　）

(A)左出右进　(B)右出左进

(C)右出右进　(D)左出左进

12. 三岔以上的交叉左转弯匝道不宜采用哪些形式？（　　）

(A)右出右进　(B)右出左进

(C)左出右进　(D)左出左进

13. 根据车辆行驶轨迹，半直连式包括哪几种形式？（　　）

(A)内转弯　(B)外转弯

(C)迂回型　(D)环形

14. 三岔交叉时，当被交叉公路为双车道公路，或被交叉公路交通量较小时，左转弯出口匝道可采用哪些形式？（　　）

(A)左出右进半直连式　(B)环形

(C)右出左进半直连式　(D)右出右进半直连式

15. 三岔交叉时，当被交叉公路为双车道公路，或被交叉公路交通量较小时，左转弯入口匝道可采用哪些形式？（　　）

(A)左出右进半直连式　(B)环形

(C)右出左进半直连式　(D)右出右进半直连式

16. 根据设计小时交通量选择左转弯匝道形式时，下列哪些说法是正确的？（　　）

(A)当 $DDHV \geqslant 1500\text{pcu/h}$，左转弯匝道宜选用内转弯半直连式

(B)当 $1000\text{pcu/h} \leqslant DDHV < 1500\text{pcu/h}$，宜选用外转弯半直连式，也可选用迂回型半直连式

(C)当 $DDHV < 1000\text{pcu/h}$，可选用环形、外转弯半直连式或迂回型半直连式

(D)当各左转弯匝道 $DDHV < 1000\text{pcu/h}$，且有部分匝道需采用半直连式时，交通量较大者或入口匝道宜选用半直连式

17. 当部分象限用地受限，四岔交叉可选用部分苜蓿叶形，下列哪些条件下宜选用A型？（　　）

(A)各匝道交通量大小相当　(B)出口匝道交通量相对较大

(C)被交叉公路单侧用地受限　(D)入口匝道交通量相对较大

18. 采用单点式菱形的条件是什么？（　　）

(A)交叉公路交通量相差不大　(B)两被交叉公路距离较小

(C)交叉公路主次明显　(D)设置信号灯

19. 在哪些条件下可采用独象限式互通式立体交叉？（　　）

(A)主线为全部控制出入的公路

(B)主线为非全部控制出入的公路

(C)采用平面交叉不能满足设计通行能力的要求

(D)因用地限制主线与被交叉公路之间的交叉采用平面交叉困难

20. 公路互通式立体交叉中变速车道由哪几部分组成? ( )

(A)渐变段 (B)变速段 (C)交织段 (D)鼻端

21. 下列关于变速车道横断面的规定,哪些选项是正确的? ( )

(A)变速车道的车道宽度宜和主线车道宽度相同

(B)变速车道与主线直行车道之间宜设置路缘带

(C)右侧硬路肩宽度宜采用匝道硬路肩的宽度

(D)右侧硬路肩宽度不应小于1.5m

22. 关于变速车道形式的选择,下列哪些做法是正确的? ( )

(A)变速车道为单车道时,减速车道宜采用平行式

(B)变速车道为双车道时,加、减速车道均应采用直接式

(C)主线为左偏并接近圆曲线最小半径的一般值时,右方的减速车道应为平行式

(D)减速车道接小半径环形匝道时,宜采用平行式

23. 关于直接式、平行式出入口的特点,下列哪些说法是正确的? ( )

(A)直接式出入口出入路线顺畅,驾驶操作单一、方便

(B)平行式出入口容易辨别,尤其对出口识别有利

(C)平行式出入口行驶时经历一段反向曲线,驾驶操作有些别扭

(D)直接式出口容易识别

24. 某公路互通立交主线设计速度100km/h,主线出口减速车道为单车道直接式,主线入口加速车道为单车道平行式,匝道均为单车道,下列哪些设计是符合要求的? ( )

(A)下坡纵坡3%,减速车道140m,渐变段长度90m

(B)下坡纵坡3%,加速车道200m,渐变段长度80m

(C)上坡纵坡4%,减速车道130m,渐变段长度95m

(D)上坡纵坡4%,加速车道240m,渐变段长度90m

25. 关于集散车道和辅助车道的设置,下列哪些说法是正确的? ( )

(A)高速公路保持基本车道数连续的路段,当互通式立体交叉的匝道车道数大于1时,出、入口应增设集散车道

(B)复合式互通式立体交叉的交织段可采用辅助车道将两处互通式立体交叉的相邻出入口直接连通

(C)复合式互通式立体交叉的交织段可采用与主线分隔的集散车道将主线一侧的所有出口和入口连通

(D)辅助车道与主线之间应设置分隔带,分隔带宽度不宜小于2.0m

26. 关于分流鼻端偏置的设置,下列哪些说法是正确的? (　　)

(A)在主线相互分流鼻端,鼻端两侧均可按偏置加宽值控制

(B)在匝道相互分流鼻端,左匝道可按偏置值控制,右侧匝道可按偏置加宽值控制

(C)减速车道分流鼻端,主线侧可按偏置值控制,匝道侧可按偏置加宽值控制

(D)匝道与集散车道之间的鼻端宜按变速车道鼻端设计

三、案例题

1. 某三岔互通式立体交叉各流向的设计小时交通量(单位:pcu/h)如图所示,该立交设计方案最合理的是哪个选项? (　　)

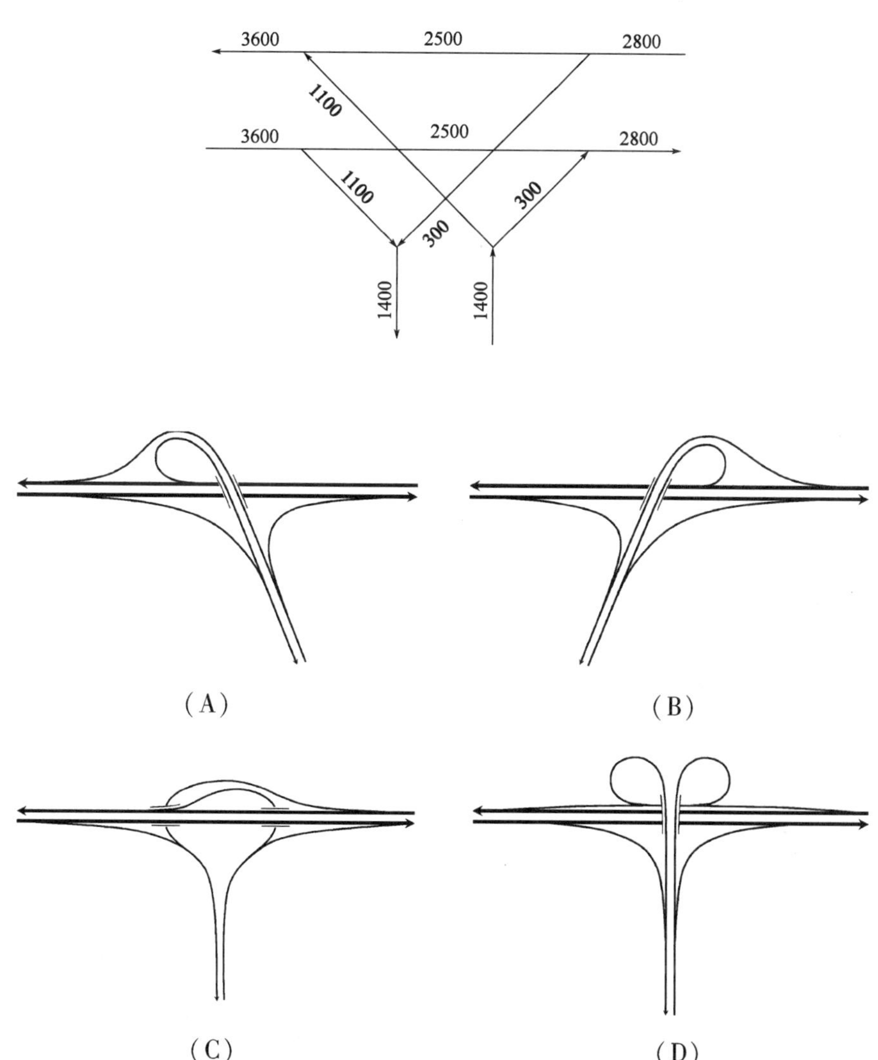

2. 某四岔互通式立体交叉各流向的设计小时交通量(单位:pcu/h)如图所示,该立交设计方案最合理的是哪个选项? ( )

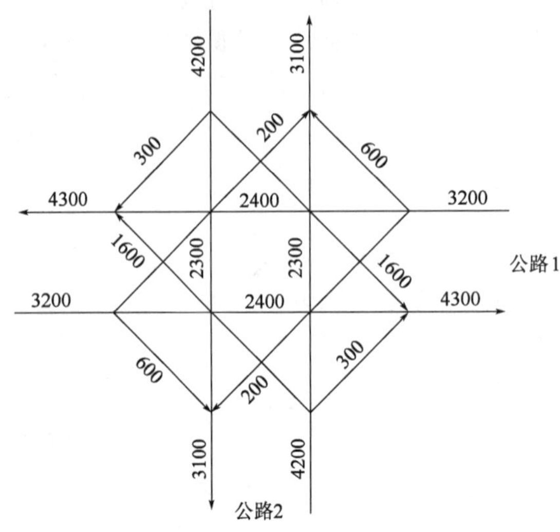

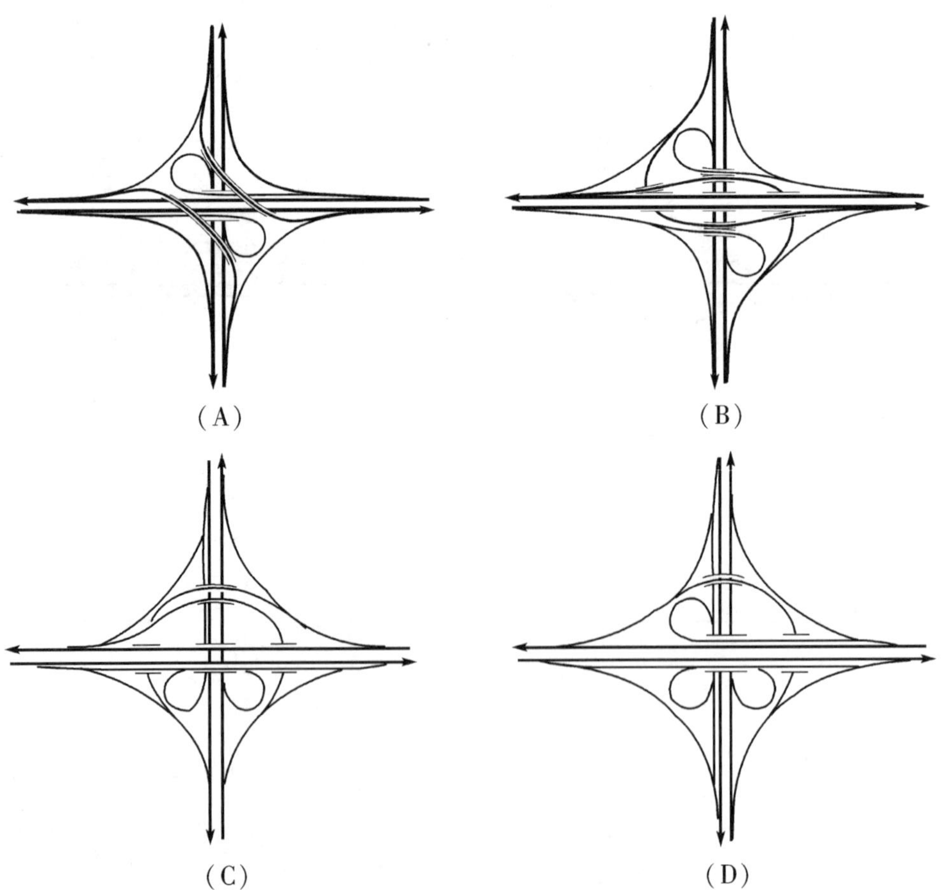

参考答案及解析

一、单项选择题

1.［答案］C

［解析］根据《城市道路工程设计规范》(CJJ 37—2012)第7.3.2条规定，高速公路按快速路确定，快速路与主干路相交时的推荐类型为立B类。

2.［答案］C

［解析］查《城市道路工程设计规范》(CJJ 37—2012)表7.3.1。A选项，A_2类存在交织；B选项，次要道路存在交织或平面交叉；D选项，还包括分离式立交，共3大类4小类。

3.［答案］A

［解析］全定向互通立交属于立A_1类立交的主要形式。

4.［答案］C

［解析］根据《城市道路工程设计规范》(CJJ 37—2012)附录A。安全指标属于技术评价指标中的子准则层指标。

5.［答案］B

［解析］根据《公路路线设计规范》(JTG D20—2017)第11.1.5条。

6.［答案］D

［解析］根据《公路路线设计规范》(JTG D20—2017)第11.1.5条。

7.［答案］C

［解析］根据《公路路线设计规范》(JTG D20—2017)第11.1.5条。

8.［答案］D

［解析］根据《公路路线设计规范》(JTG D20—2017)第11.1.5条。

9.［答案］C

［解析］根据《公路路线设计规范》(JTG D20—2017)第11.1.6条。

10.［答案］B

［解析］根据《公路路线设计规范》(JTG D20—2017)第11.1.6条。

11.［答案］C

[解析]根据《公路路线设计规范》(JTG D20—2017)第11.1.6条。

12.[答案]B

[解析]根据《城市快速路设计规程》(CJJ 129—2009)第7.2.2条条文说明,《美国道路通行能力手册》,以及上海市的研究结果,以紊流交通不重叠要求确定各类型出入口的最小间距。

13.[答案]D

[解析]根据《城市快速路设计规程》(CJJ 129—2009)第7.2.2条规定,入—出的间距要求最大,需要考虑交织段长度。

14.[答案]C

[解析]根据《城市快速路设计规程》(CJJ 129—2009)第7.2.2条。

15.[答案]C

[解析]根据《公路立体交叉设计细则》(JTG/T D21—2014)第5.6.1条规定,高速公路宜采用相对一致的出口形式,有条件时分流端部宜统一设置与交叉点之前,并宜采用单一的出口形式。

16.[答案]A

[解析]根据《公路立体交叉设计细则》(JTG/T D21—2014)第5.6.2条。

17.[答案]D

[解析]根据《公路立体交叉设计细则》(JTG/T D21—2014)第5.6.2条规定,辅助车道是指为出入主线车辆调整车速、车距、变换车道或为平衡车道等而平行设置于主线行车道外侧的附加车道。

18.[答案]C

[解析]根据出口形式和分流方向一致性原则,A选项存在连续分流和左右分流;B选项存在左右分流;D选项存在主线连续分流。

19.[答案]C

[解析]A选项,基本车道数不连续;B选项,$a=3$,$b+d=5$,不满足车道数平衡;D选项,基本车道数不连续。

20.[答案]C

[解析]根据《公路立体交叉设计细则》(JTG/T D21—2014)第6.3.2条规定,当主次分明的两条多车道公路呈三岔交叉,且左转弯交通量在合流交通量中为主交通流时,左转弯出口

匝道宜采用右出左进半直连式；当左转弯交通量在合流交通量中为次交通流时，左转弯出口匝道宜采用右出右进半直连式。

21.［答案］A

［解析］根据《公路立体交叉设计细则》(JTG/T D21—2014)第6.3.3条规定，当主次分明的两条多车道公路呈三岔交叉，且左转弯交通量在分流交通量中为主交通流时，左转弯入口匝道宜采用左出右进半直连式；当左转弯交通量在分流交通量中为次交通流时，左转弯入口匝道宜采用右出右进半直连式。

22.［答案］D

［解析］匝道通行能与运行速度、车道数等因素有关，而运行速度与匝道形式有关，A选项错误；当主次分明的两条多车道公路呈三岔交叉，且左转弯交通量在合流交通量中为次交通流时，左转弯出口匝道宜采用右出右进半直连式，B选项错误；三岔以上的交叉左转弯匝道宜采用右出右进半直连式，C选项错误。

23.［答案］C

［解析］A选项为左侧合并分流；B选项为右侧连续合流；D选项为左合流右分流。

24.［答案］D

［解析］经环形左转匝道驶入主线为A型，驶出主线时为B型；主线驶出后接半径较小的环形匝道，容易因减速不足而产生安全隐患。

25.［答案］A

［解析］根据《公路立体交叉设计细则》(JTG/T D21—2014)第6.4.1条。

26.［答案］B

［解析］被交叉公路远期将延伸形成四岔交叉且规划为苜蓿叶形时可采用叶形。

27.［答案］C

［解析］梨形的特点之一是结构紧凑，占地较少。

28.［答案］C

［解析］被交叉公路为三级公路，所以选择喇叭形+平面交叉最为合理。

29.［答案］A

［解析］根据《公路立体交叉设计细则》(JTG/T D21—2014)第6.4.7条。

30.［答案］C

[解析]根据《公路立体交叉设计细则》(JTG/T D21—2014)第6.3节、第6.5.2条。由题目可知,左转弯出口匝道为右出左进半直连式,左转弯入口匝道为右出右进半直连式,所以C选项正确。

31.[答案]C

[解析]当四岔交叉各转弯交通量均大于或等于1500pcu/h时,宜采用左转弯匝道均为内转弯半直连式的直连式互通立体交叉。当四岔交叉各左转弯交通量大小相当,且小于1500pcu/h时,可采用左转弯匝道均为外转弯半直连式的涡轮形。

32.[答案]B

[解析]当四岔交叉各转弯交通量均小于单车道设计通行能力时,可采用4条环形左转弯匝道的完全苜蓿叶形。当交叉公路为高速公路或具干线功能的一级公路,或交织交通量大于600pcu/h时,应设置集散车道将两环形匝道之间的交织区与交叉公路直行车道相隔离。

33.[答案]B

[解析]当受现场条件限制且交叉冲突交通量小于500pcu/h,可采用匝道带平面交叉的互通式立体交叉。

34.[答案]C

[解析]根据《公路立体交叉设计细则》(JTG/T D21—2014)第6.5.4条,涡轮形互通立交左转弯匝道均为外转弯半直连式。

35.[答案]A

[解析]根据《公路路线设计规范》(JTG D20—2017)第11.3.8条。

36.[答案]C

[解析]根据《公路路线设计规范》(JTG D20—2017)第11.3.8条,为同向曲线时,则CP以外宜采用卵形回旋线或复合型回旋线;当为反向曲线时,则CP以外宜采用S形回旋曲线;当主线的圆曲线半径大于2000m时,可采用完整的回旋曲线。

37.[答案]B

[解析]分流鼻端应设偏置,合流鼻不应设偏置。

38.[答案]C

[解析]在减速车道分流鼻端,主线侧可按偏置值控制,匝道侧可按偏置加宽值控制。

39.［答案］A

［解析］在减速车道分流鼻端，主线侧可按偏置值控制，匝道侧可按偏置加宽值控制。

40.［答案］A

［解析］根据《公路路线设计规范》（JTG D20—2017）第 11.3.7 条条文说明，主线一侧的 C_1 是指外侧行车道边缘线以外包括硬路肩的路面加宽值，而匝道一侧的 C_2 则是左侧硬路肩以外的路面加宽值。

二、多项选择题

1.［答案］ABD

［解析］根据《公路立体交叉设计细则》（JTG/T D21—2014）第 3.3.1 条规定，一级公路当具集散功能时，与具集散功能的一级公路相交的节点宜采用立体交叉，所以 C 选项错误。

2.［解析］AB

［解析］根据《公路立体交叉设计细则》（JTG/T D21—2014）第 3.3.3 条规定，设匝道收费站的互通式立体交叉可按一般互通式立体交叉设计，所以 A 选项不符合规定；具有干线功能的一级公路之间相交叉的互通式立体交叉，宜采用枢纽互通式立体交叉，所以 B 选项不符合规定。

3.［解析］AB

［解析］查《城市道路工程设计规范》（CJJ 37—2012）表 7.3.1，立 B 类的次要道机非混行，有干扰；立 C 类不属于互通式立体交叉。

4.［解析］AC

［解析］查《城市道路工程设计规范》（CJJ 37—2012）表 7.3.1，立 A 类的转向车流无平面交叉，所以 B、D 选项错误。

5.［答案］BD

［解析］查《城市道路工程设计规范》（CJJ 37—2012）表 7.3.2。

6.［答案］BCD

［解析］根据《城市道路工程设计规范》（CJJ 37—2012）附录 A，噪声污染指标属于环境评价指标中的子准则层指标。

7.［答案］AD

［解析］根据《公路路线设计规范》（JTG D20—2017）条 11.1.5 条规定，因路网结构或其他特殊情况限制，经论证相邻互通式立体交叉的间距需适当减小时，其上一互通式立体交叉加速车道渐变段终点至下一互通式立体交叉的减速车道渐变段起点间的距离，不得小于 1000m，

且应进行专项交通工程设计,设置完善、醒目的标志、标线和警示、诱导设施。非高速公路互通式立体交叉的最小间距,可参照上述规定执行。条件受限时,经对交织段的通行能力验算后可适当减小间距,此时可参照《公路立体交叉设计细则》(JTG/T D21—2014)的相关规定执行。

8.[**答案**]ABC

[**解析**]根据《公路立体交叉设计细则》(JTG/T D21—2014)第5.1节条文说明。车道布置应具有连续性,属于连续性原则中的内容。

9.[**答案**]AD

[**解析**]根据《公路路线设计规范》(JTG D20—2017)第11.4.1~11.4.3条规定,分流前(合流后)的主线车道数应大于或等于分流后(合流前)的主线车道数加上匝道车道数,再减1。

10.[**答案**]AD

[**解析**]直连式匝道是指车辆按转弯方向直接驶出和驶入的匝道。右转时为右出右进,左转弯时为左出左进。

11.[**答案**]ABC

[**解析**]半直连式匝道是指车辆未按或未完全按转弯方向直接驶出和驶入的匝道。

12.[**答案**]BCD

[**解析**]根据《公路立体交叉设计细则》(JTG/T D21—2014)第6.3.1条。

13.[**答案**]ABC

[**解析**]根据《公路立体交叉设计细则》(JTG/T D21—2014)第6.3.1条规定。匝道可分为直连式、半直连式和环形等基本形式。

14.[**答案**]BC

[**解析**]根据《公路立体交叉设计细则》(JTG/T D21—2014)第6.3.2条规定,当被交叉公路为双车道公路,或被交叉公路交通量较小时,左转弯出口匝道可采用右出左进半直连式或环形。

15.[**答案**]AB

[**解析**]根据《公路立体交叉设计细则》(JTG/T D21—2014)第6.3.3条规定,当被交叉公路为双车道公路,或被交叉公路交通量较小时,左转弯入口匝道可采用左出右进半直连式或环形。

16.[**答案**]AC

[**解析**]根据《公路立体交叉设计细则》(JTG/T D21—2014)第6.3.4条规定,当

1000pcu/h≤*DDHV*＜1500pcu/h，宜选用外转弯半直连式，也可选用内转弯半直连式，B 选项错误；当各左转弯匝道 *DDHV*＜1000pcu/h，且有部分匝道需采用半直连式时，交通量较大者或出口匝道宜选用半直连式，D 选项错误。

17.［**答案**］AB

［**解析**］根据《公路立体交叉设计细则》（JTG/T D21—2014）第 6.4.5 条，入口匝道交通量相对较大，可选用 B 型；被交叉公路单侧受现场条件限制设置匝道困难，可选用 AB 型。

18.［**答案**］CD

［**解析**］根据《公路立体交叉设计细则》（JTG/T D21—2014）第 6.4.7 条。

19.［**答案**］BD

［**解析**］根据《公路立体交叉设计细则》（JTG/T D21—2014）第 6.6.8 条。

20.［**答案**］ABD

［**解析**］根据《公路立体交叉设计细则》（JTG/T D21—2014）第 10.2.1 条。

21.［**答案**］BD

［**解析**］根据《公路立体交叉设计细则》（JTG/T D21—2014）第 10.2.2 条规定，变速车道的宽度宜采用匝道车道宽度，A 选项错误；右侧硬路肩宜采用主线与匝道硬路肩中较宽者的宽度，C 选项错误。

22.［**答案**］BCD

［**解析**］根据《公路路线设计规范》（JTG D20—2017）第 11.3.8 条。

23.［**答案**］ABC

［**解析**］根据《公路路线设计规范》（JTG D20—2017）第 11.3.7 条条文说明。

24.［**答案**］AB

［**解析**］下坡减速车道和上坡加速车道，主线纵坡超过 2% 时需要修正。主线设计速度 100km/h，最大纵坡 3%，排除 C、D 选项；B 选项为下坡加速，不需要修正，查《公路立体交叉设计细则》（JTG/T D21—2014）表 10.2.5，加速车道、渐变段长度满足要求；A 选项，下坡 3% 减速车道长度应进行修正，长度应不小于 $125\times1.1=137.5$m，满足长度要求。故本题选 AB。

25.［**答案**］BC

［**解析**］高速公路保持基本车道数连续的路段，当互通式立体交叉的匝道车道数大于 1 时，出、入口应增设辅助车道。集散车道与主线之间应设置分隔带，分隔带宽度不宜小于 2.0m。

26. [答案]BC

[解析]根据《公路立体交叉设计细则》(JTG/T D21—2014)第10.9条规定,在主线相互分流鼻端,鼻端两侧均可按偏置值控制,A选项错误;匝道与集散车道之间的鼻端宜按匝道相互分、合流鼻端设计,D选项错误。

三、案例题

1. [答案]A

[解析]次要公路左转交通量为1100 pcu/h,主要公路左转交通量为300 pcu/h,而环形匝道设计通行能力为800~1000pcu/h,排除叶形立交;根据梨形立交的适用条件,可以排除梨形。根据左转入口匝道的交通量判断,应选择B型喇叭形立交。

2. [答案]A

[解析]公路2左转进入公路1的交通量均为1600 pcu/h,大于1500 pcu/h,所以公路2进入公路1的两条左转弯匝道宜选用内转弯半直连式匝道;公路1左转进入公路2的交通量均为200pcu/h,交通量较小,环形匝道可以满足要求。根据所提供的4种类型,故选择A选项。

第五节　公路与铁路、乡村道路及管线交叉

本节考纲

1. 熟悉公路与铁路(城市道路与轨道交通线路)的交叉形式及设计要点。
2. 了解公路与乡村道路、公路(城市道路)与管线等的交叉设计要点。

复习要点

公路与铁路立体交叉的设计要点;公路与铁路平面交叉的设计要点。

城市道路与轨道交通线路的交叉形式如何选择;城市道路与轨道交通线路立体交叉的设计要点;城市道路与轨道交通线路平面交叉的设计要点。

公路与乡村道路平面交叉的设计要点;通道、天桥的设计要点;人行通道和人行天桥的设计要点。

公路与管线(架空线路、油气管道等)交叉的设计要点。

城市道路桥梁、隧道的管线敷设要求。

典 型 习 题

一、单项选择题

1. 铁路跨越公路时,其铁路跨线桥应设置哪种设施?　　(　　)

（A）防撞护栏　　（B）声屏障
（C）隔离栅　　（D）防落网

2. 铁路跨越哪种类型的公路时，可以在公路路幅范围内设置中墩？（　　）
（A）四车道一级公路　　（B）六车道高速公路
（C）二级、三级公路　　（D）四级公路

3. 公路与铁路平面交叉时宜为正交，必须斜交时，交叉角度应大于下列哪个选项？（　　）
（A）30°　　（B）45°
（C）60°　　（D）75°

4. 铁路道口两侧公路的直线长度，从最外侧钢轨算起，不应小于下列哪个选项？（　　）
（A）40m　　（B）50m
（C）60m　　（D）70m

5. 城市道路铁路立体交叉，引道以外设平面交叉口时，应设有不小于多长的平面交叉口缓坡段？（　　）
（A）40m　　（B）50m
（C）60m　　（D）70m

6. 通过道口的城市道路平面线形应为直线，从最外侧钢轨外缘算起的道路直线段最小长度应不小于下列哪个选项？（　　）
（A）20m　　（B）30m
（C）40m　　（D）50m

7. 城市各级道路与哪种类型的城市轨道交通交叉，可不设置立体交叉？（　　）
（A）轻轨　　（B）单轨
（C）有轨电车　　（D）地铁

8. 在无人值守或未设置自动信号的城市道路平交道口，路段旅客列车设计行车速度为80km/h时，机动车驾驶员侧向的最小瞭望视距是下列哪个选项？（　　）
（A）340m　　（B）270m
（C）240m　　（D）190m

9. 公路与乡村道路交叉时，下列哪条规定是正确的？（　　）
（A）人行天桥跨越高速公路时应设防撞护栏和防落网
（B）通道的间隔以400m左右为宜

(C)人行天桥设置坡道时,坡度不应陡于1∶8

(D)通道处的乡村道路纵面线形宜为曲线,便于排水

10. 公路与乡村道路相交时,交叉处公路两侧的乡村道路直线长度应各不小于下列哪个选项? (　　)

(A)10m　　(B)20m

(C)30m　　(D)50m

11. 公路与油气输送管道相交时,以正交为宜。必须斜交时,其交叉的锐角不宜小于下列哪个选项? (　　)

(A)30°　　(B)45°

(C)60°　　(D)70°

12. 公路从架空送电线路下方穿过时,应从哪个位置穿过? (　　)

(A)导线最大弧垂处　　(B)导线最大弧垂与杆塔间

(C)紧贴杆塔处　　(D)任何位置穿过都一样

13. 穿越公路的原油、天然气输送管道的保护套管顶面距离路面底基层的底面应不小于下列哪个选项? (　　)

(A)0.5m　　(B)1.0m

(C)1.5m　　(D)2.0m

14. 公路从220kV的架空送电线路下穿时,架空送电线路距路面的最小垂直距离是下列哪个选项? (　　)

(A)7m　　(B)8m

(C)9m　　(D)14m

15. 人行通道除设梯道外,应视情况设置坡道,其坡度不应陡于下列哪个选项? (　　)

(A)1∶4　　(B)1∶6

(C)1∶8　　(D)1∶10

二、多项选择题

1. 公路与铁路立体交叉范围内的公路视距要求正确是哪些选项? (　　)

(A)高速公路、一级公路应满足停车视距

(B)二级、三级、四级公路应满足超车视距

(C)二级、三级、四级公路应满足会车视距

(D)二级、三级、四级公路应满足停车视距

2. 关于公路与铁路立体交叉时平、纵面设计的规定，下列哪些选项是正确的？（　　）

(A)公路与铁路立体交叉必须斜交时，其交叉的锐角不应小于60°

(B)公路与铁路立体交叉的改建工程，如果公路需要改线，其路线的平、纵指标不宜采用相应公路技术等级的最小值

(C)公路与铁路立体交叉的公路引道范围内，不得设置公路平面交叉

(D)公路与铁路立体交叉宜选在双方线形均为直线的地段

3. 公路跨越铁路跨线桥应设置哪些设施？（　　）

(A)防撞护栏　　(B)声屏障

(C)隔离栅　　(D)防落网

4. 关于铁路道口两侧公路的纵坡要求，下列哪些规定是正确的？（　　）

(A)道口两侧公路的水平路段长度，从铁路最外侧钢轨外侧算起不应小于16m

(B)紧接水平路段的公路纵坡，不应大于3%

(C)紧接水平路段的公路纵坡，不应大于5%

(D)对于重车驶离道口一侧的公路下坡路段，紧邻道口水平路段的纵坡不应大于3%

5. 公路与城市道路平面交叉时，道口不得设置在哪些位置附近？（　　）

(A)桥头　　(B)道岔

(C)铁路站场　　(D)铁路曲线路段

6. 哪些等级的城市道路与运量不大的铁路支线、地方铁路、工业企业铁路交叉时，可设置平交道口？（　　）

(A)快速路　　(B)主干路

(C)次干路　　(D)支路

7. 城市道路与铁路平交时，应优先设置哪种类型的道口？（　　）

(A)自动信号控制　　(B)有人值守

(C)人工信号控制　　(D)无人值守

8. 城市道路中无人看守道口应设置警示标志，并应根据需要设置哪些设施或设备？

（　　）

(A)道口自动通知　　(B)道口自动信号

(C)道口监护设施　　(D)遮断信号

9. 公路与乡村道路相交时，下列哪些情况下应对乡村道路进行改线？（　　）

(A)交叉的锐角小于45°

(B)对交叉予以合并的

(C)原乡村道路平面线形不适宜设置交叉
(D)改造原平面交叉其工程量增加较大

10. 关于人行天桥的设计要点,下列哪些规定是正确的? ( )
(A)净宽应不小于3.0m
(B)净高应不小于4.5m
(C)设置坡道时,坡度不应陡于1∶4
(D)人群荷载统一采用$3.0kN/m^2$

11. 关于公路与乡村道路平面交叉设计的规定,下列哪些说法是正确的? ( )
(A)交叉处公路两侧的乡村道路直线长度应各不小于30m
(B)交叉处公路两侧的乡村道路应分别设置不小于10m的水平段或缓坡段
(C)平面交叉处应使驾驶者在距交叉5m处,能看到两侧二级、三级公路相应停车视距并不小于50m范围内的汽车。
(D)经常有履带耕作机械通行时,公路路基边缘外侧的乡村道路应各设置不小于10m的加固段

12. 关于管线与各级公路交叉的规定,下列哪些说法是正确的? ( )
(A)与高速公路、一级公路相交时,应设置地下通道(涵)或套管
(B)与高速公路、一级公路相交时,必须设置地下专用通道
(C)与二级、三级、四级公路相交时可设置保护套管等措施
(D)与二级、三级、四级公路相交时应设置保护套管等措施

13. 公路与管线交叉时,下列哪些规定是正确的? ( )
(A)严禁有毒有害、易燃易爆、高温高压等管线设施利用公路桥梁跨越河流
(B)公路与油气输送管道相交时,交叉的锐角不宜小于45°
(C)各种管线跨越公路地设施,不得侵入公路建筑限界
(D)易燃易爆管线穿(跨)越河流时,管线距小桥应不小于50m

14. 在计算架空输电线路导线与路面的垂直距离时,应根据哪些因素求得最大弧垂? ( )
(A)导线运行温度 (B)覆冰无风
(C)全年最高气温 (D)覆冰有风

15. 架空输电线路导线与路面的垂直距离,应根据哪些因素进行计算确定? ( )
(A)最大弧垂 (B)最大弧垂偏角
(C)最大风偏 (D)最高气温

16. 下列哪些管线可以在城市道路桥梁上敷设？（　　）

(A)压力为0.6MPa的燃气管　　(B)污水管

(C)电信电缆　　(D)热力管

17. 下列哪些管线可以在城市隧道内敷设？（　　）

(A)6kV的配电电缆　　(B)给水管

(C)电信电缆　　(D)压力为0.2MPa的燃气管

参考答案及解析

一、单项选择题

1. [答案]D

[解析]铁路跨越公路时，其铁路跨线桥应设置防落网。

2. [答案]B

[解析]根据《公路路线设计规范》(JTG D20—2017)第12.2.7条规定，铁路跨越二级、三级、四级公路时，严禁在行车道上设置中墩。铁路跨越四车道高速公路、一级公路时，不得在中间带设置中墩。铁路跨越六车道及其以上高速公路、一级公路时，必须在中间带设置中墩时，中墩两侧必须设防撞护栏，并留足设置防撞护栏和护栏缓冲变形的安全距离。

3. [答案]B

[解析]公路与铁路平面交叉时宜为正交，必须斜交时，交叉角度应大于45°。

4. [答案]B

[解析]根据《公路路线设计规范》(JTG D20—2017)第12.3.3条。

5. [答案]B

[解析]根据《城市道路交叉口设计规程》(CJJ 152—2010)第4.1.1条规定，引道范围内不设平面交叉口。引道以外设平面交叉口时，应设有不小于50m长的平面交叉口缓坡段，其坡度不宜大于2%。

6. [答案]B

[解析]根据《城市道路工程设计规范》(CJJ 37—2012)第8.3.3条。

7. [答案]C

[解析]因城市轨道交通行车间隔时间短，车流密集，为了保证轨道与道路的通行安全，要求城市各级道路与除有轨电车外的城市轨道交通路线交叉时，必须设置立体交叉。

8.［答案］B

［解析］查《城市道路工程设计规范》(CJJ 37—2012)表 8.3.4,340m 对应路段旅客列车设计行车速度为 100km/h;240m 路段旅客列车设计行车速度为对应 70km/h;190m 对应路段旅客列车设计行车速度为 55km/h。

9.［答案］B

［解析］A 选项,人行天桥跨越高速公路时不需设防撞护栏;C 选项,人行天桥设置坡道时,坡度不应陡于 1:4;D 选项,通道处的乡村道路纵面线形宜为直坡。

10.［答案］B

［解析］根据《公路路线设计规范》(JTG D20—2017)第 12.4.8 条。

11.［答案］A

［解析］根据《公路路线设计规范》(JTG D20—2017)第 12.5.5 条。

12.［答案］B

［解析］根据《公路路线设计规范》(JTG D20—2017)第 12.5.2 条。

13.［答案］B

［解析］根据《公路路线设计规范》(JTG D20—2017)第 12.5.7 条。

14.［答案］B

［解析］查《公路路线设计规范》(JTG D20—2017)表 12.5.2,当架空输电线路标称电压为 154 ~ 220kV 时,距路面最小垂直距离为 8m。

15.［答案］C

［解析］根据《公路路线设计规范》(JTG D20—2017)第 12.4.6 条。

二、多项选择题

1.［答案］AC

［解析］立体交叉范围内的公路视距要求为:高速公路、一级公路应满足停车视距;二级、三级、四级公路应满足会车视距。

2.［答案］CD

［解析］根据《公路路线设计规范》(JTG D20—2017)第 12.2.5 条规定,公路与铁路立体交叉以正交为宜,受限时尽量设置较大的交叉角度;公路与铁路立体交叉的改建工程,如果公路需要改线,其路线的平、纵指标不得低于相衔接路段的一般值,更不得采用相应公路技术等级的最小值。

3.［答案］AD

［解析］公路跨越铁路跨线桥应设防撞护栏和防落网。

4.［答案］AB

［解析］根据《公路路线设计规范》(JTG D20—2017)第12.3.4条规定,对于重车驶向道口一侧的公路下坡路段,紧邻道口水平路段的纵坡不应大于3%,所以D选项错误。

5.［答案］ABC

［解析］根据《公路路线设计规范》(JTG D20—2017)第12.3.2条规定,道口不得设置在铁路站场、道岔、桥头、隧道洞口及有调车作业的地段附近。

6.［答案］CD

［解析］根据《城市道路工程设计规范》(CJJ 37—2012)第8.3.1条规定,次干路、支路与运量不大的铁路支线、地方铁路、工业企业铁路交叉时,可设置平交道口。平面交叉道口不应设在铁路道岔处、站场范围内、铁路曲线路段以及道路与铁路通视条件不符合行车安全要求的路段上。

7.［答案］AB

［解析］根据《城市道路工程设计规范》(CJJ 37—2012)第8.3.3条。

8.［答案］BC

［解析］根据《城市道路工程设计规范》(CJJ 37—2012)第8.3.7条规定,有人看守道口应设置道口看守房,并应设置电力照明以及栏木、有线或无线通信、道口自动通知、道口自动信号、遮断信号等安全预警设备;无人看守道口应设置警示标志,并应根据需要设置道口自动信号和道口监护设施。

9.［答案］BCD

［解析］根据《公路路线设计规范》(JTG D20—2017)第12.4.3条规定,交叉的锐角小于60°时应对乡村道路进行改线,A选项错误。

10.［答案］AC

［解析］根据《公路路线设计规范》(JTG D20—2017)第12.4.7条规定,人群荷载不小于3.0kN/m^2,行人密集地区应不小于3.5kN/m^2。

11.［答案］BD

［解析］根据《公路路线设计规范》(JTG D20—2017)第12.4.8条规定,交叉处公路两侧的乡村道路直线长度应各不小于20m,A选项错误;平面交叉处应使驾驶者在距交叉20m处,能看到两侧二级、三级公路相应停车视距并不小于50m范围内的汽车,C选项错误。

12.［答案］AD

［解析］根据《公路路线设计规范》(JTG D20—2017)第12.5.6条条文说明，综合考虑当前管道施工工艺和技术的发展(主要是顶管法施工工艺)，无论是管道施工期间，还是后期检查与维护，均无需开挖公路路基，对公路正产通行影响小等情况，明确要求管线与高速公路、一级公路交叉时可采用专用通道(涵)或套管等方式。

13.［答案］CD

［解析］严禁有毒有害、易燃易爆、高压等管线设施利用公路桥梁跨越河流，A选项错误；公路与油气输送管道相交时，交叉的锐角不宜小于30°，B选项错误。

14.［答案］AB

［解析］根据《公路路线设计规范》(JTG D20—2017)第12.5.3条。

15.［答案］AC

［解析］根据《公路路线设计规范》(JTG D20—2017)第12.5.3条规定，架空输电线路导线与路面的垂直距离，应根据导线运行温度情况或覆冰无风情况求得的最大弧垂，以及根据最大风速情况或覆冰情况求得的最大风偏进行计算确定。

16.［答案］CD

［解析］根据《城市道路工程设计规范》(CJJ 37—2012)第13.1.3条规定，不得在桥上敷设污水管、压力大于0.4MPa的燃气管和其他可燃、有毒或腐蚀性的液体、气体管。条件许可时，在桥梁敷设的电信电缆、热力管、给水管、电压不高于10kV配电电缆、压力不大于0.4MPa燃气管必须采取有效地安全防护措施。

17.［答案］ABC

［解析］根据《城市道路工程设计规范》(CJJ 37—2012)第13.1.3条规定，严禁在隧道内敷设电压高于10kV的配电电缆、燃气管及其他可燃、有毒或腐蚀性液体、气体管。

第七章　交通工程及沿线设施

第一节　一 般 规 定

本节考纲

了解交通工程概况,研究范围、内容和目的。

复习要点

公路交通工程及沿线设施的目的、范围及基本要求。
城市道路交通安全及管理设施的等级、适用范围、目的及基本要求。

典 型 习 题

一、单项选择题

1. 关于公路交通工程及沿线设施的设计,下列哪个说法是错误的? （　　）
   (A)确定某公路交通工程及沿线设施的建设规模与标准时,应考虑该公路的功能、等级、交通量、运营条件,与公路网规划无关
   (B)交通工程及沿线设施工总体设计应符合公路总体设计的要求
   (C)交通工程及沿线设施的设计应遵循“保障安全、提供服务、利于管理”的原则
   (D)进行公路交通工程及沿线设施的配置,最重要的是做好前期的总体规划设计

2. 城市道路交通安全和管理设施应统筹规划、总体设计,并结合哪个因素逐步补充、完善? （　　）
   (A)资金状况　　(B)道路功能
   (C)道路等级　　(D)城市路网的建设情况

3. 城市道路交通安全和管理设施共分为四级,主干路应选用哪一级? （　　）
   (A)A 级　　(B)B 级　　(C)C 级　　(D)D 级

二、多项选择题

1. 公路交通工程及沿线设施应按照哪些原则进行设计? （　　）

(A)保障安全　(B)提供服务
(C)提升效率　(D)利于管理

2. 公路交通工程及沿线设施包括哪几种设施?　(　　)
(A)交通安全设施　(B)管线设施
(C)服务设施　(D)管理设施

3. 公路交通工程及沿线设施具有哪些作用?　(　　)
(A)保障行车安全　(B)提升服务水平
(C)提高通行能力　(D)强化管理

4. 城市道路交通安全和管理设施设计应与道路____。　(　　)
(A)同步规划　(B)同步设计
(C)同步建设　(D)同步投入使用

5. 城市道路交通安全和管理设施包括哪几种设施?　(　　)
(A)交通安全设施　(B)交通管理设施
(C)配套管网　(D)服务设施

6. 交通安全和管理设施的设计应确保交通____。　(　　)
(A)有序　(B)安全
(C)畅通　(D)低公害

7. 下列哪些选项适用A级城市交通安全和管理设施?　(　　)
(A)快速路　(B)中隧道
(C)次干路　(D)大型桥梁

参考答案及解析

一、单项选择题

1. **[答案]**A

[解析]交通工程及沿线设施的建设规模与标准应根据公路网规划、公路的功能、等级、交通量、运营条件等综合论证确定。

2. **[答案]**D

[解析]交通安全和管理设施应统筹规划、总体设计,并结合城市路网的建设情况等逐步补充、完善。

3.［答案］B

［解析］城市道路交通安全和管理设施共分为 A、B、C、D 四级。其中,A 级适用快速路,中、长、特长隧道及特大型桥梁;B 级适用主干路;C 级适用次干路;D 级适用支路。

二、多项选择题

1.［答案］ABD

［解析］交通工程及沿线设施应按照“保障安全、提供服务、利于管理”的原则进行设计。

2.［答案］ACD

［解析］公路交通工程及沿线设施包括交通安全设施、服务设施和管理设施三种,各项设施应按统筹规划、总体设计的原则配置,并应结合交通量的增长与技术发展状况等逐步补充、完善。

3.［答案］ABCD

［解析］交通工程及沿线设施是保障行车安全、提升服务水平、提高通行能力、强化管理的必要设施,是公路现代化、智能化的重要标志。

4.［答案］AB

［解析］交通安全和管理设施设计应与道路同步规划、同步设计,并应与当地城市规划和交通管理部门相协调和配合。注意此题的主语是“交通安全和管理设施设计”。

5.［答案］ABC

［解析］交通安全和管理设施包括交通安全设施、交通管理设施和配套管网。

6.［答案］ABCD

［解析］交通安全和管理设施的设计应确保交通“有序、安全、畅通、低公害”。

7.［答案］AB

［解析］A 级适用快速路,中、长、特长隧道及特大型桥梁。

第二节　交通安全设施

本节考纲

1. 掌握交通安全设施的种类、作用和设置条件。
2. 熟悉道路交通标志、标线、防护设施及其他附属设施的内容、作用、分类和设置原则。
3. 熟悉城市道路交通安全设施的种类、作用和设置方法。

复习要点

公路交通安全设施的种类、作用；不同功能公路交通安全设施的设置规模。

交通标志、交通标线、护栏、隔离栅、视线诱导设施、防眩设施、防落网及其他交通安全设施的分类、作用及设置原则。

城市道路交通安全设施的等级及适用范围；不同等级交通安全设施的设置要求。

典 型 习 题

一、单项选择题

1. 公路交通安全设施的哪个功能可以有效降低事故的严重程度？（　　）

(A)主动引导　　(B)被动防护

(C)全时保障　　(D)隔离封闭

2. 公路交通安全设施设计应优先设置哪一类设施？（　　）

(A)主动引导　　(B)被动防护

(C)全时保障　　(D)隔离封闭

3. 支线公路在哪些位置应设置路侧护栏？（　　）

(A)桥梁路段

(B)高路堤路段

(C)急弯陡坡等路段

(D)路侧有不满足计算净区宽度要求的悬崖、深谷、深沟、江河湖海等路段

4. 在进行公路交通标志的布设时，应以下列哪一类路用者为设计对象？（　　）

(A)不熟悉周围路网体系但对出行路线有所规划的公路使用者

(B)完全不熟悉周围路网体系的外地驾驶员

(C)经统计分析得到的可能会做出危险驾驶行为的驾驶员

(D)经统计分析得到的可能会做出错误判断的乘客

5. 设置各类公路交通标志时，优先权最大的是哪种类型的标志？（　　）

(A)旅游区标志　　(B)告示标志

(C)禁令标志　　(D)警告标志

6. 指路标志应根据公路功能、交通流向和沿线城镇分布等情况，依距离、人口和社会经济发展程度，优先选取哪一类信息指示？（　　）

(A)名气较大的　　(B)距离较近的

(C)驾驶者不熟悉的　　(D)交通需求较大的

7. 除特殊情况外,交通标志应设置在公路前进方向车行道的哪些位置? ( )

(A)上方或右侧　　(B)上方或左侧

(C)左侧、上方或右侧　　(D)左侧或右侧

8. 悬臂、门架式等悬空标志净空高度应预留多大的余量? ( )

(A)20 ~ 30cm　　(B)20 ~ 50cm

(C)30 ~ 50cm　　(D)50cm 以上

9. 公路交通标志内边缘距土路肩边缘线的距离不小于多少? ( )

(A)紧贴土路肩边缘　　(B)15cm

(C)20cm　　(D)25cm

10. 设计速度大于或等于 80km/h 的公路交通标志之间的间隔不宜小于多少? ( )

(A)30m　　(B)50m

(C)60m　　(D)80m

11. 安装在同一支撑结构上的交通标志不宜超过多少个? ( )

(A)3 个　　(B)4 个

(C)5 个　　(D)6 个

12. 高速公路互通式立交、服务区、停车区指路标志显示的距离,是指与哪个位置的间距?

( )

(A)各设施的几何中心　　(B)前基准点

(C)分流鼻端　　(D)后基准点

13. 设置互通式立体交叉出口预告标志时,当因互通式立体交叉、桥梁、隧道等因素没有位置设置时,经严格论证可取消哪个出口预告标志? ( )

(A)0m　　(B)500m

(C)1km　　(D)2km

14. 公路交通标志其由哪几个系统组成? ( )

(A)图形、文字、颜色　　(B)图形、文字、硬件

(C)信息、图形、硬件　　(D)信息、图形、文字

15. 纵向或横向连续设置的交通标线应根据需要设置排水孔,每隔多长的距离设置排水缝? ( )

(A)5m　　(B)5～10m
(C)10～15m　　(D)15m

16. 互通式立体交叉出口导向箭头应以哪个位置为基准点？（　　）
(A)分流鼻端　　(B)减速车道渐变点
(C)渐变段中点　　(D)减速车道中点

17. 公路平面交叉设置实体岛时，路缘石高度不宜超过多少？（　　）
(A)5cm　　(B)10cm
(C)15cm　　(D)20cm

18. 对向车行道分界线中单黄虚线的线条长度与空白段长度分别为多少？（　　）
(A)4m,6m　　(B)6m,9m
(C)3m,6m　　(D)2m,4m

19. 路面文字的字高、字宽、纵向间距的选取与哪个因素有关？（　　）
(A)车道宽度　　(B)道路等级
(C)可用空间　　(D)设计速度

20. 路侧护栏的防护等级按设计能量分为八级，其中第八级的代码是哪一个选项？
（　　）
(A)C　　(B)SS
(C)HB　　(D)HA

21. 某一级公路设计速度60km/h，某路段路侧事故严重程度等级为低，如设置护栏则护栏应选取哪一个等级？（　　）
(A)B级　　(B)A级
(C)SB级　　(D)SA级

22. 某二级公路设计速度60km/h，预测的年平均日交通量为1800辆/天。某路段路侧事故严重程度等级为低，如设置护栏则护栏最低可选取哪个等级？（　　）
(A)C级　　(B)B级
(C)A级　　(D)SB级

23. 不同防护等级或不同结构形式的护栏之间连接时，对过渡段的防护等级要求正确的是哪个选项？（　　）
(A)不低于所连接护栏中较高的防护等级
(B)不低于所连接护栏中较低的防护等级

(C)不低于所连接护栏中防护等级的中间值

(D)不高于所连接护栏中较高的防护等级

24. 选择护栏形式时,应首先考虑护栏受碰撞后的变形量。当防护的障碍物低于护栏高度时,宜选择哪一个指标进行控制? ( )

(A)护栏最大横向动态外延值 (B)护栏最大横向动态变形值

(C)车辆最大动态外倾当量值 (D)车辆最大动态外倾值

25. 选择护栏形式时,应首先考虑护栏受碰撞后的变形量。当路侧有上跨桥桥墩时,应选择哪一个指标进行控制? ( )

(A)护栏最大横向动态外延值 (B)护栏最大横向动态变形值

(C)车辆最大动态外倾当量值 (D)车辆最大动态外倾值

26. 冬季风雪较大的地区,不宜选用哪种护栏形式? ( )

(A)混凝土护栏 (B)波形梁护栏

(C)缆索护栏 (D)梁柱式护栏

27. 交通量大、事故频发的路段,宜用哪种护栏形式? ( )

(A)混凝土护栏 (B)波形梁护栏

(C)缆索护栏 (D)梁柱式护栏

28. 某高速公路在路段上设置了一段路侧波形梁和混凝土护栏,并通过过渡段连接。则该两种形式护栏的长度之和不应小于多少? ( )

(A)36m (B)53m

(C)70m (D)80m

29. 中央分隔带开口护栏应方便开启与关闭、具有可移动性,宜在10min内开启多长的长度? ( )

(A)5m及以上 (B)6m及以上

(C)8m及以上 (D)10m及以上

30. 一般情况下,设计防护速度100km/h的护栏防撞端头的防护等级应为哪一级?
( )

(A)TS级 (B)TA级

(C)TB级 (D)TC级

31. 公路上轮廓标总共有几种颜色? ( )

(A)1 (B)2

(C)3　　(D)4

32. 避险车道轮廓标是什么颜色？　　(　　)

(A)白色　　(B)黄色

(C)红色　　(D)右侧为白色,左侧为黄色

33. 匝道处轮廓标的设置间距和哪个因素有关？　　(　　)

(A)圆曲线半径　　(B)匝道长度

(C)匝道通行能力　　(D)设计速度

34. 轮廓标反射体应面向交通流,表面法线应与公路中心线成多少的角度？　　(　　)

(A)0° ~15°　　(B)10° ~15°

(C)0° ~25°　　(D)10° ~25°

35. 特长隧道可每隔多少米设置一处隧道轮廓带？　　(　　)

(A)300m　　(B)500m

(C)600m　　(D)800m

36. 隧道轮廓带的宽度宜为15 ~20cm,宜采用什么颜色？　　(　　)

(A)白色　　(B)黄色

(C)黄黑相间　　(D)红白相间

37. 示警桩、示警墩应采用什么颜色？　　(　　)

(A)白色　　(B)黄色

(C)黄黑相间　　(D)红白相间

38. 靠近城镇区域的隔离栅高度不宜低于多少？　　(　　)

(A)1.2m　　(B)1.5m

(C)1.8m　　(D)2.0m

39. 隔离栅的网孔尺寸可根据公路沿线动物的体型进行选择,最小网孔不宜小于多少？

(　　)

(A)30mm×30mm　　(B)40mm×40mm

(C)50mm×50mm　　(D)60mm×60mm

40. 防落物网距桥面的高度不宜低于多少？　　(　　)

(A)1.2m　　(B)1.5m

(C)1.8m　　(D)2.0m

41. 防落物网防雷接地的地阻应小于多少？　(　　)

(A)5Ω　(B)10Ω

(C)15Ω　(D)20Ω

42. 防眩设施在直线路段遮光角不应小于多少？　(　　)

(A)5°　(B)8°

(C)10°　(D)15°

43. 防眩设施连续设置时，设置高度发生变化时应设置渐变过渡段，过渡段长度以多长为宜？　(　　)

(A)30m　(B)40m

(C)50m　(D)60m

44. 避险车道长度不能满足要求时，可采取哪些措施？　(　　)

(A)在制动床起点以后适当位置设置阻拦索或消能设施

(B)在制动床中段以后适当位置设置阻拦索或消能设施

(C)末端应增设防撞桶、废轮胎等缓冲装置或设施

(D)加大制动床材料的铺筑厚度

45. 当公路上路侧横风与公路轴线夹角大于30°，设计速度小于80km/h的公路上常年存在风力大于多少级的路段可在路侧设置防风栅？　(　　)

(A)五级　(B)六级

(C)七级　(D)八级

46. 公路积雪标杆宜设置在公路的什么位置？　(　　)

(A)硬路肩上　(B)土路肩上

(C)车行道边缘　(D)填方边坡上

47. 公路上跨桥梁或隧道内净空高度小于多少时宜设置防撞限高架？　(　　)

(A)5.0m　(B)4.5m

(C)3.5m　(D)2.5m

48. 警示限高架与上跨桥梁或隧道的距离应满足哪一种距离的需求？　(　　)

(A)驾驶人反应距离

(B)驾驶人制动距离

(C)车辆碰撞后运行速度的制动距离

(D)驾驶人反应距离与制动距离

49. 城市道路交叉口的交通信号周期不宜大于多少？　　(　　)

(A)120s　　(B)150s

(C)180s　　(D)200s

二、多项选择题

1. 下列哪些选项属于公路交通安全设施的范围？　　(　　)

(A)交通标线　　(B)护栏

(C)避险车道　　(D)信号灯

2. 公路交通安全设施的哪些功能可以起到事故预防的作用？　　(　　)

(A)主动引导　　(B)被动防护

(C)全时保障　　(D)隔离封闭

3. 公路交通安全设施设计应坚持哪些原则？　　(　　)

(A)以人为本　　(B)预防为主

(C)系统设计　　(D)重点突出

4. 公路交通安全设施必须与公路土建工程____。　　(　　)

(A)同时规划　　(B)同时设计

(C)同时施工　　(D)同时投入生产和使用

5. 关于次要干线公路交通安全设施的设置，哪些说法是正确的？　　(　　)

(A)设置系统、完善的交通标志、标线、视线诱导设施、隔离栅

(B)桥梁与高路堤路段必须设置路侧护栏

(C)中央分隔带开口处必须设置开口护栏

(D)不同形式的护栏连接时，应进行过渡段设计

6. 属于道路交通标志主要作用的是哪几个选项？　　(　　)

(A)控制和疏导交通　　(B)指引行进方向

(C)渠化交叉路口交通　　(D)执行法规的依据

7. 下列各类标志中，属于主标志的是哪几个？　　(　　)

(A) 　　(B) 　　(C) 　　(D)

8. 交通标志按显示位置分为路侧和车行道上方两种,属于路侧标志对应支撑结构形式的是哪些选项?（　　）

(A)悬臂式　　(B)柱式

(C)门架式　　(D)路侧附着式

9. 交通标志按光学特性分为哪几类?（　　）

(A)逆反射式　　(B)照明式

(C)正反射式　　(D)发光式

10. 交通标志按按版面显示内容分为哪几类?（　　）

(A)静态标志　　(B)可变信息标志

(C)永久性标志　　(D)临时性标志

11. 关于交通标志的设置原则,下列说法正确的是哪几个选项?（　　）

(A)从安全角度考虑,警告标志应尽可能多设置

(B)禁令标志应设置在需要明确禁止的路段起点前一定距离醒目的位置

(C)指示标志在驾驶人、行人容易产生迷惑处或必须遵守行驶规定处设置

(D)指路标志不得出现信息不足、不当或过载的现象

12. 标志版面的法线应与公路中心平行或成一定角度。关于交通标志的安装角度,下列说法正确的是哪几个选项?（　　）

(A)路侧安装的禁令标志和指示标志为0°~45°

(B)指路标志和警告标志为0°~10°

(C)悬臂、门架或附着式悬空标志安装时,标志的安装角度应与道路中心垂直或前倾0°~20°

(D)安装角度也需要根据公路的平、竖曲线线形进行调整

13. 交通标志因条件限制需并列设置时,需对交通标志所提供的信息进行排序,优先保留哪些交通标志?（　　）

(A)禁令标志　　(B)警告标志

(C)指路标志　　(D)指示标志

14. 安装在同一支撑结构上的标志不宜超过4个,并按禁令、指示、警告的顺序,按照什么方式进行排列?（　　）

(A)先上后下　　(B)先下后上

(C)先左后右　　(D)先右后左

15. 在哪些位置同一版面的禁令或指示标志的数量不应多于6个?（　　）

(A)高速公路入口　　(B)隧道入口

(C)特大桥梁入口　　(D)互通立交入口

16. 哪些条件下,交通标志应采用悬臂式或门架式等悬空支撑方式?　　(　　)

(A)单向有三条车道

(B)位于城市区域的高速公路路段

(C)互通式立体交叉出口匝道为左向出口

(D)一般型互通式立体交叉的出口指引标志

17. 关于警告标志的设置,下列哪些说法是正确的?　　(　　)

(A)同一地点需要设置两个或两个以上警告标志时,最好都设置

(B)同时设置两个警告标志时,将提醒驾驶人危险主因的标志设置在下部

(C)除特殊规定外,颜色为黄底、黑边、黑图案

(D)形状为等边三角形或矩形,三角形顶角朝上

18. 下列哪些路段需要设置急转弯警告标志?　　(　　)

(A)设计速度 30km/h,圆曲线半径 40m

(B)设计速度 30km/h,圆曲线半径 50m,路线转角 45°

(C)设计速度 40km/h,圆曲线半径 85m,停车视距 35m

(D)设计速度 40km/h,圆曲线半径 85m,路线转角 35°

19. 关于禁令标志的设置,下列哪些说法是正确的?　　(　　)

(A)在需要明确禁止或限制车辆、行人交通行为的路段起点前设置

(B)禁令标志为白底、红圈,黑杠,黑图形,圆形压杠

(C)禁令标志的形状为圆形、矩形、八角形、顶角向下的等边三角形

(D)限速和解除限速标志必须成对出现

20. 高速公路指路标志按照标志的功能可以分为哪几类?　　(　　)

(A)路径指引标志　　(B)沿线信息指引标志

(C)沿线设施指引标志　　(D)地点指引标志

21. 一般公路指路标志中指示信息为高速公路时,以哪个位置为计算基准点?　　(　　)

(A)一般公路与高速公路的连接线平面交叉

(B)一般公路与高速公路的连接线平面交叉减速车道渐变段起点

(C)收费站入口

(D)收费站中心点

22. 以下哪些交通标志的几何尺寸可直接依据设计速度确定?　　(　　)

(A)警告标志　　(B)禁令标志
(C)指示标志　　(D)指路标志

23. 下列哪些选项属于道路交通标线的主要作用?　　(　　)
(A)提示前方路况,保障交通安全　　(B)指引前方道路信息
(C)渠化交叉路口交通　　(D)守法和执法的依据

24. 交通标线按功能可以划分为哪几类?　　(　　)
(A)指示标线　　(B)禁止标线
(C)指路标线　　(D)警告标线

25. 交通标线按标线形态可以划分为哪几类?　　(　　)
(A)线条　　(B)字符
(C)突起路标　　(D)立面标记

26. 关于交通标线的设置原则,下列说法正确的是哪几项?　　(　　)
(A)二级公路应设置对向车行道分界线
(B)二级公路应设置车行道边缘线
(C)二级公路设置慢车道时,应设置对向车行道分界线、同向车行道分界线和车行道边缘线
(D)二级以下公路应设置对向车行道分界线

27. 二级及二级以下公路在哪些路段应设置车行道边缘线?　　(　　)
(A)采用最低公路设计指标的曲线段及其上下游路段
(B)路面宽度发生变化的路段
(C)非机动车或行人较多的机非混行路段
(D)陡坡路段

28. 在哪些特殊路段应设置禁止跨越同向车行道分界线?　　(　　)
(A)桥梁路段　　(B)隧道出入口路段
(C)急弯陡坡路段　　(D)接近人行横道线的路段

29. 在哪些立体实物表面上,应设置实体标记?　　(　　)
(A)中央分隔带内的墩柱　　(B)隧道洞口侧墙端面
(C)收费岛　　(D)实体导流岛

30. 在哪些路段应设置过渡标线?　　(　　)
(A)公路宽度发生变化　　(B)车行道数量发生变化

(C)需要车辆减速的路段　　　　(D)隧道出入口路段

31. 关于突起路标的设置,下列哪些规定是正确的?　　(　　)
(A)高速公路的车行道边缘线上应设置
(B)一级公路互通式立体交叉路段的车行道边缘线上宜设置
(C)一级公路隧道的车行道边缘线上宜设置
(D)隧道的车行道分界线上应设置

32. 关于护栏作用的表述,下列哪些说法是正确的?　　(　　)
(A)阻止车辆越出路外或穿越中央分隔带闯入对向车道
(B)防止车辆从护栏板下钻出,或将护栏板冲断
(C)能诱导驾驶员的视线
(D)发生碰撞时,使乘客避免受到伤害

33. 按在公路中的纵向设置位置,护栏可以分为哪些类型?　　(　　)
(A)路基护栏　　　　(B)挡墙护栏
(C)桥梁护栏　　　　(D)中央分隔带护栏

34. 按在公路中的横向设置位置,护栏可以分为哪些类型?　　(　　)
(A)路基护栏　　　　(B)分离式护栏
(C)桥梁护栏　　　　(D)中央分隔带护栏

35. 根据碰撞后的变形程度,护栏可以分为哪些类型?　　(　　)
(A)刚性护栏　　　　(B)半刚性护栏
(C)半柔性护栏　　　　(D)柔性护栏

36. 关于护栏设置的相关说法,下列选项正确的是哪几项?　　(　　)
(A)公路实际净区宽度小于计算净区宽度时,必须设置护栏
(B)驶出路外或驶入对向车行道事故的风险应主要考虑驶出路外或驶入对向车行道的事故严重程度
(C)事故严重程度和运行速度、路侧条件有关
(D)事故严重程度可分成低、中、高三个等级

37. 关于实际净区有效宽度的界定,下列哪些说法是正确的?　　(　　)
(A)当路侧边坡缓于1:6时,有效宽度为整个边坡坡面宽度
(B)路侧边沟不作为有效宽度
(C)路侧存在标志立柱时,不影响有效宽度
(D)当路侧边坡陡于1:4时,不能作为有效宽度

38. 路侧计算净区宽度范围内有哪些情况时，事故严重程度等级为中？　（　　）

（A）有高压输电线塔　　（B）水深 2.0m 的河流

（C）有一级公路　　（D）三级公路路侧有深度 20m 的悬崖

39. 路侧计算净区宽度范围内有哪些情况时，事故严重程度等级为中？　（　　）

（A）二级公路设路肩墙路段，路堤高度 3.0m

（B）一级公路设路肩墙路段，路堤高度 2.0m

（C）二级公路路侧有车辆不能安全越过的交通标志

（D）有一级公路

40. 关于高速公路、一级公路中央分隔带护栏的设置，下列哪些说法是正确的？　（　　）

（A）高速公路整体式断面中间带宽度小于或等于 12m 时，必须设置中央分隔带护栏

（B）干线一级公路中央分隔带宽度小于 2.5m 且采用分设式护栏形式时，事故严重程度等级为高

（C）作为集散的一级公路不一定必须设置中央分隔带护栏

（D）高速公路采用分离式断面时，行车方向左侧按路侧护栏设置

41. 高速公路迎交通流的护栏端头无法外展时，应采取哪些措施？　（　　）

（A）设置防撞端头　　（B）护栏端头前设置防撞垫

（C）设置地锚式端头　　（D）护栏端头前设置防撞桶

42.《公路交通安全设施设计规范》（JTG D81—2017）中规定的护栏最小结构长度要求，其值应包括哪些部分的长度？　（　　）

（A）护栏标准段　　（B）渐变段

（C）端头　　（D）防撞垫

43. 关于中央分隔带开口护栏的规定，下列哪些说法是正确的？　（　　）

（A）干线一级公路的中央分隔带开口必须设置中央分隔带开口护栏

（B）中央分隔带开口护栏宜设置在中央分隔带开口处的公路中心线位置

（C）中央分隔带开口护栏的高度应与中央分隔带护栏的高度协调一致

（D）高速公路中央分隔带开口护栏不得低于三（Am）级

44. 关于防撞垫的设置要求，下列哪些规定是正确的？　（　　）

（A）高速公路互通式立体交叉主线分流端应设置可导向防撞垫

（B）孤立的上跨高速公路跨线桥中墩端部宜设置可导向防撞垫

（C）收费站导流岛端部应采用导向防撞垫

（D）高速公路路侧计算净区宽度范围内有危险障碍物时，应设置可导向防撞垫

45. 护栏的最小结构长度要求和哪些因素有关? ( )
(A)公路长度 (B)公路等级
(C)交通组成 (D)护栏类型

46. 下列哪些设施属于视线诱导设施? ( )
(A)合流标志 (B)隧道轮廓带
(C)突起路标 (D)示警桩

47. 下列哪些条件下的轮廓标宜设置为双面反光形式? ( )
(A)桥梁路段 (B)一级公路
(C)隧道路段 (D)二级公路

48. 轮廓标应按行车方向设置,下列哪些做法是正确的? ( )
(A)高速公路右侧安装黄色反射体的轮廓标
(B)一级公路左侧安装白色反射体的轮廓标
(C)三级公路左右两侧均安装白色反射体的轮廓标
(D)避险车道应安装红色反射体的轮廓标

49. 高速公路哪些路段不需要设置隔离栅? ( )
(A)路侧有水面宽度5m且深度1.8m的池塘
(B)高度为2.0m的路肩挡土墙
(C)挖方高度25m
(D)桥梁、隧道等构造物,除桥头、洞口需与路基隔离栅连接以外的路段

50. 下列关于隔离栅设置的做法,哪些选项是正确的? ( )
(A)遇桥梁时,应在桥头锥坡进行围封
(B)隔离栅遇跨径小于3m的涵洞时可直接跨越,跨越处应进行围封
(C)隔离栅的中心线可沿公路用地范围界限以外20~50cm处设置
(D)高速公路在行人、动物可误入分离式路基内侧中间区域的条件下,应在分离式路基内侧需要的位置设置隔离栅

51. 在下列哪些位置应设置防落物网? ( )
(A)上跨铁路的车行构造物两侧 (B)上跨高速公路的人行构造物两侧
(C)公路跨越乡村道路时 (D)公路跨越河流时

52. 防落石网宜设置在哪些位置? ( )
(A)缓坡平台 (B)紧邻公路的坡脚宽缓场地附近
(C)路堑边坡中间 (D)土路肩上

53. 当高速公路、一级公路中央分隔带宽度小于 9m 时,宜在哪些路段设置防眩设施?
( )

(A)设置超高的圆曲线路段

(B)凹形竖曲线半径等于或接近于标准规定的最小半径值的路段

(C)分离式断面,上下车行道高差小于或等于 3m 时

(D)小净距隧道进出口附近

54. 关于防眩设施设置的规定,下列哪些说法是正确的? ( )

(A)公路沿线有连续照明设施的路段,可不设置防眩设施

(B)在干旱地区不宜采用植树防眩

(C)穿村镇路段不宜设置防眩设施

(D)各结构段应相互独立,每一结构段的长度不宜大于 12m

55. 关于避险车道设置原则的规定,下列哪些说法是正确的? ( )

(A)避险车道宜设置在路侧人口稠密区之后的路段

(B)如设置在直线路段时,避险车道与主线的夹角宜小于 5°

(C)设置位置处宜避开桥梁

(D)设置位置处宜避开隧道

56. 减速丘可用于哪些等级的公路进入城镇、村庄的路段? ( )

(A)一级公路　　(B)二级公路

(C)三级公路　　(D)四级公路

57. 关于城市道路交通安全设施的设置,下列哪些选项是正确的? ( )

(A)等级为 A 级时,进出口分流三角端应有醒目的提示和防撞设施

(B)等级为 B 级时,支路接入应有限制措施

(C)等级为 C 级时,宜设置行人和机动车、非机动车分隔设施

(D)等级为 D 级时,平交口应进行交通渠化

三、案例题

1. 某公路设计速度 100km/h,年平均日交通量约为 4000 辆/天,在曲线半径为 500m 的填方路段上,其计算净区的宽度最接近下列哪个选项? ( )

(A)4.5m　　(B)8.2m

(C)12.4m　　(D)15.6m

2. 某一级公路设计速度 80km/h,右侧硬路肩宽度 1.5m,土路肩宽度 0.75m,预测年度的年平均日交通量约为 8500 辆/天。其中,K6 + 200 ~ K6 + 260 路段为直线填方路段,填方边坡坡率为 1:1.5,路堤高度为 5.0 ~ 6.0m,该路段如果设置路侧波形梁护栏,则波形梁护栏的等

级及长度选择最合理的是哪一个选项？（　　）

(A)A 级,60m　　(B)SB 级,60m

(C)A 级,70m　　(D)SB 级,70m

3. 某二级公路在其长下坡位置设置了避险车道,制动床坡度为 12%,采用松散的砂砾材料。假设车辆在此处失控,驶入避险车道制动床时的速度为 80km/h,此时制动床最小长度值最接近下列哪个数值？（　　）

(A)100m　　(B)115m

(C)168m　　(D)249m

参考答案及解析

一、单项选择题

1. [**答案**]B

[**解析**]公路交通安全设施的主要功能作用包括主动引导、被动防护、全时保障、隔离封闭。其中,主动引导、全时保障、隔离封闭设施的合理设置均可以起到事故预防的作用,有效避免交通事故的发生,是交通安全设施设计需要优先考虑的内容,而被动防护设施的合理设置则可以有效降低事故的严重程度。

2. [**答案**]A

[**解析**]公路交通安全设施设计应在交通安全综合分析的基础上,优先设置主动引导设施,根据需要设置被动防护设施。

3. [**答案**]D

[**解析**]支线公路应根据本规范的规定设置交通标志,在视距不良、急弯、陡坡等路段应设置交通标线及必需的视线诱导设施;路侧有不满足计算净区宽度要求的悬崖、深谷、深沟、江河湖海等路段应设置路侧护栏。

4. [**答案**]A

[**解析**]公路交通标志应以不熟悉周围路网体系但对出行路线有所规划的公路使用者为设计对象,为其提供清晰、明确、简洁的信息。

5. [**答案**]C

[**解析**]当旅游区标志与其他交通标志冲突时,其他交通标志具有优先设置权限;告示标志的设置,不得影响警告、禁令、指示和指路标志的设置和视认;对交通标志所提供的信息进行排序,优先保留禁令和指示标志。

6. [答案]D

[解析]指路标志应根据公路功能、交通流向和沿线城镇分布等情况,依距离、人口和社会经济发展程度,优先选取交通需求较大的信息指示。

7. [答案]A

[解析]除特殊情况外,交通标志应设置在公路前进方向的车行道上方或右侧,其他位置(如左侧)的交通标志应仅视为正常位置的补充。

8. [答案]B

[解析]公路交通标志的任何部分不得侵入公路建筑界限内。悬臂、门架式等悬空标志净空高度应预留20~50cm的余量。

9. [答案]D

[解析]标志内边缘距土路肩边缘线的距离不小于25cm。

10. [答案]C

[解析]交通标志之间应保持合理间距,设计速度大于或等于80km/h的公路交通标志之间的间隔不宜小于60m,其他公路交通标志之间的间隔不宜小于30m。

11. [答案]B

[解析]安装在同一支撑结构上的标志不宜超过4个。

12. [答案]B

[解析]高速公路互通式立交、服务区、停车区指路标志的设置,分别以减速车道渐变段起点和加速车道渐变段终点为前、后基准点。指路标志显示的距离,指与前基准点的间距。

13. [答案]D

[解析]当因互通式立体交叉、桥梁、隧道等因素没有位置设置时,经严格论证可取消2km出口预告标志,其他出口预告标志必须设置。

14. [答案]C

[解析]交通标志设计的目的是利用标志实物上的图形或文字向驾驶人传达有关环境的信息,交通标志有信息、图形和硬件三个系统组成。

15. [答案]C

[解析]纵向或横向连续设置的交通标线应根据需要设置排水孔。每隔10~15m设置排水缝,宽度3~5cm。

16. [答案]B

[解析]互通式立体交叉、服务区、停车区出入口处，应设置导向箭头。出口导向箭头应以减速车道渐变点为基准点，入口导向箭头应以加速车道起点为基准点。

17. [答案]B

[解析]三级及三级以上公路之间形成的平面交叉应进行渠化设计，并设置渠化标线，有条件时宜设置渠化岛，路缘石高度不宜超过10cm。

18. [答案]A

[解析]单黄虚线的线条长度应为4m，空白段长度应为6m。

19. [答案]D

[解析]与交通标志文字尺寸的选取一样，根据设计速度确定。

20. [答案]D

[解析]路侧护栏的防护等级分为八级，由低到高分别为C、B、A、SB、SA、SS、HB、HA。

21. [答案]A

[解析]见《公路交通安全设施设计规范》(JTG D81—2017)表6.2.10。

22. [答案]A

[解析]根据《公路交通安全设施设计规范》(JTG D81—2017)表6.2.10、第6.2.12条。年平均日设计交通量($AADT$)小于2000辆小客车且设计速度小于或等于60km/h的公路，宜进行交通安全及经济综合分析，确定是否设置护栏及护栏的防护等级。需要设置护栏时，其防护等级可在表6.2.10的基础上降低1个等级，但最小不得低于一(C)级。

23. [答案]B

[解析]不同防护等级或不同结构形式的护栏之间连接时，应进行过渡段设计。护栏过渡段的防护等级应不低于所连接护栏中较低的防护等级。

24. [答案]A

[解析]护栏最大横向动态外延值(W)或车辆最大动态外倾值(VI_n)的选择应根据防护车型和障碍物来确定。当防护的障碍物低于护栏高度时，宜选择护栏最大横向动态外延值(W)；当防护的障碍物高于护栏高度、公路主要行驶车型为大型车辆时，应选择车辆最大动态当量外倾值(VI_n)。

25. [答案]C

[解析]同本节第24题。

26.［答案］A

［解析］冬季风雪较大的地区，宜选用少阻雪的护栏形式。

27.［答案］A

［解析］交通量大、事故频发的路段，事故养护成本是必须考虑的因素，刚性护栏是较好的选择方案。

28.［答案］C

［解析］通过过渡段连接的两种形式护栏的长度之和不应小于两种形式护栏的最小结构长度的大值。

29.［答案］D

［解析］中央分隔带开口护栏应方便开启与关闭、具有可移动性，宜在10min内开启10m及以上的长度。

30.［答案］A

［解析］设计防护速度100km/h的护栏防撞端头的防护等级正常情况下应选TS级，设计速度100km/h的护栏防撞端头的防护等级正常情况下应选TA级。

31.［答案］C

［解析］高速公路、一级公路，按行车方向配置白色反射体的轮廓标应安装于公路右侧，配置黄色反射体的轮廓标应安装于中央分隔带。二级及二级以下公路，按行车方向配置的左右两侧的轮廓标均为白色。避险车道轮廓标颜色为红色。

32.［答案］C

［解析］同本节第31题。

33.［答案］A

［解析］按不同曲线半径确定设置间距，另外路基宽度、车道数有变化及竖曲线路段，可适当加密轮廓标的间隔。

34.［答案］C

［解析］安装轮廓标时，反射体应面向交通流，表面法线应与公路中心线成0°~25°的角度。

35.［答案］B

［解析］特长隧道、长隧道可每隔500m设置一处隧道轮廓带。

36.[答案]A

[解析]隧道轮廓带的颜色宜采用白色,宽度宜为15~20cm。

37.[答案]C

[解析]三级、四级公路达不到护栏设置标准但存在一定危险因素的路段,宜设置示警桩、示警墩等设施,示警桩、示警墩的颜色应为黄黑相间。道口标柱的颜色应为红白相间。

38.[答案]C

[解析]隔离栅应根据地形进行设置,隔离栅的高度不宜低于1.5m,靠近城镇区域的隔离栅高度不宜低于1.8m。

39.[答案]C

[解析]隔离栅的网孔尺寸可根据公路沿线动物的体形进行选择,最小网孔不宜小于50mm×50mm。

40.[答案]C

[解析]防落物网距桥面的高度不宜低于1.8m。

41.[答案]B

[解析]防落物网应进行防腐和防雷接地处理,防雷接地的地阻应小于10Ω。

42.[答案]B

[解析]防眩设施在直线路段遮光角不应小于8°,平、竖曲线路段遮光角为8°~15°,计算防眩设施的眩光距离采用120m。

43.[答案]C

[解析]结构形式、设置高度、设置位置发生变化时应设置渐变过渡段,过渡段长度以50m为宜。

44.[答案]B

[解析]在避险车道长度不能满足要求时,经论证可在制动床中段以后适当位置设置阻拦索或消能设施,阻拦索或消能设施的安全性应经过实车试验验证。阻拦索或消能设施宜进行防盗处理。

45.[答案]D

[解析]设计速度大于或等于80km/h的公路上常年存在风力大于七级的路段;设计速度小于80km/h的公路上常年存在风力大于八级的路段。

46.［答案］B

［解析］公路积雪标杆宜设置在公路土路肩上，设置位置不得侵入公路建筑限界以内。

47.［答案］D

［解析］公路上跨桥梁或隧道内净空高度小于4.5m时可设置防撞限高架，上跨桥梁或隧道内净空高度小于2.5m时宜设置防撞限高架。

48.［答案］D

［解析］警示限高架与上跨桥梁或隧道的距离应满足驾驶人反应距离与制动距离需求，防撞限高架与上跨桥梁或隧道的距离应满足车辆碰撞后运行速度的制动距离需求。

49.［答案］C

［解析］城市道路交叉口的交通信号周期不宜大于180s。

二、多项选择题

1.［答案］ABC

［解析］公路交通安全设施设计内容包括交通标志、交通标线(含突起路标)、护栏和栏杆、视线诱导设施、隔离栅、防落网、避险车道和其他交通安全设施(含防风栅、防雪栅、积雪标杆、限高架、减速丘和凸面镜)等。

2.［答案］ACD

［解析］主动引导、全时保障、隔离封闭设施的合理设置均可以起到事故预防的作用，有效避免交通事故的发生，是交通安全设施设计需要优先考虑的内容。

3.［答案］ABCD

［解析］公路交通安全设施设计应坚持以人为本、预防为主、系统设计、重点突出的原则。应在交通安全综合分析的基础上，优先设置主动引导设施，根据需要设置被动防护设施。

4.［答案］BCD

［解析］公路交通安全设施必须与公路土建工程同时设计、同时施工、同时投入生产和使用，这也是所谓“三同时”制度。

5.［答案］BD

［解析］次要干线公路应根据本规范的规定设置完善的交通标志、标线、视线诱导设施及必需的隔离栅、防落网；桥梁与高路堤路段必须设置路侧护栏；一级公路整体式断面中间带宽度小于或等于12m时，必须连续设置中央分隔带护栏；不同形式的护栏连接时，应进行过渡段设计；高速公路中央分隔带开口处必须设置开口护栏；一级公路应根据需要设置防眩设施。

6. [答案]ABD

[解析]道路交通标志的主要作用包括控制和疏导交通、维护交通秩序、提供交通信息、指引行进方向、执行法规的依据等内容。渠化交叉路口交通属于交通标线的作用。

7. [答案]ACD

[解析]选项A属于告示标志、选项C属于旅游区标志、选项D属于指示标志,均属于主标志;选项B属于辅助标志,附设在主标志下,对其进行辅助说明的标志。

8. [答案]BD

[解析]悬臂式、门架式、车行道上方附着式均属于车行道上方标志对应支撑结构形式。

9. [答案]ABD

[解析]交通标志按光学特性分为逆反射式、照明式和发光式。逆反射式是指利用逆反射材料制作,最为常见。照明式是指在标志结构内部或上方安装白色光源的标志;发光式是采用LED等主动发光器件或材料的标志。

10. [答案]AB

[解析]交通标志按版面显示内容分为静态标志和可变信息标志。永久性标志、临时性标志是按设置时效进行分类的。

11. [答案]CD

[解析]警告标志应设置在公路本身及沿线环境存在影响行车安全且不易被发现的危险地点,并应在充分论证的基础上设置,不得过量使用。禁令标志应设置在需要明确禁止或限制车辆、行人交通行为的路段起点附近醒目的位置。指示标志应根据交通流组织和交通管理的需要,在驾驶人、行人容易产生迷惑处或必须遵守行驶规定处设置。指路标志应根据路网一体化的原则进行整体布局,做到信息关联有序,不得出现信息不足、不当或过载的现象。

12. [答案]ABD

[解析]交通标志安装时,标志版面的法线应与公路中心平行或成一定角度。路侧安装的禁令标志和指示标志为0°~45°,指路标志和警告标志为0°~10°。悬臂、门架或附着式悬空标志安装时,标志的安装角度应与道路中心垂直或前倾0°~10°。

13. [答案]AD

[解析]考虑到驾驶人对信息的认知和理解程度,不能过多,优先考虑对安全影响大的交通标志。接受信息量过大有可能降低交通标志的有效性。一般情况下禁令标志和指示标志对行车安全有重要影响,所以应优先保留。交通标志宜单独设置,因条件限制需并列设置时,对交通标志所提供的信息进行排序,优先保留禁令和指示标志。

14. [答案]AC

[解析]安装在同一支撑结构上的标志不宜超过4个,并按禁令、指示、警告的顺序,先上后下、先左后右排列。

15. [答案]ABC

[解析]高速公路、隧道、特大桥梁路段的入口处,同一版面的禁令或指示标志的数量不应多于6个。

16. [答案]ABC

[解析]当符合下列条件时,交通标志应采用悬臂式或门架式等悬空支撑方式:路侧交通标志视认受到遮挡或影响;路侧交通标志影响视距或交通安全;路侧空间受限,无法安装柱式交通标志;单向有三条或三条以上车道;交通量达到或接近设计通行能力,或大型车辆所占比例很大;枢纽型互通式立体交叉、形式复杂或出口间距较近的互通式立体交叉的出口指引标志;互通式立体交叉出口匝道为多车道,或左向出口;平面交叉预告和告知标志;车道变换频繁的路段;交通标志设置较为密集的路段;位于城市区域的高速公路路段。

17. [答案]CD

[解析]公路及沿线环境存在影响行车安全且不易被发现的危险地点时,经论证可设置。同一地点需要设置两个或两个以上警告标志时,原则上只设置最需要的一个;如必须设两个及以上警告标志时,将提醒驾驶人危险主因的标志设置在上部或左侧。

18. [答案]ABC

[解析]圆曲线半径或停车视距小于下表规定值时,应设急弯路标志。

设计速度(km/h)	圆曲线半径(m)	停车视距(m)
20	20	20
30	45	30
40	80	40

另外,圆曲线半径大于或等于表中规定值,但小于一般最小半径,且路线转角大于或等于45°时,应设急弯路标志。

19. [答案]AC

[解析]除个别标志外,禁令标志为白底、红圈,红杠,黑图形,圆形压杠,选项B错误;限速和解除限速标志不一定必须成对出现,可以设置新的限速标志。

20. [答案]ABC

[解析]高速公路指路标志按照标志的功能可分为路径指引、沿线信息指引、沿线设施

指引标志；一般公路指路标志按照标志的功能可分为路径指引、地点指引、沿线设施指引、公路信息指引标志。

21.［答案］AB

［解析］指示信息为高速公路或城市快速路，以一般公路与高速公路或城市快速路的连接线平面交叉或减速车道渐变段起点为计算基准点。

22.［答案］ABC

［解析］指路标志的尺寸大小应根据字数、文字高度、排列方式确定，仅文字高度和设计速度有关。

23.［答案］ACD

［解析］道路交通标线的主要作用包括实行交通分离、渠化交叉路口交通、提示前方路况，保障交通安全、守法和执法的依据。

24.［答案］ABD

［解析］交通标线按功能可以划分为指示标线、禁止标线和警告标线。

25.［答案］ABC

［解析］交通标线按标线形态划分为线条、文字和突起路标三类。

26.［答案］AC

［解析］二级公路在特殊路段应设置车行道边缘线，所以选项 B 错误；二级以下公路，除单车道外，应设置对向车行道分界线，所以选项 D 错误。

27.［答案］ABC

［解析］二级及二级以下公路的下列路段应设置车行道边缘线：公路的窄桥及其上下游路段；采用最低公路设计指标的曲线段及其上下游路段；交通流发生合流或分流的路段；路面宽度发生变化的路段；路侧障碍物距车行道较近的路段；经常出现大雾等影响安全行车天气的路段；非机动车或行人较多的机非混行路段。

28.［答案］BCD

［解析］经常出现强侧向风的桥梁路段、隧道出入口路段、急弯陡坡路段、平面交叉驶入路段、接近人行横道线的路段，应设置禁止跨越同向车行道分界线。

29.［答案］CD

［解析］在靠近公路建筑限界范围的跨线桥、渡槽等的墩柱立面、隧道洞口侧墙端面及其他障碍物立面上，中央分隔墩、收费岛、实体安全岛或导流岛、灯座、标志基座及其他可能对

行车安全构成威胁的立体实物表面上,应设置立面标记或实体标记。实体标记用以给出公路建筑限界范围内实体构造物的轮廓,提醒驾驶人注意。

30.［答案］AB

［解析］在公路宽度或车行道数量发生变化的路段应设置过渡标线。

31.［答案］BC

［解析］高速公路的车行道边缘线上宜设置突起路标;隧道的车行道分界线上宜设置突起路标。考虑到我国北部寒冷地区冬季除雪的需要,《公路交通安全设施设计规范》(JTG D81—2017)将突起路标的设置规定由“应”调整为“宜”。

32.［答案］ABC

［解析］护栏的作用包括:阻止车辆越出路外或穿越中央分隔带闯入对向车道、防止车辆从护栏板下钻出,或将护栏板冲断、应能使车辆恢复到正常行驶方向、发生碰撞时,对乘客的损伤程度最小、能诱导驾驶员的视线。

33.［答案］AC

［解析］按在公路中的纵向设置位置,护栏可以分为路基护栏和桥梁护栏。

34.［答案］AD

［解析］按在公路中的横向设置位置,护栏可以分为路侧护栏和中央分隔带护栏。

35.［答案］ABD

［解析］根据碰撞后的变形程度,护栏分为刚性护栏、半刚性护栏和柔性护栏。

36.［答案］CD

［解析］公路实际净区宽度与计算净区宽度不同时,应在交通安全综合分析的基础上,按照驶出路外或驶入对向车行道事故的风险确定是否设置护栏,并不是必须设置护栏,所以选项A错误;驶出路外或驶入对向车行道事故的风险应综合考虑驶出路外或驶入对向车行道的可能性以及事故严重程度等因素,所以选项B错误。

37.［答案］AD

［解析］未设盖板的边沟、排水沟区域,不能作为有效宽度,选项B错误;路侧有不可移除的行道树、标志立柱或其他障碍物时,不作为有效宽度,选项C错误。

38.［答案］BC

［解析］根据《公路交通安全设施设计规范》(JTG D81—2017)第6.2.3条、第6.2.4条,路侧有高压输电线塔时,事故严重程度为高;三级公路路侧有深度30m以上的悬崖、深谷、

深沟等路段,事故严重程度为中。

39. [**答案**]AD

[**解析**]根据《公路交通安全设施设计规范》(JTG D81—2017)第6.2.3条、第6.2.4条,一级公路设路肩墙路段,路堤高度2.0m,事故严重程度为低;高速公路、一级公路路外设有车辆不能安全越过的交通标志,事故严重程度为中。

40. [**答案**]ACD

[**解析**]《公路交通安全设施设计规范》(JTG D81—2017)第6.2.6条、第6.2.7条、第6.2.8条,干线一级公路中央分隔带宽度小于2.5m且采用整体式护栏形式时,事故严重程度等级为高,选项B错误。作为集散的一级公路,整体式断面中间带应设置保障行车安全的隔离设施,根据交通安全综合分析结果,可考虑是否设置中央分隔带护栏。

41. [**答案**]AB

[**解析**]《公路交通安全设施设计规范》(JTG D81—2017)第6.2.13条。

42. [**答案**]ABC

[**解析**]护栏最小结构长度包括了护栏标准段、渐变段和端头的长度。

43. [**答案**]BCD

[**解析**]高速公路的中央分隔带开口必须设置中央分隔带开口护栏,作为次要干线的一级公路,在禁止车辆掉头的中央分隔带开口处可设置中央分隔带开口护栏。

44. [**答案**]AB

[**解析**]收费站导流岛端部可采用非导向防撞垫,选项C错误;高速公路路侧计算净区宽度范围内有特殊形式的危险障碍物,不能采用其他方式进行有效安全防护时,应设置可导向防撞垫或非导向防撞垫,选项D错误。

45. [**答案**]BD

[**解析**]见《公路交通安全设施设计规范》(JTG D81—2017)表6.2.21规定。

46. [**答案**]ABD

[**解析**]突起路标属于交通标线类设施。

47. [**答案**]CD

[**解析**]隧道路段、二级及二级以下公路,轮廓标宜设置为双面反光形式。

48. [**答案**]CD

[**解析**]高速公路、一级公路,按行车方向配置白色反射体的轮廓标应安装于公路右侧,配置黄色反射体的轮廓标应安装于中央分隔带。

49. [**答案**]BD

[**解析**]路侧有水面宽度超过6m且深度超过1.5m的水渠、池塘、湖泊等天然屏障路段,选项A错误;挖方高度超过20m且坡度大于70°的路段,选项C错误。

50. [**答案**]AD

[**解析**]隔离栅遇跨径小于2m的涵洞时可直接跨越,跨越处应进行围封,选项B错误;隔离栅的中心线可沿公路用地范围界限以内20~50cm处设置,选项C错误。

51. [**答案**]AB

[**解析**]上跨饮用水水源保护区、铁路、高速公路、需要控制出入的一级公路的车行或人行构造物两侧均应设置防落物网;公路跨越通航河流、交通量较大的其他公路时,应设置防落物网。

52. [**答案**]AB

[**解析**]防落石网宜设置在缓坡平台或紧邻公路的坡脚宽缓场地附近,通过数值计算确定落石的冲击动能、弹跳高度和运动速度,并选取满足防护强度和高度要求的防落石网。

53. [**答案**]AB

[**解析**]高速公路、一级公路中央分隔带宽度小于9m且符合下列条件之一者,宜设置防眩设施:夜间交通量较大,且交通量中,大型货车和大型客车自然交通量之和所占比例大于或等于15%的路段;设置超高的圆曲线路段;凹形竖曲线半径等于或接近于标准规定的最小半径值的路段;公路路基横断面为分离式断面,上下车行道高差小于或等于2m时;与相邻公路、铁路或交叉公路、铁路有严重眩光影响的路段;连拱隧道进出口附近。

54. [**答案**]ACD

[**解析**]在干旱地区,中央分隔带宽度小于3m的路段不宜采用植树防眩。

55. [**答案**]BC

[**解析**]避险车道宜设置在连续下坡路段右侧视距良好、车辆不能安全转弯的主线平曲线之前或路侧人口稠密区之前的路段,选项A错误。避险车道的设置位置及形式宜结合地形、线形条件确定,设置位置处宜避开桥梁,并应避开隧道,选项D错误。

56. [**答案**]CD

[**解析**]减速丘可用于三级、四级公路进入城镇、村庄的路段,或者进入干线的支路上。减速丘的设置应全断面铺设,并设置相应的减速丘标志、标线、建议速度或限制速度标志。

57.［答案］ABC

［解析］等级为D级时，应配置较完善的标志、标线；宜设置隔离和防护设施，并符合以下规定：平交口宜进行交通渠化；宜设置行人和机动车、非机动车分隔设施。

三、案例题

1.［答案］C

［解析］该公路设计速度100km/h，查《公路交通安全设施设计规范》（JTG D81—2017）中附录A图A.0.2-1，平均日交通量4000veh/d所对应的填方直线段计算净区宽度约为8.2m。由图A.0.2-3可知，半径500m的曲线段计算净区宽度调整系数F_c约为1.51。

曲线段计算净区宽度=相同路基类型对应的直线段计算净区宽度×调整系数F_c=8.2m×1.51=12.382m。

2.［答案］D

［解析］该公路设计速度100km/h，查《公路交通安全设施设计规范》（JTG D81—2017）中附录A图A.0.2-1，平均日交通量8500veh/d所对应的填方直线段计算净区宽度约为6.7m。该路段实际净区宽度=1.5+0.75=2.25m。实际净区宽度小于计算净区宽度。

查《公路交通安全设施设计规范》（JTG D81—2017）图6.2.4，可知该路段路侧事故严重程度等级为中，应设置护栏。

查《公路交通安全设施设计规范》（JTG D81—2017）表6.2.10，一级公路设计速度80km/h，路侧事故严重程度等级为中时，护栏等级应为SB级。

查《公路交通安全设施设计规范》（JTG D81—2017）表6.2.21，一级公路波形梁护栏的最小长度为70m。

3.［答案］B

［解析］避险车道制动床长度L的计算公式如下（见《公路交通安全设施设计细则》第11.3.7条）：

$$L=\frac{V^2}{254\times(R+G)}$$

其中V=80km/h；制动床材料是松散的砂砾，R值为0.1；G值为0.12。

$L=80^2/[254\times(0.1+0.12)]=115\text{m}$

第三节　服务设施

本节考纲

1. 掌握服务设施的种类、作用和设置条件。
2. 掌握城市广场、停车场设计。

复习要点

服务设施的种类、作用；服务区、停车区和客运汽车停靠站的设置条件。

城市广场的分类；城市广场设计的总体要求、竖向设计及出入口衔接道路的设计要求。

停车场的分类；机动车停车场设计的要点；非机动车停车场设计的要点。

典型习题

一、单项选择题

1. 服务区的平均间距不宜大于多少？（　　）

(A)30km　　(B)40km

(C)50km　　(D)60km

2. 服务区与互通式立体交叉、隧道的净间距宜大于多少？（　　）

(A)1km　　(B)2km

(C)3km　　(D)4km

3. 服务区内停车场的建筑面积、预埋工程分别按第几年的交通量进行设计？（　　）

(A)10 年,10 年　　(B)10 年,20 年

(C)15 年,20 年　　(D)20 年,20 年

4. 关于服务区的设置规定,下列哪些说法是错误的？（　　）

(A)服务区的布设宜采用集中式

(B)服务区内各设施按功能分区设置,为人服务和为车服务设施分开设置

(C)服务区广场应结合服务主楼、停车场等布设,做交通流设计

(D)服务区停车场的车位数与停车方式,应根据交通量和交通组成设计

5. 布置在火车站前面,且人流、车流集散停留较多的广场属于哪一类广场？（　　）

(A)公共活动广场　　(B)集散广场

(C)交通广场　　(D)商业广场

6. 城市广场设计应按哪个因素确定场地面积？（　　）

(A)周末人流量、车流量　　(B)年平均日人流量、车流量

(C)工作日人流量、车流量　　(D)高峰时间人流量、车流量

7. 我国东北某城市拟建一座纪念性广场,该广场与某城市道路相连接,该道路在竖向设计时最大纵坡应控制在多少？（　　）

(A)2.0%　　(B)3.0%
(C)5.0%　　(D)7.0%

8. 根据停放车辆的类型,停车场可以分为哪些类型?（　　）
(A)机动停车场和非机动车停车场　　(B)路上停车场和路外停车场
(C)公用停车场和专用停车场　　(D)地面停车场和地下停车场

9. 下列关于机动车停车场设计的规定,哪些选项是正确的?（　　）
(A)当停车场内车位布置为纵向排列时,为增加停放辆数每组停车可设置为60veh
(B)当停车容量为40veh时,可设置一个满足车辆双向行驶的出入口
(C)单向通行的停车场进出口净宽不应小于4m,双向通行的不应小于7m
(D)停车场的竖向设计应与排水相结合,坡度宜为0.3%~4.0%

10. 非机动车停车场的纵坡宜为多少?（　　）
(A)0.3%~3.0%　　(B)0.3%~4.0%
(C)0.5%~3.0%　　(D)0.5%~4.0%

二、多项选择题

1. 公路服务设施包括哪些种类?（　　）
(A)服务区　　(B)停车区
(C)客运汽车停靠站　　(D)U形转弯设施

2. 客运停靠站的位置宜根据哪些因素布设?（　　）
(A)城市交通规划　　(B)地区公路交通规划
(C)公路沿线城镇分布　　(D)出行需求

3. 服务区、停车区的位置应根据哪些因素规划和布设?（　　）
(A)区域路网　　(B)建设条件
(C)景观要求　　(D)环保要求

4. 停车区应设置哪些设施?（　　）
(A)停车场　　(B)公共厕所
(C)人员住宿设施　　(D)室外休息区

5. 关于停车区的设置规定,下列哪些说法是正确的?（　　）
(A)作为干线的一、二级公路宜设置停车区
(B)停车区与服务区或停车区之间的间距宜为15~25km
(C)停车区与互通式立体交叉、隧道的净间距宜大于2km

(D)停车区的布设宜采用分离式,应对称布置

6. 关于客运停靠站的设置规定,下列哪些说法是正确的? (　　)
(A)客运汽车停靠站可与服务区结合设置
(B)高速公路主线侧可设置客运汽车停靠站
(C)一级公路主线侧可设置客运汽车停靠站
(D)客运汽车停靠站可设置在公路收费站前的连接线上

参考答案及解析

一、单项选择题

1. [答案]C

[解析]服务区的平均间距不宜大于50km;当沿线城镇分布稀疏,水、电等供给困难时,可增大服务区间距。

2. [答案]B

[解析]服务区与互通式立体交叉、隧道的净间距宜大于2km。

3. [答案]B

[解析]停车场、餐饮等的建筑面积可按预测的第10年交通量设计,但用地及其预留、预埋等相关工程,应按预测的第20年交通量设计。

4. [答案]A

[解析]服务区的布设宜采用分离式。

5. [答案]B

[解析]集散广场为布置在火车站、港口码头、飞机场、体育馆以及展览馆等大型公共建筑物前面的广场,是人流、车流集散停留较多的广场。

6. [答案]D

[解析]广场设计应按高峰时间人流量、车流量确定场地面积,按人、车分流的原则,合理布置人流、车流的进出通道,公共交通停靠站及停车等设施。

7. [答案]C

[解析]与广场相连接的道路纵坡宜为0.5%~2.0%。困难时纵坡不应大于7.0%,积雪及寒冷地区不应大于5.0%。

8.[答案]A

[解析]根据停放车辆的类型分为机动停车场和非机动车停车场;根据停放车辆的场地分为路上停车场和路外停车场;根据服务对象分为公用停车场和专用停车场。

9.[答案]B

[解析]车位布置可按纵向或横向排列分组安排,每组停车不应超过50辆,A选项错误;条件困难或停车容量小于50辆时,可设一个出入口,但其进出口应满足双向行驶的要求,B选项正确;停车场出口净宽,单向通行的不应小于5m,双向通行的不应小于7m,C选项错误;停车场的竖向设计应结合排水,坡度宜为0.3%~3.0%,D选项错误。

10.[答案]B

[解析]非机动车停车场的纵坡坡度宜为0.3%~4.0%。

二、多项选择题

1.[答案]ABC

[解析]服务设施包括服务区、停车区和客运汽车停靠站。

2.[解析]BCD

[解析]客运停靠站的位置宜根据地区公路交通规划、公路沿线城镇分布、出行需求布设。

3.[解析]ABCD

[解析]服务区、停车区的位置应根据区域路网、建设条件、景观和环保要求等规划和布设。

4.[解析]ABD

[解析]停车区应设置停车场、公共厕所、室外休息区等设施。高速公路服务区应设置停车场、加油站、车辆维修站、公共厕所、室内外休息区、餐饮、商品零售点等设施,根据公路环境和需求可设置人员住宿、车辆加水的设施。

5.[答案]ABC

[解析]停车区的布设宜采用分离式,但无需对称布置。

6.[答案]ACD

[解析]从安全及管理角度考虑,高速公路主线侧不应设置客运汽车停靠站。

第四节　管理设施

本节考纲

掌握管理设施的种类、作用和设置条件。

复习要点

管理设施的种类；监控设施的分级与设置条件；收费系统的设置要求；通信设施的设置要求；照明设施的设置要求；养护设施的设置要求。

典型习题

一、单项选择题

1. 监控、收费、通信、供配电、照明和管理养护等设施应根据哪个因素进行总体设计、分期实施？　(　　)

(A)建设投资　(B)交通量
(C)环境要求　(D)用地条件

2. 哪个等级的监控设施适用于高速公路全程监控？　(　　)

(A)A 级　(B)B 级
(C)C 级　(D)D 级

3. 桥梁、隧道等构造物区段的外场设备基础的设计交通量为预测的哪一年交通量？　(　　)

(A)第 5 年　(B)第 10 年
(C)第 15 年　(D)第 20 年

4. 收费系统机电设备可按开通后第几年的交通量进行配置？　(　　)

(A)5　(B)10
(C)15　(D)20

5. 服务区的停车场宜设置哪一种照明方式？　(　　)

(A)混合杆灯照明　(B)低杆灯照明
(C)中杆灯照明　(D)高杆灯照明

6. 收费广场车道数小于12时宜设置哪一种照明方式？（　　）

(A)混合杆灯照明　(B)低杆灯照明

(C)中杆灯照明　(D)高杆灯照明

二、多项选择题

1. 下列哪些选项属于公路管理设施？（　　）

(A)监控　(B)收费

(C)供配电　(D)隧道通风

2. 哪些等级的监控设施适用于高速公路监控？（　　）

(A)A级　(B)B级

(C)C级　(D)D级

3. D级的监控设施可在哪些位置设置交通量检测、现场交通信息提示及交通诱导设施？（　　）

(A)特大桥　(B)客运汽车停靠站

(C)服务区　(D)收费站

4. 监控系统应具备哪些功能？（　　）

(A)信息采集　(B)信息加工

(C)信息处理与决策　(D)信息发布与控制

5. 监控管理机构由哪些部门组成？（　　）

(A)监控中心　(B)监控分中心

(C)监控站　(D)监控室

6. 监控系统可采用哪些模式？（　　）

(A)集中式　(B)并联式

(C)分布式　(D)串联式

7. 监控系统控制方式分为哪几种？（　　）

(A)主线控制　(B)支线控制

(C)匝道控制　(D)通道控制

8. 收费站可采用哪些收费方式？（　　）

(A)人工收费　(B)半自动收费

(C)自动收费　(D)不停车收费

9. 关于收费制式的规定,下列哪些说法是正确的?（　　）

(A)已联网或规划联网收费区域内的高速公路应采用封闭式

(B)建设里程长,用路者行驶距离差别较大,且主线和互通式立体交叉出入交通量均较大的高速公路应采用封闭式

(C)独立收费的桥梁、隧道宜采用混合式

(D)互通式立体交叉间距较大且出入交通量小宜采用开放式

10. 通信设施应提供哪些信息服务平台?（　　）

(A)语音　(B)数据

(C)图像　(D)控制信号

11. 通信管道敷设容量应综合考虑哪些因素确定?（　　）

(A)交通专网需求　(B)社会租赁需求

(C)扩容要求　(D)工程造价

12. 通信系统管理机构应由哪些部门组成?（　　）

(A)通信中心　(B)通信分中心

(C)通信子中心　(D)通信站

13. 高速公路通信网由哪些部分组成?（　　）

(A)控制网　(B)传送网

(C)业务网　(D)支撑网

14. 在公路的哪些位置应设置照明设施?（　　）

(A)收费广场　(B)避险车道

(C)互通立交　(D)机场高速公路

15. 关于养护设施的设置规定,下列哪些说法是正确的?（　　）

(A)高速公路宜设置养护工区,其他等级道路宜设置道班房

(B)公路管理、养护管理设施宜结合地形和业务范围选址合建

(C)养护工区与收费站合建时,应与收费站设置统一的出入口

(D)公路管理房屋建筑规模宜按照预测的第20年交通量确定

参考答案及解析

一、单项选择题

1. [答案]B

[**解析**]监控、收费、通信、供配电、照明和管理养护等设施应根据交通量进行总体设计、分期实施,并据此实施基础工程、地下管线及预留预埋工程等。

2. [**答案**]A

[**解析**]A 级监控设施适用高速公路全程监控;B 级监控设施适用高速公路分段监控。

3. [**答案**]D

[**解析**]管道及桥梁、隧道等构造物区段的外场设备基础的设计交通量为预测的第 20 年交通量。

4. [**答案**]C

[**解析**]收费系统机电设备可按开通后的第 15 年交通量配置;收费岛、收费广场、地下通道、收费大棚等设施宜按开通后第 15 年的交通量配置;收费广场用地、站房用地、建筑和土木工程用地应按开通后第 20 年的交通量实施。

5. [**答案**]D

[**解析**]服务区的停车场宜设置高杆灯照明,照度宜为 15 ~ 30lx,均匀度应大于 0.3。

6. [**答案**]C

[**解析**]收费广场车道数大于或等于 12 时宜高杆灯照明,小于 12 时宜设中杆灯照明,其照度宜为 20 ~ 40lx,均匀度应大于 0.4。

二、多项选择题

1. [**答案**]ABC

[**解析**]管理设施包括监控、收费、通信、供配电、照明和管理养护等设施。

2. [**答案**]AB

[**解析**]C 级监控设施适用干线一级、二级公路;D 级监控设施适用集散公路、支线公路。

3. [**答案**]AB

[**解析**]D 级监控设施可在特大桥、加油站、客运汽车停靠站、主要公路平面交叉口等重点或有特殊需求路段,设置交通量检测、现场交通信息提示及交通诱导设施。

4. [**答案**]ACD

[**解析**]监控系统应具备信息采集、信息处理与决策和信息发布与控制功能。

5. [**答案**]ABC

[**解析**]监控管理机构由监控中心(或区域监控中心)、监控分中心、监控站组成。

6.［答案］AC

［解析］监控系统模式可采用集中式或分布式。

7.［答案］ACD

［解析］监控系统控制方式分为主线控制、匝道控制和通道控制。

8.［答案］BCD

［解析］收费方式可采用半自动收费、自动收费或不停车收费。

9.［答案］AB

［解析］独立收费的桥梁、隧道宜采用开放式；近期预测交通量较少且短途交通量较少，或互通式立体交叉间距较大且出入交通量小宜采用混合式。

10.［答案］ABC

［解析］通信设施应满足监控、收费和管理等业务需求，结合路网统一规划、统一标准、统一体制，提供语音、数据、图像信息服务平台。

11.［答案］ABC

［解析］通信管道敷设容量应综合考虑交通专网需求、社会租赁需求和扩容要求确定，省际之间应保证一条用于干线联网的通信管道。

12.［答案］ABD

［解析］通信系统管理机构应由通信中心、通信分中心、通信站组成。

13.［答案］BCD

［解析］高速公路通信网由传送网、业务网、支撑网组成。

14.［答案］AB

［解析］收费广场、服务区广场、避险车道、检测点(站)等应设置照明设施，位于城市出入口路段的互通立交、特大桥、机场高速公路、环城高速公路可设置照明设施。

15.［答案］ABD

［解析］养护工区与收费站合建时，应在被交路上设置独立的出入口，选项C错误。

第八章　道路工程施工组织与概预算

第一节　道路施工组织

本节考纲

1. 了解施工组织设计文件编制原则；机械化施工组织设计内容和特点；材料供应计划编制方法。

2. 了解道路建设内容及程序；道路施工程序；道路施工组织调查。

复习要点

施工组织设计文件的编制原则；机械化施工总体计划及分部分项工程计划的内容；机械化施工组织设计的特点。

主要材料需要量计划编制；材料运输组织；材料运输供应计划编制的三种方法，即指示性供应图、差额曲线图和累积曲线图。

道路建设包括的三方面内容；公路工程基本建设程序；道路施工的四个步骤，即签订工程承包合同、施工准备工作、组织施工及竣工验收；道路施工组织调查，即现场勘察和施工组织设计资料收集。

典　型　习　题

一、单项选择题

1. 编制施工组织设计文件时，应根据工程特点和工期要求，因地制宜地采用快速施工，尽可能采用哪一种施工方法，组织连续均衡且有节奏的施工？（　　）

(A)平行作业　　(B)顺序作业

(C)流水作业　　(D)交叉作业

2. 下列不属于机械化施工总体计划内容的是哪个选项？（　　）

(A)重点工程的机械施工方案和方法

(B)机械施工平面设置与机械占地布设

(C)机械检修、保养计划和措施

(D)机械施工的总体进度计划

3. 材料的需要量可按照工程量和定额规定进行计算,并根据施工项目的什么要求编制年、季、月主要材料计划表？ (　　)

(A)施工方案　(B)施工进度

(C)施工质量　(D)施工安全

4. 在编制材料供应计划时,哪种方法是假定工地使用材料数量和每日运输的材料数量是稳定的,呈线性关系？ (　　)

(A)指示性供应图　(B)差额曲线图

(C)差额累积曲线图　(D)累积曲线图

5. 在编制材料供应计划时,哪种方法可以反映工地储存量的大小,同时也可以看出工地上的材料储备量很不稳定,对设置仓库不利？ (　　)

(A)指示性供应图　(B)差额曲线图

(C)差额累积曲线图　(D)累积曲线图

6. 在编制材料供应计划时,哪种方法能按均衡供应的要求,表示出运输工具的数量,是供应组织与计划中一种比较完善的表达形式？ (　　)

(A)指示性供应图　(B)差额曲线图

(C)差额累积曲线图　(D)累积曲线图

7. 材料计划的编制程序包括以下几点,正确的顺序是哪个选项？ (　　)

①计算工程项目材料需用量;②确定供应量;③按不同渠道分类申请;④编制供应计划;⑤编制订货、采购计划

(A)①②③④⑤　(B)①③②⑤④

(C)③②①④⑤　(D)③①②④⑤

8. 公路建设程序中的第一个内容是哪个选项？ (　　)

(A)路网建设规划　(B)项目建议书

(C)预可行性研究　(D)可行性研究

9. 工程可行性研究的投资估算与初步设计概算之差,应控制在多少以内？ (　　)

(A)5%　(B)10%

(C)15%　(D)20%

10. 技术简单、方案明确的小型建设项目可采用一阶段设计。一阶段设计是指哪个阶段？

(　　)

(A)方案设计 (B)初步设计
(C)技术设计 (D)施工图设计

11. 建设项目在办理施工许可证时,应由哪个单位向相关主管部门申请? ( )
(A)建设单位 (B)设计单位
(C)监理单位 (D)施工企业

12. 下列哪项工作不属于开工前的现场条件准备工作? ( )
(A)平整场地、做好施工放样
(B)建立工地试验室,进行各种建筑材料和土质的试验
(C)修建便桥、便道、搭盖工棚,大型临时设施的修建
(D)熟悉、核对设计文件、图纸及有关资料

13. 编制施工阶段的施工组织文件所进行的施工组织调查活动,是在哪个阶段完成的? ( )
(A)勘察阶段 (B)设计阶段
(C)制订招标文件阶段 (D)开工前的施工准备阶段

14. 施工方案中工程概略进度图是按哪个时间段进行概略安排的? ( )
(A)年和季度 (B)季度和月
(C)月、旬 (D)旬、日

15. 下列流水施工参数中,属于时间参数的是哪个选项? ( )
(A)施工过程和流水步距 (B)流水步距和流水节拍
(C)施工段和流水强度 (D)流水强度和工作面

16. 某工程分为3个施工过程,4个施工段组织加快的成倍节拍流水施工,流水节拍分别为4天、6天和4天,则需要派出多少个专业工作队? ( )
(A)7 (B)6
(C)5 (D)4

17. 已知某基础工程由开挖、垫层、砌基础和回填夯实四个过程组成,按平面划分为四段顺序施工,各过程流水节拍分别为12天、4天、10天和6天,按等步距异节奏组织流水施工的工期则为多少天? ( )
(A)38 (B)40
(C)56 (D)78

18. 某工程划分为3个施工过程、4个施工段组织固定节拍流水施工,流水节拍为5天,累

积间歇时间为 2 天,累计提前插入时间为 3 天,该工程流水施工工期为多少天?　(　　)

(A)25　(B)29

(C)31　(D)32

19. 某工程划分为 3 个施工过程、4 个施工段组织流水施工,流水节拍见下表,则该工程流水施工工期为多少天?　(　　)

施工过程	施工段及流水节拍			
	①	②	③	④
Ⅰ	4	5	3	4
Ⅱ	3	2	3	2
Ⅲ	4	3	5	4

(A)25　(B)26

(C)27　(D)28

二、多项选择题

1. 关于编制公路工程施工组织设计文件,以下哪些说法是正确的?　(　　)

(A)在各个施工阶段之间合理搭接、衔接紧凑,在保证质量的基础上,尽可能缩短工期,加快建设速度

(B)落实季节性施工的措施,无需确保全年连续施工

(C)施工组织设计是施工方案、修正施工方案、施工组织计划和实施性施工组织设计等施工组织文件的统称

(D)尽量避免材料二次搬运,正确选择运输工具

2. 下列哪些选项属于机械化施工分部分项工程计划的内容?　(　　)

(A)机械化施工的步骤和操作规程、相关的机械管理人员

(B)工程项目机械配合施工的安排计划

(C)机械施工技术、安全保证措施

(D)机械的临时占地布设和现场平面组织措施

3. 下列哪些选项属于机械化施工组织设计的特点?　(　　)

(A)有利于降低工程成本

(B)优化社会资源,节约社会劳动

(C)有利于环境保护

(D)使公路工程设计空间更为拓展,施工更创新

4. 关于施工机械配套的基本原则,下列哪些说法是正确的?　(　　)

(A)其他机械必须围绕主导机械配套
(B)各配套机械的工作能力必须与主导机械匹配
(C)尽量增加配套机械的数量
(D)同一作业要尽量使用不同型号的机械

5. 主要材料需要量计划编制时,哪些材料应列入主要材料? ( )
(A)地方供应的材料 (B)专业厂家生产的材料
(C)预制构件 (D)特殊的材料

6. 材料运输供应计划,需要寻求哪些要素之间的最佳平衡关系? ( )
(A)施工物资需要量 (B)每日运输量
(C)库存量 (D)物资采购量

7. 公路建设内容包括哪几个方面? ( )
(A)公路施工准备 (B)公路工程基本建设
(C)公路工程大、中修与技术改造 (D)公路工程的小修、保养

8. 公路工程的三阶段设计是指哪三个阶段? ( )
(A)初步设计 (B)施工图设计
(C)技术设计 (D)方案设计

9. 在签订工程承包合同时,有哪几种方式? ( )
(A)由上级主管单位统一接受任务按行政隶属关系安排计划下达
(B)经主管部门同意后,对外接受的任务
(C)自行对外投标,中标后获得任务
(D)和其他单位商议并统一分配某一区域内的任务

10. 下列哪些选项属于开工前的规划组织准备工作? ( )
(A)熟悉、核对设计文件、图纸及有关资料
(B)补充调查资料
(C)料场布置,供水、供电设备等的安装
(D)编制实施性施工组织设计和施工预算

11. 公路工程项目组织施工时需具有哪些基本文件? ( )
(A)公路工程安全性评价规范
(B)各种定额
(C)施工图预算
(D)公路工程质量检验评定标准和施工验收规范

12. 公路施工组织调查时，哪些调查工作是在现场勘察时完成的？（　　）

(A)施工现场及沿线的地形地貌

(B)施工现场的地上障碍及地下埋设物

(C)气象资料

(D)当地能够雇用或支援建设的劳动力数量

13. 下列文件属于设计文件组成部分的是哪些选项？（　　）

(A)施工方案　(B)施工组织计划

(C)施工组织总设计　(D)分部分项工程施工组织设计

14. 下列哪些选项属于施工方案的主要内容？（　　）

(A)施工便道主要工程数量表

(B)其他临时工程一览表

(C)主要材料供应、运输方案及临时工程安排

(D)公路临时用地表

15. 下列哪些选项属于固定节拍流水施工的特点？（　　）

(A)各施工段上的流水节拍均相等

(B)相邻施工过程的流水步距均相等

(C)专业工作队数等于施工过程数

(D)有的专业工作队不能连续作业

16. 下列哪些选项属于非节奏流水施工的特点？（　　）

(A)一般情况下流水步距不等

(B)各施工段上的流水节拍不尽相等

(C)专业工作队数大于施工过程数

(D)各工作队连续施工，施工段之间没有空闲

参考答案及解析

一、单项选择题

1. [答案]C

[解析]根据工程特点和工期要求，因地制宜地采用快速施工，尽可能采用流水作业施工方法，组织连续均衡且有节奏的施工，保证人力、物力充分发挥作用。

2. [答案]C

[解析]机械化施工总体计划的内容包括六个方面：确定施工计划总工期；重点工程的

机械施工方案和方法;机械化施工的步骤和操作规程、相关的机械管理人员;机械最佳配置、各季度计划台班数量;机械施工平面设置与机械占地布设;确定机械施工的总体进度计划。

3.[答案]B

[解析]材料的需要量可按照工程量和定额规定进行计算,并根据施工项目的施工进度编制年、季、月主要材料计划表。

4.[答案]A

[解析]指示性供应图中假定工地使用材料数量和每日运输的材料数量是稳定的,呈线性关系,或者说是按平均数量绘制。

5.[答案]B

[解析]差额曲线图可以反映工地储存量的大小,同时也可以看出工地上的材料储备量很不稳定(最大与最小值的差值过大),对设置仓库不利。

6.[答案]D

[解析]累积曲线图可以使供应量和消耗量大致一致,还能按均衡供应的要求,表示出运输工具的数量,是供应组织与计划中一种比较完善的表达形式。

7.[答案]A

[解析]材料计划编制的程序是:计算工程项目材料需用量,确定供应量,按不同渠道分类申请,编制供应计划,编制订货、采购计划。

8.[答案]A

[解析]国民经济长远规划及公路网建设规划是公路建设程序中的首个内容,是编制预可行性研究、项目建议书的依据。

9.[答案]B

[解析]工程可行性研究的投资估算与初步设计概算之差,应控制在10%以内。

10.[答案]D

[解析]一阶段设计是指施工图设计。

11.[答案]A

[解析]建设单位向建设行政主管部门申请办理施工许可证。

12.[答案]D

[解析]熟悉、核对设计文件、图纸及有关资料属于开工前的规划组织准备工作。

13. [答案]D

[解析]编制施工阶段的施工组织文件所进行的施工组织调查活动是在开工前的施工准备阶段完成的;编制设计阶段的施工组织文件所进行的施工组织调查活动是在勘察设计阶段完成的。

14. [答案]A

[解析]工程概略进度图,根据工可批复的施工期限、施工条件及施工方案按年和季度进行概略安排。

15. [答案]B

[解析]流水施工参数包括工艺参数、空间参数和时间参数。工艺参数包括施工过程数和流水强度;空间参数包括施工段数和工作面;时间参数包括流水节拍、流水步距和流水施工工期。

16. [答案]A

[解析]成倍节拍流水施工中,应先计算流水步距 K(等于流水节拍的最大公约数)为2,于是,参与该工程流水施工的专业工作队总数 $=4/2+6/2+4/2=7$ 个。

17. [答案]A

[解析]流水步距等于流水节拍的最大公约数,即 $K=\min[12,4,10,6]=2$;施工队数 $n'=12/2+4/2+10/2+6/2=16$;流水施工工期 $T=(m+n'-1)K=(4+16-1)\times 2=38$ 天。

18. [答案]B

[解析]$T=(m+n-1)t+\sum G+\sum Z-\sum C=(4+3-1)\times 5+2-3=29$ 天。

19. [答案]C

[解析]本题属于非节奏流水施工。

(1)求施工过程流水节拍的累加数列

施工过程Ⅰ:4,9,12,16

施工过程Ⅱ:3,5,8,10

施工过程Ⅲ:4,7,12,16

(2)错位相减求得差数列

$$
\begin{array}{rrrrrr}
\text{Ⅰ与Ⅱ:} & 4, & 9, & 12, & 16 & \\
-) & & 3, & 5, & 8, & 10 \\
\hline
 & 4, & 6, & 7, & 8, & -10
\end{array}
$$

$$
\begin{array}{rrrrrr}
\text{Ⅱ与Ⅲ:} & 3, & 5, & 8, & 10 & \\
-) & & 4, & 7, & 12, & 16 \\
\hline
 & 3, & 1, & 1, & -2, & -16
\end{array}
$$

(3)在差数列中取最大值求得流水步距

施工过程Ⅰ与Ⅱ之间的流水步距：$K_{\text{Ⅰ},\text{Ⅱ}}=8$ 天

施工过程Ⅱ与Ⅲ之间的流水步距：$K_{\text{Ⅱ},\text{Ⅲ}}=3$ 天

(4)求流水施工工期

$T=\sum K+\sum t_n=8+3+(4+3+5+4)=27$ 天。

二、多项选择题

1.［答案］ACD

［解析］公路工程施工组织设计文件的编制原则包括：严格执行基本建设程序和施工程序；科学安排施工顺序；采用先进的施工技术和设备；应用科学的计划方法制订最合理的施工组织方案；落实季节性施工的措施，确保全年连续施工；确保工程质量和施工安全；节约基建费用，降低工程成本。

2.［答案］BCD

［解析］机械化施工分部分项工程计划的内容包括五个方面：分部分项工程日进度计划图表；工程项目机械配合施工的安排计划（施工方法、机械种类）；机械施工技术、安全保证措施；机械检修、保养计划和措施；机械的临时占地布设和现场平面组织措施。

3.［答案］ABD

［解析］机械化施工组织设计的特点有：有利于降低工程成本；大大缩短工程工期；提高工程质量；优化社会资源，节约社会劳动；使公路工程设计空间更为拓展，施工更创新。

4.［答案］AB

［解析］机械配套的基本原则包括：选好既定工程的主导机械，其他机械必须围绕主导机械配套；尽量减少配套机械的数量；各配套机械的工作能力必须与主导机械匹配；采用合理的施工组织方案；同一作业要尽量使用同一型号的机械，以便于维修管理。

5.［答案］ABCD

［解析］主要材料包括施工需要的由专业厂家生产的材料、地方供应和特殊的材料，以及有关临时设施和拟采取的各种施工技术措施用料，预制构件及其他半成品也应列入主要材料计划中。

6.［答案］ABC

［解析］材料运输供应计划，是指寻求施工物资需要量、每日运输量、库存量三者之间的最佳平衡关系。

7.［答案］BCD

［解析］公路建设内容包括公路工程基本建设、公路工程大、中修与技术改造和公路工

程的小修、保养三个方面。

8.［答案］ABC

［解析］技术复杂而又缺乏经验的建设项目必要时可采用三阶段设计，即初步设计、技术设计和施工图设计。

9.［答案］ABC

［解析］签订工程承包合同有三种方式，目前主要通过投标来获取施工任务。

10.［答案］ABD

［解析］开工前的规划组织准备（技术准备）工作包括熟悉、核对设计文件、图纸及有关资料；补充调查资料；编制实施性施工组织设计和施工预算；组织先遣人员进场，做好后勤准备工作。料场布置，供水、供电设备等的安装属于开工前的现场条件准备工作。

11.［答案］BCD

［解析］组织施工时应具有以下基本文件：①设计文件；②施工规范和技术操作规程；③各种定额；④施工图预算；⑤施工组织设计；⑥公路工程质量检验评定标准和施工验收规范。

12.［答案］AB

［解析］选项 C、D 属于资料收集工作的内容。

13.［答案］AB

［解析］选项 C、D 属于指导施工的技术经济文件。

14.［答案］ABD

［解析］选项 C 属于施工组织计划中的内容。

15.［答案］ABC

［解析］固定节拍流水施工的特点包括：所有施工过程在各个施工段上的流水节拍均相等；相邻施工过程流水步距相等，且等于流水节拍；专业工作队数等于施工过程数，即每一个施工过程成立一个专业工作队，由该队完成相应施工过程所有施工段上的任务；各个专业工作队在各施工段上能够连续作业，施工段之间没有空闲时间。

16.［答案］AB

［解析］非节奏流水施工的特点包括：各施工过程在各施工段的流水节拍不全相等；相邻施工过程的流水步距不尽相等；专业工作队数等于施工过程数；各专业工作队能够在施工段上连续作业，但有的施工段之间可能有空闲时间。

第二节 道路工程概预算

本节考纲

1. 熟悉定额的种类和应用方法;概预算各部分费用计算。
2. 了解概预算编制依据、费用与文件组成;概预算所需资料的调查方法。

复习要点

按照不同方式定额划分为哪些种类;运用定额应注意的问题与要点;定额的直接套用、复杂定额的套用、基本定额的运用及定额的补充。

概预算费用的组成以及各部分费用的计算,注意各部分费用计算之间的相互关系。

概预算的编制依据;概预算的费用及文件组成;甲组文件和乙组文件的组成;概预算所需资料的调查方法。

典 型 习 题

一、单项选择题

1. 下列哪个选项不属于施工图预算编制的依据? ( )
   (A)工程量清单
   (B)工程所在地的自然、技术、经济条件等资料
   (C)施工组织设计
   (D)有关的政策法规

2. 概预算文件按不同的需要分为甲、乙两组,甲组文件、乙组文件的主要内容分别是什么? ( )
   (A)建筑安装工程费各项基础数据计算表;总概算汇总表
   (B)总概算汇总表;各项费用计算表
   (C)各项费用计算表;总概算汇总表
   (D)各项费用计算表;建筑安装工程费各项基础数据计算表

3. 概预算费用组成中第三部分费用是指什么费用? ( )
   (A)建筑安装工程费　　(B)工程建设其他费用
   (C)预备费　　(D)设备及工具、器具及家具购置费

4. 建筑安装工程费用中的文明施工措施费属于哪部分的费用? ( )

(A)直接工程费　　(B)规费
(C)企业管理费　　(D)其他工程费

5. 下列费用属于其他工程费的是哪个选项?　　(　　)
(A)规费　　(B)财务费用
(C)临时设施费　　(D)养老保险费

6. 以下是编制概预算表格的几个步骤,排列顺序正确的是哪个选项?　　(　　)
①计算 09 表、11 表单价;②计算 08 表;③按施工方法查找定额;④统计 02 表、03 表;⑤先分解工程项目
(A)⑤②①③④　　(B)⑤①③②④
(C)⑤③①④②　　(D)⑤③①②④

7. 定额是规定在生产中哪一种劳动消耗量的标准额度?　　(　　)
(A)各种社会必要劳动　　(B)社会总劳动
(C)企业的必要劳动　　(D)企业总劳动

8. 在工程建设定额体系中,哪一种定额是基础性定额?　　(　　)
(A)施工定额　　(B)预算定额
(C)概算定额　　(D)机械台班费用定额

9. 下列哪种材料消耗不包含在材料消耗定额中?　　(　　)
(A)材料的净消耗量　　(B)不可避免的施工废料
(C)不可避免的材料损耗　　(D)材料场外运输操作损耗

10. 某单位合格产品的材料净用量为 422kg,场外运输损耗为 5%,场内运输损耗为 2%,施工操作损耗为 1%,则该产品的材料定额消耗量最接近哪个数值?　　(　　)
(A)456kg　　(B)430kg
(C)452kg　　(D)435kg

11. 哪一种定额的定额水平是平均先进的水平?　　(　　)
(A)施工定额　　(B)预算定额
(C)概算定额　　(D)估算指标

12. 在进行投资估算时,哪种指标是编制可行性研究投资的依据?　　(　　)
(A)综合指标　　(B)实物量指标
(C)分项指标　　(D)分部指标

13. 属于机械台班费用中不变费用的是哪种费用？ （ ）

(A)经常性修理费 (B)机上作业人员的工资

(C)养路费 (D)动力燃料费

14. 生产单位数量合格产品所消耗的劳动量标准是指哪种定额？ （ ）

(A)材料消耗定额 (B)时间定额

(C)产量定额 (D)机械设备定额

15. 时间定额以工日为单位，除潜水工作、隧道工作外，其余每一工日均按多长时间计算？ （ ）

(A)6h (B)7h

(C)8h (D)10h

16. 概预算定额表中的劳动定额数值是以哪种形式表示的？ （ ）

(A)定额基价 (B)时间定额

(C)产量定额 (D)工程内容

17. 设备运杂费取费基础是哪个选项？ （ ）

(A)到岸价格 (B)出厂价 + 手续费

(C)设备原价 (D)原币货价

18. 公路工程项目的勘察设计费应计入哪类费用？ （ ）

(A)建设项目管理费 (B)建设项目前期工作费

(C)设计文件审查费 (D)建筑安装工程费

19. 工地转移距离在多少公里以内的工程不计取工地转移费？ （ ）

(A)30 (B)50

(C)60 (D)80

20. 临时生活及居住房屋费用应计入哪类费用？ （ ）

(A)临时设施费 (B)临时工程费

(C)企业管理费 (D)工程建设其他费用

21. 下列哪些物品产生的费用应列入工器具及生产家具购置费？ （ ）

(A)第一套不构成固定资产的设备

(B)构成固定资产的设备

(C)已列设备购置费中的专用工具

(D)办公和生活用家具购置费

22. 公路项目在竣工验收时，为鉴定隐蔽工程质量进行了开挖，则该项开挖费应计入哪类费用？（ ）

(A)价差预备费 (B)基本预备费
(C)间接费 (D)工程建设其他费用

23. 规费以各类工程的什么费用为计算基数？（ ）

(A)人工费之和 (B)机械费之和
(C)直接工程费 (D)人工费与机械费之和

二、多项选择题

1. 下列哪些选项属于预算编制的依据？（ ）

(A)批准的初步设计文件 (B)现行的概算定额
(C)初步设计图纸 (D)有关合同、协议

2. 下列哪些文件属于概预算甲组文件？（ ）

(A)分项工程概(预)算表 (B)总概(预)算表
(C)机械台班单价计算表 (D)建筑安装工程费计算表

3. 下列各项费用中，属于建筑安装工程费组成部分的有哪些选项？（ ）

(A)直接费 (B)规费
(C)勘察设计费 (D)利润

4. 下列各项费用中，属于规费组成部分的是哪些选项？（ ）

(A)住房公积金 (B)职工探亲路费
(C)工伤保险费 (D)职工取暖补贴

5. 下列属于概预算文件组成部分的是哪几个选项？（ ）

(A)封面及目录 (B)概预算编制说明
(C)概预算计算表格 (D)附录

6. 在进行概预算所需资料调查时，哪些内容应纳入调查范围？（ ）

(A)筑路材料的来源 (B)运费标准
(C)沿线可利用房屋 (D)当地消费水平

7. 工程建设定额按其所反映的实物消耗内容分为哪几类？（ ）

(A)施工定额 (B)劳动消耗定额
(C)材料消耗定额 (D)机械设备定额

8. 定额按计价依据的作用分为哪几类？（　　）

(A)工程定额　(B)行业统一定额
(C)费用定额　(D)地区统一定额

9. 关于时间定额和产量定额的说法，哪些选项是正确的？（　　）

(A)劳动消耗定额分为时间定额和产量定额
(B)时间定额和产量定额互为倒数
(C)时间定额和产量定额是材料定额的表现形式
(D)机械台班费用定额分为机械时间定额和机械产量定额

10. 施工定额是下列哪些工作的依据？（　　）

(A)组织生产、编制施工阶段施工组织设计
(B)计算劳动报酬
(C)加强企业成本管理和经济核算
(D)编制施工图预算

11. 关于预算定额的作用，哪些说法是正确的？（　　）

(A)施工企业进行经济活动分析的依据
(B)编制施工组织计划的依据
(C)编制概算定额的基础
(D)企业投标报价的依据

12. 下列关于工程定额的说法，哪些是正确的？（　　）

(A)按定额的使用要求，可以把工程定额分为劳动定额、机械台班消耗定额、材料消耗定额
(B)概算定额是编制概算扩大定额的基础
(C)机械产量定额与机械时间定额互成倒数
(D)企业定额水平一般应高于国家现行定额水平

13. 哪些情况下可考虑定额抽换？（　　）

(A)现浇钢筋混凝土梁用的支架达不到规定的周转次数
(B)实际供应的水泥强度等级与定额中的水泥强度等级不同
(C)设计用光圆钢筋和带肋钢筋的比例与定额比例不同
(D)特殊地区作业的施工机械

14. 下列哪些费用属于专项评价(估)费中的内容？（　　）

(A)环境影响评价费　(B)通航论证费
(C)交工验收试验检测费　(D)用地预审报告编制费

15. 下列哪些费用属于冬季施工增加费的内容？（ ）

(A)清除工作地点的冰雪 (B)施工机具所需修建的暖棚

(C)材料因受潮、受湿的耗损费用 (D)挖临时排水沟

16. 下列哪些费用属于土地征用及拆迁补偿费中的内容？（ ）

(A)征用耕地安置补助费 (B)复耕费

(C)耕地开垦费 (D)用地预审费

17. 下列各项费用中，应在公路建设单位管理费项目内开支的有哪些？（ ）

(A)建设单位工作人员的工资

(B)建设单位的临时设施费

(C)建设单位采购及保管设备、材料所需的费用

(D)建设项目审计费

18. 下列哪些费用是以各类工程的直接费之和为计算基数？（ ）

(A)冬季施工增加费 (B)高原地区施工增加费

(C)风沙地区施工增加费 (D)沿海地区施工增加费

三、案例题

1. 某段二级公路挖方 1000m^3（松土 200m^3、普通土 600m^3、硬土 200m^3），填方 900m^3，本段挖方可利用 900m^3（松土 100m^3、普通土 600m^3、硬土 200m^3）。天然方与压实方的换算系数：松土为 1.23、普通土为 1.16、硬土为 1.09。本段需借多少数量的普通土（天然密实方）？

（ ）

(A)110m^3 (B)118m^3 (C)137m^3 (D)150m^3

2. 某工程建设过程中，采用人工挑抬的方式挖运普通土，运距 40m，重载运输为 7% 的升坡。已知此种情况下采用人工挑抬运输时，每升高 1m，等同于运距增加 7m，结合下面定额表中的内容计算此时人工挖运普通土（人工挑抬）1000m^3 运 40m 的基价。下列最接近计算结果的是哪个选项？

顺序号	项 目	单位	代号	第一个 20m 挖运			每增运 10m	
				松土	普通土	硬土	人工挑抬	手推车
				1	2	3	4	5
1	人工	工日	1	122.6	181.1	258.5	18.2	7.3
2	基价	元	1999	6032	8910	12718	895	359

注：单位为 1000m^3 天然密实方

(A)8910 元 (B)9805 元

(C)10700 元 (D)12490 元

3. 石灰粉煤灰碎石基层，设计配合比为石灰：粉煤灰：碎石 =4：11：85，设计压实厚度为18cm。预算定额 1000m^2 石灰粉煤灰碎石的主材消耗量见下表，则粉煤灰调整后的数量应为多少？（　　）

石灰粉煤灰稳定类（单位：1000m^3）

项目（单位）	石灰：粉煤灰：碎石 =5：15：80	
	压实厚度 15cm	每增减 1cm
生石灰（t）	15.829	1.055
粉煤灰（m^3）	63.31	4.22
碎石（m^3）	164.89	10.99

（A）46.427m^3　　（B）55.711m^3

（C）86.332m^3　　（D）103.595m^3

4. 某公路工程中某工程细目的人工费、材料费和机械使用费分别为 10 万元、30 万元和 20 万元，其他工程费中综合费率Ⅰ为 10%、综合费率Ⅱ为 5%，规费费率为 20%，企业管理费综合费率为 10%，利润率 7.42%，增值税税率 9%。则该工程细目的建筑安装工程费为多少？（　　）

（A）85.1232 万元　　（B）89.1177 万元

（C）98.4461 万元　　（D）101.6327 万元

5. 某路面工程用桶装石油沥青，调查价格为 5000 元/t，运价 1.2 元/t·km，装卸费为 24.0 元/t，运距 80km，回收沥青桶按 200 元/t 计，场外运输损耗率为 3%，采购及保管费率 2.5%，材料毛重系数 1.17。则石油沥青的预算价格为多少？（　　）

（A）5110.20 元/t　　（B）5226.98 元/t

（C）5534.87 元/t　　（D）5891.62 元/t

参考答案及解析

一、单项选择题

1.［答案］A

［解析］工程量清单是投标报价的编制依据，其他都属于编制预算的依据。

2.［答案］D

［解析］甲组文件为各项费用计算表，乙组文件为建筑安装工程费各项基础数据计算表。

3.［答案］B

[解析]第一部分费用是建筑安装工程费,第二部分费用是设备及工具、器具及家具购置费,第三部分费用是工程建设其他费用,第四部分费用是预备费。

4. [答案]D

[解析]安全及文明施工措施费属于直接费中的其他工程费。

5. [答案]C

[解析]其他工程费共包含九项费用,临时设施费是其中之一。

6. [答案]B

[解析]分解项目找工序是第一步,接着复核工程量,其次计算材料、机械单价,随后查找定额并纳入08表计算分项工程消耗量和金额,最后统计消耗量和总费用。

7. [答案]A

[解析]定额是一种标准,是规定在生产中各种社会必要劳动的消耗量的标准额度。

8. [答案]A

[解析]施工定额是编制施工预算的依据,而且是编制预算定额和补充定额的基础,定额水平是平均先进的水平,定额子目多、细目划分复杂。

9. [答案]D

[解析]材料消耗的性质可分为必需的材料消耗和损失的材料两类性质。材料必须消耗(材料消耗定额)包括材料的净消耗量和不可避免的损耗量。其中,不可避免的损耗量包含不可避免的废料和不可避免的材料损耗。

10. [答案]D

[解析]场内运输损耗、施工操作损耗均为材料定额中的不可避免的损耗量。材料定额消耗量 $=422\times(1+2\%+1\%)=434.66$。

11. [答案]A

[解析]施工定额的定额水平是平均先进的水平,是编制预算定额和补充定额的基础;预算定额的定额水平是社会平均水平,比施工定额的定额水平低,是编制概算定额和概算扩大定额的基础;概算定额也是社会平均水平,但比预算定额的定额水平低,是编制估算指标的基础。

12. [答案]C

[解析]估算指标包括综合指标和分项指标两部分。综合指标是编制项目建议书投资估算的依据,分项指标对项目的划分与概算定额比较接近,是编制可行性研究投资的依据。

13. [答案]A

[解析]机械台班费用由不变费用和可变费用组成。不变费用包括折旧费、大修理费、经常修理费、安装拆卸及辅助设施费;可变费用包括工资、动力燃料费、养路费及车船使用税。

14. [答案]B

[解析]时间定额是指在技术条件正常、生产工具使用合理和劳动组织正常的条件下生产单位合格产品所消耗的劳动时间。

15. [答案]C

[解析]时间定额以工日为单位,除潜水工作按6小时、隧道工作按7小时外,其余每一工日均按8小时计算。

16. [答案]B

[解析]定额表中的劳动定额数值是以时间定额的形式表示,如完成 $1000m^3$ 或 $10m^3$ 单位产品所消耗的工日数。

17. [答案]C

[解析]运杂费 = 设备原价 × 运杂费费率。

18. [答案]B

[解析]建设项目前期工作费包括以下工作的费用:编制项目建议书、可行性研究报告、投资估算以及相应的勘察、设计、专题研究等所需的费用;初步设计和施工图设计的勘察费、设计费、概预算及调整概算编制费;设计、监理、施工招标文件及招标标底文件编制费等。

19. [答案]B

[解析]工地转移距离在50km以内的工程不计取工地转移费。

20. [答案]A

[解析]临时设施费范围包括:临时生活及居住房屋(包括职工家属房屋及探亲房屋)、文化福利及公用房屋(如广播室、文体活动室等)和生产、办公房屋(如仓库、加工厂、加工棚、发电站、变电站、空压机站、停机棚等),工地范围内的各种临时的工作便道(包括汽车、马车、架子车道)、人行便道,工地临时用水、用电的水管支线和电线支线,临时构筑物(如水井、水塔等)以及其他小型临时设施。

21. [答案]A

[解析]工器具及生产家具购置费是指为满足初期运营必须购置的第一套不构成固定

资产的设备、仪器、仪表、工作台等费用。

22. [**答案**]B

[**解析**]基本预备费的用途包括五个方面,其中之一是:在项目主管部门组织竣(交)工验收时,验收委员会为鉴定工程质量必须开挖和修复隐蔽工程的费用。

23. [**答案**]A

[**解析**]规费以各类工程的人工费之和为基数,按国家或工程所在地法律法规规定的标准计算。

二、多项选择题

1. [**答案**]AD

[**解析**]初步设计图纸、现行的概算定额属于概算编制的依据。批准的初步设计文件是预算编制的依据,批准的可行性研究报告是概算编制的依据。

2. [**答案**]BD

[**解析**]选项 A、C 属于乙组文件的内容。

3. [**答案**]ABD

[**解析**]勘察设计费属于工程建设其他费用。

4. [**答案**]AC

[**解析**]选项 B、D 属于企业管理费。

5. [**答案**]ABC

[**解析**]概预算文件由封面及目录,概预算编制说明及全部概、预算计算表格组成。

6. [**答案**]ABC

[**解析**]原则上凡对施工生产有影响的一切因素都必须调查,主要是筑路材料的来源(沿线料场及有无自采材料),材料运输方式及运距,运费标准,占用土地的补偿费、安置费及拆迁补偿费、沿线可利用房屋及劳动力供应情况等。

7. [**答案**]BCD

[**解析**]工程建设定额按定额反映的实物消耗内容分类,可分为劳动消耗定额、材料消耗定额和机械设备定额三种。

8. [**答案**]AC

[**解析**]定额按计价依据的作用分工程定额和费用定额两部分。

9. [答案]AB

[解析]材料消耗定额=完成单位合格产品的材料净用量×(1+材料损耗率),材料消耗定额还包括材料产品定额、材料周转定额两种表现形式。机械台班定额分为机械时间定额和机械产量定额。

10. [答案]ABC

[解析]施工定额是编制施工预算的依据,不是编制施工图预算的依据。

11. [答案]ABC

[解析]施工定额是企业投标报价的依据。

12. [答案]CD

[解析]工程定额按使用要求分为施工定额、预算定额、概算定额、估算指标等;预算定额是编制概算定额和概算扩大定额的基础;企业定额水平一般应高于国家现行定额,才能满足生产技术发展、企业管理和市场竞争的需要。

13. [答案]ABC

[解析]以下几种情况下可允许对定额中某些项目进行抽换:就地浇筑钢筋混凝土梁用的支架及拱圈用的拱盔、支架。如确因施工安排达不到规定周转次数时,可根据具体情况进行抽换并按规定计算回收;在使用定额时,路面基层材料、混凝土、砂浆的配合比与定额不相符,以及水泥强度等级与定额中水泥强度等级不同时,水泥用量可按预算定额附录二基本定额中的混凝土、砂浆配合比表进行抽换;钢筋工程中,当设计用光圆钢筋和带肋钢筋的比例与定额比例不同时,可进行换算;如施工中必须使用特殊机械时,可按具体情况进行换算。

14. [答案]ABD

[解析]交工验收试验检测费属于建设项目管理费。

15. [答案]AB

[解析]选项C、D属于雨季施工增加费的内容。

16. [答案]ABC

[解析]用地预审报告编制费属于建设项目前期工作费的内容。

17. [答案]ABD

[解析]建设单位管理费不包括应计入设备、材料预算价格的建设单位采购及保管设备、材料所需的费用。

18. [答案]AD

[解析]高原地区施工增加费、风沙地区施工增加费是以各类工程的人工费和机械使用费之和为计算基数。

三、案例题

1.[答案]C

[解析]本段可利用挖方换算为压实方：100/1.23 +600/1.16 +200/1.09 =782m^3

需进行借方的填方(压实方)：900 −782 =118m^3

借方数量(天然密实方)：118 ×1.16 =137m^3

2.[答案]D

[解析]重载运输为7%的升坡，升高2.8m，运距增加2.8 ×7 =20m；调整后的运距为40 +19.6 =60m。

人工：181.1 +18.2 ×(60 −20)/10 =253.9 工日/1000m^3

基价：8910 +895 ×(60 −20)/10 =12490 元

3.[答案]B

[解析]设计配合比与定额标明的配合比不同时，有关材料按下式进行换算：

$$C_i = [C_d + B_d \times (H - H_0)] \times \frac{L_i}{L_d}$$

式中：C_i——按设计配合比换算后的材料数量；

C_d——定额中基本压实厚度的材料数量；

B_d——是定额中压实厚度每增减1cm的材料数量；

H_0——定额的基本压实厚度；

H——设计的压实厚度；

L_d——定额中标明的材料百分率；

L_i——设计配合比的材料百分率。

粉煤灰调整后的数量：

[63.31 +4.22 ×(18 −15)] ×11/15 =75.97 ×11/15 =55.711m^3

4.[答案]B

[解析]直接工程费 = 人工费 + 材料费 + 机械使用费 =10 +30 +20 =60 万元

其他工程费 = 直接工程费 × 综合费率Ⅰ +(人工费 + 施工机械使用费) × 综合费率Ⅱ = 60 ×10% +(10 +20) ×5% =7.5 万元

直接费 = 直接工程费 + 其他工程费 =60 +7.5 =67.5 万元

规费 = 人工费 × 规费费率 =10 ×20% =2 万元

企业管理费 = 直接费 × 企业管理费综合费率 =67.5 ×10% =6.75 万元

间接费 = 规费 + 企业管理费 =2 +6.75 =8.75 万元

利润 =(直接费 + 间接费 − 规费) × 利润率 =(67.5 +8.75 −2) ×7.42% =5.5094 万元

税金 = (直接费 + 间接费 + 利润) × 增值税税率 = (67.5 + 8.75 + 5.5094) × 9% = 7.3583 万元

建筑安装工程费 = 直接费 + 间接费 + 利润 + 税金 = 67.5 + 8.75 + 5.5094 + 7.3583 = 89.1177 万元

5. [**答案**]B

[**解析**]单位运杂费 = (1.2 × 80 + 24) × 1.17 = 140.4 元/t

材料预算价格 = (材料原价 + 运杂费) × (1 + 场外运输损耗率) × (1 + 采购及保管费率) − 包装品回收价值

= (5000 + 140.4) × 1.03 × 1.025 − 200

= 5226.9773 元/t